Ulrich Eberl
Unsere Überlebensformel

ULRICH EBERL

UNSERE ÜBERLEBENS FORMEL

Neun globale Krisen
und die Lösungen
der Wissenschaft

PIPER

Mehr über unsere Autorinnen, Autoren und Bücher:
www.piper.de

Von Ulrich Eberl liegen im Piper Verlag vor:
Künstliche Intelligenz

Unser Versprechen für mehr Nachhaltigkeit
• Klimaneutrales Produkt
• FSC®-zertifiziertes Papier
• Hergestellt in Deutschland

FSC
www.fsc.org
MIX
Papier aus verantwortungsvollen Quellen
FSC® C014496

ISBN 978-3-492-07085-0

Vermittelt durch die U.M.G. Literaturagentur, München
Satz: Uhl + Massopust, Aalen
Gesetzt aus der Minion
Litho: Lorenz & Zeller, Inning am Ammersee
Druck und Bindung: GGP Media GmbH, Pößneck
Printed in Germany

Für meine Kinder
Thomas und Sonja
und alle Menschen, die sich
für eine lebenswerte Zukunft
im Einklang mit der Natur einsetzen

Wussten Sie, dass…

… die Menschheit jedes Jahr mehr an fossilen Rohstoffen verfeuert, als **in einer Million Jahren** entstanden sind?

… wir den Treibhauseffekt von Kohle, Öl und Gas um fast **zwei Drittel** senken, wenn wir global auf Wind- und Solarstrom sowie Elektroautos setzen?

… die weltweit 1,4 Milliarden Rinder **allein durch das Rülpsen** von Methan mehr Treibhausgase verursachen als der Betrieb **aller Pkws**?

… Rinder, die jeden Tag außer ihrem Grün- und Kraftfutter noch 80 Gramm einer **Rotalge** verschlingen, **80 Prozent weniger Methan** ausstoßen?

… die **unüberwachten Müllkippen** in ärmeren Ländern weit mehr an Klimagasen emittieren als ganz Deutschland?

… es Bakterien mit **nur drei Mutationen** eines Enzyms schafften, ein Herbizid, das als biologisch nicht abbaubar galt, als **Nahrungsquelle** zu nutzen?

... die **Zementindustrie** – wäre sie ein Staat – bei den Kohlendioxid-Emissionen hinter China, den USA und Indien **an vierter Stelle** läge?

... Holz Beton ersetzen kann? In Japan ist ein **Holzhochhaus** mit 350 Meter Höhe geplant. 84 Meter hohe Gebäude stehen bereits.

... seit der Mondlandung **zwei Drittel aller wilden Tiere** verschwunden sind und Korallenriffe eine zwei Grad höhere Mitteltemperatur nicht überleben werden?

... schon die Wiedervernässung der weltweit **trockengelegten Moore** jedes Jahr mehr als doppelt so viele Klimagase **aus der Luft holen** könnte, wie Deutschland emittiert?

... Milliarden von Menschen Mobilgeräte bei sich tragen, die so leistungsfähig sind wie wenige **Supercomputer** vor 25 Jahren?

... allein die alten Mobilgeräte in deutschen Schubladen sechs Tonnen **Gold und zudem 60 Tonnen Silber** enthalten – ein bislang ungehobener Schatz.

Mehr dazu in diesem Buch!

Inhalt

Der Wind des Wandels

Neun Krisen unserer Zeit

Binnen Minuten ist der strahlend blaue Himmel verschwunden. Die Wipfel der Bäume schwingen mit dem plötzlich aufkommenden Wind; dunkle Wolkenberge türmen sich, wo gerade noch die Sonne brannte. Die Luft kühlt spürbar ab. Gewitter, Sturm und Hagel drohen. Der heiße Sommer am See endet mit einem Donnerschlag – und im Radio spielen sie »Wind of Change« von den Scorpions. Wie lange habe ich diese Rockballade nicht mehr gehört! Vor 30 Jahren war sie unsere Hymne der Wende gewesen – im Taumel der Freude, nachdem die Mauer gefallen war, als die beiden Deutschlands eins wurden und der Kalte Krieg für immer zu Ende schien.

Wind of Change. Das passt auch heute wieder. Die Luft knistert von den Unwettern, die uns bevorstehen. Der Ost-West-Konflikt ist wieder da, nur dass diesmal China im Fokus steht, das mit Wirtschaftskraft und Machtpolitik dem 21. Jahrhundert seinen Stempel aufdrücken will. Politische Brandherde überall, Nationalisten und Populisten kommen und gehen, Fakten werden verzerrt und ins Gegenteil verkehrt – doch noch heftigere Stürme ballen sich in der Natur zusammen. In Kalifornien, Südeuropa, Brasilien, Indonesien, Australien und sogar in Sibirien brennen die Wälder. Hitzewellen erreichen Temperaturen, wie sie noch nie gemessen wurden. Gletscher schmelzen in unfassbarem Tempo, Wirbelstürme und Überschwemmungen sind heftiger als je zuvor, ganze Orte versinken im Schlamm. Dürren vernichten

Ernten, Korallenriffe sterben noch rascher als Regenwälder – und ein Virus verursacht eine Pandemie, die rund um den Globus nicht nur die Gesundheit von Millionen Menschen attackiert, sondern auch Wirtschaft und Gesellschaft extremen Stresstests aussetzt.

Kein Wunder, dass viele raunen: Die Natur schlägt zurück. Sie hätte auch allen Grund dazu. An Warnungen hat es nicht gefehlt. Vor genau 50 Jahren, im März 1972, veröffentlichten Donella Meadows, Dennis Meadows und Jørgen Randers im Auftrag des Club of Rome – einer Vereinigung von Wirtschaftlern, Wissenschaftlern und Politikern – eine Studie mit dem Titel *The Limits to Growth (Die Grenzen des Wachstums).*[1] Bis heute ist dieses Werk mit Dutzenden von Millionen Exemplaren eines der erfolgreichsten Bücher aller Zeiten – und eines der umstrittensten. Denn die Autoren prophezeien der Menschheit den Kollaps. Nach ihren Simulationen würden Weltbevölkerung und Industrieproduktion noch einige Zeit wachsen, aber dann käme ein abrupter Absturz: verursacht durch knapper werdende Rohstoffe und Nahrungsmittel sowie durch die Umweltverschmutzung. Dieser Zusammenbruch, so ihre Prognose, würde vermutlich zwischen 2030 und 2050 liegen, aber ziemlich sicher fände er vor dem Jahr 2100 statt.

Die Computerleistung, die den Autoren der Studie zur Verfügung stand, war zwar sehr begrenzt, aber auch Berechnungen, die die Forscher in den 1990er- und 2000er-Jahren durchführten, zeigten ähnliche Ergebnisse. Nur massive Maßnahmen zum Umweltschutz, zum Umbau der Wirtschaft sowie die Wiederverwendung von Rohstoffen, hohe landwirtschaftliche Erträge und niedrige Geburtenraten ergaben Szenarien, unter denen die Weltbevölkerung und der Wohlstand langfristig konstant bleiben können. In einem Interview, das wir für das von mir gegründete Zukunftsmagazin *Pictures of the Future* bereits vor zwölf Jahren mit Dennis Meadows führten,[2] zeigte er sich jedoch wenig zuversichtlich, dass die Menschheit den Wandel schafft: »Ich rechne mit schweren Verwerfungen«, prophezeite er. »Meine Modelle zeigen Spannungen wie in einer Erdbebenzone: Man weiß nicht genau, wann etwas passiert. Aber es ist klar, dass es ein Beben mit schlimmen Folgen geben wird.« Natürlich kann man über Details seiner Modelle streiten. Dennoch scheinen gerade jetzt seine Kassandrarufe aktueller denn je. Haben wir überhaupt eine Chance, dieses Erdbeben noch zu verhindern?

In meiner Jugend hätte ich die Frage mit einem klaren Ja beantwortet. Als kleiner Bub saß ich gebannt vor dem Fernseher, während die Helden der Apollo-Missionen den Mond betraten. »Ein kleiner Schritt für einen Menschen, ein riesiger Sprung für die Menschheit« – als Neil Armstrong in der Nacht zum 21. Juli 1969 etwas ungelenk aus der Mondlandefähre *Eagle* kletterte, schien alles möglich. Wenn Menschen zum Mond fliegen können, was sollte uns aufhalten? Diese Begeisterung für Naturwissenschaft und Technik brachte mich später dazu, Physik zu studieren und selbst im Labor zu forschen. Doch schon 1969 hätte man auch alles ganz anders sehen können. Selbst Neil Armstrong sagte, als er gefragt wurde, ob er nicht ein Gefühl der Größe gespürt habe, als er auf dem Mond mit seinem Daumennagel die ferne Erde verdecken konnte: »Nein, im Gegenteil – ich fühlte mich in dem Moment verloren und klein.« Und der Astrophysiker Carl Sagan schrieb, als er das Foto unseres Planeten mit der dünnen Hülle der Atmosphäre sah, das die Apollo-Astronauten geschossen hatten: »Dieses Foto zeigt uns, dass von außen keine Hilfe kommen wird, um uns vor uns selbst zu retten.« Auf dieser kleinen, wunderbaren, blauen Murmel existiert alles Leben, das wir kennen – und die Menschheit ist gerade dabei, vieles davon radikal zu zerstören.

Das wichtigere Datum als die Mondlandung

Denn während wir die technischen Großleistungen bewunderten, übersahen wir ein aus heutiger Sicht wichtigeres Datum: Genau zur Zeit der Mondlandungen übertraf nach Berechnungen des Global Footprint Network der ökologische Fußabdruck des Menschen erstmals die Biokapazität der Erde.[3] Seitdem leben wir auf Pump. Heute nutzen wir die Ressourcen des Planeten 1,7-mal schneller, als sie sich regenerieren können. Wir bräuchten bereits 1,7 Erden – und wenn wir so weitermachen wie bisher, müssten wir 2050 drei Erden zur Verfügung haben. Die Gründe für den Raubbau sind offensichtlich: Seit 1970 hat sich die Weltbevölkerung mehr als verdoppelt. 2050 könnten sogar dreimal so viele Menschen auf der Erde leben wie 1962, zur Zeit meiner Geburt.

Noch schneller als die Weltbevölkerung sind die Wirtschaftsdaten gestiegen. Laut einem 2021 erschienenen Bericht des Umweltprogramms der Vereinten Nationen (UNEP)[4] hat sich die Weltwirtschaft von 1970 bis 2020 fast verfünffacht und der Welthandel verzehnfacht. Unser Rohstoffverbrauch hat sich in dieser Zeit – wie der Energieverbrauch – nahezu verdreifacht, die Herstellung von Kunststoffen sogar verzwanzigfacht. Heute stößt die Menschheit jedes Jahr doppelt so viele Treibhausgase in die Luft wie vor 50 Jahren. Übertroffen werden diese Hiobsbotschaften nur vom Artensterben: Seit 1970 sind laut dem World Wide Fund for Nature mehr als zwei Drittel aller Wirbeltiere – Säugetiere, Vögel, Fische, Reptilien und Amphibien – von der Erde verschwunden.

Viele Wissenschaftler nennen unsere Zeit das Anthropozän, weil der Mensch zur bestimmenden Kraft des Planeten geworden ist. Laut dem UNEP-Bericht verursachen wir massive Veränderungen bei zwei Dritteln der Ozeane und drei Vierteln des eisfreien Landes – bei den Meeren vor allem durch Überfischung und Vermüllung, beim Land, indem wir große Teile in Ackerland, Weideflächen, Nutzwälder, Siedlungen, Straßen und andere Infrastrukturen umwandeln. Doch schon in den 1980er-Jahren waren negative Seiten des technisch Machbaren deutlich sichtbar: 1984 kam es im Pestizidwerk im indischen Bhopal zum schwersten Chemieunfall der Geschichte mit Tausenden von Toten und Hunderttausenden Verletzten. In Deutschland diskutierten wir zur gleichen Zeit vor allem über Waldsterben und sauren Regen. 1985 wurde das Ozonloch über der Antarktis entdeckt, 1986 explodierte der Kernreaktor von Tschernobyl – und das sind nur ein paar drastische Beispiele.

Dennoch schien vieles noch beherrschbar: Grüne Parteien entstanden, Umweltministerien wurden gegründet. Kraftwerke mussten Anlagen zur Rauchgasentschwefelung installieren, für Autos wurden Abgasnormen verschärft und Katalysatoren vorgeschrieben. 1989 trat ein Übereinkommen in Kraft, das die Emission von ozonschädlichen Chemikalien verhinderte, darunter vor allem die als Kühlmittel verwendeten Fluorchlorkohlenwasserstoffe (FCKW) – es wurde von allen Staaten der Vereinten Nationen ratifiziert und gilt bis heute als einer der größten Erfolge des Umweltvölkerrechts. Und nach Tschernobyl und vor allem nach der Reaktorkatastrophe im japanischen Fukushima 2011 beschloss Deutschland, bis Ende 2022 alle Kernkraftwerke abzuschalten.

Als Teile der radioaktiven Wolke von Tschernobyl über Bayern abregneten, arbeitete ich gerade im Garten meiner Eltern in Regensburg. Noch gab es offiziell gar keine Warnungen, aber am Tag darauf überprüfte ich mit einem Messgerät, das uns Physikstudenten der Technischen Universität München in Garching zur Verfügung stand, meine Kleidung und Schuhe: Das rasende Knattern habe ich noch heute im Ohr; der Zeiger war am Anschlag, die Radioaktivität um ein Vielfaches über der natürlichen Strahlung. Kurz danach war das ganze Land in Aufregung: die Böden verstrahlt; Milch, Gemüse, Beeren, Wild – vieles durfte nicht mehr verzehrt und musste vernichtet werden. Mir gab diese Erfahrung den letzten Anstoß, in die Erforschung neuer Energien einzusteigen. Während meiner Diplom- und Promotionsarbeit untersuchte ich die ersten Schritte der Photosynthese, die Umwandlung von Licht in elektrochemische Energie – meine Vision war, neue Erkenntnisse für künftige biologische Solarzellen beitragen zu können (mehr dazu in Kapitel 5).

Auch als ich danach einige Jahre bei Daimler arbeitete und 20 Jahre lang bei Siemens die Kommunikation über Forschung, Innovationen und Zukunftstrends leitete, standen Ressourcenschonung und erneuerbare Energien immer im Fokus. Nachhaltige Mobilität, Brennstoffzellen, Wasserstoff, Wind und Solar, Energieeffizienz bei Gebäuden, Kraftwerken und Industrien, die Entkopplung von Wirtschaftswachstum und Ressourcenverbrauch und die Entwicklung »grüner« Städte – das waren neben Gesundheitsfragen die wesentlichen Themen unserer Zukunftsmagazine *HighTechReport* und *Pictures of the Future*. Seit 1992 bei der UN-Konferenz in Rio de Janeiro der Begriff der Nachhaltigkeit wieder ins Bewusstsein gerückt war, war mir klar, dass dies die Aufgabe unserer Generation werden musste: Nachhaltigkeit im umfassenden Sinn, ökologisch, ökonomisch und sozial, also Schutz der Umwelt, Überwindung der Armut und gesellschaftlicher Ausgleich.

1994 konnte ich am Amazonas im Dreiländereck zwischen Brasilien, Kolumbien und Peru noch rosa Flussdelfine, Piranhas, Brüllaffen und Aras erleben, doch beim Flug über den Regenwald sah ich immer wieder dunkle Rauchwolken und Kahlschläge. Ein Jahr später erklärten mir Biologen beim Tauchen am Great Barrier Reef in Australien den ökologischen Reichtum dieser Regenwälder unter Wasser – und zugleich diskutierten sie bereits verheerende Effekte von Umweltverschmutzung und Klimawandel auf die Korallenriffe. Als ich dann im Sommer 1995 in der *Süddeutschen Zeitung* einen Artikel mit dem Titel »Der bleiche Tod in den Oasen der Meere« veröffentlichte, war dies in den Medien einer der ersten Beiträge über die Zusammenhänge zwischen Klimawandel und Korallensterben. Inzwischen gehört es zum Allgemeinwissen, dass der Tod der Korallen eine der unmittelbarsten Auswirkungen des Klimawandels darstellt. Seit 1995 hat die Menschheit so viel Kohlendioxid in die Luft geblasen, wie in allen Jahren vor 1990 zusammengenommen. Wenn die Emissionen nicht drastisch sinken, sagen Wissenschaftler, könnten heutige Kinder noch eine Welt erleben, die heißer ist, als sie jemals ein *Homo sapiens* erfahren hat.

Wind of Change. Wir müssen den Umschwung schaffen, denn die Indizien sind eindeutig: Im Anthropozän ist nicht nur die

Vielfalt des Lebens auf der Erde bedroht, sondern das Überleben unserer Zivilisation. Wie aber kann der Wandel noch gelingen? Seit 35 Jahren erforsche ich Zukunftstrends. Manches ist gar nicht so schwer vorherzusagen, denn viele Weichenstellungen, die wir heute treffen, prägen die Welt, in der unsere Kinder leben werden. Die Häuser, die jetzt gebaut werden, stehen in Jahrzehnten noch. Viele Kraftwerke werden auch 2050 noch Energie liefern. Die Zahl unserer Kinder legt fest, wie die Alterspyramiden und damit die Sozial- und Gesundheitssysteme aussehen und welche Mengen an Nahrung und Rohstoffen benötigt werden – und was wir jetzt an Treibhausgasen ausstoßen, wird auch 2050 noch das Klima der Erde beeinflussen. Auch Megatrends sind klar zu erkennen: Dabei geht es nicht um schnelle Entwicklungen wie Smartphones oder Hypes wie in der Internetkultur, sondern um langfristige Trends wie Globalisierung, Verstädterung oder den demografischen Wandel, die praktisch unumkehrbar sind.

Als ich vor zwölf Jahren mein Buch *Zukunft 2050* schrieb, beschäftigte ich mich zudem mit den sogenannten Kondratieff-Zyklen.[5] Der russische Wissenschaftler Nikolai Kondratieff hatte in den 1920er-Jahren herausgefunden, dass große Wirtschaftszyklen in langen Wellen von 40 bis 60 Jahren ablaufen – beginnend bei Basisinnovationen über den daraus entstehenden Wohlstandszuwachs, bis sie stagnieren und von der nächsten Welle abgelöst werden. Dieses natürlich stark vereinfachte Konstrukt beschreibt sehr anschaulich, was die Welt in den vergangenen 200 Jahren prägte. Ab 1800 waren es die Dampfmaschine und die Textilindustrie, und um 1870 befand sich der zweite Zyklus auf seinem Höhepunkt: mit den Basisinnovationen Eisenbahn und Stahlindustrie.

Von 1900 bis 1950 drehte sich viel um die Elektrotechnik: Kraftwerke und Stromnetze, elektrisches Licht und Straßenbahnen, Radio, Kühlschrank und Fernseher. Die Jahre 1950 bis 1990 waren dann geprägt von der Boomphase des Automobils und der Petrochemie, des Öls und der Kunststoffe. Derzeit befinden wir uns nahe dem Scheitelpunkt des fünften Zyklus, der etwa 1990 startete und durch die Informations- und Kommunikationstechnik geprägt ist: mit Computern, Internet, Mobilfunk und der Künstlichen Intelligenz, die ich im Buch *Smarte Maschinen*[6] beschrieb, als ich mich 2016 als Wissenschaftsautor, Vortragsredner und Zukunftsforscher selbstständig machte.

Der sechste Zyklus: Gesundheit von Mensch und Umwelt

Den sechsten Kondratieff-Zyklus, der nun langsam hochfährt und der nach meiner Einschätzung die Jahrzehnte zwischen 2030 und 2060 prägen könnte, hat der Forscher Leo Nefiodow schon vor 25 Jahren prognostiziert: Darin sollen die Themen Bio- und Medizintechnik sowie Umweltschutz eine wesentliche Rolle spielen. Ich nenne das Gesundheit im weitesten, ganzheitlichen Sinn: Gesundheit des Menschen ebenso wie Gesundheit der Umwelt. Für unser Überleben ist das der entscheidende Zyklus, und er startet vielleicht gerade noch rechtzeitig!

Wir müssen die beiden Gesundheitstrends zusammendenken und umsetzen. Kaum etwas könnte das deutlicher machen als die Corona-Pandemie und der Klimawandel: Bei der Pandemie dreht sich alles um die Gesundheit des Menschen, beim Klimawandel um die Gesundheit der Umwelt. Beide sind nicht unabhängig voneinander: Der Klimawandel wirkt nicht nur über Hitzewellen auf unser Wohlbefinden, sondern auch über die Änderung von Vegetationszonen und die Ausbreitung von Krankheiten. Und die Pandemie zeigte, wie schnell Politik, Wirtschaft, Finanzwesen und die Gesellschaft reagieren können, wenn alles auf dem Spiel steht. Es bleibt nur zu hoffen, dass nun ein Großteil der billionenschweren Nach-Corona-Aufbauhilfen wirklich in die New Green Deals fließt, die gegen den Klimawandel in Stellung gebracht werden.

Die epochalen Krisen, vor denen wir stehen, erstrecken sich auf viele Gebiete. Wie können wir das weltweite Energiesystem auf eine neue, kohlenstofffreie Grundlage stellen – ohne dass die Energieversorgung leidet und die Preise explodieren? Wie können wir mobil sein, ohne Öl zu nutzen, wie heizen ohne Erdgas und Kohle? Wie sehen lebenswerte Städte aus? Wie schaffen wir nachhaltige Industrien? Wie bauen wir mit möglichst wenig Zement und Beton? Oder nehmen wir die Kunststoffe. Sie waren einst die Verheißung des 20. Jahrhunderts, doch heute verpesten sie Flüsse und Meere und finden sich noch an den entlegensten Stränden und in den Körpern vieler Lebewesen. Wie holen wir das Plastik aus den Gewässern? Wie schaffen wir umweltfreundliche Materialien und eine echte Kreislaufwirtschaft? Wie können wir die Vielfalt der Arten und die Wälder schützen und zugleich bis zu zehn Milliarden Menschen gesund ernähren? Und wie begegnen wir den Herausforderungen der Medizin: den neuen Krankheiten, den Multiresistenzen gegen Antibiotika, den Demenzerkrankungen, die sich bis 2050 verdreifachen könnten? Wie berechtigt ist die Angst mancher, dass die Intelligenz smarter Maschinen die Menschheit gefährden könnte? Und eine der wichtigsten Fragen überhaupt: Wie überwindet man Beharrungskräfte und gewinnt die Menschen für den Wandel?

Genau darum geht es in diesem Buch: um neun globale Krisen und die Lösungen der Wissenschaft. Ich bin überzeugt davon, dass wir Antworten finden können. Denn gerade jetzt ballen sich nicht nur die Unwetter zusammen, sondern es häufen sich auch die Durchbrüche: bei mRNA-Impfstoffen gegen die Corona-Pandemie, in der Synthetischen Biologie, bei lernenden Maschinen, Neurochips und Quantencomputern. Wind- und Solarstrom kosten nun weniger als der aus Kohle, Batterien für Elektroautos sind so leistungsstark, wie es vor 20 Jahren niemand für möglich gehalten hätte, und »grüner« Wasserstoff wird plötzlich eine realistische Option. Kurz: Die 2020er-Jahre könnten das Goldene Jahrzehnt des technologischen Wandels werden, so wie die 1920er-Jahre mit der Quantenphysik, der Entdeckung des Penicillins und des Grabs von Tutanchamun als Goldenes Jahrzehnt der Wissenschaft bezeichnet werden. Es wird jetzt auch wirklich

Zeit. Die 2020er-Jahre werden nach allem, was wir wissen, unsere letzte Chance sein, noch umzusteuern und das Ruder herumzureißen – aber ich habe die Hoffnung, dass es gelingen kann.

In den vergangenen Jahren habe ich mit vielen Forscherinnen und Wissenschaftlern gesprochen, sie in ihren Laboren besucht und ihre Publikationen gelesen. Ich habe von Start-up-Unternehmern, Managerinnen und Wirtschaftsführern gelernt, wie aus Entdeckungen echte Innovationen entstehen und was die Hürden sind, die es zu überwinden gilt. Denn Erfindungen, die zwar technisch funktionieren, aber nie den Weg aus dem Labor in die Märkte finden, werden die Welt nicht verändern. Um das große Puzzle an Lösungen, die zusammenpassen müssen, geht es in diesem Buch, um inspirierende Ideen und die Köpfe dahinter. Ich wende mich an alle, die sich um unsere Zukunft sorgen und wissen wollen, was konkret getan werden muss, um die Krisen zu lösen – um ein Leben nicht gegen, sondern im Einklang mit der Natur zu erreichen.

Wir brauchen Ideen und Erfindungskraft und müssen als Gesellschaft entscheiden, welche Technologien wir auf welche Weise nutzen wollen. Solche Entscheidungen dürfen nicht vertagt werden, denn jedes Tun birgt zwar ein Risiko in sich, aber genauso auch jedes Nichtstun. Angesichts der enormen Herausforderungen ist Nichtstun keine Option. Es macht Spaß, neu zu denken, selbst aktiv zu werden und mit der richtigen Idee die Welt zu verändern – auch dazu möchte ich mit diesem Buch auffordern. Die Leserinnen und Leser werden darin viele Zahlen, Daten und Fakten finden, manches Bekannte, aber sicherlich auch einiges Neue. Ich berichte von großen Herausforderungen, spannenden Forschungen und wissenschaftlichen Durchbrüchen, aber vor allem ist mir wichtig, die wesentlichen Zusammenhänge herauszuarbeiten und die Hebel zu identifizieren, mit denen wir die Krisen lösen können. Es geht also um die entscheidenden Weichenstellungen – oder um es plakativ und pathetisch auszudrücken: unsere Überlebensformel.

1 Die Krise der Energieversorgung

Das Ende des fossilen Zeitalters

Das erste Warnsignal schrillte vor über 125 Jahren – wenn es denn jemand gehört hätte. Schon 1896 veröffentlichte der schwedische Physiker und Chemiker Svante Arrhenius einen umfangreichen Fachartikel über die Effekte, die Kohlendioxid (CO_2) und Wasserdampf in der Atmosphäre verursachen.[1] Der Forscher ist heute noch Studierenden der Naturwissenschaften ein Begriff: Für seine Arbeiten zu frei beweglichen Ionen in Flüssigkeiten wurde er 1903 als einer der ersten Wissenschaftler mit dem Nobelpreis für Chemie ausgezeichnet. Nur wenige wissen allerdings, dass er auch die Größenordnung des Treibhauseffekts verblüffend genau berechnet hat.

Dass unsere Atmosphäre wie ein Glashaus wirkt, hatte der französische Mathematiker Joseph Fourier bereits 1824 erkannt. Fast ungehindert dringt das Licht der Sonne durch die Luftschichten und erwärmt den Boden und die Meere. Von dort wird die Energie als längerwellige Wärmestrahlung wieder abgegeben, doch bevor sie ins Weltall gelangt, trifft sie auf Moleküle wie CO_2, Wasserdampf, Methan und Lachgas. Sie kommen zwar nur in geringen Mengen vor, haben aber eine enorme Bedeutung, weil sie einen Teil der Wärmestrahlung aufnehmen und erneut nach unten senden – dies ist der Treibhauseffekt. Ein Großteil der Wärme bleibt so auf der Erde gefangen.

Das ist zunächst nichts Negatives, denn ohne Treibhauseffekt wäre unser Planet eine lebensfeindliche Kugel aus Fels und Eis mit einer Temperatur von minus 18 Grad Celsius. Die Treibhausgase erhöhen diesen globalen Mittelwert heute auf angenehme 15 Grad über null. Kohlendioxid gelangte vor allem durch Vulkanausbrüche in die Atmosphäre, von wo es durch Verwitterung, Kalkbildung und die pflanzliche Photosynthese eingefangen und gebunden wurde, bis sich ein Gleichgewicht einstellte. Noch dreimal größer als der Treibhauseffekt des CO_2 ist der des Wasserdampfs, der allerdings die Erde nicht nur erwärmt. Denn Wasserdampf kann in Form von Wolken auch das Gegenteil bewirken: Je dichter und dunkler sie sind, desto weniger Sonnenlicht lassen sie überhaupt erst bis zum Erdboden vordringen. Und es gibt verstärkende Rückkopplungen: Je mehr sich die Erde erwärmt, desto mehr Wasser verdunstet aus Meeren und Regenwäldern. In oberen Luftschichten trägt es zum Treibhauseffekt bei, und es verdunstet noch mehr Wasser – ein unheilvoller Kreislauf. Zumal bei höheren Temperaturen zudem die Gletscher schmelzen, was die Erde dunkler macht und ihre Wärmeabsorption erhöht.

Mit den Aktivitäten des Menschen kommt nun vor allem seit Mitte des 20. Jahrhunderts zum natürlichen Treibhauseffekt ein weiterer hinzu, der die Fieberkurve des Planeten nach oben treibt. Etwa ein Fünftel der Wirkung dieser zusätzlichen, »anthropogenen« Treibhausgase entsteht durch Methan, das beim Verfaulen organischer Stoffe, auf Mülldeponien, bei der Förderung von Erdgas, beim Reisanbau und in den Mägen von Rindern gebildet wird: Beim Wiederkäuen stößt jedes Rind pro Tag 200 bis 400 Liter Methan aus. Auch Lachgas, das sechs Prozent der Treibhausgaswirkungen verursacht, geht auf die intensive Landwirtschaft und Überdüngung zurück: Es entsteht vor allem durch die Umwandlung von Stickstoffdünger in sauerstoffarmen Böden. Doch der größte Teil – rund 70 Prozent des Effekts der anthropogenen Treibhausgase – ist auf Kohlendioxid zurückzuführen.

Dieses CO_2 entsteht beispielsweise, wenn in einem Kraftwerk Kohle oder Erdgas verbrannt wird, oder in einem Auto, wenn es mit Benzin oder Diesel fährt – beides Stoffe, die aus Erdöl gewonnen werden –, oder wenn Plastikteile durch Mikroorganismen verdaut werden. Denn auch diese Kunststoffe sind immer noch zum größten Teil Produkte der Erdölindustrie. Letztlich verbindet sich der Kohlenstoff, der in den fossilen Energieträgern Kohle, Öl und Erdgas steckt, mit dem Sauerstoff der Luft zu CO_2. Hierdurch sowie durch Rodungen von Wäldern und die Trockenlegung von Feuchtgebieten ist seit Beginn der Industrialisierung der Kohlendioxidgehalt der Luft um die Hälfte gestiegen: von 280 auf heute fast 420 ppm.[2] Die Abkürzung ppm steht dabei für parts per million, also 420 Teile CO_2 auf eine Million Luftteilchen. Diese 0,0420 Prozent erscheinen wenig, reichten aber, um die globale Durchschnittstemperatur seit den Zeiten von Arrhenius um 1,1 bis 1,2 Grad Celsius zu erhöhen.

In seinem Fachartikel stellte sich Svante Arrhenius schon 1896 die entscheidende Frage, die heute noch die Wissenschaftler umtreibt: Wie hoch ist die Klimasensitivität von Kohlendioxid – das heißt, um wie viel Grad steigt die Temperatur an der Erdoberfläche mit zunehmender CO_2-Konzentration in der Atmosphäre? Die Auswertung vieler Messwerte und physikalische Rechnungen führten Arrhenius zu einem Wert von vier bis sechs Grad Temperaturerhöhung pro Verdoppelung des CO_2-Gehalts der Luft. Damit liegt er nicht weit entfernt von der Klimasensitivität, die heute als beste Schätzung gilt: drei Grad Celsius pro CO_2-Verdoppelung, allerdings mit einer Unsicherheit von 0,5 Grad nach unten und ein Grad nach oben – wobei neueste Forschungsergebnisse den Wert eher wieder ein Stück in Richtung Arrhenius, also nach oben, korrigieren.[3]

Zudem scheint die Empfindlichkeit zuzunehmen, je höher der CO_2-Gehalt bereits liegt; sie beschleunigt sich mit steigendem CO_2. Ein Grund dafür könnte sein, dass sich bei wärmeren Temperaturen Wolken in unteren Luftschichten eher auflösen und dadurch mehr Licht auf den Boden gelangt und ihn zusätzlich aufheizt. Auch die Frage, wie viel Kohlendioxid und welche Wärmemengen die Ozeane bei welchen Temperaturen aufnehmen und damit als Puffer einer noch stärkeren Erwärmung entgegenwirken, ist nicht abschließend geklärt. Doch über die grundlegenden Fakten besteht wissenschaftlicher Konsens, wie durch die Verleihung des Physik-Nobelpreises 2021 an die beiden Klimaforscher Syukuro Manabe und Klaus Hasselmann deutlich wurde. Hasselmann war es in den 1990er-Jahren als Direktor am Max-Planck-Institut für Meteorologie in Hamburg gelungen, den »Fingerabdruck« des Menschen im Rauschen der natürlichen Klimaschwankungen nachzuweisen – also statistisch zu belegen, dass der Mensch das Klima wirklich verändert. Und der japanische Meteorologe Syukuro Manabe hatte bereits in den 1960er- und 70er-Jahren Klimamodelle erstellt und Computerberechnungen der Klimasensitivität von Kohlendioxid durchgeführt.

Das gab es schon einmal: Palmen am Polarkreis

Warum ist die Klimasensitivität so entscheidend für unsere Zukunft? Um einem Missverständnis vorzubeugen: Es geht nicht um die Frage, ob der Mensch »den Planeten« oder »das Leben auf der Erde« zerstören könnte. Leben gab es auch bei weit höheren CO_2-Konzentrationen. Als Triceratops, Velociraptor und Tyrannosaurus Rex vor etwa 70 Millionen Jahren durch tropisch feuchte Farn-, Laub- und Nadelwälder streiften, enthielt ihre Atemluft vermutlich zwei bis dreimal so viel Kohlendioxid wie heute. Die Temperaturen lagen bei 23 bis 26 Grad, ähnlich wie derzeit in Hongkong oder Kalkutta. Recht gut untersucht haben Forschende auch die stärkste Hitzephase seit der Kreidezeit, das Paläozän/Eozän-Temperaturmaximum (PETM) vor knapp 56 Millionen Jahren. Damals erwärmte sich die Erde innerhalb von nur 4000 Jahren noch einmal um fünf bis acht Grad. In diesem Supertreibhaus waren beide Polregionen eisfrei, der Meeresspiegel lag um 100 bis 150 Meter höher als heute, und selbst am Polarkreis wuchsen Palmen und tummelten sich Krokodile.

In einem Artikel für die Fachzeitschrift *Climate of the Past* vom Oktober 2020 berichtet ein Team internationaler Forscher nach Auswertung etlicher Studien, dass während des PETM vermutlich eine globale Jahresmitteltemperatur von 32 Grad Celsius erreicht wurde.[4] Derart hohe Temperaturen gibt es zurzeit in keiner Stadt der Erde: Dubai liegt im Schnitt bei 27 Grad, Bangkok knapp unter 29 und selbst die Hitzemetropole des Sudan, Khartum, »nur« bei 30 Grad – während des ganzen Jahres, Tag und Nacht. Die CO_2-Werte erreichten während des PETM rund 2200 ppm – mehr als das Fünffache des heutigen Kohlendioxidgehalts. Doch allein dadurch lassen sich die Extremtemperaturen nicht erklären; vermutlich bliesen nicht nur viele Vulkane Kohlendioxid in die Luft, sondern es wurden zudem aus unterseeischen Quellen erhebliche Mengen an Methan freigesetzt, und am Himmel zogen weniger Wolken, wodurch sich der Erdboden zusätzlich aufheizte.

Die Folgen waren jedenfalls massiv: In der Luft bildete sich aus CO_2 und Wasser Kohlensäure, die über den Regen die Meere versauerte. Die Wassertemperatur stieg zwischen den Polen und dem Äquator auf 27 bis 40 Grad Celsius, und die Zahl der Meeresbewohner nahm rapide ab. Viele Lebewesen – vor allem die mit säureempfindlichen Kalkschalen – überlebten nicht. An Land hatten dieses Schicksal schon zehn Millionen Jahre zuvor alle Dinosaurier mit Ausnahme der Vögel erlitten; sie starben aus, nachdem ein 14 Kilometer großer Asteroid im Flachwasser der Halbinsel Yucatán eingeschlagen war – die Profiteure waren die Säugetiere, die rasch frei gewordene ökologische Nischen besetzten. Doch während des PETM half den Tieren nicht einmal mehr die Wanderung zu den etwas kühleren Polregionen. Sie konnten der trockenen Dürre mit stark verringertem Nahrungsangebot nur dadurch begegnen, dass sie kleiner wurden: Sowohl Pflanzen- wie Fleischfresser schrumpften während dieser Jahrhunderttausende der Entbehrung zu Zwergen. Erst als die Erde Millionen Jahre später deutlich abkühlte, wuchsen auch die Tiere wieder auf die Größen, die wir heute kennen.

Was lehrt uns diese bewegte Vergangenheit unseres Planeten? Zum einen: »Das Leben findet einen Weg«, wie schon Jeff Goldblum als Chaosforscher Ian Malcolm in der Filmreihe *Jurassic Park* die Kraft der Evolution treffend beschrieb. Zum anderen: Man kann die Physik nicht überlisten. Wenn Treibhausgase in die Atmosphäre gelangen, dann wird es auf der Erde wärmer – das ist so simpel wie zwingend. Schlimmer noch: Einmal ausgestoßene Gase lassen sich nur schwer wieder aus der Luft entfernen. Um sie vergleichbar zu machen, wird ihre Wirkung im Allgemeinen über einen Zeitraum von 100 Jahren gerechnet. Methan hat in diesem Fall pro Gramm eine 28-mal stärkere Treibhauswirkung[5] als CO_2. Allerdings verbleibt Methan im Mittel nur zwölf Jahre in der Atmosphäre. Wenn man nicht einen Zeitraum von 100, sondern von 20 Jahren betrachtet, ist Methan sogar 84-mal klimawirksamer als CO_2. Wer eine möglichst schnelle Verringerung des Treibhauseffekts erzielen will, sollte daher vor allem Methan-Emissionen reduzieren: etwa indem man Lecks bei der Öl- und Gasförderung schließt, Deponiegase auffängt, Reis klimafreundlicher anbaut und die Rinderherden verkleinert. Mit relativ einfachen und wirtschaftlich sinnvollen Maßnahmen – wie sie über 100 Staaten auf der Weltklimakonferenz 2021 in Glasgow angekündigt haben – könnte man so den drohenden Temperaturanstieg bis zur Mitte des Jahrhunderts um 0,2 bis 0,3 Grad verringern.[6] Drastisch ausgedrückt: Würde der Ausstoß von Methan heute gestoppt, wäre in 20 Jahren dieses Treibhaus-Molekül so gut wie gar nicht mehr in der Atmosphäre.

Bei Kohlendioxid ist dies anders, und aus diesem Grund muss der langfristige Fokus auf unserem viel größeren CO_2-Ausstoß liegen. Denn nur rund die Hälfte einer emittierten CO_2-Menge wird binnen 50 Jahren von Ozeanen und Pflanzen aufgenommen, doch ein Viertel bleibt ein Jahrtausend in der Luft, und das letzte Viertel wird erst im Lauf weiterer Jahrtausende gebunden – etwa durch die Verbindung von Kohlensäure mit Silikaten, die dann zu Kalzit verwittern.[7] Daraus entsteht Kalkgestein, das am Boden der Meere Hunderte von Millionen Jahren überdauern kann. Die klimatischen Bedingungen auf der Erde regeln, wie schnell diese Verwitterung abläuft; letztlich wirkt das wie ein Thermostat, der die Temperaturen in lebensfreundlichen Bereichen hält – allerdings in Zeiträumen von mehreren Hunderttausend Jahren.

So viel Zeit bleibt uns nicht. Als Arrhenius seinen Artikel über die Klimasensitivität von Treibhausgasen schrieb, hatte die Menschheit gerade ihr unheilvollstes Langzeitexperiment gestartet. Sie begann, in großen Mengen den Kohlenstoff zu verbrennen – und ihn in CO_2 zu verwandeln –, der sich im Lauf der Erdgeschichte angesammelt hatte. So hatten sich im Karbonzeitalter vor 360 bis 300 Millionen Jahren riesige Wälder aus Schuppenbäumen, Farnen und Schachtelhalmen ausgebreitet. Sank diese Biomasse in Seen und Moore, bildete sich Torf. Aus ihm pressten Sedimente wie Ton oder Sand unter Druck und hohen Temperaturen das verbleibende Wasser heraus. Auf diese Weise entstand in Jahrmillionen Steinkohle oder, bei höherem Feuchtigkeitsanteil, die Braunkohle. In den Meeren wiederum sanken die Überreste von Algen und anderen Kleinstlebewesen auf den Boden, wo sich ihr organisches Material unter dem Druck der Sedimente langsam in Kohlenwasserstoffe umwandelte. Dieses Gemisch wurde dann zu Erdöl und bei größerer Hitze zu Erdgas mit dem Hauptbestandteil Methan.

Seit den Anfängen der Industrialisierung holten Bergleute diese Schätze aus der Erde. In den 150 Jahren von 1750 bis 1900 waren es insgesamt zwölf Milliarden Tonnen reiner Kohlenstoff – dieselbe Menge wird heute in weniger als einem Jahr in Kohlegruben, auf Ölbohrplattformen und über Frackinganlagen gefördert. Alles in allem hat die Menschheit bislang rund 450 Milliarden Tonnen Kohlenstoff zur Gewinnung von Strom, Wärme, Treibstoff und für die Petrochemie verbraucht und schließlich als Kohlendioxid in die Luft geblasen. Die Dimension dieses Raubbaus übersteigt jede Vorstellung: Jahr für Jahr vernichten wir heute eine Menge an fossilen Rohstoffen, die ein bis zwei Millionen Jahre für ihre Entstehung benötigt hat.

Dass dies kein nachhaltiges Wirtschaften sein kann, ist offensichtlich, aber noch erschreckender ist die Geschwindigkeit des Klimaexperiments: Wir produzieren heute 22-mal mehr Kohlendioxid pro Jahr als zu Zeiten von Arrhenius. Allein seit 1990, als der Weltklimarat – das Intergovernmental Panel on Climate Change (IPCC) – seinen ersten Bericht veröffentlicht hatte, sind die jährlichen CO_2-Emissionen um mehr als 60 Prozent gestiegen. Ginge diese Entwicklung weiter wie bisher, würde sich der CO_2-Gehalt der Luft bis zum Jahr 2100 auf über 800 ppm noch einmal verdoppeln. Schon heute ist unser CO_2-Ausstoß 100-mal größer als der aller Vulkane. Selbst die CO_2-Emissionen während der PETM-Erwärmung verblassen dagegen: Sie lagen pro Jahr bei weniger als einem Zehntel des heutigen Wertes. Während Pflanzen und Tiere damals Jahrtausende Zeit hatten, mit den neuen Bedingungen zurechtzukommen, so müsste dies heute in wenigen Jahrhunderten oder gar Jahrzehnten gelingen. Das überfordert die Anpassungsfähigkeit vieler Arten.

Vor diesem Hintergrund gibt es immerhin eine positive Nachricht: Genau genommen befinden wir uns seit etlichen Millionen Jahren in einem kühlen Eiszeitalter, mit Eisschichten in beiden Polregionen und abwechselnden Warm- und Kaltphasen. Die letzte Kaltphase ging vor 12 000 Jahren zu Ende, als sich die Gletscher aus Europa, Asien und Amerika zurückzogen und Mammuts, Säbelzahnkatzen und Höhlenbären ausstarben. Die Wahrscheinlichkeit ist allerdings hoch, dass wir nun den Rhythmus durchbrechen und es keine nächste Kaltzeit geben wird. Bohrkerne aus der Antarktis belegen, dass der CO_2-Anteil in der Luft schon heute um ein Drittel höher ist als je zuvor seit mindestens 800 000 Jahren, während die globalen Durchschnittstemperaturen bereits die Werte von vor drei Millionen Jahren erreichen (von kurzzeitigen Maxima in den Warmphasen des Eiszeitalters einmal abgesehen). Steigen sie um drei bis vier Grad gegenüber dem vorindustriellen Wert – was ohne massive Klimaschutzmaßnahmen bis 2100 möglich wäre[8] –, so würde es auf der Erde so heiß wie vor 35 Millionen Jahren.

Drei bis vier Grad, das klingt nicht nach viel. Doch bei Menschen ist das der Unterschied zwischen einer normalen Körpertemperatur und gefährlich hohem Fieber. Beim Klima bedeutet ein um drei bis vier Grad höherer globaler Mittelwert, dass die Wassertemperaturen im Atlantik und Pazifik zwar nur um zwei bis drei Grad ansteigen, dass es dafür aber auf dem Festland um fünf bis acht Grad wärmer wird – und im hohen Norden Sibiriens und Kanadas vielleicht sogar um acht bis 14 Grad. Dort würden dann große Gebiete des Permafrosts tauen, was – wie teilweise heute schon – Schienen, Straßen, Gasleitungen und Häuser absacken lässt. Zudem setzen Mikroorganismen CO_2, Wasserdampf und Methan frei. Im Extremfall könnten es Milliarden Tonnen an Klimagasen sein, denn Permafrostböden machen weltweit die 30-fache Fläche Deutschlands aus. Werden sie instabil, kann dies den Temperaturanstieg erheblich beschleunigen.

Kippelemente und Dominosteine des Klimas

Wissenschaftler – unter anderem vom Potsdam-Institut für Klimafolgenforschung (PIK) – haben noch weitere, möglicherweise sehr gefährliche Effekte des Klimawandels untersucht.[9] Einer der nächstliegenden: Künftig werden im Sommer große Teile der Arktis eisfrei sein. Natur- und Tierschützer fürchten den Eisschwund, doch es gibt etliche Menschen, die ihn sogar begrüßen. Diejenigen, die Rohstoffe abbauen wollen, ebenso wie Reeder, die auf neue Schifffahrtsrouten hoffen: Die Strecke von Hamburg nach Tokio beispielsweise wäre durch eine eisfreie Nordostpassage um 8000 Kilometer kürzer als durch den Suezkanal.

Wie schnell andere Eisflächen schmelzen, könnte für die menschliche Zivilisation hingegen zu einer Überlebensfrage werden. So verringerten sich in den letzten 20 Jahren allein die Gletscher Grönlands um fünf Billionen Tonnen, das entspricht einem riesigen Eisblock von 100 Kilometer Länge, 55 Kilometer Breite und einem Kilometer Dicke. Nun ist Grönland mehr als halb so groß wie die Europäische Union; würde es sein gesamtes Eis verlieren, stiege weltweit der Meeresspiegel um sieben Meter. Weitere sieben Meter, so haben die PIK-Forscher errechnet, kämen hinzu, wenn Teile der West- und Ostantarktis verloren gingen – alles Gebiete, wo das Eis schneller schmilzt, als es selbst Experten noch vor wenigen Jahren für möglich gehalten hatten. Seit 1980, so zeigten unlängst Satellitendaten, hat sich der jährliche Eisverlust der Antarktis mehr als versechsfacht, unter anderem weil warmes Tiefenwasser durch Risse im Boden unter die Gletscherzungen vordringt und sie ins Rutschen bringt.

Verglichen mit den Zeiten von Arrhenius, liegt der Meeresspiegel heute zwar noch nicht einmal 30 Zentimeter höher, aber dies bewirkt bereits an vielen Orten erhebliche Flut- und Sturmschäden und lässt Küsten erodieren. Ein weiterer Anstieg um ein bis zwei Meter würde je nach Geschwindigkeit der Temperaturerhöhung etwa ein Jahrhundert dauern, um 14 Meter vielleicht ein Jahrtausend. Ozeane reagieren träge, aber unaufhaltsam – wie ein Tanker, dessen Richtung nur schwer geändert werden kann, wenn er einmal Fahrt aufgenommen hat.

Doch selbst ein Meeresspiegel, der nur um einen Meter höher läge als heute, wäre eine erhebliche Gefahr, nicht nur für die 1200 Inseln der Malediven, deren höchste Erhebung weniger als drei Meter über die Brandung ragt. In vielen Teilen der Welt, von Ägypten bis Südasien und dem Pazifik, leben Dutzende von Millionen Menschen in Regionen, die weniger als einen Meter über dem Meeresspiegel liegen. In Bangladesch, Laos, Kambodscha, Vietnam und Teilen Thailands würde es dann nicht mehr genügen, Häuser auf Stelzen zu stellen und vom Reisanbau auf Fischfang umzusteigen, wie es heute schon geschieht – ganze Landstriche müssten aufgegeben werden.[10]

Steigen die Fluten um mehrere Meter, wären viele der größten Städte der Erde bedroht: Schanghai ebenso wie New York, Tokio, Rio de Janeiro, Mumbai, Bangkok, Sydney und Hongkong, aber auch die ganzen Niederlande, Hamburg und Stockholm. Wenn die riesigen Barrieren an der Themse, die London vor Sturmfluten schützen, einmal brechen sollten, wären die Folgen verheerend. Zahllose Bürobauten, 25 Krankenhäuser und 200 Schulen müssten evakuiert werden, große Teile der U-Bahnen, Stromnetze und Öltanks würden zerstört. Feuerstürme, verunreinigtes Wasser und Krankheiten würden drohen …

Schmelzen große Teile des Eisschilds auf Grönland sowie in der West- und Ostantarktis, wären Hunderte von Millionen Menschen betroffen. Es käme zu Völkerwanderungen, einschließlich vieler Millionen Flüchtlinge aus den austrocknenden Regionen der Erde, wo die Nahrungsmittel knapp werden. Dass eine solche Umwälzung friedlich ablaufen würde, ist kaum vorstellbar. Zumal weitere Effekte drohen: mögliche »Kippelemente« eines Klimawandels, wie sie die PIK-Forscher getauft haben.[11] Man könnte auch sagen: »Dominosteine«, die, einmal angestoßen, umfallen und andere mit sich reißen.

So könnte das Süßwasser, das aus dem grönländischen Eisschild ins Meer fließt, den Golfstrom – die »thermohaline Atlantikzirkulation« – aus dem Gleichgewicht bringen. Denn dieses riesige Förderband, das warmes Oberflächenwasser nach Norden treibt und Nordwesteuropa sein mildes Klima bringt, wird durch zwei Motoren angetrieben: Die Kälte sowie der relativ hohe Salzgehalt machen im Nordatlantik das Wasser dicht und schwer, lassen es absinken und als kühles Tiefenwasser wieder nach Süden strömen. Diese Pumpe geriet bereits ins Stocken, vermutlich durch salzarmes Schmelzwasser aus Grönland. Derzeit transportiert die Zirkulation 15 Prozent weniger Wasser als noch Mitte des 20. Jahrhunderts – dieser Rückgang entspricht der doppelten Wassermenge, die alle Flüsse der Welt zusammen ins Meer befördern. Ob der Nordatlantikstrom ganz versiegen könnte, ist völlig unklar, doch unmöglich ist es nicht.

Ähnliche Fragezeichen stehen auch hinter El Niño, der alle paar Jahre auftretenden, massiven Änderung der Meeresströmungen im Pazifik vor Peru. Sollten sich El-Niño-Ereignisse aufgrund des Klimawandels häufen und stärker werden, dann drohen Australien und Südostasien noch mehr Buschfeuer, Dürren und absterbende Korallen, während an den Küsten Südamerikas sintflutartige Regenfälle niedergehen, das Plankton verschwinden und die Fische abwandern würden. Zugleich könnte es am Amazonas weniger regnen, was – neben den verheerenden Brandrodungen – die grüne Lunge unseres Planeten weiter schrumpfen ließe. Und auch im Indischen Ozean gibt es ein mögliches Kippelement: Wenn sich der Rhythmus des Sommermonsuns verändert, würde das in manchen Jahren zu extremen Dürren, in anderen zu Flutkatastrophen führen. Vergleichbares gilt in Afrika: Eine weitere Verringerung der Atlantikzirkulation könnte den Monsun in Westafrika destabilisieren und zu noch stärkeren Dürren in der Sahelzone führen.

Wie wahrscheinlich das Auftreten solcher Kippelemente ist, kann heute niemand seriös vorhersagen, doch die Forschenden des PIK argumentieren mit dem Vorsorgeprinzip. Weil das Umfallen der Klima-Dominosteine irreversibel wäre und weltweite Katastrophen nach sich zöge, müsse es unbedingt verhindert werden. Die Wissenschaftler plädieren für sofortiges Handeln und eine maximale Erwärmung um 1,5 Grad bis 2100 (gegenüber dem vorindustriellen Wert). Zwei bis drei Grad seien angesichts der möglichen Folgen schon zu riskant.

Dass wir uns auf einem gefährlichen Klimapfad befinden, ist aber auch ohne Kippelemente offensichtlich, weil es auf einfachen physikalischen Zusammenhängen basiert: Wenn es wärmer wird, müssen Hitzewellen und Dürren zunehmen, aber zu anderen Zeiten und oft an anderen Orten auch die Niederschläge, weil mehr Wasser verdunstet und warme Luft mehr Feuchtigkeit aufnehmen kann. Insgesamt befindet sich mehr Wärmeenergie in der unteren Atmosphäre, was die Häufigkeit und Stärke von Stürmen erhöht. Zugleich verändern sich die gewohnten Muster der Luftzirkulation rund um den Planeten. So bestimmt die Temperaturdifferenz zwischen den Polen und den wärmeren Gebieten die Form und Mächtigkeit der polaren Jetstreams – der Starkwindbänder in hohen Luftschichten, die mit Hoch- und Tiefdruckgebieten das Wetter maßgeblich prägen. Da sich durch den Klimawandel die Regionen um die Pole besonders stark erwärmen, wird dieser Temperaturunterschied geringer; die Jetstreams werden schwächer, und die Wetterlagen – ob trockene Hitze oder Dauerregen – bleiben über längere Zeit stabil.

Viele Klimaeffekte sind heute schon sichtbar. So warnte der Weltklimarat nach einem massiven Korallensterben in Australien und auf den Malediven, dass bei einem Temperaturanstieg von zwei Grad weltweit mehr als 99 Prozent aller Korallenriffe verloren gehen würden (mehr dazu in Kapitel 5). Und das Thermometer klettert immer weiter: Die zehn wärmsten Jahre seit Beginn der Wetteraufzeichnungen vor 140 Jahren lagen alle zwischen 1998 und 2020. Die Zahl extremer Hitzetage hat sich in den letzten 40 Jahren weltweit etwa verdoppelt. 2020 kam es in Ostsibirien nördlich des Polarkreises zu Hitzewellen bis zu 38 Grad Celsius – was noch nie beobachtet worden war. Die Folge: riesige Waldbrände auf einer Fläche von 20 000 Quadratkilometern.

Noch sechsmal größer waren die Buschbrände in Australien im selben Jahr, denen nach Schätzungen von Biologen mindestens eine Milliarde Tiere zum Opfer fielen, darunter 40 Prozent aller Koalas. Zudem setzten die Brände so viel Kohlendioxid frei, wie ganz Deutschland in einem Jahr verursacht. Verheerende Waldbrände lodern auch regelmäßig im Mittelmeerraum, vor allem in Südfrankreich, Spanien, Griechenland und der Türkei. In Kalifornien wurden in den letzten Jahren durch Feuer Zehntausende Häuser zerstört. Nahe Seattle, Portland, Los Angeles und San Francisco sah der Himmel mitunter aus, als ob sich die Hölle geöffnet hätte – und wegen der verbrennenden Kunststoffe, Autos und Reifen roch es auch so.

Wirbelstürme, Gewitter mit Hagel, Starkregen und Überschwemmungen haben laut Munich Re, einer der größten Rückversicherungsgesellschaften, ebenfalls deutlich zugenommen.[12] Insgesamt stieg die Zahl wetterbedingter Naturkatastrophen global gesehen seit 1980 auf das Dreifache – mit einer Schadenssumme von 4200 Milliarden Dollar, wobei nur ein Drittel der Schäden versichert war. Indirekte Schäden, weil Lieferketten unterbrochen wurden, Kredite nicht mehr bedient werden konnten oder Kraftwerke ihre Produktion drosseln mussten, sind darin noch gar nicht enthalten. Zwar wachsen die Summen auch, weil die Besiedelung zunimmt und bei Gebäuden mit Solardächern und Glasfronten mehr Schäden angerichtet werden können, doch auch nach solchen Wertberichtigungen bleibt der Trend deutlich sichtbar.

Wissenschaftler um die junge deutsche Physikerin Friederike Otto haben seit 2015 am Environmental Change Institute der Universität Oxford das neue Feld der Zuordnungswissenschaft (Attribution Science) entwickelt.[13] Mithilfe statistischer Methoden über die Bildung von Extremwerten können Otto und ihr Team sehr schnell – meist binnen weniger Tage – berechnen, ob eine aktuelle Hitzewelle, ein Starkregen, ein Hochwasser oder ein Sturm bereits eine Folge des Klimawandels sind oder ein »normales«, wenn auch ungewöhnliches Wetterereignis. Sie simulieren das Geschehen und die Häufigkeit des Auftretens in der jeweiligen Region am Computer und vergleichen dies mit einer Welt ohne Klimawandel, in der sie die anthropogenen Treibhausgase aus der Atmosphäre entfernt haben. So konnten sie etwa zeigen, dass sich durch den Klimawandel die Wahrscheinlichkeit für den extremen Starkregen verdreifacht hatte, der während des Hurrikans Harvey 2017 in Texas niederging.

Ein »Jahrhundertsommer« wie 2018 in Deutschland[14] mit verdorrten Äckern, Niedrigstwasser in den Flüssen und aufgeplatztem Asphalt käme ohne Klimawandel nur alle 50 bis 100 Jahre vor. Die Wahrscheinlichkeit für eine solche Hitzewelle hat Friederike Otto für sieben Städte in Europa analysiert. »Mit Klimawandel hat sie sich, je nach geografischer Lage, verdoppelt bis verzehnfacht«, berichtet die Forscherin. »Im Jahr 2050 könnte ein solcher Hitzesommer bereits ganz normal sein.« Eine Hitze von 38 Grad, wie sie sich 2020 in Sibirien nördlich des Polarkreises ereignete, würde ohne Klimawandel sogar nur alle 80 000 Jahre auftreten; sie wäre nahezu unmöglich. Auch die Wahrscheinlichkeit, dass es zu solch enormen Regenfällen kommt, wie sie im Juli 2021 in Teilen von Rheinland-Pfalz und Nordrhein-Westfalen stattfanden, wurde durch den Klimawandel um bis zum Neunfachen erhöht.[15] Insgesamt ergab sich für rund 200 Extremereignisse in verschiedenen Gebieten der Erde bei mehr als zwei Dritteln ein wesentlicher Einfluss des Klimawandels, wie wir ihn bereits erleben.

Und das ist erst der Anfang, denn die Temperaturen steigen ja weiter. In einer Studie, die 2020 in der Fachzeitschrift *PNAS* der Akademie der Wissenschaften der USA erschien, untersuchte ein weltweites Team von Forschenden, wie sich der Klimawandel auf die Regionen auswirken könnte, die Menschen bevorzugt bewohnen.[16] Seit mindestens 6000 Jahren lebt der größte Teil der Menschheit in Gegenden mit Jahresdurchschnittstemperaturen von 11 bis 15 Grad Celsius. Ackerbau und Viehzucht funktionieren dort hervorragend, aber auch in Büros und Fabriken kann man bei solchen Temperaturen am besten arbeiten. So hat Deutschland eine Jahresmitteltemperatur von 10,4 Grad, Paris und London liegen bei 11, Peking bei 12, Mailand und Berlin bei 13, San Francisco bei 14 und Tokio bei 15 Grad. Wo höhere Temperaturen herrschen, etwa in den Monsungegenden Indiens mit 20 bis 25 Grad oder darüber hinaus, ist die wirtschaftliche Leistungsfähigkeit der Bevölkerung geringer.

Der Klimawandel könnte künftig die bevorzugten Siedlungsgebiete des Menschen erheblich beeinträchtigen. In den Szenarien des Weltklimarats, bei denen die Menschheit so weiterwirtschaftet wie bisher, steigen die globalen Mitteltemperaturen schon bis 2070 um etwa zwei Grad gegenüber heute. Auf den Landflächen entspräche dies einer Temperaturzunahme von vier bis fünf Grad. In der *PNAS*-Studie haben die Forschenden errechnet, dass dann viele Siedlungsgebiete in Südamerika, Afrika, Süd- und Ostasien sowie Nordaustralien auf Jahresmitteltemperaturen von 29 Grad Celsius und mehr kämen – also weit jenseits der menschlichen Komfortzone. Insgesamt wären davon 3,5 Milliarden Menschen betroffen, oder anders gesagt: Mehr als ein Drittel der Weltbevölkerung könnte bis 2070 zu massiven Veränderungen gezwungen sein. Entweder durch erhebliche technische Anpassungen wie rund um die Uhr laufende Klimaanlagen, riesige Bewässerungszonen und neue Nahrungsquellen – oder durch Migration in die kühleren Regionen der Erde.

All dies lässt nur eine Schlussfolgerung zu: Der durch den Menschen verursachte Klimawandel ist weit mehr als eine Krise unter vielen. Er gefährdet die Artenvielfalt ebenso wie unsere Nahrungs- und Wasserversorgung und all die Siedlungsorte, an denen heute Menschen leben. Er zwingt uns, Mobilität und Wohnen, Gesundheitssysteme, Industrien und Energieversorgung – alle Lebensbereiche – neu zu gestalten und auf eine nachhaltigere Grundlage zu stellen. Kurz: Wir müssen unsere Zivilisation neu erfinden, wenn wir sie erhalten wollen. Der Klimawandel ist *die* Krise des 21. Jahrhunderts und ein Treiber für viele weitere Krisen. Oder bildlich gesprochen: Das Fahrzeug, in dem wir sitzen, beschleunigt abwärts immer schneller, und wir haben nicht mehr viel Zeit, um die vielen Haarnadelkurven sicher zu nehmen, bevor wir die rettende Ebene erreichen. Wir müssen dringend bremsen – und zwar jetzt.

Die Entwöhnung vom Karbon-Energydrink

Was zu tun ist, um das Klimaproblem zu lösen, lässt sich in einem Schlagwort zusammenfassen: Dekarbonisierung, die kohlenstofffreie Wirtschaft. Alle Prozesse, die unsere Gesellschaft am Leben halten, müssen schnell auf solche umgestellt werden, die keine Treibhausgase wie Kohlendioxid (CO_2) und Methan (CH_4) freisetzen, also kein »C« enthalten (C steht für lateinisch »carbo«, Kohle, daher der Begriff Dekarbonisierung). Wir müssen unseren Kraftwerken, Fabriken, Häusern, Autos, Schiffen und Flugzeugen einen Weg ins postfossile Zeitalter eröffnen – weg vom »Karbon-Energydrink« aus Öl, Gas und Kohle, hin zu erneuerbaren Energien wie Wind, Sonne und Wasserkraft. Wir brauchen neue Herstellungsprozesse für Kunststoffe ebenso wie für Stahl und Beton und eine möglichst fleischlose Ernährung. Brandrodungen müssen gestoppt und Städte neu entworfen werden. Doch so leicht sich das alles niederschreiben lässt, so schwierig wird es in der Umsetzung. Denn es bedeutet die völlige Umgestaltung unserer Wirtschaftssysteme in extrem kurzer Zeit.

Als Menschen zum ersten Mal ihre Lebensweise änderten, vom Jäger und Sammler zum Bauern und Hirten und vom Nomaden zum Siedler, nahmen sie sich Jahrtausende Zeit. Die industrielle Revolution von der Dampfmaschine bis zum Fließband in den Fabriken dauerte fast 150 Jahre, der Weg vom Transistor bis zum allgegenwärtigen Notebook, Internet und Smartphone 50 Jahre. Und wie viel Zeit bleibt uns jetzt, um den Klimawandel zu bremsen? Vermutlich noch zehn bis 20 Jahre, bis zur endgültigen Umsetzung vielleicht bis 2050, aber die entscheidenden Weichen müssen jetzt, in der 2020er-Dekade, gestellt werden.

Wir haben viel Zeit verloren: Arrhenius hat seine Berechnungen über die Treibhausgase vor über 125 Jahren angestellt. Im Jahr 1958 starteten die bis heute andauernden, mehrmals pro Stunde stattfindenden, Messungen der atmosphärischen CO_2-Konzentration auf dem Mauna Loa in Hawaii – diese Kurve steigt immer noch stetig an. 1965 warnte der wissenschaftliche Beirat des US-Präsidenten vor einer vom Menschen verursachten Klimaänderung. 1982 sagten Forschende bei ExxonMobil in einer internen Studie den CO_2-Gehalt und die Temperaturen der kommenden Jahrzehnte verblüffend genau voraus: Ihre Resultate fürs Jahr 2020 weichen nur wenige Prozent von den realen Werten ab. Dennoch behauptete der Ölmulti noch um die Jahrtausendwende in PR-Kampagnen, dass die Wissenschaft nicht genau wisse, welche Rolle anthropogene Treibhausgase bei der Erwärmung des Planeten spielen. Wegen irreführender Aussagen und der durch die Firma verursachten Klimaschäden muss sich ExxonMobil seither immer wieder vor Gericht verantworten.

1992, bei der Konferenz der Vereinten Nationen (UN) über Umwelt und Entwicklung in Rio de Janeiro, wurde schließlich das Schlagwort der »Nachhaltigkeit« wieder ins Bewusstsein der Öffentlichkeit gerückt. Denn eigentlich ist dieser Begriff, der zum Motto des 21. Jahrhunderts werden muss, über 300 Jahre alt. Deutsche Forstmeister beschrieben damit eine Bewirtschaftungsmethode für Wälder, bei der nur so viel Holz entnommen wird, wie nachwachsen kann. In Rio wurde Nachhaltigkeit neu definiert: »Eine nachhaltige Entwicklung befriedigt die Bedürfnisse der heutigen Generation, ohne die Chancen zukünftiger Generationen zu gefährden.« Dabei geht es gleichermaßen um soziale und ökonomische Bedürfnisse – insbesondere die Überwindung der Armut – wie um den Schutz der Umwelt.

Zwei Jahre zuvor, 1990, hatte der Weltklimarat (IPCC) seinen ersten Sachstandsbericht veröffentlicht. In diesen Berichten, die alle fünf bis sieben Jahre publiziert werden, wird der jeweils aktuelle Kenntnisstand von Tausenden Wissenschaftlern aus aller Welt zusammengefasst.[17] Daraus politische Entscheidungen abzuleiten, wurde schon bei zahlreichen UN-Klimakonferenzen versucht. 1992 haben fast alle Länder der Welt die UN-Klimarahmenkonvention unterschrieben, die im Wesentlichen aus der Aufforderung bestand, dass »die Treibhausgaskonzentrationen stabilisiert werden sollen, um eine gefährliche Störung des Klimasystems zu vermeiden«. Seither gab es ein Auf und Ab, manchmal Fortschritte wie in Kyoto 1997, oft Rückschläge wie in Kopenhagen 2009 – bis im Dezember 2015 in Paris bei der 21. UN-Klimakonferenz der bislang wichtigste Durchbruch gelang.

Der Vereinbarung von Paris haben alle Staaten zugestimmt, obwohl zwischenzeitlich die USA unter Donald Trump zuerst aus- und im Januar 2021 am Tag der Amtseinführung von Joe Biden wieder eingetreten sind. Das Übereinkommen besagt, dass die globale Erwärmung – im Jahr 2100 verglichen mit dem vorindustriellen Niveau – auf deutlich unter zwei Grad Celsius begrenzt werden soll, wenn möglich sogar auf nur 1,5 Grad. Um dies zu erreichen, verpflichten sich alle Länder auf nationale Klimaaktionspläne mit CO_2-Reduktionszielen, die sie selbst aufstellen.

Darüber hinaus wurden Finanzhilfen beschlossen, um ärmere Länder bei nötigen Anpassungen an den Klimawandel zu unterstützen. Die Vereinbarung klingt ehrgeizig und sinnvoll, hat aber ein gravierendes Problem: Die eingereichten Pläne der Staaten reichen nicht aus, auch nur das Zwei-Grad-Ziel zu erreichen. Mit dem, was die Menschheit bisher an Aktionen vorsieht, würde die Fieberkurve des Planeten bis 2100 um 2,1 bis 2,7 Grad nach oben klettern, nur im optimistischsten Fall wären 1,8 Grad zu schaffen, errechneten Wissenschaftler des Climate Action Tracker im November 2021.[18] Es muss also dringend nachgearbeitet werden, zumal die jetzigen Verpflichtungen zwar auf dem Papier stehen, aber noch lange nicht umgesetzt sind.

Was besagt eigentlich die Zielmarke aus Sicht der Naturwissenschaft? Vor allem wissen die Fachleute, dass das finale Temperaturniveau, auf dem die Erwärmung gestoppt werden soll, in guter Näherung proportional zur Gesamtmenge der CO_2-Emissionen seit Beginn der Industrialisierung ist – mit ein paar Unsicherheiten, darunter auch der, dass die Klimasensitivität von CO_2 (und den anderen Gasen), wie beschrieben, nicht mit hinreichender Präzision bekannt ist. Die meisten Experten gehen heute aber davon aus, dass die CO_2-Konzentration der Atmosphäre im Jahr 2100 höchstens zwischen 460 und 520 ppm liegen darf, um das Paris-Ziel zu erreichen.

Daraus ergibt sich zurückgerechnet ein Gesamtbudget von 2900 bis 3400 Milliarden Tonnen Kohlendioxid, die die Menschheit insgesamt in die Luft entlassen darf.[19] Das umfasst alle Quellen für CO_2: Kohle, Öl und Gas ebenso wie die Zementherstellung und die Änderungen in der Landnutzung, und damit auch die Rodung der Wälder. Da bis zum heutigen Zeitpunkt bereits rund 2400 Gigatonnen, also 2400 Milliarden Tonnen, an zusätzlichem Kohlendioxid emittiert wurden, verbleibt noch ein Restbudget von 600 bis 1000 Gigatonnen CO_2 – was im Übrigen rund 160 bis 270 Gigatonnen Kohlenstoff entspricht, weil sich eine Tonne Kohlenstoff mit dem Sauerstoff der Luft zu knapp 3,7 Tonnen Kohlendioxid verbindet.

Derzeit liegen die weltweiten CO_2-Emissionen pro Jahr bei etwa 42 Gigatonnen, wobei 36,5 Milliarden Tonnen aus der Nutzung fossiler Brennstoffe und der Zementindustrie stammen.[20] In den letzten Jahrzehnten ist dieser Wert fast immer gestiegen, von kleineren Rückgängen während Wirtschaftskrisen abgesehen. Erst die Covid-19-Pandemie mit den weltweiten Lockdowns, der gesunkenen Industrieproduktion und den Reisebeschränkungen hat zu einem deutlichen Einbruch geführt: 2020 sanken die fossilen CO_2-Emissionen im weltweiten Durchschnitt um sieben Prozent – abgesehen von China, das sogar noch ein kleines Wachstum der Wirtschaft und der Emissionen verbuchte.

Ginge die Menschheit diesen Pfad unverändert weiter, dann wäre unser Restbudget in 14 bis 23 Jahren aufgebraucht und wir dürften spätestens ab dem Jahr 2045 gar kein Kohlendioxid mehr in die Luft blasen. Dann müssten wir jede Emission dadurch ausgleichen, dass wir dieselbe Menge an CO_2 aus der Atmosphäre entfernen – etwa durch massive Aufforstungen oder die Speicherung von CO_2 in unterirdischen Lagerstätten. Zum gleichen Ergebnis, aber realistischer in der Umsetzung, führt die Formel, ab sofort jedes Jahr die weltweiten CO_2-Emissionen um fünf Prozent zu senken – oder, bei weiterwachsender Bevölkerung, pro Kopf um sechs Prozent. Wir müssten also jedes Jahr etwa dasselbe schaffen, was infolge der Corona-Einschränkungen 2020 zwangsweise gelang. Das ist nicht unmöglich, aber es verdeutlicht die enorme Aufgabe, die zu bewältigen ist.

In den 27 EU-Ländern (ohne Großbritannien) sind die Treibhausgasemissionen von 1990 bis 2019 um 24 Prozent gesunken. Verpflichtet hat sich die EU in ihrem European Green Deal, bis 2030 eine Reduktion um mindestens 55 Prozent zu erreichen, bis 2050 sogar die Treibhausgasneutralität – also Netto-Nullemissionen. Damit will Europa der erste klimaneutrale Kontinent werden. Gelänge es, die Emissionen jedes Jahr um etwa fünf Prozent zu verringern, dann ließen sich diese Ziele in der Tat erreichen. Für Deutschland wäre der Weg noch einfacher: Bis 2019 schaffte Deutschland einen Rückgang von 35 Prozent gegenüber 1990, und 2020 lag dieser Wert aufgrund des Sondereffekts der Corona-Pandemie sogar um 41 Prozent unter dem vor 30 Jahren.

Allerdings macht Deutschland nicht einmal zwei Prozent des weltweiten CO_2-Ausstoßes aus[21] – die EU knapp acht Prozent. Indien liegt bei sieben Prozent, die USA bei 14, und China, dessen Emissionen sich ebenso wie die von Indien seit 1990 mehr als verdreifacht haben, ist für 31 Prozent der Kohlendioxidbelastung aus fossilen Quellen verantwortlich. Doch mit Verantwortung ist das so eine Sache: Da sich heute noch viel von dem CO_2 in der Atmosphäre befindet, das zu Zeiten unserer Eltern und Großeltern ausgestoßen wurde, verweisen China und Indien gerne auf die historische Schuld. Denn seit der Industrialisierung haben die USA ein Viertel des jemals emittierten CO_2 aus Kohle, Öl, Gas und der Zementindustrie verursacht. Die EU einschließlich Großbritannien ist für etwas mehr als ein Fünftel (22 Prozent) verantwortlich, erst danach folgen China (13 Prozent), Russland (sieben Prozent), Japan (vier Prozent) und Indien (drei Prozent).

Auch eine weitere Betrachtungsweise ist ebenso gültig. Pro Kopf liegen die CO_2-Emissionen in China und der EU derzeit bei acht beziehungsweise sechs Tonnen pro Jahr (in Deutschland bei acht), während es in Indien weniger als zwei Tonnen sind. Die USA hingegen schlagen mit rund 14 Tonnen zu Buche – wobei dieser hohe Pro-Kopf-Wert schon eine deutliche Verbesserung darstellt: Um die Jahrtausendwende verursachte jeder Amerikaner noch 20 Tonnen CO_2 pro Jahr. Doch auch diese Statistik hat ihre Tücken: So werden üblicherweise jedem Land die Emissionen zugerechnet, die auf seinem Boden entstehen. Wenn aber in China oder in Deutschland viele Produkte hergestellt werden – ob Spielzeug, Computer, Smartphones, Autos oder Werkzeugmaschinen –, die exportiert und anderswo genutzt werden, dann müsste man eigentlich einen Teil der dabei entstehenden Treibhausgasemissionen dem Land des Kunden zuschlagen und nicht nur dem des Exporteurs. Für China könnten diese »grauen« Export-Emissionen etwa ein Siebtel des CO_2-Ausstoßes ausmachen. Das wären dann rund 1,4 Milliarden Tonnen CO_2 pro Jahr, die zwar China zugeschrieben, aber von anderen veranlasst wurden.

Doch unabhängig davon gilt: Mit China, den USA, der EU, Indien, Russland und Japan sind nur sechs Staaten, beziehungsweise Staatsgemeinschaften, für insgesamt zwei Drittel aller CO_2-Emissionen aus fossilen Quellen verantwortlich. Nimmt man noch Brasilien und Indonesien hinzu, die wegen der massiven Abholzung der Regenwälder bei der Gesamtmenge der Treibhausgasemissionen sogar Russland und Japan übertreffen, dann sind die wesentlichen Klimasünder identifiziert. Verblüffend wird das Bild, wenn man Unternehmen in den Fokus nimmt: So hat eine Studie der Non-Profit-Organisation Carbon Disclosure Project herausgefunden, dass 63 Prozent aller Treibhausgase aus fossilen Quellen, die weltweit seit 1988 ausgestoßen wurden, auf nur 50 Firmen zurückgehen.[22] Das reicht von China Coal über Saudi Aramco und Gazprom, ExxonMobil, Shell und Petrobras bis zum deutschen Kohlekraftwerkbetreiber RWE auf Platz 41.

Der effektivste Hebel gegen den Klimawandel

Wie auch immer – solche Betrachtungen rücken die Zusammenhänge vielleicht in die richtige Perspektive, bringen aber für die Lösungen, die wir brauchen, wenig Mehrwert. Wichtiger ist es, sich zu fragen: Was sind die effektivsten Hebel zur Verringerung der Emissionen? Hier ist das Bild sehr klar: 86 Prozent des anthropogenen Kohlendioxids stammen jedes Jahr aus Kohle (14,5 Gigatonnen CO_2), Erdöl (12,5 Gt), Erdgas (8 Gt) und der Zementindustrie (1,5 Gt), der Rest vor allem aus der Landnutzung (5,5 Gt), und hinzu kommen noch Methan (9 Gt CO_2eq) und Lachgas (3 Gt CO_2eq) vorwiegend aus der Landwirtschaft.[23] CO_2eq steht für CO_2-Äquivalente, also die Umrechnung der Treibhausgaswirkung während eines Zeitraums von 100 Jahren auf entsprechende Mengen an Kohlendioxid. An diesen Hebeln muss man also ansetzen, um den größten Effekt zu erzielen. Auf die Land- und Forstwirtschaft gehe ich in den Kapiteln 5 und 6 ein, betrachten wir hier zunächst die fossilen CO_2-Quellen.

Kohle wird heute weltweit zu über 90 Prozent in Kraftwerken für die Strom- und Wärmeerzeugung eingesetzt, der Rest vor allem zur Reduktion von Eisenerz in der Stahlerzeugung.[24] Mehr als die Hälfte des Erdöls dient als Ausgangsprodukt für die Treibstoffe von Fahrzeugen, Schiffen und Flugzeugen, etwa ein Viertel wird in Kraftwerken, Industrie und Haushalten für Heizzwecke oder zur Stromerzeugung verbrannt und rund 14 Prozent landen in der Petrochemie, um Kunststoffe, Farben und Lacke, Kosmetika, Schmierstoffe oder Düngemittel herzustellen. Erdgas wird in unterschiedlichen Weltregionen mit wechselnden Schwerpunkten eingesetzt, im Durchschnitt etwa zu einem Viertel zur Stromerzeugung und zu 40 Prozent, um zu heizen und zu kochen. Ein Drittel des Erdgases braucht die Industrie für Prozesswärme und Blockheizkraftwerke sowie zur Herstellung von Chemikalien, beispielsweise von Wasserstoff oder Ammoniak. Nur ein kleinerer Erdgasanteil treibt Fahrzeuge an.

Nimmt man all das zusammen, so entstehen etwa 42 Prozent der weltweiten CO_2-Emissionen, die aus Kohle, Öl und Gas stammen, in Kraftwerken zur Strom- und Wärmeerzeugung, ein Viertel in der Industrie und ein Fünftel im Transportwesen. Die Haushalte schlagen bei direkten CO_2-Emissionen zwar nur mit zehn bis 15 Prozent zu Buche, aber natürlich nutzen sie einen Großteil des Stroms, der in den Kraftwerken erzeugt wird. Wie sich in Zukunft Mobilität, Industrie und Gebäude ändern müssen, um den Klimawandel zu bremsen, untersuche ich in den nächsten Kapiteln. Hier soll es erst einmal um den stärksten Hebel von allen gehen: die Erzeugung von Strom und Wärme.

Nicht vergessen sollte man dabei natürlich, dass am besten für die Umwelt immer die Energie ist, die gar nicht benötigt wird. Wer alte Glühlampen gegen Leuchtdioden (LED) austauscht, spart bei gleicher Helligkeit bis zu 90 Prozent an elektrischem Strom – LED-Lampen sind zwar teurer als Glühbirnen, leben aber 15- bis 50-mal länger. Ähnliches gilt für Hausgeräte. Kühl- und Gefrierschränke, Waschmaschinen, Wäschetrockner und Küchengeräte machen zusammen fast die Hälfte der Stromkosten deutscher Haushalte aus – seit dem Jahr 2000 ist ihr Verbrauch um 50 bis 80 Prozent gesunken, sodass immer wieder neue Energieeffizienzklassen eingeführt werden mussten, um mit der technischen Entwicklung Schritt zu halten.

Oder nehmen wir große elektrische Antriebe, etwa für Förderbänder, und elektrische Pumpen. Solche Elektromotoren verursachen rund 60 Prozent des Stromverbrauchs der gesamten Industrie. Auch hier kann eine Menge getan werden: Mit effizienteren und intelligent gesteuerten Motoren lässt sich bei vielen Antrieben und Pumpen der Verbrauch um über die Hälfte senken. Derart effiziente Produkte rechnen sich schon allein wegen der Stromeinsparungen nach kurzer Zeit: Bei LEDs nach weniger als 1000 Stunden Betrieb, bei Elektromotoren und Hausgeräten meist nach zwei bis vier Jahren.

Wichtiger noch: Allein diese drei Felder – Beleuchtung, Hausgeräte und industrielle Antriebe – machen fast zwei Drittel des globalen Strombedarfs aus. Dementsprechend hoch wäre das Einsparpotenzial.[25] Würden weltweit alle Lampen, Hausgeräte und industriellen Elektromotoren durch die effizientesten Alternativen ersetzt, so könnte man auf gut und gerne 2000 Kohlekraftwerke mit je 800 Megawatt Leistung verzichten und so jedes Jahr neun Milliarden Tonnen CO_2 einsparen. Das wäre ein Viertel aller CO_2-Emissionen aus fossilen Quellen – ein deutlicher Beleg dafür, was Effizienzsteigerungen erreichen können. Die Internationale Energieagentur IEA hat sogar ein Szenario durchgerechnet,[26] nach dem sich bis 2040 die Weltwirtschaft verdoppeln könnte und trotzdem weniger Treibhausgase in die Luft gelangen – vorausgesetzt, es würden überall diejenigen Effizienztechnologien eingesetzt, die sich heute schon rechnen.

Die IEA-Forscher argumentieren, dass die Energieintensität seit Jahrzehnten stetig zurückgeht: Darunter versteht man die Energie, die benötigt wird, um Waren im Wert von einem Dollar zu produzieren. In der EU und den USA sank die Energieintensität seit 2000 um etwa ein Drittel, in China sogar fast um die Hälfte. Dafür sind allerdings effizientere Technologien nicht der einzige Grund – ein anderer ist der wachsende Anteil von Dienstleistungen. Wer soziale Netzwerke betreibt oder Aktienfonds verwaltet, braucht natürlich nicht so viel Energie wie eine Aluminiumhütte oder eine Chemiefabrik.

Leider ist jedoch das simple Hochrechnen von Effizienzeinsparungen in mehrfacher Hinsicht eine Milchmädchenrechnung: Unter Fachleuten gut bekannt ist der sogenannte Rebound-Effekt, der dazu führen kann, dass eine höhere Effizienz fast wirkungslos verpufft. Wenn Kühlschränke weniger Strom verbrauchen, schafft sich der eine oder die andere schon mal einen voluminöseren an – ebenso beim Auto, das so viel Benzin spart, dass man sich ein größeres leisten kann, mit mehr Komfort, mehr Sicherheit, mehr Schnickschnack. Wogen typische europäische Mittelklassewagen um 1980 etwa 800 Kilogramm, so sind sie heute gut 600 Kilo schwerer. Ihr Verbrauch sank trotzdem um ein Drittel; bei gleichem Gewicht wären es allerdings fast zwei Drittel weniger gewesen.

Ähnlich stark ist dieser Bumerangeffekt bei der Beleuchtung: Trotz der hohen Effizienz von LEDs und des Verbots ineffizienter Glühlampen verbrauchen die Deutschen heute nur 15 Prozent weniger Elektrizität für Beleuchtung als vor zehn Jahren. Licht macht immer noch ein Achtel des deutschen Stromverbrauchs aus, weltweit sogar fast ein Fünftel. Die Begeisterung für die effizienten, vielfarbigen und breit einsetzbaren LEDs führt eben dazu, dass ihr Licht auch dort eingesetzt wird, wo früher vieles im Dunkeln lag: in Möbeln, an Häuserfassaden und Gartenzäunen, in Fahrzeuginnenräumen und sogar bei bunt blinkenden Hundehalsbändern.

Hinzu kommt, dass der Energiehunger der Menschheit kaum sinken wird. Unter anderem natürlich, weil die Bevölkerung weiter zunimmt. Zwischen 2050 und 2060 werden nach den meisten Prognosen 9,7 Milliarden Menschen auf der Erde leben – fast ein Viertel mehr als heute. Jedes Jahr wächst die Welt derzeit etwa um die Einwohnerzahl Deutschlands. Jenseits von 2060 sind sich die Wissenschaftler uneins: Manche rechnen bis zum Ende des

Jahrhunderts mit einem Rückgang auf 8,8 Milliarden Menschen, die offiziellen Berechnungen der Vereinten Nationen[27] prognostizieren allerdings einen Anstieg auf 10,8 Milliarden – allein in Afrika soll die Bevölkerung bis 2100 auf 4,3 Milliarden Menschen zunehmen; das wären fast drei Milliarden mehr als heute.

Dass Menschen in Afrika und anderen Weltregionen einen Nachholbedarf in Sachen Wohlstand haben, wird wohl niemand bestreiten. Pro Kopf beträgt das durchschnittliche, kaufkraftbereinigte Bruttoinlandsprodukt in den Ländern Afrikas knapp 6000 Dollar pro Jahr, in der EU ist es achtmal so hoch, in den USA das Zehnfache und auch in China fast das Doppelte. Ob komfortableres Wohnen, höhere Mobilität, vielfältigere Produkte, Bildung und ein besseres Gesundheitswesen – all das erfordert ein Mehr an Energie.

Die IEA geht in den nächsten Jahrzehnten von einem jährlichen Wachstum des weltweiten Energiebedarfs von ein bis 1,3 Prozent aus, wobei eine effizientere Nutzung bereits eingerechnet ist.[28] Da zudem immer mehr Produkte auf Strom setzen – vom Elektromotor über das Smartphone bis zur Kryptowährung Bitcoin –, dürfte der Strombedarf mindestens zweimal schneller wachsen als die Nachfrage nach Energie im Allgemeinen. Das bedeutet, dass sich der globale Stromverbrauch von heute 23 000 Milliarden Kilowattstunden, also 23 000 Terawattstunden (TWh), bis 2050 auf 40 000 bis 50 000 TWh verdoppeln könnte.

Das neue Stromzeitalter – effizient und umweltfreundlich

In Zukunft wird der elektrische Strom zum beherrschenden Energieträger: im Verkehr mit Elektrofahrzeugen, in der Industrie mit Robotern und elektrischen Antrieben und in Gebäuden mit Solarzellen auf dem Dach, Großbildschirmen im Wohnzimmer und Wärmepumpen für die Heizung. Wir verlassen die Ära der fossilen Energiequellen, die durch 250 Jahre massiver Ausbeutung von Kohle, Öl und Gas geprägt war, und treten ein in ein neues Stromzeitalter. Dabei muss die prognostizierte Verdoppelung des Bedarfs bis 2050 keine Hiobsbotschaft sein, ganz im Gegenteil: Wenn dieser Strom vorwiegend aus erneuerbaren Quellen wie Sonne, Wind, Wasser, Biomasse oder Erdwärme kommt, dann entstehen im Betrieb kaum Treibhausgase. Das neue Stromzeitalter kann, wenn wir es richtig machen, der entscheidende Hebel im Kampf gegen den Klimawandel sein – sogar ohne das Wirtschaftswachstum abzuwürgen, das Milliarden von Menschen brauchen, um eine Chance auf ein besseres, gesünderes Leben und sichere Arbeitsplätze zu haben.

Schauen wir uns die globale Stromerzeugung genauer an. Ist es realistisch, sie bis spätestens 2050 auf kohlenstofffreie Quellen umzustellen? Manche Länder sind auf gutem Wege: So hat sich in Deutschland der Anteil des Stroms, der aus Kohlekraftwerken kommt, in den vergangenen 20 Jahren mehr als halbiert. Nach dem Kohleausstiegsgesetz wird die Kohleverstromung bis spätestens 2038 endgültig beendet – unter der neuen Regierung vielleicht auch schon ab 2030. Erneuerbare Energien lagen im Jahr 2020 bereits bei 47 Prozent der Bruttostromerzeugung, wobei Wind mehr als die Hälfte ausmachte und Solarstrom ein Fünftel. In der Mittagshitze eines Sommertages kam es in den vergangenen Jahren vor, dass zwei von drei Kilowattstunden aus Photovoltaikanlagen stammten – während der Beitrag von Windstrom an stürmischen Herbstabenden mitunter noch höher lag. Doch es gibt auch das andere Extrem: In windstillen Nächten, wenn sich kaum ein Lüftchen regt, sind die Beiträge von Wind und Sonne minimal.

In Großbritannien, wo mit den ersten Dampfmaschinen das Industriezeitalter begann, ist das Ende der Kohle schon in Sicht.[29] Die letzten verbleibenden Kohlekraftwerke sollen bis 2025 ihren Betrieb einstellen. Stattdessen setzen die Briten auf die Kraft des Windes. Acht der weltweit zehn größten Offshore-Windparks befinden sich in britischen Gewässern – bis 2030 soll die Leistung der Anlagen vor der Küste noch einmal vervierfacht werden. Das Ergebnis ist beeindruckend: Das Vereinigte Königreich emittiert heute weniger Kohlendioxid als zu Zeiten von Königin Victoria und Arthur Conan Doyles fiktivem Detektiv Sherlock Holmes um 1888.

Auch in den USA ist Erstaunliches gelungen: Der CO_2-Ausstoß liegt heute so niedrig wie vor 30 Jahren – vor allem, weil Hunderte dreckiger Kohlemeiler abgeschaltet und durch moderne Gaskraftwerke ersetzt wurden. Die alten Kohleanlagen, oft noch aus den 1970er-Jahren, erzeugten pro Kilowattstunde (kWh) Strom bis zu 1,4 Kilogramm CO_2. Die leistungsfähigsten der heutigen Kohlekraftwerke emittieren weniger als die Hälfte davon. Noch sauberer sind Erdgas-Kombikraftwerke: Sie verbrennen das Erdgas zunächst bei sehr hohen Temperaturen von 1500 Grad Celsius in einer Gasturbine zur Stromerzeugung. Die immer noch 600 Grad heißen Abgase nutzt man dann, um Wasser zu verdampfen und über eine Dampfturbine erneut Strom zu gewinnen. Mit einem solchen kombinierten Gas-und-Dampfturbinen-Kraftwerk lassen sich heute Wirkungsgrade von 64 Prozent für den elektrischen Strom erreichen – das heißt: 64 Prozent der Energie, die im Erdgas steckt, wird in Strom verwandelt.

Verwendet man noch die entstehende Wärme zur Fernwärmeheizung von Gebäuden oder für die Wärmeversorgung von Industrieanlagen, so steigt der Gesamtnutzungsgrad des Erdgases auf 85 bis 90 Prozent, teilweise sogar noch darüber – effizienter kann Energieerzeugung kaum sein.[30] Und emissionsarm ist sie auch noch: Pro kWh Strom entstehen bei den besten Anlagen nur zwischen 320 und 380 Gramm CO_2. Der Effekt ist enorm: Nehmen wir ein typisches Kraftwerk mit 800 Megawatt (MW) elektrischer Leistung, das während 8000 Stunden im Jahr betrieben wird – was für eine große deutsche Stadt mitsamt Industrie, Gewerbe und 875 000 Bewohnern ausreicht. Wenn dies ein altes Kohlekraftwerk ist, entstehen dabei pro Jahr rund acht Millionen Tonnen CO_2. Eine GuD-Erdgas-Anlage würde nur 2,2 Millionen Tonnen CO_2 ausstoßen, bei gleicher Strommenge also über 70 Prozent weniger Treibhausgase.

Interessant ist auch der Vergleich mit Wind- und Solaranlagen, die im Betrieb gar kein CO_2 verursachen: Nimmt man leistungsfähige Windräder mit acht MW Leistung und 4500 Volllaststunden im Jahr, dann braucht man einen Offshore-Windpark mit mehr als 175 großen Rotoren, um ein einziges 800-MW-Kraftwerk zu ersetzen. Bei Solarzellen, die selbst unter der Sonne Kaliforniens nicht mehr als 1750 Volllaststunden im Jahr betrieben werden können (in Deutschland sind es im Durchschnitt nur halb so viele), wäre für dieselbe Strommenge eine Photovoltaikfläche von 25 Quadratkilometern nötig. Die Gesamtanlage mit allen baulichen Einrichtungen wäre dann viermal so groß – das ist fast so viel wie die kombinierte Fläche der beiden größten Solarparks Indiens.

Der Fokus auf Indien und China ist entscheidend, wenn die Menschheit aus der Kohleverstromung aussteigen will. Denn seit dem Jahr 2000 sind vier von fünf neuen Kohlekraftwerken in diesen beiden Ländern errichtet worden.[31] Allein die Kohleanlagen Chinas stoßen jedes Jahr sechs bis sieben Gigatonnen CO_2 aus und damit fast die Hälfte der globalen, durch Kohle verursachten CO_2-Menge. Wenn China, wie es Staats- und Parteichef Xi Jinping im September 2020 in einer Videobotschaft zur UN-Vollversammlung versprochen hat, noch vor 2030 den Höhepunkt seiner CO_2-Emissionen erreichen und bis 2060 klimaneutral sein will, dann muss das Land am Hebel der Kohlekraftwerke ansetzen. Bislang hat sich hier noch nicht viel bewegt: Zwar hat China seit 2000 über tausend veraltete Anlagen stillgelegt, aber weit mehr als doppelt so viele neu gebaut – im Schnitt wurde alle drei Tage ein neuer Kohlemeiler in Betrieb genommen. Sie sind sauberer, was die Luftqualität verbessert hat, aber dennoch: Im Reich der Mitte laufen rund 3000 Kohleblöcke mit einer Gesamtleistung von über 1000 Gigawatt. Jedes zweite Kohlekraftwerk der Welt steht heute in China.

Andererseits findet man hier aber auch einige der mächtigsten Solarparks, und China verfügt mit 275 Gigawatt Leistung über rund ein Drittel aller weltweiten Solaranlagen. Zudem ist

China der größte Windenergiemarkt auf dem Globus. Allein 2020 wurden Windräder mit 72 Gigawatt Leistung neu ans Netz angeschlossen – mehr, als in Deutschland an Land und vor den Küsten insgesamt installiert sind.[32] Wind- und Solaranlagen erzeugen knapp zehn Prozent des chinesischen Stroms. Weitere 18 Prozent stammen aus großen Wasserkraftwerken, fünf Prozent aus der Kernenergie, aber immer noch zwei Drittel aus fossil befeuerten Kraftwerken. Immerhin hat die Politik viele Weichen in Richtung Erneuerbarer gestellt. Im aktuellen Fünfjahresplan, der bis 2025 gilt, findet sich die »grüne Transformation« ebenso als Schwerpunkt wie »hohe Effizienz« bei Erzeugung und Verbrauch. Ein großer Teil des chinesischen Wachstums soll durch »grüne« Technologien kommen: von erneuerbaren Energien ebenso wie von der Elektromobilität.

Die Kosten für Solarmodule und Windanlagen sind inzwischen so stark gefallen, dass es in China bereits günstiger ist, ein neues Solar- oder Windkraftwerk zu bauen als ein neues Kohlekraftwerk. Dieser Trend wird weltweit sichtbar: Rund um den Globus werden immer weniger neue Kohleanlagen gebaut. Seit 2015 hat sich die jährlich neu installierte Kraftwerksleistung aus Kohle weltweit halbiert, in den USA wurde kein einziges Kohlekraftwerk mehr gebaut. Auch haben seit der Jahrtausendwende weder die USA noch die Länder Europas auch nur ein Kernkraftwerk neu in Betrieb genommen – im Gegenteil: Sehr viele wurden abgeschaltet, in Deutschland gehen 2022 die letzten vom Netz.

Manche Vordenker wie der Microsoft-Gründer Bill Gates sehen dennoch Kernkraftwerke als rettenden Ausweg aus der Klimakrise.[33] Sie propagieren neue Anlagen der sogenannten vierten Generation, deren Design so ausgelegt ist, dass sie nicht explodieren können und sich mit abgereichertem Uran – sogar mit Atommüll – betreiben lassen. Hierbei handelt es sich beispielsweise um Reaktoren, deren Kerne nicht wie bei den Katastrophen von Tschernobyl und Fukushima schmelzen können, weil sie bereits mit flüssigem Salz arbeiten. Dieses Salz enthält die Brennstoffmischung und dient zugleich als Kühlmittel. Sollte die Temperatur zu hoch werden, dann schmilzt ein Ventil unterhalb des Grafitkerns, und das Salz fällt in Tanks, die die Wärme aufnehmen und so angelegt sind, dass keine kritische Masse für eine Kettenreaktion zustande kommen kann.

Solche Kraftwerke emittieren im Betrieb praktisch kein CO_2, und sie liefern so viel Strom wie ein großes Kohlekraftwerk. Dennoch: Auch sie produzieren Atommüll, der sicher gelagert werden muss, und sie enthalten radioaktives Material, das ein lohnendes Ziel für Terroristen wäre. Nachhaltigkeit sieht anders aus. Zwar ist es richtig, was Kernkraftbefürworter sagen, dass bei den explodierten Reaktoren von Fukushima keine direkten Strahlenopfer zu beklagen waren, aber rund 150 000 Menschen mussten evakuiert werden, und viele werden nie wieder in ihre Heimat zurückkehren können.

Nach diesen Erfahrungen ist es kaum vorstellbar, dass bis 2050 Hunderte oder gar Tausende neuer Kernkraftwerke gebaut werden, um den Klimawandel aufzuhalten – zumal die Entwicklung von Reaktoren der vierten Generation noch ganz am Anfang steht. Ein erster Flüssigsalzreaktor, wie ihn sich Bill Gates vorstellt, könnte frühestens in den 2030er-Jahren in Betrieb genommen werden, und dann würde es mit all den komplexen Genehmigungsprozessen weitere 15 bis 20 Jahre dauern, bevor auch nur ein paar Dutzend davon arbeiten könnten. Für die Lösung des Klimaproblems wären es zu wenige, und sie kämen zu spät. Dies gilt im Übrigen auch für die Kernfusion, bei der selbst Optimisten nicht vor 2050 mit kommerziellen Kraftwerken rechnen.

Die logische Schlussfolgerung: Den Hauptbeitrag für den Umbau unserer Energiesysteme müssen »grüne« Technologien liefern. Genau dies passiert gerade rund um den Globus: Drei Viertel aller neu installierten Kapazitäten zur Stromerzeugung sind Erneuerbare – Wind und Sonne machen davon 90 Prozent aus.[34] Insgesamt stammen rund 28 Prozent des weltweit erzeugten Stroms derzeit aus erneuerbaren Quellen, darunter weit über die Hälfte aus Wasserkraftwerken, aber auch von diesen können kaum neue errichtet werden. Denn es gibt nur noch wenige Orte, wo man ähnlich gigantische Staubecken planen könnte, wie sie mit der Drei-Schluchten-Talsperre am Jangtse oder dem Belo-Monte-Kraftwerk am Rio Xingu in Brasilien gebaut wurden – oder mit der Talsperre am Blauen Nil in Äthiopien, die ab 2022 das größte Wasserkraftwerk Afrikas sein soll. Die damit verbundenen Umweltbelastungen sind einfach zu groß.

Heute sind es Wind und Sonne, die weltweit boomen. An dritter Stelle stehen Biomasseanlagen zur Stromerzeugung. Insgesamt haben diese zwar nur ein Fünftel der installierten Leistung von Solaranlagen, aber da sie im Prinzip rund um die Uhr betrieben werden können, ist die von ihnen gelieferte Strommenge ähnlich hoch wie die von Solarstrom. Geothermiekraftwerke, die Erdwärme nutzen, sowie Wellen- und Gezeitenkraftwerke erreichen weltweit nur ein Zehntel der Leistung von Biomasseanlagen. Alles in allem lässt sich festhalten: Fast überall sind die Erneuerbaren auf dem Vormarsch. Am erstaunlichsten: Die beiden »Kohlesünder« China und Indien besitzen heute mehr an erneuerbarer Kraftwerksleistung als der »Klimavorreiter« Europa und die USA zusammen. Inzwischen gibt es sogar im Nahen Osten, dem Mekka für Öl und Gas, Anzeichen für ein Umdenken: In den Vereinigten Arabischen Emiraten und in Saudi-Arabien wurden seit 2019 einige der weltgrößten Solarkraftwerke mit mehreren Gigawatt Leistung gebaut oder sind in Planung.

Strom aus der Wüste: Afrikas ungenutzte Potenziale

Der einzige Kontinent, auf dem sich wenig tut, ist Afrika. Trotz einer dreimal so großen Fläche wie China und einer fast ebenso großen Bevölkerung wird in Afrika nur ein Achtel der Strommenge Chinas erzeugt. Wenn neue Kraftwerke entstehen, dann werden sie häufig immer noch mit Kohle befeuert – und bisher leider auch oft von chinesischen Firmen gebaut. Ein Lichtblick immerhin: Im September 2021 sagte Staats- und Parteichef Xi Jinping zu, im Ausland künftig keine neuen Kohlekraftwerke mehr zu errichten. Doch nach wie vor hat fast jeder zweite Bewohner Afrikas – 600 Millionen Menschen – gar keinen Zugang zu elektrischem Strom. In den Südsahara-Ländern sind sogar zwei von drei Menschen ohne Strom. In dieser Situation ist die beste Lösung nicht die Kohle, sondern eine Stromversorgung mit Solarzellen oder kleineren Windanlagen, kombiniert mit Batteriespeichern, denn dafür ist kein ausgebautes Stromnetz erforderlich.

In manchen Regionen läuft die Entwicklung auch in diese Richtung, etwa mit solarbetriebenen Energiekiosken, bei denen man für eine geringe Gebühr seine Akkus für Lampen oder Handys aufladen kann. Das ist weit umweltfreundlicher, als wenn dafür Dieselgeneratoren angeworfen werden müssten. Dennoch: Die gesamte auf dem afrikanischen Kontinent installierte Solarleistung beträgt nicht einmal ein Siebtel derjenigen von Deutschland, und die der Windanlagen nur ein Zehntel. Dabei wäre das Potenzial in Afrika riesig: schier unendliche sonnige, nur dünn besiedelte Flächen und viele windreiche Standorte.

Einige Länder, etwa Südafrika und Namibia, wollen bei Wind und Solar aufholen und bauen ihre Anlagen deutlich aus. Der klare Vorreiter ist allerdings Marokko. König Mohammed VI. erteilte schon vor zwölf Jahren den Auftrag zur Dekarbonisierung des Energiesektors. Denn zuvor hatte das Land vor allem auf Importkohle aus Südafrika gesetzt, inzwischen kommen 42 Prozent des Stroms aus Sonne, Wind und Wasser. Bis 2030 sollen es über die Hälfte sein, und bis 2050 möchte Marokko seinen Strom völlig über Erneuerbare gewinnen. Ein eindrucksvolles Bild für diesen Wandel sind die »grünen Moscheen«: Auf den Dächern von Hunderten von Gebetshäusern sind Solarmodule installiert – nicht nur zur Stromerzeugung, sondern auch, um den Gläubigen nachhaltige Energien ans Herz zu legen. Die starken Passatwinde an der Atlantikküste und einige der sonnenreichsten Gegenden der Welt machen die Entscheidung für Wind und Sonne leicht: So scheint in der Geröllwüste südöstlich von Marrakesch beim Kraftwerk Noor – arabisch für »Licht« – praktisch an 365 Tagen im Jahr die Sonne.

Noor setzt vor allem auf Solarthermie.[35] Auf dem 680 Hektar großen Gelände von Noor III reflektieren Spiegel mit einer Gesamtfläche von über 1,3 Millionen Quadratmetern die Sonnenstrahlen auf die Spitze eines 240 Meter hohen Turms. Dort erhitzt das gebündelte Licht ein Salz auf mehr als 560 Grad Celsius und verdampft zugleich Wasser. Der Wasserdampf erzeugt in einer Turbine Strom, und dies noch sieben Stunden nach Sonnenuntergang. So lange hält die Schmelze aus Natrium- und Kaliumnitrat die Wärme – ideal für das Leben in Marokko, wo am meisten Elektrizität am Abend benötigt wird. Auch die Anlagen Noor I und Noor II arbeiten mit Solarthermie. Hier fokussieren Hunderttausende von Parabolspiegeln die Sonnenstrahlen auf Rohre, in denen synthetisches Öl zirkuliert, das auf 400 Grad erhitzt wird. Auch damit wird Wasser verdampft und dessen Energie in einer Turbine in Strom verwandelt – und Salzschmelzen dienen ebenfalls als sogenannte Latentwärmespeicher.

Viele technische Details der Noor-Anlagen, von den Parabolspiegeln über die Salzmischung bis zur Dampfturbine, wurden von deutschen Firmen geliefert. Deutschland will die Partnerschaft mit Marokko künftig zudem nutzen, um über Solarstrom klimaneutralen »grünen« Wasserstoff herzustellen – und Marokko bringt seine Erfahrungen in die »Desert to Power«-Initiative der Afrikanischen Entwicklungsbank ein.[36] Im Rahmen dieses visionären Projekts sollen bis 2030 in der Sahelzone zahlreiche Solarprojekte realisiert werden, die bis zu zehn Gigawatt Leistung umfassen. Sie sollen 250 Millionen Menschen in elf Ländern mit Strom versorgen, darunter Senegal und Mali, Niger, Tschad und Sudan. In diesen Dürreregionen haben 90 Millionen Bauern und Viehzüchter heute noch gar keinen Zugang zu Elektrizität.

Der Name »Desert to Power« erinnert ein wenig an das »Desertec«-Konzept, das vor zwölf Jahren Furore gemacht hat, aber nach dem Ausstieg etlicher Projektpartner aufgegeben werden musste. Danach sollte Strom aus Nordafrika nicht nur zur lokalen Energieversorgung sowie zur Meerwasserentsalzung beitragen, sondern auch noch bis zu einem Fünftel des europäischen Bedarfs decken – ein Projekt, das armen Ländern zwar neue Einnahmequellen erschlossen, aber zunächst Investitionen von Hunderten Milliarden Euro erfordert hätte. Desertec war nicht die erste derartige Idee. So hatte bereits in den 1970er- und 80er-Jahren der Flugzeugingenieur Ludwig Bölkow Konzepte ausgearbeitet, nach denen mithilfe von Solarstrom in heißen Gegenden Wasser in Wasserstoff und Sauerstoff gespalten werden sollte. Schiffe oder Pipelines sollten dann das energiereiche Gas nach Europa transportieren.

Grundsätzlich sind diese Utopien naheliegend, denn die Sonne ist eine schier unerschöpfliche Kraftquelle: Ein Zehntausendstel der Energie, die sie auf die Erde strahlt, würde für die Menschheit genügen. So könnte der gesamte Stromverbrauch Europas im Prinzip durch 12 000 Quadratkilometer Solarfläche in Nordafrika gedeckt werden – das entspricht einer Gesamtanlage mit allen Gebäuden und Einrichtungen von 240 x 240 Kilometer. Am Flächenbedarf müsste es nicht scheitern, denn die Sahara ist 150-mal so groß. Die Probleme liegen eher in den politisch wenig stabilen Verhältnissen der nordafrikanischen Länder begründet sowie in den gigantischen Geldmitteln, die man mobilisieren müsste. Auch Stromtrassen fehlen noch: Bisher verbinden nur zwei Stromkabel Afrika und Europa, jeweils für 700 Megawatt Leistung von Marokko nach Spanien – ein drittes soll demnächst verlegt werden. Weitere Kabel, etwa zwischen Algerien, Tunesien und Italien, sind geplant, aber noch nicht realisiert.

Aus technischer Sicht ist die Übertragung starker elektrischer Ströme über große Entfernungen – auch unter Wasser – kein Problem mehr. Das derzeit längste Hochseekabel, das North Sea Link, ging Ende 2021 in Betrieb.[37] Es überbrückt 730 Kilometer von Norwegen nach Großbritannien und transportiert 1,4 Gigawatt Leistung. Zwischen Marokko und Spanien liegen hingegen nur 30 Kilometer, und auch die Strecke von Tunesien nach Sizilien ist nicht einmal 200 Kilometer lang. Besonders niedrig sind die elektrischen Verluste, wenn man HGÜ-Leitungen (Hochspannungs-Gleichstrom-Übertragung) einsetzt, die oft bei Spannungen zwischen 400 000 und 800 000 Volt betrieben werden.

In China befördern derartige Leitungen schon seit zwölf Jahren Strom von den Wasserkraftwerken im Landesinnern zu den Megacitys an der Küste: In einem Fall sind es fünf Gigawatt über 1400 Kilometer, in einem anderen sogar 6,4 Gigawatt über 2000 Kilometer. Dabei gehen auf 1000 Kilometer einer HGÜ-Leitung nur drei Prozent Energie verloren. Bei konventionellen Kabeln mit Wechselstrom, wie sie überall auf der Welt stehen, wären die Verluste zwei- bis dreimal so hoch – und unter Wasser kann man Wechselstrom über Entfernungen größer als 60 Kilometer gar nicht mehr effizient übertragen.

HGÜ-Leitungen sind auch ein wichtiger Faktor für das Gelingen der deutschen Energiewende. Unter anderem sollen sie Windstrom, der in Norddeutschland reichlich anfällt, in energiehungrige Regionen im Süden bringen. Da neue Überlandtrassen auf viele Einwände aus der Bevölkerung stoßen, werden große Teile dieser HGÜ-Korridore als Erdkabel verlegt – das verursacht zwar erhebliche Mehrkosten, könnte aber immerhin sicherstellen, dass die Leitungen bis Ende der 2020er-Jahre fertiggestellt werden. Sie sind auch dringend nötig, weil die Netze immer öfter überlastet sind. Wenn Windräder ihren Strom nicht mehr einspeisen können, müssen sie aus dem Wind gedreht werden. Pro Jahr gehen dem deutschen Verbraucher dadurch mehr als sechs Milliarden Kilowattstunden an erneuerbarem Strom verloren – und besonders absurd: Die Betreiber müssen für die nicht gelieferte Energie so entlohnt werden, als wenn das Netz den Strom aufgenommen hätte. Seit 2015 stiegen diese jährlichen Entschädigungszahlungen um die Hälfte auf über 700 Millionen Euro.[38]

Leitungen in andere Länder können ebenfalls helfen, unregelmäßig anfallenden Strom besser zu nutzen. Beispielsweise NordLink, ein 1,4-Gigawatt-HGÜ-Kabel, das 500 Kilometer auf dem Meeresgrund verläuft und seit Mai 2021 Norddeutschland mit

Norwegen verbindet.[39] Die Idee dahinter: Vor allem im Herbst und Winter können die Norweger vom preiswerten Windstrom aus Deutschland profitieren. Sie verbrauchen ihn entweder selbst oder füllen damit ihre Pumpspeicherbecken auf. Wenn hingegen der Bedarf in Deutschland hoch ist, kann Norwegen Strom aus Wasserkraftwerken in die andere Richtung schicken. Insgesamt sollen so die Netze stabilisiert und Spitzenpreise in beiden Ländern vermieden werden. Je mehr Strom aus Erneuerbaren kommt, desto wichtiger werden solche länderübergreifenden Verbindungen. Die ideale Lösung wäre ein »Supergrid« von Nordafrika bis Nordeuropa, das sonnen- und windreiche Gegenden mit großen Verbraucherzentren vernetzt. Auch Länder im Nahen und Mittleren Osten könnten damit neue Kunden gewinnen, wenn die Einnahmen aus Öl und Gas aufhören zu sprudeln.

Weltweiter Preissturz: Wind und Solar billiger als Kohle

Doch egal, wo auf der Welt, letztlich sind es zwei Faktoren, die entscheiden, ob »grüner« Strom fossil befeuerte Kraftwerke ersetzen kann: der Preis und die Versorgungssicherheit. Kann der Strom aus Wind- und Solaranlagen mit Kohlestrom konkurrieren, und kommt er immer zuverlässig aus der Steckdose? Teilt man die Gesamtkosten einschließlich Bau, Betrieb, Brennstoffkosten und Finanzierung durch den erzeugten Strom während der Nutzungsdauer – das sind die »Stromgestehungskosten« –, dann zeigt sich eine erstaunliche Entwicklung.[40] Seit 2010 sind diese Kosten für eine Kilowattstunde Windstrom um 15 bis 30 Prozent gesunken und die der Photovoltaik sogar um zwei Drittel. Die Preise für PV-Module sind seitdem – nicht zuletzt wegen des Ausbaus der Fertigung in China – sogar um 85 Prozent gefallen. Windstrom in Deutschland liegt heute bei vier bis acht Euro-Cent pro Kilowattstunde (Offshore zwischen sieben und 14 Cent/kWh), Solarstrom je nach Größe der Anlage zwischen 3,5 und zehn Cent/kWh. In südlichen Regionen gibt es Solarstrom bereits für zwei Cent/kWh, bei Auktionen in Portugal und den Vereinigten Arabischen Emiraten wurden auch schon Preise von 1,1 Cent/kWh aufgerufen[41].

Der Vergleich mit Kohlekraftwerken zeigt, dass die Erneuerbaren inzwischen absolut wettbewerbsfähig sind. Strom aus Braunkohle kostet zwischen 4,5 und acht Euro-Cent/kWh, Steinkohle liegt noch zwei Cent darüber. Da der Preis für eine emittierte Tonne CO_2 nach dem Europäischen Emissionshandel – also für die sogenannten CO_2-Zertifikate – weiter ansteigen wird, wird Kohlestrom noch teurer. In der zweiten Jahreshälfte 2021 lag eine Tonne CO_2 meist zwischen 50 und 60 Euro und damit nahe dem Preiskorridor bis 65 Euro, der erst für 2026 vorgesehen war. Diese Entwicklung kann den Preis pro Kilowattstunde schon bald um ein bis zwei Cent erhöhen. Laut Umweltbundesamt müsste man Kohlestrom sogar mit rund 20 Euro-Cent/kWh berechnen, würden alle Umweltkosten auf den Strompreis umgeschlagen – und das ist der reine Erzeugerpreis ohne Netzentgelte, Umsatzsteuer und alle sonstigen Abgaben und Umlagen.

Vor 20 Jahren brauchten Wind- und Solaranlagen noch Anschubfinanzierungen und Subventionen. Doch dann haben die Techniker viele Details verbessert, die Wirkungsgrade erhöht, die Anzahl fehleranfälliger Teile reduziert und die Fertigung automatisiert, sodass die Kosten immer weiter sanken. Zugleich stieg die Leistung enorm: Lag sie bei Windrotoren im Jahr 2010 bei zwei Megawatt pro Anlage, so sind heute acht oder zehn MW durchaus üblich, mit über 80 Meter langen Rotorblättern aus glasfaserverstärktem Kunststoff und einem Turm so hoch wie der Mailänder Dom. 2024 sollen erste 15-MW-Turbinen mit 110 Meter langen Blättern für den Offshore-Einsatz in Serie gehen. Und sogar schwimmende Rotoren gibt es, die auf keinem festen Fundament stehen, sondern auf Plattformen, oder die mit Ankerseilen am Meeresboden befestigt sind. Damit hofft man, Windturbinen in Gegenden mit mehreren Hundert Meter Wassertiefe betreiben zu können – ein gigantisches Potenzial.

Allein innerhalb von 50 Seemeilen vor der US-Küste könnten damit Anlagen mit 1000 Gigawatt Leistung errichtet werden, fast so viel, wie die USA insgesamt an Kraftwerksleistung besitzen.

Für Deutschland sagen unterschiedliche Prognosen bis 2050 eine mäßige Erhöhung bis zu einer Verdoppelung des Strombedarfs voraus – Letzteres würde dem weltweiten Trend entsprechen. Die heutige Zahl von 30 000 Windturbinen an Land entsprechend zu erhöhen, dürfte aus Akzeptanzgründen zwar nicht leicht werden, aber zum einen kann man die Offshore-Anlagen deutlich ausbauen und zum anderen auch ältere Windturbinen an schon existierenden Standorten durch solche mit höherer Leistung ersetzen. Doch noch wesentlich größer ist das Potenzial für Photovoltaik. Heute werden in Deutschland rund zwei Millionen Solaranlagen mit einer Gesamtleistung von 53 Gigawatt betrieben, über 70 Prozent davon von Privatpersonen, Landwirten und Gewerbebetrieben. Darüber hinaus gibt es viele ungenutzte Flächen: Allein auf Dächern könnten mindestens 200 GW zusätzlich installiert werden. Das Fraunhofer-Institut für Solare Energiesysteme (ISE) in Freiburg spricht in einer aktuellen Studie aus dem Jahr 2021 sogar von 1000 GW für Gebäudehüllen.[42] Das umfasst neben üblichen PV-Modulen auch PV-Dachziegel, Module für Häuserfassaden und opake und transparente PV-Gläser und -Fensterscheiben.

Hinzu kommen mehrere Hundert Gigawatt an Ausbauoptionen auf Freiflächen. Den Einwand, dass die landwirtschaftliche Produktion leiden könnte, lassen die ISE-Fachleute nicht gelten: Lebensmittel und Strom lassen sich durchaus auf derselben Fläche erzeugen. Denn einige Nutzpflanzen, etwa Gemüsesorten, zeigen kaum Ertragseinbußen, wenn sie weniger direktes Sonnenlicht abbekommen, andere, wie die Kartoffeln, profitieren sogar von diffuserem Licht. Zudem können unter Solaranlagen auch Wildpflanzen angesät werden, was wiederum Tiere anlockt – die Biodiversität würde sogar zunehmen. Außerdem werden heute auf etwa einem Siebtel der landwirtschaftlichen Fläche Deutschlands Energiepflanzen angebaut: für Biogas, Biodiesel oder Bioethanol. Würde stattdessen Solarstrom für Elektroautos produziert, dann ließe sich, so die ISE-Forscher, auf derselben Fläche 40-mal mehr Energie gewinnen.

Photovoltaik hat demnach auch in einem nur mäßig sonnigen Land wie Deutschland noch erhebliches Potenzial – und in der Bevölkerung ein sehr gutes Image. Rund 80 Prozent befürworten bei Umfragen größere Solaranlagen in der Nachbarschaft, während es bei Windrotoren nur 50 bis 60 Prozent Unterstützer sind. Um den Ausbau der Photovoltaik weiter voranzubringen, haben erste Bundesländer wie Baden-Württemberg ab 2022 eine verpflichtende Installation beschlossen, nicht nur für neu gebaute und grundlegend sanierte Privathäuser, sondern auch für Fabrik- und Lagerhallen, Bürogebäude, Schulen und Parkhäuser. Wie viel Solar- und Windenergie insgesamt noch zugebaut werden sollte, hängt allerdings von vielen Faktoren ab.

Sehr detaillierte Berechnungen erstellte die im November 2020 publizierte Studie »Klimaneutrales Deutschland«, die im Auftrag der Denkfabrik Agora Energiewende und Agora Verkehrswende sowie der Stiftung Klimaneutralität von der Prognos AG, dem Öko-Institut und dem Wuppertal Institut für Klima, Umwelt, Energie angefertigt wurde.[43] Die Vorgabe war, bis 2050 den gesamten Treibhausgasausstoß der Sektoren Energiewirtschaft, Verkehr, Industrie, Gebäude und Landwirtschaft auf Netto-Null zu reduzieren. Eine im April 2021 nachgereichte aktualisierte Version der Studie konstatiert, dass mit verstärkten Anstrengungen die Klimaneutralität sogar bis 2045 erreichbar wäre – wie dies auch die Änderung des Klimaschutzgesetzes 2021 für Deutschland vorsieht.[44] Doch auch das Ziel »klimaneutral bis 2050« ist bereits extrem ehrgeizig und nur zu schaffen, wenn Politik, Wirtschaft und Gesellschaft in den nächsten Jahrzehnten alles daransetzen, diesen radikalen Wandel hinzubekommen.

Da wir in Zukunft vorwiegend elektrisch unterwegs sind, immer mehr mit Strom heizen und mit Strom auch Wasserstoff erzeugt wird, prognostiziert die Studie eine Zunahme der Stromerzeugung um knapp zwei Drittel bis 2045. Dafür fordert sie eine Verdreifachung der installierten Windleistung – an Land eine Verdoppelung auf 130 bis 145 Gigawatt, vor den Küsten mit 70 GW das Neunfache von heute – und eine Versiebenfachung der Photovoltaik auf 355 bis 385 GW. Pro Jahr wäre das bei Wind ein Zubau von drei bis sieben GW, bei der Photovoltaik von zehn bis 20 GW. Derartige Ausbauraten erlebte die Windenergie in den 2010er-Jahren bereits mehrfach, bei Solar wäre es mindestens die Hälfte mehr als in den bisher stärksten Jahrgängen – was durchaus machbar erscheint.

Intelligente Netze verhindern Blackouts

Doch wie sieht es mit der Versorgungssicherheit aus? Kann ein Land wie Deutschland vollständig auf erneuerbare Energien umsteigen, ohne gefährliche Blackouts[45] zu riskieren? Eine einzige Stunde zur Mittagszeit ohne Strom würde nach Expertenschätzungen mehr als eine halbe Milliarde Euro an Kosten verursachen. Längere Blackouts wären fatal: Ampeln fallen ohne Strom ebenso aus wie Heizungen oder die Pumpen an den Tankstellen. Kühl- und Lieferketten brechen zusammen, Fabriken müssen schließen, es gibt kein Internet und keinen Mobilfunk. Supermärkte bekommen keinen Nachschub, und auch in Kliniken versagen irgendwann die Notstromaggregate. Binnen Tagen kann so etwas eine Volkswirtschaft in den Ruin treiben.

Dass dies passiert, ist allerdings auch im künftigen Energiesystem kaum zu erwarten. Dank zuverlässiger Wettervorhersagen sind heute die Einspeisungen von Wind- und Solaranlagen sehr gut planbar. Mit Verfahren der Künstlichen Intelligenz (siehe Kapitel 8) lernen Computer immer besser, aus Daten für Windgeschwindigkeit, Temperatur, Wolkenbedeckung und Luftfeuchte die Stromproduktion von Wind- und Solarparks für mehrere Tage im Voraus zu prognostizieren – auf wenige Prozent genau. Das deutsche Stromnetz ist mit dem Ausbau der erneuerbaren Energien sogar noch verlässlicher geworden: Betrug vor zehn

Jahren die Ausfallrate pro Stromkunde 15 Minuten pro Jahr, so sind es heute nur noch zwölf Minuten. In anderen Ländern sind diese Werte oft weit höher: 50 Minuten in Großbritannien und 90 Minuten in den USA, wobei sich dort der durchschnittliche Stromausfall unter Einrechnung von Hurrikans, Schneestürmen und Großfeuern sogar auf 360 Minuten erhöht. Im Februar 2021 mussten nach heftigen Stürmen in Texas fast fünf Millionen Bürger tagelang ohne Strom, Licht und Wärme auskommen.

Positiv zu Buche schlägt auch, dass sich Wind und Sonne in Mitteleuropa gut ergänzen. Bei hoher Windstärke gibt es oft Wolken, und die Sonneneinstrahlung ist eher niedrig – und umgekehrt: Strahlt die Sonne von einem blauen Himmel, herrscht meist wenig Wind. Diese negative Korrelation gilt ebenso übers Jahr betrachtet. Wenn die Frühjahrs- und Herbststürme durchs Land ziehen, drehen sich die Windrotoren schneller, und die Solarzellen liefern weniger Strom. Im Sommer ist es umgekehrt. Die Nagelprobe sind allerdings die Dunkelflauten: windstille, trübe Wintertage, an denen der Strombedarf sehr hoch sein kann, ohne dass Wind- oder Solarstrom zur Verfügung stehen. Im Extremfall muss dann Deutschland über Stunden, Tage, vielleicht sogar Wochen zwischen 50 und 80 Gigawatt Leistung zur Verfügung stellen, ohne dass in Zukunft Kohle- oder Kernkraftwerke einspringen können. Ein gewisser Teil lässt sich durch den Ausbau des europaweiten Stromnetzes abfedern, aber Windstrom vom Atlantik, Solarstrom aus Südeuropa und Wasserkraft aus Norwegen und Österreich wird nicht genügen. Welche Möglichkeiten gibt es darüber hinaus?

Bei akuten Notfällen können »Netz-Booster« schnell einspringen. Das sind etwa Batteriespeicher, sogenannte Superkondensatoren oder flexible Gasturbinen, die kurzzeitig eine Menge Energie liefern. Es gibt bereits große Batterien, die an neuralgischen Punkten im Netz Strom für einige Minuten zur Verfügung stellen, um das System zu stabilisieren. Bald werden noch viele weitere Batterien Strom speichern: So verfügen immer mehr Privatpersonen über Solarzellen auf dem Dach und Speicherbatterien im Keller, und Elektroautos sind künftig ebenfalls ein Teil des Stromnetzes. Fachleute schätzen, dass 2050 auf deutschen Straßen rund 30 Millionen E-Autos mit Speichergrößen von 80 kWh unterwegs sein werden – das entspräche der 60-fachen Kapazität aller deutschen Pumpspeicherkraftwerke. Wenn ein Teil dieser Fahrzeuge Strom zu Überschusszeiten billig getankt hat und bei starker Nachfrage gut dafür bezahlt wird, den Strom wieder ins Netz abzugeben, dann wird dieser Zuverdienst sicherlich genutzt werden. Volkswagen testet das Konzept des »bidirektionalen Ladens« gerade mit Solaranlagen, Elektroautos, 270 bidirektionalen Ladestationen und 1250 Wohnungen in Wolfsburg.

Darüber hinaus gibt es erneuerbare Energien, die nicht vom Wetter abhängen: Biomasse, Erdwärme und Wasserkraft. Insgesamt werden sie aber deutlich weniger als zehn Prozent der künftigen Stromerzeugung abdecken und damit nur zu einem geringen Teil Ausfälle von Wind- und Solarstrom kompensieren können. Um einiges wichtiger für den Erfolg der Energiewende ist hingegen ein weiterer Puzzlestein des neuen Stromzeitalters, der oft unterschätzt wird: die »Smart Grids«, die intelligenten Stromnetze. Vor 25 Jahren wurde Deutschland im Wesentlichen von einigen Hundert Kraftwerken mit Strom versorgt, heute sind es Millionen von Energieerzeugungsanlagen, und ihre Zahl steigt weiter rasant. Mehr noch: Hausbesitzer, Gewerbebauten, Bauernhöfe, Parkhäuser und viele andere werden zu Prosumern – sie produzieren Strom ebenso, wie sie ihn konsumieren. Hinzu kommen Millionen von Fahrzeugen, die künftig Strom sowohl aus dem Netz beziehen wie ins Netz liefern. Eine so hohe Komplexität ist nur zu bewältigen, wenn Stromproduktion und Nachfrage, Speicherung, Verteilung und flexible Preisgestaltung optimal aufeinander abgestimmt sind – und dafür braucht man mehr Intelligenz im System. Ohne Smart Grids ist ein klimaneutrales Energiesystem nicht zu schaffen.

Eine durchgehende Vernetzung, vielfältige Sensoren und leistungsfähige Rechner, die im Betrieb und aus Erfahrung hinzulernen – also mit Künstlicher Intelligenz (KI) arbeiten –, sind wesentliche Elemente von Smart Grids. Das Gesamtsystem muss transparenter, flexibler und besser steuerbar werden. Es muss zu jedem Zeitpunkt bekannt sein, wo gerade wie viel Strom verbraucht und eingespeist wird. Über flexible Tarife lässt sich dann zumindest teilweise die Nachfrage dem Angebot anpassen – intelligentes Lastmanagement heißt dieses Konzept. Bislang war es genau umgekehrt: Wurde mehr verbraucht, musste mehr Strom produziert werden. Viele Kraftwerke wurden nur gebaut, um Nachfragespitzen abzudecken. Künftig werden stattdessen Stromspeicher einspringen, oder die Energieversorger geben ihren Kunden Preisanreize, Geräte abzuschalten oder das Einschalten zu verzögern. Dies funktioniert bei manchen Industrieprozessen ebenso wie bei Kühlhäusern oder Klimaanlagen in großen Gebäuden: Bei ihnen spielt es keine Rolle, ob sie die Kühlung für eine halbe Stunde unterbrechen und die Temperatur dadurch um 0,1 Grad ansteigt.

Eine weitere Komponente von Smart Grids sind »virtuelle Kraftwerke«. Die Idee ist einfach: Kleine Erzeuger wie Wind-, Solar- und Biomasseanlagen sowie Batterien und Brennstoffzellen, die bisher Strom einzeln ins Netz einspeisen, bündeln ihre Leistung und vermarkten sie gemeinsam zu besseren Preisen als alleine. Auch davon profitiert das System, denn zahlreiche Kleinanlagen, intelligent gesteuert, stabilisieren das Netz. Bei vielen Einspeisungen und Netzknoten ähnlich dem Internet kann auch die eine oder andere Komponente einmal ausfallen – der Strom findet seinen Weg. Künftig wird es also nicht mehr eine hierarchische Top-down-Stromverteilung geben, sondern das Netz ähnelt eher einem Internet der Energie.

Noch einen Schritt weiter geht die Sektorenkopplung: Hier werden nicht nur Erzeuger, Speicher und Verbraucher von Strom miteinander verbunden, sondern auch die Wärme- und Kältesysteme für Gebäude und Industrie sowie die Herstellung chemischer Grundstoffe wie Wasserstoff, Methan oder Ammoniak. Strom als Niedertemperaturwärme zu speichern ist der einfachste Fall von Sektorenkopplung: Schließlich gibt es in

Deutschland Millionen von Fußboden- und Nachtspeicherheizungen, in denen warmes Wasser sinnvoll eingesetzt werden kann. Auch die Nutzung industrieller Abwärme, von Wärmepumpen und Klimageräten sowie Stromgeneratoren mit Kraft-Wärme-Kopplung ist eine sinnvolle Lösung, um Strom, Wärme und Kälte je nach Bedarf verfügbar zu machen.

Für höhere Temperaturen und größere Speicher eignen sich flüssige Salzmischungen oder auch einfach heiße Steine wie bei der Anlage, die 2019 in Hamburg in Betrieb genommen wurde: In einem zehn Meter hohen Betonsilo lagern Millionen Vulkansteinchen, über die eine Art riesiger Fön heiße Luft bläst. Betrieben wird der Fön, der den 1000 Tonnen schweren Steinhaufen auf 750 Grad aufheizt, beispielsweise mit überschüssigem Windstrom. Wird die Energie wieder benötigt, saugen Gebläse heiße Luft aus dem Gebäude und erzeugen damit Wasserdampf, der eine Dampfturbine mitsamt Stromgenerator antreibt. Mit diesem einfachen Energiespeicher lassen sich immerhin 2000 Haushalte einen Tag lang mit Strom versorgen.

Element der klimaneutralen Zukunft: »grüner« Wasserstoff

Für umfangreiche, lang andauernde Dunkelflauten oder drohende Blackouts wird man auch in Zukunft noch auf Gaskraftwerke setzen müssen, auch wenn es teuer ist, sie »nur« als Reserve in der Hinterhand zu behalten. Doch sie sind anders als Kohle- oder Kernkraftwerke schnellstartfähig und extrem leistungsstark: So kann eine große Gasturbine innerhalb von zehn Minuten Hunderte von Megawatt Strom zur Verfügung stellen – genug, um eine Großstadt zu versorgen. In der Studie »Klimaneutrales Deutschland« gehen die Wissenschaftler davon aus, dass diese Reservekraftwerke, die heute mit Erdgas betrieben werden, bis 2050 vollständig auf ein anderes, »grünes« Gas umgestellt werden können: auf Wasserstoff (H_2).

Doch dafür muss noch einiges an Forschungsarbeit geleistet werden. Denn bislang kann man in Gasturbinen dem Erdgas oder Methan nur maximal 40 bis 50 Prozent Wasserstoff beimischen. Im EU-Forschungsprojekt Hyflexpower für eine französische Papierfabrik und später bei einem neuen Heizkraftwerk in Leipzig sollen erstmals reine H_2-Turbinen zum Einsatz kommen.[46] Dafür wollen die Partner von Hyflexpower – darunter Siemens Energy und das Deutsche Zentrum für Luft- und Raumfahrt DLR sowie europäische Universitäten – die Technologie bis 2023 so weit entwickeln, dass eine Gasturbine mit 100 Prozent Wasserstoff betrieben werden kann. Die Vorteile sind bestechend: H_2 verbrennt mit dem Sauerstoff (O_2) der Luft umweltfreundlich nur zu Wasser (H_2O) und enthält pro Kilogramm Gewicht etwa die dreifache Energiemenge von Erdgas.

Die Hürden sind allerdings exorbitant: Die Temperatur der Flamme liegt bei fast 2200 Grad Celsius und damit mehrere Hundert Grad über der von Erdgas. Kaum ein Material hält eine solche Hitze aus. Außerdem breitet sich im Wasserstoff eine Flammenfront mit mehreren Metern pro Sekunde aus, achtmal schneller als bei Erdgas, und es kann zu Selbstzündungen kommen. Das provoziert Instabilitäten – und damit mehr Stickoxidemissionen, weil bei den hohen Temperaturen nicht nur Wasserstoff verbrennt, sondern sich auch der Luftstickstoff (N_2) mit Sauerstoff zu Stickoxiden (NO_X) verbindet. Stickoxide sind Schadstoffe, die Smog und sauren Regen verursachen und zu Bronchitis und Asthmaattacken führen können.

Um diese Probleme in den Griff zu bekommen, muss man die Flamme in einer Wasserstoffturbine möglichst stabil und klein halten. Das verringert die Entstehung von Stickoxiden erheblich und hält die heißesten Gasanteile von den Wänden der Brennkammer und von den Turbinenschaufeln fern – und damit von den Materialien, die mit Luft oder Wasserdampf gekühlt und mit Keramiken hochtemperaturfest gemacht werden. Sogenannte Wirbelbrenner sorgen dafür, dass der Wasserstoff über zahlreiche Düsen tangential in die Brennkammer einströmt. Das Gas erhält dadurch einen Drall, der die Flamme kerzengerade herausschießen lässt und Instabilitäten minimiert.

Außerdem kann man den Querschnitt der Rohre so gestalten, dass sich Wasserstoff und Luft optimal vermischen. Auch das verkleinert die Flamme und begrenzt das Volumen, in dem die unerwünschten Stickoxide entstehen können. Um solche komplexen Verbrennungsvorgänge mit den wirbelnden Gasströmen vorab am Computer simulieren zu können, braucht man allerdings Höchstleistungsrechner. Kurz: Die Entwicklung von reinen Wasserstoffturbinen ist ein Feld, auf dem sich Forschende noch viele Lorbeeren verdienen können.

Ähnliches gilt für alle anderen Aspekte einer künftigen Wasserstoffwirtschaft, von der Erzeugung des Gases über den sicheren Transport, die Lagerung und die Nutzung – es sind noch längst nicht alle Forschungsfragen geklärt. Doch das enorme Potenzial von Wasserstoff ist alle Anstrengungen wert.[47] Das wusste schon der Science-Fiction-Pionier Jules Verne, der vor 150 Jahren Wasserstoff als »die Kohle der Zukunft« bezeichnete: »Die durch elektrischen Strom zerlegten Elemente des Wassers, Wasserstoff und Sauerstoff, werden auf unabsehbare Zeit hinaus die Energieversorgung der Erde sichern«, schrieb er 1875 im Roman *Die geheimnisvolle Insel*. Der menschenscheue Kapitän Nemo nutzt darin für sein Unterseeboot Nautilus die Kraft von Wasserstoff und Elektrizität: für Antrieb und Steuerung ebenso wie für Licht und Wärme. Eine faszinierend weitsichtige Vision – die nun, im 21. Jahrhundert, Realität werden könnte: Strom aus erneuerbaren Quellen für alles, was man mit Elektrizität machen kann, sowie Wasserstoff als zentrales Transport- und Speichermedium für die Ökoenergie.

Mit mehreren Milliarden Euro für die »Nationale Wasserstoffstrategie« will Deutschland hier bis 2030 eine internationale Schlüsselposition einnehmen. Damit werden Dutzende von Projekten gefördert, von verbesserten Produktionsverfahren über Wasserstoff im Schwerlastverkehr und der Stahl- und Chemieindustrie bis zur Erstellung von Potenzialatlanten, um die weltweit besten Standorte für eine »grüne« Wasserstoffwirtschaft zu ermitteln. Denn eines ist klar: Die für Deutschland benötigten Mengen an Wasserstoff können nicht allein durch die Überschussenergie heimischer Wind- und Solaranlagen erzeugt werden. So schätzt die Studie »Klimaneutrales Deutschland«, dass wir zwischen 2045 und 2050 hierzulande etwa acht Millionen Tonnen H_2 aus erneuerbaren Quellen nutzen werden (mit einem Heizwert von knapp 270 TWh). Davon kann jedoch nicht viel mehr als ein Drittel im Inland produziert werden. Den Rest müssen Importe decken – ob wie beim Erdgas über Pipelines oder per Schiff, etwa aus den sonnigen Regionen Südeuropas, Nordafrikas und Arabiens, oder von windreichen Gegenden wie Schottland, Chile und Patagonien.

Mit dem Fokus auf Wasserstoff ist Deutschland nicht allein. Mehr als 30 nationale »Wasserstoff-Roadmaps« gibt es derzeit, von Australien bis Kanada, Brasilien bis Russland, Japan, China und den USA. An den Börsen boomen Wasserstoff-Aktien und -Fonds, und Analysten prognostizieren Zukunftsmärkte im Billionen-Euro-Bereich. Laut der Studie »Hydrogen Roadmap Europe« im Auftrag der EU-Kommission könnten allein in den europäischen Wasserstoff- und Zulieferindustrien bis 2050 über 5,4 Millionen Arbeitsplätze entstehen[48] – bei einem Umsatz von 800 Milliarden Euro im Jahr. Das umweltfreundliche Gas ist tatsächlich auf dem besten Weg, zur Kohle des 21. Jahrhunderts zu werden. Denn seine Vorzüge passen perfekt zu einer klimaneutralen Volkswirtschaft:

- In Gasturbinen oder Brennstoffzellen kann die im Wasserstoff gespeicherte Energie in elektrischen Strom und Wärme umgewandelt werden. Als Endprodukt entsteht aus der Verbindung von H_2 und O_2 nur Wasser. Brennstoffzellen sind eine gute Wahl für elektrisch angetriebene Lkws, damit diese lange Strecken fahren können, ohne ständig Batterien aufladen zu müssen. In Kapitel 2 werde ich näher darauf eingehen.

- Wasserstoff ist aber nicht nur als Speicher für Ökoenergie attraktiv, denn H_2 ist sehr reaktionsfreudig. Schon lange wird das Gas daher für wichtige chemische Synthesen eingesetzt, vor allem für weltweit Hunderte Millionen Tonnen Ammoniak und Methanol pro Jahr und als Prozessgas in Raffinerien zur Aufbereitung von Treibstoffen. Statt wie heute H_2 aus Erdgas könnte hierfür künftig »grüner« Wasserstoff zum Einsatz kommen, also solcher, der mit Strom aus Wind und Sonne über die Zerlegung von Wasser erzeugt wurde.
- Mit Wasserstoff lässt sich sogar das chemisch träge Treibhausgas Kohlendioxid klimaneutral in nützliche Produkte umwandeln. So können Chemiker in sogenannten »Power to Gas«- und »Power to Liquid«-Verfahren aus CO_2 mithilfe von H_2 – über den Zwischenschritt eines Synthesegases aus H_2 und Kohlenmonoxid (CO) – Flüssigkraftstoffe gewinnen. Diese Synfuels (siehe Kapitel 2) sind klimafreundliche Alternativen zu Benzin, Diesel und Kerosin für Fahrzeuge, Schiffe und Flugzeuge.
- Zugleich lässt sich aus CO_2 und H_2 auch synthetisches Methan – sozusagen klimaneutrales Erdgas – herstellen, sowie der Alkohol Methanol. Das erschließt wiederum einen ganzen Strauß an Optionen für die chemische Weiterverarbeitung, etwa für Olefine und Aromaten und für hochwertige Kunststoffe wie Polyurethan, das in vielen Dingen des täglichen Lebens wie Autos, Möbeln oder Dämmstoffen steckt.
- Ein entscheidender Gewinn für den Klimaschutz wird vor allem auch der Einsatz von H_2 in der Stahlindustrie sein,[49] denn bislang setzt man dafür meist auf Kokskohle und Kohlestaub. Die Kohle dient dazu, Sauerstoff aus dem Eisenerz zu entfernen und das Material im Hochofen aufzuschmelzen. Beides lässt sich auch mit Wasserstoff erledigen, denn wie Kohlenstoff ist H_2 zugleich Brennstoff und chemisches Reduktionsmittel. Aus den Schornsteinen der Stahlwerke käme dann statt Kohlendioxid nur Wasserdampf. Bedenkt man, dass derzeit pro Tonne Stahl zwischen 1,5 und 1,8 Tonnen CO_2 entste-

hen und dass die jährliche weltweite Rohstahlproduktion bei 1,9 Milliarden Tonnen liegt, dann wird das gigantische Potenzial deutlich – es geht um Milliarden Tonnen CO_2, die mithilfe von Wasserstoff vermieden werden können. Firmen wie Thyssenkrupp, Salzgitter und ArcelorMittal erproben bereits Direktreduktionsanlagen, bei denen künftig Wasserstoff das Eisenerz zu Eisenschwamm reduziert, der dann in einem Elektrolichtbogenofen mit »grünem« Strom zu Rohstahl weiterverarbeitet wird. Pro Tonne Stahl braucht man dafür etwa 70 Kilogramm Wasserstoff.

All dies eröffnet Forscherinnen und Forschern, Ingenieurinnen und Ingenieuren schier unendliche Betätigungsfelder, um die Vision einer künftigen Wasserstoffwirtschaft bald Realität werden zu lassen. Denn bislang ist nur bewiesen, dass die hier beschriebenen Verfahren technisch funktionieren – kommerziell erfolgreich ist noch keines. »Grüner« Wasserstoff rechnet sich derzeit einfach noch nicht.[50]

Zwar werden weltweit pro Jahr 120 Millionen Tonnen H_2 hergestellt, doch die Methoden sind alles andere als grün: Das Gas wird heute entweder als Nebenprodukt bei chemischen Prozessen gewonnen oder als »grauer« Wasserstoff aus Erdgas. Dabei reagiert das im Erdgas enthaltene Methan bei hohem Druck und Hitze mit Wasser, wobei sich H_2 und CO bilden und letztlich Kohlendioxid entsteht – pro Tonne H_2 zehn Tonnen CO_2, eine erhebliche Menge an Treibhausgasen.

Eine Alternative wäre die Pyrolyse: Dabei wird Methan bei hohen Temperaturen in Abwesenheit von Sauerstoff gespalten. Es entsteht reiner Kohlenstoff – ein wertvoller Industrieruß, der als Grafit für Akkus, Reifen, Farben oder Lacke verwendet wird – sowie Wasserstoff. Dieses H_2-Gas wird als »türkiser« Wasserstoff bezeichnet, weil die Pyrolyse an sich keine Klimagase verursacht, aber das Ausgangsmaterial ist natürlich trotzdem der fossile Rohstoff Methan. BASF testet die Methanpyrolyse derzeit in einer Pilotanlage.

Doch für wirklich »grünen« Wasserstoff muss in Zukunft Strom aus Wind und Sonne in große Elektrolyseure fließen und dort möglichst kostengünstig Wasser zerlegen. Das Grundprinzip kennt jeder Schüler aus dem Chemieunterricht: Man nehme ein Gefäß mit Wasser und tauche zwei Elektroden hinein, die mit dem Plus- und dem Minuspol einer Spannungsquelle verbunden sind. Sobald Strom fließt, steigen an beiden Elektroden kleine Bläschen auf: Sauerstoffgas am Pluspol und Wasserstoffgas am Minuspol. Damit der Stromkreis geschlossen ist, braucht man zwischen den Elektroden noch einen Elektrolyten – einen Stoff, der Ionen leiten kann – und eine Membran, die Ionen durchlässt, aber die Gase voneinander trennt. Bei den alkalischen Elektrolyseuren ist der Elektrolyt beispielsweise Kalilauge, bei Hochtemperatur-Elektrolyseuren ein Feststoff wie Zirkoniumdioxid.

Alkalische Elektrolyseure sind seit über hundert Jahren im Einsatz, meist in Regionen, wo es billige Energie aus Wasserkraftwerken gibt und wo der Wasserstoff für die Ammoniak- und Düngemittelherstellung benötigt wird. Hochtemperatur-Elektrolyseure sind eine neuere Entwicklung.[51] Sie werden nicht wie andere Elektrolyseure bei 50 bis 100 Grad Celsius betrieben, sondern bei 800 bis 1000 Grad, wodurch sie Wirkungsgrade von 90 Prozent erreichen. Sie arbeiten dadurch um zehn bis 20 Prozent effizienter – insbesondere wenn, wie etwa in Solarthermieanlagen, heißer Wasserdampf zur Verfügung steht. Allerdings stehen Forschende bei ihrer Erprobung noch ganz am Anfang.

Für die vielversprechendste Option halten Wissenschaftler derzeit die PEM-Elektrolyse. Die Abkürzung steht für »proton-exchange membrane« oder »polymer electrolyte membrane«, also eine protonenleitende Membran aus Kunststoffen (Polymeren), die die beiden Elektroden trennt. Der Systemwirkungsgrad dieser Anlagen liegt zwischen 65 und 75 Prozent. Damit setzen sie Strom recht effizient in die Produktion von Wasserstoff um, doch ihr entscheidender Trumpf ist noch ein anderer: Sie können binnen Tausendstelsekunden auf den zur Verfügung stehenden Strom reagieren und problemlos eine Zeit lang auch das Dreifache ihrer Nennleistung bewältigen – beides ist ideal für hohe und schnelle Fluktuationen, wie sie bei der Stromerzeugung in Wind- und Solaranlagen vorkommen können. PEM-Anlagen sind bis in den Megawattbereich erprobt; die derzeit leistungsstärkste Anlage mit 24 MW nimmt die Firma Linde im Jahr 2022 am Chemiestandort Leuna in Betrieb.

Doch geplant sind noch weit größere Elektrolyseure: auf dem Gelände eines RWE-Kraftwerks im Emsland beispielsweise eine 100-MW-Anlage, die 2024 mit Strom aus Windparks in der Nordsee »grünen« Wasserstoff erzeugen und ihn zu Raffinerien und Chemieparks transportieren soll. Oder NortH2, eines der ehrgeizigsten H_2-Projekte Europas, für das 2020 im Norden der Niederlande der Startschuss fiel.[52] Hier wollen Firmen wie Shell, RWE und Equinor ein System aus Offshore-Windparks, Elektrolyseuren, Gasspeichern und Leitungen aufbauen. Bis 2030 soll NortH2 eine Kapazität von vier Gigawatt erreichen und bis 2040 sogar mehr als zehn GW. Damit könnten jährlich knapp eine Million Tonnen »grüner« Wasserstoff erzeugt werden. Grundsätzlich gilt, dass ein 100-MW-Elektrolyseur ausreicht, um den Überschussstrom eines großen Windparks aufzunehmen – er könnte jede Stunde bis zu zwei Tonnen Wasserstoff produzieren und im Jahr etwa 4000 Volllaststunden laufen.

Der Champagner der Energiewende

Die Studie »Klimaneutrales Deutschland« schätzt, dass im Jahr 2050 etwa 13,5 Prozent des in Deutschland erzeugten Stroms in die H_2-Gewinnung fließen werden: 130 TWh Strom für 2,5 Millionen Tonnen »grünen« Wasserstoff. Das entspricht einem knappen Drittel der benötigten Gasmenge, der Rest muss importiert werden. Laut Studie wird 60 Prozent des Wasserstoffs in Strom und Fernwärme verwandelt – wann immer die erneuerbaren Energien den Bedarf nicht decken können –, der Rest geht etwa zu gleichen Teilen in Antriebe für den Schwerlastverkehr, in die Stahlwerke und die Grundstoffchemie. Für den in Deutschland erzeugten Wasserstoff sind dann rund 50 GW Elektrolyseleistung erforderlich. Die Sprecher des Forschungsfelds »Wasserstofftechnologien« der Fraunhofer-Gesellschaft, Christopher Hebling und Mario Ragwitz, rechnen sogar mit bis zu 80 GW an Elektrolyseuren bis 2050. Nach Aussagen der Fraunhofer-Forscher kostet ein Elektrolyseur heute etwa 800 Euro pro Kilowatt Leistung, bis 2050 könnte sich der Preis mindestens halbieren – ein 100-MW-Elektrolyseur wäre dann also für weniger als 40 Millionen Euro zu haben.

Die entscheidende Frage ist aber, wie teuer ein Kilogramm »grüner« Wasserstoff – unter Einrechnung aller Investitions- und Betriebskosten – sein wird. Heute sind es vier bis sechs Euro pro Kilogramm, bis 2050 könnten die Kosten im optimalen Fall unter zwei Euro sinken. »Grauer« Wasserstoff aus Erdgas ist allerdings schon für 1,80 Euro zu bekommen; der »grüne« Wasserstoff ist also doppelt bis dreimal so teuer. Doch diese Differenz wird immer kleiner, je kostspieliger es wird, CO_2 in die Luft zu emittieren. Bereits Ende der 2020er-Jahre könnte Gleichstand erreicht sein, und danach rechnen die Fachleute mit einem Preisschild für CO_2 von 100 bis 200 Euro pro Tonne des Treibhausgases: Damit lägen dann die Produktionskosten des »grünen« Wasserstoffs deutlich unter denen des umweltschädlichen »grauen«.

Am günstigsten kann »grüner« Wasserstoff dort erzeugt werden, wo viel Wind- und Solarstrom verfügbar ist[53] – allerdings treiben die dann nötigen Transporte per Pipeline oder Schiff den Preis wieder in die Höhe, sodass der importierte Wasserstoff im Endeffekt kaum weniger kosten dürfte als der inländische. So hat ein Konsortium von 30 europäischen Firmen für 2022 den Start des Projekts HyDeal Ambition angekündigt. Dabei soll vorwiegend in Spanien bis etwa 2030 eine Solarstromkapazität von 95 GW aufgebaut werden, und es sollen große Elektrolyseanlagen mit insgesamt 67 GW entstehen. Ziel ist es, pro Jahr rund 3,6 Millionen Tonnen H_2 zum Preis von 1,50 Euro pro Kilogramm herzustellen und über Gastransportnetze bis nach Frankreich und eventuell nach Deutschland zu verteilen.

In jedem Fall wird »grüner« Wasserstoff auch in Zukunft ein wertvolles Produkt sein – der »Champagner der Energiewende«, wie ihn Fachleute schon häufig tauften. Wie Champagner sollte man ihn nur zu besonderen Gelegenheiten konsumieren, denn es wird immer kostengünstiger sein, elektrischen Strom direkt zu verwenden als den Strom aus Wasserstoff. Der Grund ist einfach: Wird Ökostrom in Wasserstoff umgewandelt und der dann wieder zurück in Strom, geht selbst unter optimalen Bedingungen die Hälfte der Energie verloren. Wenn H_2 gelagert und transportiert werden muss, kann der Gesamtverlust sogar bei mehr als zwei Drittel der Ausgangsenergie liegen.

Strom aus »grünem« H_2 kostet daher auch in Zukunft ein Vielfaches, verglichen mit Wind- und Solarstrom. Doch andererseits ist eine kostspielige Umwandlung immer noch besser, als wenn der Strom gar nicht gespeichert werden kann oder man Windräder aus dem Wind drehen muss, weil niemand den gerade erzeugten Strom abnehmen kann. Der Champagner der Energiewende wird daher stets zum Einsatz kommen, wenn es keine andere Möglichkeit gibt, klimaneutral zu wirtschaften – als Strom- und Wärmespeicher bei lang dauernden Dunkelflauten, als Kohlenstoffersatz in der Stahlindustrie, für Synthesen in der Grundstoffchemie sowie als Treibstofflieferant im Schwerlastverkehr und für Synfuels bei Flugzeugen und Schiffen. Für eine Übergangszeit könnte er zudem Erdgasnetzen beigemischt werden, um Gebäude umweltfreundlicher zu beheizen als mit reinem Erdgas. Dabei ist es aber auch für den Erfolg auf diesen klar abgegrenzten Feldern unerlässlich, dass es gelingt, die Kosten für »grünen« Wasserstoff deutlich zu senken.

Schauen wir uns daher einige wichtige Forschungsbereiche genauer an: die Erzeugung, die Speicherung und den Transport von Wasserstoff. So untersucht die spanische Physikerin Beatriz Roldán Cuenya seit 2017 als Direktorin am Fritz-Haber-Institut der Max-Planck-Gesellschaft in Berlin mit einem Team von über 50 Wissenschaftlern H_2-Katalysatoren – solche, mit denen sich H_2 aus Wasser gewinnen lässt, ebenso wie solche, mit denen man

H_2 und CO_2 zu Methan umwandeln kann. »Ein Katalysator ist in der Welt der Atome wie eine Art Heiratsvermittler«, veranschaulicht Roldán die Funktionsweise dieser Stoffe in einem Bericht der deutschen Tageszeitung *Die Welt*.[54]

Katalysatoren machen chemische Reaktionen schneller oder überhaupt erst möglich, indem sie die Reaktionspartner zusammenbringen und den nötigen Energieaufwand senken. Wie effizient diese atomare Eheanbahnung abläuft, hängt von vielen Faktoren ab: von der Temperatur ebenso wie von den Materialien des Katalysators und den Details seiner Grenzflächen. »Wir konnten zeigen, dass bestimmte Nanostrukturen auf der Oberfläche von Katalysatoren Reaktionen stark beschleunigen«, erklärt Roldán. Mit speziellen Apparaten – von Rastertunnelmikroskopen bis Röntgen-Photoelektronen-Spektrometern – kann ihr Team den Heiratsvermittlern praktisch in Echtzeit bei ihrer Arbeit zuschauen. Dabei lassen sich die Oberflächenstrukturen der untersuchten Katalysatoren mit einer Auflösung von weniger als ein Milliardstel Meter studieren.

Grundsätzlich geht es bei der Katalysatorentwicklung immer darum, solche Stoffe zu finden, die die gewünschten Reaktionen selektiv und effizient in die Wege leiten – meist bei niedrigen Temperaturen, um Energie zu sparen, und dies mit hoher Stabilität, Belastbarkeit und Lebensdauer. Die Heiratsvermittler sollen viele Jahre lang zuverlässig ihre Arbeit tun, mit variablen Stromstärken zurechtkommen und aus Stoffen bestehen, die leicht verfügbar und preiswert sind. Bei Elektrolyseuren sind die Elektroden bislang oft mit Katalysatoren aus teuren Edelmetallen wie Platin, Palladium, Iridium oder Ruthenium beschichtet. Daher treibt allein der Materialpreis schon die Kosten in die Höhe.

Roldán setzt hingegen auf Oxide von Nickel, Kobalt und Eisen – sehr kostengünstige Stoffe, »die noch besser werden, wenn man sie mit geeigneten Nanostrukturen auf der Oberfläche ausstattet«, sagt sie. Andere Teams haben Verbundwerkstoffe aus Kobalt-, Kupfer- und Wolframoxid entwickelt und auf porösen Kupferschaum als Elektrode aufgebracht: Der Schaum ist leitfähig und hat eine große Oberfläche, was katalytische Reaktionen vereinfacht. Doch welche Stoffe auch getestet werden – im Zentrum stehen immer die edelmetallfreien Katalysatoren.[55] Sie sind eines der Forschungsgebiete, von denen sich Wissenschaftler wichtige Durchbrüche erwarten.

Pfandflaschen für Wasserstoff

Doch auch auf anderen Feldern gibt es noch viel Entwicklungsbedarf, zum Beispiel: Wie lässt sich Wasserstoff am besten speichern und transportieren? An einigen Orten, etwa in der Chemieregion rund um Leuna, im Rhein-Ruhr-Gebiet bei Marl oder bei Rotterdam, gibt es bereits H_2-Pipelines, und Erdgas-Pipelines lassen sich umrüsten. Wenn sie aus mehreren Leitungen bestehen, kann man zunächst ein Rohr für den H_2-Transport vorbereiten und dann nach Bedarf andere nachziehen oder diese für Biomethan vorsehen. Bis 2040, so haben elf Gaskonzerne angekündigt, soll so quer durch Europa ein »Hydrogen Backbone«, ein Netzwerk mit H_2-Pipelines, von fast 23 000 Kilometer Länge entstehen.[56] Dabei kann eine übliche Pipeline mit einem Meter Durchmesser, die mit 85 bar Druck und einer moderaten Gasgeschwindigkeit von 15 Metern pro Sekunde betrieben wird, pro Jahr bis zu 2,8 Millionen Tonnen Wasserstoff befördern – ein enormer Durchsatz, der die nötige Zahl an Pipelines reduziert.

Doch wie lassen sich Transporte aus entfernteren Gegenden bewerkstelligen oder dort, wo es keine Pipelines gibt? Mit Drucktanks bei 700 bar kann ein Lkw ein bis zwei Tonnen gasförmigen Wasserstoff befördern. Mit flüssigem Wasserstoff, der auf Temperaturen von minus 253 Grad Celsius abgekühlt wurde, können es auch vier Tonnen sein. Schiffe, die rund 100 Tonnen an flüssigem H_2 transportieren, gibt es ebenfalls bereits, und für größere Mengen könnte man Tankschiffe entsprechend ausrüsten oder H_2-Container vorsehen, die auch auf Zügen oder Lkws umgeschlagen werden können.

Der Energieaufwand ist allerdings beträchtlich: für die Druckspeicherung braucht man rund ein Zehntel der im Wasserstoff enthaltenen Energie, für die Verflüssigung sogar mindestens ein Fünftel. Dementsprechend aufwendig und teuer sind die Transporte. Da zudem die kleinen H_2-Moleküle durch kleinste Lücken diffundieren können und leicht verdampfen, wird es immer Verluste beim Transport geben. Um dauerhaft größere H_2-Mengen zu lagern, bieten sich unterirdische Hohlräume von bis zu 500 Meter Höhe in dichten Salzstöcken an. In solchen Gaskavernen werden schon seit Langem – etwa in Norddeutschland – riesige Mengen an Erdgas vorgehalten. Ein bis zwei Millionen Tonnen Wasserstoff könnten so allein in Deutschland gebunkert werden.

In Großbritannien und den USA gibt es seit Jahren kleinere H_2-Kavernen, die beweisen, dass sich diese Lagerstätten sicher betreiben lassen. Grundsätzlich sind die Sicherheitsfragen bei Wasserstoff weniger problematisch, als viele denken. H_2 ist in Luftmischungen zwar leicht entzündlich, wie jeder von der Knallgasreaktion aus dem Chemieunterricht weiß, doch zugleich ist das Gas sehr flüchtig, entweicht also beim Ausströmen schnell nach oben. Im Freien ist Wasserstoff daher ungefährlicher als Benzin oder Erdgas, und in Innenräumen ist das Risiko auch nicht sehr groß, wenn man auf Entlüftungsöffnungen im Dachbereich achtet.

Doch es gibt auch Möglichkeiten, Wasserstoff so zu speichern und zu transportieren, dass er schwer entflammbar und nicht explosiv ist und beliebig lange sicher gelagert werden kann. Beispielsweise mit der LOHC-Technologie – die Abkürzung steht für »liquid organic hydrogen carrier«, einen flüssigen Wasserstoffspeicher aus organischen Materialien.[57] Das Verfahren wurde im Wesentlichen von den Chemikern und Maschinenbauern Peter Wasserscheid, Wolfgang Arlt, Eberhard Schlücker und Daniel Teichmann an der Universität Erlangen-Nürnberg entwickelt, die zur Vermarktung 2013 die Firma Hydrogenious LOHC Technologies gründeten.[58] »Ein LOHC ist wie eine flüssige Pfandflasche«, erklärt Peter Wasserscheid. »Der Wasserstoff wird an diese ungefährliche und gut zu handhabende Trägerflüssigkeit chemisch gebunden und bei Bedarf wieder freigesetzt, wobei der Träger erhalten bleibt und immer wieder neu beladen werden kann.« Als idealen LOHC identifizierten die Forscher Dibenzyltoluol, eine gelbliche Flüssigkeit, die seit Jahrzehnten in der Industrie als Wärmeträgeröl genutzt wird.

An jedes Molekül Dibenzyltoluol lassen sich über eine katalytische Reaktion 18 H-Atome anlagern, wobei zudem nutzbare Wärme frei wird. Wenn man das voll hydrierte Trägeröl danach auf 300 Grad erhitzt, werden die H-Atome wieder freigesetzt und H_2 als blubberndes Gas zurückgewonnen. Insgesamt kann jede Tonne Dibenzyltoluol rund 60 Kilogramm Wasserstoff an sich binden – in Energie umgerechnet, etwa zwei Megawattstunden. Oder anders ausgedrückt: Ein Elektroauto mit einem 80-Liter-LOHC-Tank und einer Brennstoffzelle, die die Energie des Wasserstoffs in Strom umwandelt, käme mit einer Tankfüllung 600 Kilometer weit. Es ist also eine sehr relevante Energiedichte, die man in den flüssigen Pfandflaschen speichern kann. Den Lade- und Entladevorgang gibt es allerdings nicht umsonst; ohne zusätzliche Nutzung der Wärme geht etwa ein Drittel der Energie verloren. »Aber dafür haben wir einen sicheren H_2-Langzeitspeicher«, sagt Wasserscheid. »Man kann einen LOHC-Tanker in Patagonien mit Windstrom beladen oder in Kanada mit Strom aus Wasserkraft und die Energie erst Monate später in Deutschland wieder nutzen – sogar nach zehn Jahren enthält der LOHC praktisch dieselbe Energie wie am Anfang.«

Der größte Vorteil der LOHC-Technologie ist, dass sich der Flüssigspeicher ähnlich wie Dieseltreibstoff verhält. Man kann daher die vorhandene Infrastruktur nutzen, ob Tanklaster, Rohrleitungen oder Schiffe – es muss kein Wasserstoffgas unter enormem Druck komprimiert oder auf Temperaturen von minus 253 Grad gekühlt werden. Das junge Unternehmen Hydrogenious LOHC Technologies hat verschiedene »Storage- und Release-Boxen« entwickelt, mit denen Wasserstoff ins Trägeröl eingespeist und wieder freigesetzt werden kann. »Unsere Anlagen laufen bereits in Finnland und in Erlangen«, berichtet Daniel Teichmann, der die Firma operativ leitet. Weitere LOHC-Projekte gibt es zwischen dem Ruhrgebiet und den Niederlanden sowie zwischen Spanien und Rotterdam auf dem Seeweg – »und besonders spannend: grüner Wasserstoff auf der blauen Donau«, sagt der LOHC-Experte.

In diesem europäischen Verbundprojekt, das ab 2022 mit ersten Testphasen startet, sollen Windanlagen in Rumänien Wasserstoff für industrielle Abnehmer in Österreich und Bayern erzeugen.[59] Im Endausbau könnten in den 2030er-Jahren rumänische Windparks mit zwei Gigawatt Leistung mithilfe von PEM-Elektrolyseuren etwa 80 000 Tonnen »grünen« Wasserstoff pro Jahr produzieren. »Für die Transportstrecken auf der Donau eignen sich am besten konventionelle Binnenschiffe, die bisher fossile Flüssigkraftstoffe geladen haben und künftig unseren LOHC-Flüssigspeicher befördern«, erklärt Teichmann seine Vision. Mehr noch: In Südosteuropa, sagt er, könnten über die Donau auch Schiffe aus dem Schwarzmeerraum fahren, und in Rotterdam könnten LOHC-Transporte aus Marokko oder Chile anlanden – die flüssigen Pfandflaschen eignen sich bestens für eine weltweite Logistik mit »grünem« Wasserstoff.

Künstliche Vulkane und CO_2-Sauger

An Visionen für den Weg ins postfossile Zeitalter mangelt es Forschenden jedenfalls nicht. Doch so realistisch und praxisnah die LOHC-Technologie ist, so abgehoben erscheinen andere Utopien, vor allem das »Geoengineering«. Dabei geht es darum, mit technischen Mitteln ins Klimasystem der Erde einzugreifen. Die Blaupause für eine der am meisten diskutierten Ideen liefern Vulkane: So haben Wissenschaftler ermittelt, dass beim Ausbruch des Pinatubo auf den Philippinen im Jahr 1991 etwa 17 Millionen Tonnen Schwefeldioxid bis in 40 Kilometer Höhe in die Stratosphäre gelangten, wo sich dann Aerosole aus Sulfaten bildeten.

Diese schwebten eine Zeit lang in der Luft und reflektierten einen Teil des Sonnenlichts – wie eine künstliche Sonnenbrille, die die Erde ein Jahr lang um 0,5 Grad abkühlte.

»Doch um auf diese Weise trotz steigender CO_2-Emissionen unser derzeitiges Temperaturniveau zu halten, müsste jedes Jahr fünf- bis achtmal so viel Schwefeldioxid in die Stratosphäre gebracht werden, wie beim Pinatubo frei wurde«, erklärt Ulrike Niemeier vom Max-Planck-Institut für Meteorologie in Hamburg.[60] Eine aberwitzige Vorstellung: Dazu müssten täglich Tausende von Flugzeugen das stechend riechende und die Schleimhäute reizende Gas über die Erde verteilen. Der Himmel wäre nicht mehr blau, sondern milchig, Winde und Niederschläge würden sich verändern, und die Ozonschicht würde angegriffen, vom sauren Regen ganz abgesehen. Und diese Maßnahmen müssten sehr lange beibehalten werden, denn würde man sie stoppen, stiegen die Temperaturen um ein Vielfaches schneller, als es heute schon der Fall ist.

Immer wieder bringen Gruppen, die die Nutzung von Kohle, Öl und Gas nicht beenden wollen, solche Konzepte auf den Tisch der Politiker. Man könnte reflektierende Nanopartikel in hoch liegenden Luftschichten ausstreuen oder gleich im Weltall zwischen Sonne und Erde riesige, Schatten spendende Segel installieren, lauten durchaus ernst gemeinte Vorschläge. Oder in den Tropen Pulver aus Magnesiumsilikaten verteilen, die von selbst verwittern, Carbonate bilden und damit CO_2 binden. Wenn man hierfür Basalte nimmt, würde der Boden sogar mit Kalzium und Magnesium angereichert, das Pflanzen zum Wachstum brauchen – dumm nur, dass man jedes Jahr auf einer Fläche so groß wie Deutschland eine zentimeterdünne Schicht von Gesteinsmehl verstreuen müsste, um nur fünf Prozent der weltweiten CO_2-Emissionen zu kompensieren. Manche Experten schlugen auch vor, das Algenwachstum im Meer durch Düngung mit Eisen anzuregen. Wenn die Algen absterben und auf den Meeresboden sinken, sollte dadurch das CO_2 aus der Luft entfernt werden, das die Algen aufgenommen hatten. Doch solche Versuche wurden bereits im Indischen Ozean und im Südatlantik durchgeführt, und sie haben gezeigt, dass es nicht funktioniert. Was die Visionäre nicht bedacht hatten: Kleine Krebstiere fressen die meisten Algen, womit das CO_2 wieder in die Nahrungskette gelangt und letztlich von Tieren in die Luft ausgeatmet wird.

Doch selbst wenn eine Geoengineering-Idee technisch funktionieren würde, wäre das Herumdoktern am Klimasystem der Erde alles andere als nachhaltig. Neben unbekannten und möglicherweise unbeherrschbaren Nebenwirkungen solcher Experimente käme es fast mit Sicherheit zu Konflikten, weil die Maßnahmen, die ein Staat ergreift, das Leben in anderen Regionen erheblich beeinträchtigen können – etwa über die Verteilung der Niederschläge. Noch wichtiger: Wer glaubt, dass man mit Technik das Klima irgendwie zurechtbiegen könne, der kümmert sich nicht mehr darum, das Problem an der Wurzel zu packen und die anthropogenen Treibhausgase auf null zu bringen. Nichtsdestotrotz gibt es durchaus sinnvolle Konzepte: etwa die Wiedervernässung trockengelegter Moore oder großflächige Aufforstungen. Auch das ist eine Art Geoengineering; wie viel es an CO_2-Reduktionen bringen kann, werde ich in Kapitel 5 diskutieren.

Bereits in den 1970er-Jahren dachte der italienische Physiker Cesare Marchetti noch einen Schritt weiter: warum nicht gleich das Treibhausgas über eine Art CO_2-Staubsauger aus der Luft holen und unterirdisch sicher lagern? Dieses Konzept ist heute unter »Carbon Capture and Storage« (CCS) – Kohlenstoffabtrennung und -lagerung – bekannt. Elon Musk, der Tesla-Chef und Gründer der Raumfahrtfirma SpaceX, fand die Idee so bestechend, dass er im Frühjahr 2021 ein Preisgeld von 100 Millionen US-Dollar für einen Wettbewerb auslobte, bei dem es darum geht, praktikable CCS-Methoden zu finden, die sich auf Milliarden Tonnen des Treibhausgases hochskalieren lassen.

Erstaunlich dabei: Elon Musk müsste gar nicht lange suchen, denn technisch funktionierende Verfahren gibt es bereits. Etwa Pilotanlagen, die das Abgas von Kohlekraftwerken in einen Turm mit einer Waschlösung leiten, durch die das Gas nach oben blubbert. Diese Lösung enthält Salze, die CO_2 sehr wirksam an sich binden – 90 Prozent des Gases lassen sich so einfangen. Schließlich wird in einer anderen Anlage das CO_2 durch Erwärmen aus dem Salz herausgelöst und verdichtet, um es lagern zu können. Das Salz lässt sich fast vollständig wiederverwenden und dem Kreislauf erneut zuführen. Das Problem: Für das CCS-Verfahren ist so viel Energie nötig, dass dadurch der Kohleverbrauch eines Kraftwerks um etwa 30 Prozent steigt.

Auf dem Dach einer Müllverbrennungsanlage in der Nähe von Zürich steht sogar ein richtiger Kohlendioxid-Staubsauger. Jedenfalls sehen die 18 mächtigen Ventilatoren der »Direct Air Capture«-Anlage der Firma Climeworks so aus.[61] Sie saugen große Mengen Luft an und blasen sie auf die Oberfläche eines Filtermaterials, das selektiv CO_2-Moleküle einfängt. Wenn genug CO_2 adsorbiert ist, wird die Luftzufuhr geschlossen und der Filter mit der Abwärme der Müllverbrennungsanlage auf 100 Grad aufgeheizt. Dadurch wird das Gas wieder freigesetzt, und es kann als hoch konzentriertes CO_2 eingesammelt werden. Auf diese Weise holt Climeworks pro Jahr 900 Tonnen des Treibhausgases aus der Luft.

Derzeit wird es an eine benachbarte Gärtnerei verkauft, damit in deren Gewächshäusern dank der höheren CO_2-Konzentration die Pflanzen besser gedeihen. Die Erträge von Gurken und Tomaten sind so um ein Viertel gestiegen. In Island steht eine weitere Climeworks-Anlage, die CO_2 aus der Umgebungsluft filtert und in diesem Fall sogar unterirdisch lagert. Den Strom und die nötige Abwärme liefert hier ein Geothermiekraftwerk. Das eingefangene Kohlendioxid wird mit Wasser vermischt und in eine Basaltformation 700 Meter unter der Erde gepumpt. Binnen weniger Jahre reagiert das CO_2 mit dem porösen Gestein, mineralisiert zu Carbonaten und bleibt dauerhaft gebunden. 4000 Tonnen CO_2 soll die Anlage pro Jahr verarbeiten.

Wenn man ausreichend Niedertemperaturwärme und erneuerbaren Strom zur Verfügung hat, sind solche Systeme beliebig skalierbar. Um beispielsweise zehn Prozent der CO_2-Emissionen der EU aus der Luft zu entfernen, bräuchte man Filteranlagen, die eine halbe Million üblicher 40-Fuß-Container füllen würden. Das klingt nach viel, ist aber nur die Menge an Schiffscontainern, die der Hafen von Rotterdam in einem Monat abfertigt. Problematischer ist die Finanzierung: Im Moment kostet die Abtrennung einer Tonne CO_2 aus der Luft und ihre unterirdische Lagerung zwischen 500 und 900 Euro, etwa das 10- bis 15-Fache des Preises von CO_2-Zertifikaten. Die CCS-Technologien werden sich deshalb wohl erst lohnen, wenn ihre Kosten auf 100 Euro pro Tonne CO_2 gesunken und zugleich die Verschmutzungsrechte auf ein ähnliches Preisniveau gestiegen sind.

Allerdings geht auch die Studie »Klimaneutrales Deutschland« davon aus, dass künftig einige dieser sogenannten »negativen Emissionen« nötig sein werden, um eine Restmenge an unvermeidbaren Treibhausgasemissionen zu kompensieren. Die Fachleute schätzen, dass ab 2045 in Deutschland 20 Millionen Tonnen CO_2 – etwa 2,5 Prozent des Ausstoßes von 2020 – direkt aus der Luft eingefangen und unterirdisch gelagert werden müssen. Zusätzlich sollen weitere 53 Millionen Tonnen CO_2, die pro Jahr bei der Verbrennung von Biomasse und durch Emissionen in der Industrie und der Abfallwirtschaft entstehen, ebenfalls unter die Erde befördert werden. Insbesondere die Standorte von großen Chemieparks sowie der Stahl- und Zementindustrie müssten dazu an ein künftiges CO_2-Netz angeschlossen werden, über das Kohlendioxid transportiert wird.

Doch gibt es überhaupt genug sichere Lagerstätten? Neben Basaltformationen wie in Island eignen sich dafür saline Aquifere – mit Salzwasser vollgesogene Sandsteinschichten – oder entleerte Erdöl- und Erdgaslagerstätten.[62] Allein unterhalb der Nordsee sollen zwischen 100 und 200 Milliarden Tonnen CO_2 Platz finden können, weltweit umfassen die Kapazitäten nach Angaben des Weltklimarates ein Vielfaches davon. Lagerraum genug wäre also vorhanden. Dass die Methode langfristig funktioniert, beweist der norwegische Öl- und Gaskonzern Equinor, der seit 1996 rund 30 Millionen Tonnen CO_2 in Gesteinsschichten unter den Ozean gepresst hat.[63] Der Grund: Equinor fördert auf seinen Plattformen, etwa im Sleipner-Feld 250 Kilometer westlich von Stavanger, nicht nur Erdgas, sondern als Verunreinigung auch CO_2. Es käme den Konzern teuer zu stehen, wenn er das Treibhausgas einfach in die Atmosphäre entlassen würde, weil Norwegen jede Tonne CO_2 mit einer hohen Steuer belegt hat. Daher wird es verflüssigt und in 1000 Meter Tiefe gepumpt.

Wissenschaftler haben diese Speicher untersucht, und die Ergebnisse sind eindeutig: Das CO_2 bleibt stabil in der Lagerstätte und steigt nicht etwa in Gasblasen wieder auf. Ausgediente Erdgaslagerstätten sind besonders gut für die CO_2-Lagerung geeignet, denn sie sind nachweislich seit Jahrmillionen dicht. Auch im Projekt Porthos, das sich bis 2024 im Aufbau befindet, ist so ein Offshore-CO_2-Speicher geplant: Im Hafen von Rotterdam wird eine Pipeline Kohlendioxid aus den Abgasen von Raffinerien, Kraft- und Zementwerken aufnehmen. Pro Jahr soll sie 2,5 Millionen Tonnen CO_2 in ein entleertes Gasfeld 20 Kilometer vor der Küste pumpen. Dort, im Sandstein drei Kilometer unter dem Boden der Nordsee, soll das Gas für immer eingeschlossen bleiben – in sicherer Entfernung von der Atmosphäre darüber.

Fossile Rohstoffe müssen im Boden bleiben

Genau genommen ist die unterirdische CO_2-Endlagerung ein ironischer Schlusspunkt am Ende des fossilen Zeitalters, denn sie macht einen kleinen Teil des umweltschädlichen Verhaltens rückgängig, das die Menschheit seit mehr als 250 Jahren an den Tag gelegt hat: In dieser Zeit haben wir 450 Milliarden Tonnen Kohlenstoff aus der Erde geholt, in nutzbare Energie verwandelt und das Verbrennungsprodukt Kohlendioxid in die Luft geblasen – die Atmosphäre sozusagen als kostenlose Mülldeponie benutzt. Doch eines ist inzwischen klar: Bei 600 bis 700 Milliarden Tonnen Kohlenstoff muss Schluss sein, um das Pariser Klimaziel noch einhalten zu können. Weil wir derzeit jedes Jahr weitere elf Milliarden Tonnen zu unserem Budget addieren, würden uns bei Business as usual nicht viel mehr als 20 Jahre bleiben.

Da ist es nur der berühmte Tropfen auf den heißen Stein, wenn man versucht, Zeit zu gewinnen, indem man ein paar Millionen Tonnen Kohlendioxid wieder dorthin zurückpumpt, von wo der Kohlenstoff nach oben befördert wurde. Die eigentliche Botschaft des Restbudgets ist eine andere. Sie lautet klar und deutlich: Von den weltweit wirtschaftlich abbaubaren Reserven müssen mindestens 80 Prozent der Kohle und des Erdgases sowie 40 Prozent des Erdöls im Boden verbleiben! Nimmt man hingegen die Ressourcen als Maßstab – also die zwar nachweislich vorhandenen, aber derzeit nicht wirtschaftlich zu gewinnenden Rohstoffe –, dann sind die Mengen, die man aus Klimaschutzgründen gar nicht erst fördern darf, noch weit höher: Bei der Kohle wären es über 99 Prozent.

In den kommenden 20 Jahren müssen daher weltweit Tausende von Kohlekraftwerken stillgelegt werden und viele geplante dürfen gar nicht erst gebaut werden. Mehr noch: Auch die Förderung muss beendet werden. Den großen Kohleländern – ob China, Indien, Russland, Australien oder Südafrika – wird dies viel abverlangen. Ähnliches gilt für Staaten, die mit Öl und Gas reich geworden sind, vor allem die Länder der OPEC auf der Arabischen Halbinsel, aber auch die USA und Kanada, Iran, Irak, Brasilien und Nigeria. Etliche der in sonnigen Gegenden gelegenen Länder könnten auch in Zukunft erhebliche Einnahmen durch Energiehandel erzielen – dann aber mit Solarstrom und Wasserstoff –, andere haben wind- oder wasserreiche Standorte, die sie nutzen können. Doch die Umstellung wird gewaltig sein. Russland beispielsweise erzielt pro Jahr rund 250 Milliarden Euro mit Gas, Öl und Kohle, das sind zwei Drittel aller Exporte des Landes. Bei Saudi-Arabien liegen die Ölausfuhren sogar bei fast 80 Prozent des Exportvolumens, bei Nigeria bei 94 Prozent.[64]

Dennoch werden auch diese Länder nicht umhinkommen, ihre Infrastrukturen umzubauen. Wenn sich sogar Energieriesen wie RWE vom Kohlestrom verabschieden, von dem sie 120 Jahre lang gelebt haben, dann handelt es sich nicht um ein Strohfeuer, sondern um eine Revolution. Im Geschäftsbericht 2020 schreibt der RWE-Vorstand, dass das Unternehmen bis 2040 klimaneutral und einer der führenden Anbieter für erneuerbare Energien werden will: mit Wind- und Solarstrom sowie mit Speichertechnologien wie Batterien und Wasserstoff. Auch BP, das vor 115 Jahren als British Petroleum gegründet wurde, schlägt in dieselbe Kerbe, wenn CEO Bernard Looney das Ziel vorgibt, dass der Konzern bis 2050 Klimaneutralität erreichen will. Laut der Studie »BP Energy Outlook« ist das Ende des Ölzeitalters in Sicht,[65] denn vermutlich werde die globale Erdölnachfrage nie wieder die Werte vor der Corona-Pandemie erreichen – der »Peak Oil« ist wohl schon überschritten. Bis 2030 will BP daher die Förderung von Öl und Gas um 40 Prozent reduzieren, seine Kapazitäten zur Ökostromproduktion auf 50 Gigawatt verzwanzigfachen und seine Tankstellen zu Mobilitätsknotenpunkten mit Ladestationen für Elektroautos umfunktionieren.

Selbst der mit fast neun Billionen Dollar weltgrößte Vermögensverwalter BlackRock fordert von Unternehmen rund um den Globus, dass sie sich dringend auf eine klimaneutrale Wirtschaft vorbereiten: »Kein Thema hat höhere Priorität als der Klimawandel«, schrieb CEO Larry Fink im Januar 2021 an die Vorstände aller Firmen, in die BlackRock investiert hat.[66] Wer die Umstellung versäume, werde erleben, »dass sein Geschäft und seine Unternehmensbewertungen leiden«. Doch selbstverständlich folgen nicht alle sofort und freudig den Fahnenträgern der grünen Revolution. Amerikas Ölgiganten wie ExxonMobil und Chevron halten an ihrem alten Geschäftsmodell fest, China und Indien bauen weiterhin Kohlekraftwerke, Russland exportiert nach wie vor Unmengen an fossilen Rohstoffen, und Saudi-Arabien will zwar zum weltgrößten Exporteur von »grünem« Wasserstoff werden, aber bislang ist das nicht viel mehr als eine Absichtserklärung.

Die Weichen sind zwar gestellt, und der Zug rollt immer schneller, aber bis eine nachhaltige Weltwirtschaft erreicht ist, müssen viele Widerstände überwunden werden. Die Beharrungskräfte alter Geschäftsmodelle sollte man nicht unterschätzen – dazu sind in den vergangenen Jahrzehnten zu viele Billionen Dollar, Euro, Yen, Rubel und Renminbi in Förderanlagen, Kraftwerke, Tankstellen und ganze Industriezweige geflossen. Bis das alles umgestellt und neu justiert ist, dauert es Jahrzehnte. Es sind wahre Herkulesanstrengungen nötig, um das Zwei-Grad-Ziel von Paris zu erreichen, aber das ist immerhin ein realistischer Plan. Die Temperaturerhöhung bis 2100 unter 1,5 Grad zu halten dürfte hingegen leider eine Illusion sein, aber jedes Zehntelgrad unter dem Zwei-Grad-Ziel wäre ein wertvoller Gewinn.

Warnungen, dass durch den Umbau Arbeitsplätze verloren gehen, sind fehl am Platz. Im Gegenteil: Alle Erfahrungen zeigen, dass Firmen – und Regionen – dann am meisten verlieren, wenn sie die Zeichen der Zeit nicht erkennen. Man kann es auch positiv ausdrücken: Gerade jetzt, in Zeiten der Krise, profitieren diejenigen, die den Mut zu Innovationen und zum Wandel haben. »Lass eine Krise nie ungenutzt verstreichen«, soll Winston Churchill gesagt haben, und der BlackRock-CEO Larry Fink stößt ins gleiche Horn, wenn er von den »erheblichen wirtschaftlichen Chancen« schreibt, »die der Übergang mit sich bringen wird«.

So haben sich in der Koalition »We mean business« nicht nur viele Non-Profit-Organisationen zusammengeschlossen, sondern auch 1700 Unternehmen mit einem Marktwert von 21 Billionen Euro, um Klimamaßnahmen voranzubringen.[67] Denn wer jetzt Lösungen für Umwelt- und Klimaschutz entwickelt, hat für die Welt von morgen die besten Karten – weil dann alle darauf zurückgreifen wollen und müssen. Vieles rechnet sich bereits heute, allein schon wegen der Energieeinsparungen. In Zukunft, wenn es wirklich teures Geld kostet, CO_2 in die Atmosphäre zu entlassen, werden die Gewinne noch weit größer sein. All die Investitionsprogramme, die nun, angestoßen durch die Corona-Pandemie, in vielen Ländern anlaufen, sind eine enorme Chance, mit Schwung die richtige Kurve zu nehmen – wenn der »Green Deal« jetzt nicht gelingt, wann dann?

Was der Wandel kostet – und das Nichtstun

Auch der volkswirtschaftliche Nutzen ist längst belegt: So hat der britische Ökonom Nicholas Stern schon 2006 berechnet, dass die nötigen Maßnahmen zur Erreichung des Zwei-Grad-Ziels etwa ein Prozent der jährlichen weltweiten Wirtschaftsleistung kosten würden. Tue man hingegen nichts, so würde dies mit fünf bis 20 Prozent zu Buche schlagen. Da seit 2006 viel Zeit vergeudet wurde, ist der Umbau inzwischen teurer geworden, doch nach wie vor gilt, dass die Kosten des Nichtstuns wesentlich höher sind als die des Handelns. Um dies ins richtige Verhältnis zu setzen, empfiehlt sich ein Blick auf die Subventionen für fossile Energien: 2015 hat der Internationale Währungsfonds (IWF) in einer Studie[68] ermittelt, dass allein die direkten Subventionen für Benzin, Gas und Kohlestrom weltweit bei 500 bis 600 Milliarden Dollar pro Jahr liegen.

Rechnet man die Luftverschmutzung durch Feinstaub, Schwefeldioxid und Stickoxide hinzu – deren Folgen die Gesundheits- und Sozialsysteme tragen müssen –, so summieren sich die Schäden auf weitere 2200 Milliarden Dollar jährlich. Die Folgekosten durch den Klimawandel bezifferte der IWF auf relativ moderate 1100 Milliarden Dollar pro Jahr, andere Experten setzen hier noch weit höhere Werte an. Alles in allem liegen demnach die Subventionen und Schadenssummen der fossilen Energien bei mindestens vier Billionen Dollar jährlich – das sind fünf Prozent der globalen Wirtschaftsleistung, wovon etwa die Hälfte aufs Konto der Kohle geht.

Für dieses Geld könnte man jedes Jahr etwa 100 000 Windräder mit je acht Megawatt errichten, zusätzlich 1000 Gigawatt an Solarleistung und 20 000 große Batteriespeicher und Elektrolyseure – die weltweite Energiewende wäre binnen zehn Jahren geschafft. Dies zeigt, wie wichtig es ist, dass die Schadstoff- und Treibhausgasemissionen endlich einen fairen Preis erhalten, der ihre wahren Kosten widerspiegelt. Denn nur dann entsteht für alle Akteure ein hoher Anreiz, in umweltfreundliche Technologien zu investieren. Wer dabei schneller vorankommt, kann Emissionszertifikate, die er nicht braucht, an andere verkaufen, die noch nicht so weit sind.

Ein internationaler Markt für Verschmutzungsrechte wäre der entscheidende Durchbruch, weil dann Innovationen und Investitionen in den Klimaschutz dorthin geleitet würden, wo sie am meisten Nutzen bringen. Auf der Weltklimakonferenz 2021 in Glasgow wurden die Regeln dafür präzisiert. Dieser Handel mit Zertifikaten nimmt vor allem in Europa Fahrt auf, wo nicht nur der Stromsektor, sondern auch Industrieprozesse und der Luftverkehr einbezogen werden – doch auch in den USA, Kanada, Japan und Korea existieren ähnliche Programme, und China startete nach Pilotprojekten in einigen Provinzen 2021 ebenfalls ein landesweites Handelssystem. Neuseeland hat in seinen Emissionshandel sogar schon alle Sektoren eingeschlossen, inklusive Straßenverkehr, Gebäude, Abfall- und Forstwirtschaft.

Für ein Land wie Deutschland ist darüber hinaus noch ein anderer Aspekt wichtig: Von Braunkohle abgesehen, werden heute praktisch alle fossilen Energieträger – Öl, Gas und Steinkohle – importiert, was zwischen 60 und 80 Milliarden Euro pro Jahr kostet. Diese Importe decken fast 70 Prozent unseres Primärenergiebedarfs ab. Folgt man der Studie »Klimaneutrales Deutschland«, wird sich dieses Bild ab 2045 vollständig gewandelt haben: Dann werden rund 80 Prozent des deutschen Primärenergiebedarfs aus Erneuerbaren stammen – vor allem Wind und Sonne – und größtenteils im Inland gewonnen werden. Importiert werden dann nur zwei bis drei Prozent des Stroms sowie mit rund 5,5 Millionen Tonnen zwei Drittel des benötigten Wasserstoffs. Hinzu kommt der Bedarf an »grünem« Leichtbenzin, auch Naphtha genannt, von dem drei Millionen Tonnen importiert werden. Alles in allem machen diese Einfuhren in Zukunft aber nur einen Bruchteil dessen aus, was heute an Energieträgern im Ausland eingekauft wird – das rohstoffarme Deutschland wird deutlich unabhängiger von Energieimporten.

International betrachtet, wird die Abkehr von fossilen Rohstoffen auch die Machtverhältnisse in der Welt vollkommen verändern. Dank ihres Ölreichtums verfügen heute Staaten wie Saudi-Arabien, die Vereinigten Arabischen Emirate, Kuwait sowie Iran und Irak über eine Macht, die sie ansonsten niemals erhalten hätten. Das hat die Industriestaaten erpressbar gemacht. Doch Wind und Sonne sind viel gleichmäßiger über den Globus verteilt. Wenn die Abhängigkeit von fossilen Energieträgern sinkt, wird dies das Zerstörungspotenzial vieler Konflikte, vor allem im Nahen und Mittleren Osten, erheblich reduzieren. Dem Frieden auf der Welt kann das nur guttun.

Doch der Wandel bringt auch neue Risiken mit sich. Vor allem muss es gelingen, die Lasten fairer zu verteilen: Es kann nicht sein, dass die Länder, die am wenigsten zur Klimakrise beigetragen haben, die Folgen am härtesten zu spüren bekommen – etwa Inseln oder Küstenstaaten wie Bangladesch durch Überflutungen oder die Länder Afrikas durch verheerende Dürren. Die reichen Staaten müssen die beim Pariser Klimagipfel vereinbarten Finanzhilfen dringend den ärmeren Nationen zur Verfügung stellen – und innerhalb der Staaten müssen Geringverdiener, die durch höhere Preise für Heizen und Mobilität besonders belastet werden, einen sozial gerechten, finanziellen Ausgleich erhalten. Auch das ist ein wichtiger Beitrag zu einem friedlichen Miteinander.

Im November 2021 gelangen auf dem Weltklimagipfel in Glasgow immerhin einige wesentliche Fortschritte. So sollen ab 2025 die Finanzhilfen für Maßnahmen zur Anpassung an den Klimawandel verdoppelt werden. Ein Regelwerk, eine Art Werkzeugkasten, für die weltweite Überwachung von Emissionen wurde beschlossen, und jährliche Berichtspflichten wurden vereinbart. Die Anrechnungen von Klimaschutzmaßnahmen, die in anderen Ländern getätigt werden, wurden vereinheitlicht, strenger gefasst und transparenter gemacht – und vor allem: Die fast 200 Staaten haben zum ersten Mal den schrittweisen Ausstieg aus der Kohle und den Abbau fossiler Subventionen ins Abschlussdokument des »Klimapakts von Glasgow« aufgenommen.

Positiv stimmt auf jeden Fall, dass nicht nur viele Staaten, Regionen und fast hundert der größten Städte der Welt ehrgeizige Klimamaßnahmen vorantreiben. Bei der bisher umfangreichsten Erhebung[69] des Entwicklungsprogramms der Vereinten Nationen (UNDP) im Herbst 2020 haben zwei Drittel aller Befragten – insgesamt 1,2 Millionen Menschen aus 50 Ländern – geurteilt, dass sich die Welt in einer Klimakrise befinde. In Westeuropa, Japan, Kanada und Südafrika taten dies zwischen 70 und 80 Prozent, aber auch in Russland und den USA stimmten der Aussage zwei Drittel der Umfrageteilnehmer zu, und selbst in Kohleländern wie Indien und Polen sahen fast 60 Prozent der Menschen die drohende Katastrophe.

»Dringende Klimaschutzmaßnahmen finden nun breite Unterstützung unter den Menschen rund um den Globus – über Nationalitäten, Alter, Geschlecht und Bildung hinweg«, sagt UNDP-Chef Achim Steiner. Abgesehen von den Dingen, die jeder und jede privat tun sollte, sehen die Menschen laut der Studie als wirksamste politische Maßnahmen zum einen die Erhaltung von Wäldern und Naturflächen und eine klimafreundliche Landwirtschaft und zum anderen mehr Investments in »grüne Geschäftsfelder«, insbesondere die Förderung von erneuerbaren Energien wie Wind und Solar sowie von Elektromobilität. Dahinter, aber immer noch hoch oben auf der Prioritätenliste, stehen die Reinhaltung der Ozeane und Flüsse, lebensfreundliche Städte, weniger Nahrungsabfälle, die Verteuerung von Emissionen sowie energiesparende Produkte und »grüne« Gebäude und Fabriken. Dies sind – alles andere als zufällig – genau die Themen der nächsten Kapitel meines Buchs.

2 Die Krise der Mobilität

Wie nachhaltig können wir unterwegs sein?

Ein Reigen von Bildern: In Griechenland sitzt ein alter Mann auf einem Karren mit Brennholz, den ein Esel gemächlich ins nächste Dorf zieht. In Kamerun schreiten Frauen in bunten Gewändern über staubige Straßen, Kalebassen auf ihren Köpfen balancierend. In London warten Fahrgäste stoisch auf einen Bus, in den verstopften Straßen von São Paulo hupen wütende Autofahrer. In Florida pendeln rüstige Rentner in Geländewagen von Supermärkten zu Golfplätzen, und in Osaka erreichen zwei gestresste Manager gerade noch den Shinkansen-Hochgeschwindigkeitszug, um zu ihrem Termin nach Tokio zu kommen…

Fotos von Menschen in Bewegung, zu unterschiedlichen Zeiten, an unterschiedlichen Orten. Sie scheinen kaum etwas gemeinsam zu haben, und doch hat der italienische Physiker und Systemanalyst Cesare Marchetti im Jahr 1994 durch den Vergleich unzähliger Mobilitätsdaten etwas entdeckt, das er eine »anthropologische Invariante im Reiseverhalten« nannte – ein Wert, der heute als »Marchetti-Konstante« bekannt ist:[1] Im Durchschnitt sind Menschen pro Tag eine bis eineinhalb Stunden unterwegs.

Dieser Wert ist unabhängig von Ländern und Kulturen. Mit weltweiten Daten belegt ist er seit 60 Jahren, aber vermutlich traf er im Mittelalter ebenso zu wie bei Römern, Ägyptern und Assyrern. Selbstverständlich ist es ein Mittelwert, der je nach Beruf variiert: Ein Schriftsteller in seiner Dachkammer ist weniger außer Haus als eine Paketzustellerin oder eine Ingenieurin im Außeneinsatz. Auch Kinder und Senioren sind nicht so mobil, aber im Alter zwischen zehn und 80 Jahren schwankt in Deutschland der Wert nur zwischen 75 und 90 Minuten, wie repräsentative Studien im Auftrag des Bundesverkehrsministeriums zeigen. Seit 2000 ist die Reisezeit nur um acht Minuten gestiegen, in den Metropolen liegt sie zehn Minuten höher als in ländlichen Gebieten. Doch unabhängig davon: In allen Untersuchungen seit den 1960er-Jahren, egal, ob in bettelarmen oder sehr wohlhabenden Staaten, lag die Marchetti-Konstante immer zwischen 60 und 90 Minuten und die Zahl der zurückgelegten Wege zwischen drei und vier pro Tag.

Was sich natürlich ändert, sind die Verkehrsmittel und damit die Länge der Wegstrecken. Fußgänger schaffen pro Stunde fünf Kilometer – daraus resultiert eine erreichbare Fläche von 20 Quadratkilometern am Tag. Über Jahrtausende prägte dies die Größe von Siedlungen mit den umliegenden landwirtschaftlichen Flächen. Erst mit dem öffentlichen Personennahverkehr (ÖPNV), also mit Straßenbahnen, Bussen und U-Bahnen, und dem Pkw wuchsen die Strecken deutlich. Statt zu Fuß zum Laden um die Ecke fährt man nun eben mit dem Auto oder dem ÖPNV zum Supermarkt oder zum Möbelhaus draußen vor der Stadt. Lag 1960 die Tagesstrecke in Deutschland noch bei elf Kilometern, so sind es heute 40. Das ergibt eine Aktionsfläche von 450 Quadratkilometern – 22-mal mehr als zu früheren Zeiten. Dementsprechend haben sich die städtischen Strukturen angepasst. Vielerorts mussten kleine Läden schließen, die weiter entfernten, großen Einkaufszentren haben sich durchgesetzt.

Die Verkehrsleistung pro Einwohner und Jahr ist seit 1960 in Deutschland – ohne Luftverkehr – von 2500 auf 14 500 Kilometer gestiegen. Fast vier Fünftel davon werden mit dem Pkw bewältigt, 15 Prozent mit ÖPNV oder Eisenbahn und nur sieben Prozent zu Fuß oder mit dem Fahrrad.[2] Zusätzlich fliegt jeder und jede Deutsche pro Jahr im Schnitt 860 Kilometer. In den

USA ist dieser Wert viermal so hoch, und auch die Autostrecken sind um zwei Drittel länger. Dementsprechend weiter dehnen sich die Siedlungen aus. Nimmt man Züge wie den ICE 3, den TGV, den Shinkansen oder den chinesischen CRH380, die 300 bis 400 km/h schnell sind, dann verzehnfachen sich im Vergleich zum Pkw die Entfernungen, die in vernünftiger Zeit bewältigt werden können. Und sollte Elon Musk mit seinem Hyperloop-Konzept erfolgreich sein, das Fahrzeiten zwischen Los Angeles und San Francisco von etwas über einer halben Stunde vorsieht, dann könnten Städte zusammenwachsen, die 560 Kilometer Luftlinie voneinander entfernt sind. Pendler könnten problemlos in der einen Stadt wohnen und in der anderen arbeiten.

Verändert die Pandemie unsere Mobilität?

Über Jahrzehnte sah es so aus, als ob zwar das Reisezeitbudget – die Marchetti-Konstante – unverändert bleibt, aber die täglichen Strecken stetig wachsen. Forschende fanden zudem weitere Zusammenhänge: So führen eine zunehmende Erwerbstätigkeit der Frauen und höhere Bildungsabschlüsse quer durch die Bevölkerung in vielen Ländern zu einer besseren Motorisierung und mehr Geld für Mobilität, ob im Beruf, im Alltag oder bei Urlaubsreisen. All das lässt die Verkehrsleistung steigen. Doch während der Corona-Pandemie zeigte sich, dass die Entwicklung keineswegs zwingend nur in eine Richtung geht. Rund um den Globus kam der Flugverkehr fast zum Erliegen: Wurden 2019 noch 4,5 Milliarden Passagiere transportiert, waren es 2020 rund 60 Prozent weniger; in Deutschland lag der Einbruch laut Statistischem Bundesamt im März und April 2020 sogar bei über 98 Prozent. In diesen beiden Shutdown-Monaten nahm die individuelle Mobilität massiv ab: Statt 90 Minuten pro Tag waren die Bundesbürger nur noch 40 bis 60 Minuten unterwegs. Wegen der niedrigeren Infektionsgefahr legten sie die Wege vor allem mit dem Pkw, dem Fahrrad und zu Fuß zurück; auf den ÖPNV wurde eher verzichtet. Viele kauften nur noch Lebensmittel in der Umgebung ein und arbeiteten zu Hause statt im Büro.

Spannend ist die Frage, auf welche »Normalwerte« sich die Mobilität einpendeln wird, wenn die Krise endgültig überwunden ist. Werden wir vermehrt im Internet shoppen statt durch Einkaufsstraßen zu bummeln, über Video chatten statt uns in Restaurants zu treffen, im Homeoffice arbeiten statt in die Firma zu pendeln? Werden wir gar durch virtuelle 3D-Welten wandern statt persönlich das neue Ägyptische Museum bei den Pyramiden zu erkunden? Im Beruf scheint die Antwort eindeutig, wie Umfragen ergeben: Die meisten Firmen wollen Dienstreisen reduzieren und durch Videokonferenzen ersetzen – große Konzerne sparen so dreistellige Millionen-Euro-Beträge pro Jahr. Kunden und Partner werden künftig nur noch besucht, wenn bei Erstkontakten Vertrauen aufgebaut werden muss, oder wenn es um wichtige Verhandlungen geht, oder um Installations- und Wartungstermine, die nicht via Software-Update zu erledigen sind.

Auch das Homeoffice wollen viele weiter ausbauen. Nicht nur, weil sich Büroarbeiten im privaten Heim oft produktiver erledigen lassen als in der Firma – sofern man eine ruhige Umgebung und schnelle Datenverbindungen hat. Hinzu kommt noch, dass Mitarbeiter, die drei bis vier Tage in der Woche zu Hause tätig sind, laut einer 2021 durchgeführten Studie[3] von infas und des Berliner Zentrums für Sozialforschung fast drei Viertel aller Arbeits- und Dienstwege einsparen. Interessanterweise sind aber auch diese Personen mit durchschnittlich 73 Minuten nur sieben Minuten weniger außer Haus als ihre zur Arbeit pendelnden Kollegen. Sie nutzen die gewonnene Zeit unter anderem für häufigere und längere Spaziergänge – was wieder einmal zeigt, dass die Marchetti-Konstante wohl nicht nur der Notwendigkeit geschuldet ist, Nahrung zu besorgen und Einkommen zu erwirtschaften, sondern tatsächlich das menschliche Bedürfnis widerspiegelt, mobil zu sein.

Man kann also davon ausgehen, dass Menschen auch in Zukunft im Mittel 60 bis 90 Minuten pro Tag unterwegs sein werden. Doch womit wir mobil sind, entscheidet darüber, wie stark wir die Umwelt belasten. So sind die Abgase von Dieselmotoren und der Abrieb von Bremsen und Reifen neben Heizungen die wichtigsten anthropogenen Verursacher des Feinstaubs in der Luft, und der Erdölverbrauch von Fahrzeugen ist für rund ein Fünftel aller CO_2-Emissionen aus fossilen Quellen verantwortlich.[4] Hinzu kommen noch der Luft- und Schiffsverkehr mit je 2,5 bis drei Prozent des globalen CO_2-Ausstoßes.

Bei Flugzeugen geht es nicht nur um die Verbrennungsprodukte des Kerosins, sondern auch um weitere problematische Emissionen wie Stickoxide und Wasserdampf. Stickoxide führen in großer Höhe zu klimaschädlichem Ozon, und aus dem Wasserdampf entstehen Kondensstreifen und Cirruswolken – weiße, zarte Eiswolken –, die die von der Erde kommende Wärmestrahlung reflektieren. Das Umweltbundesamt geht davon aus, dass diese Effekte den Anteil des Luftverkehrs am globalen Treibhauseffekt auf etwa fünf Prozent erhöhen.[5] Ein einziger Urlaubsflug von Berlin nach Dubai und zurück verursacht pro Person rund zwei Tonnen an CO_2-Äquivalenten (CO_2eq) – das ist mehr als beim Betrieb eines mittleren Pkws während eines ganzen Jahres.

Der zweitmächtigste Hebel für die kohlenstofffreie Welt

Gelänge es, den CO_2-Ausstoß von Land- und Seefahrzeugen bis 2050 fast völlig zu eliminieren und die Treibhausgaswirkungen von Flugzeugen zumindest zu halbieren, so fiele allein dadurch etwa ein Viertel der globalen, energiebedingten Klimagase weg. Der Verkehrssektor ist damit nach dem Energiebereich der zweitmächtigste Hebel für die Dekarbonisierung der Weltwirtschaft. Doch ist eine derart weitreichende Vision überhaupt realistisch?

Ingenieurinnen und Ingenieure halten drastische Reduktionen tatsächlich für machbar – und das, obwohl es gerade beim

Verkehr bislang wenig Fortschritte gegeben hat. Es gelang zwar, immer mehr nutzbare Energie aus einem Liter Benzin, Diesel oder Kerosin zu holen, aber jeder Effizienzgewinn wurde allein schon dadurch kompensiert, dass die Fahrzeuge, Schiffe und Flugzeuge größer wurden und immer mehr von ihnen unterwegs waren. Seit 2000 ist die weltweite Mobilität um die Hälfte auf etwa 50 Billionen Personenkilometer pro Jahr gestiegen, und Prognosen des International Transport Forum (ITF) sagen bis 2050 noch einmal mehr als eine Verdoppelung voraus.[6] Der Bestand an Pkws hat sich seit 2000 auf 1,2 Milliarden verdoppelt, hinzu kommen noch 200 Millionen Transporter, Lkws und Busse – etwa jede Sekunde gibt es ein Fahrzeug mehr auf der Welt. Auch beim Güterverkehr ist die globale Nachfrage heute doppelt so hoch wie zu Beginn des Jahrtausends. Bis 2050 rechnen die ITF-Experten sogar mit einer weiteren Verdreifachung der Frachtleistung.

Daher ist es nicht verwunderlich, dass der weltweite Verkehrssektor heute fast um die Hälfte mehr Klimagase ausstößt als noch vor 20 Jahren. In Deutschland ist der Verkehr sogar der einzige Bereich, in dem seit 1990 keine Verbesserung geglückt ist: Während im Energiesektor, in der Industrie sowie bei Haushalten und Gewerbe die Treibhausgasemissionen zwischen 30 und 40 Prozent abnahmen, blieben sie beim Verkehr praktisch unverändert. Dennoch gibt es nun hier die besten Chancen auf eine Revolution. Die Schlagworte heißen: Elektroantriebe mit Batterien und Brennstoffzellen sowie Wasserstoff und synthetische Treibstoffe – immer gekoppelt an die Dekarbonisierung des Stromsektors, also Strom vorwiegend über Wind und Sonne.

Außerdem müssen der ÖPNV und der Schienenverkehr weiter ausgebaut werden, und es sollten autonom fahrende Transporter, Busse und Robotertaxis sowie eine bessere Stadtplanung im Sinn einer »Stadt der kurzen Wege« hinzukommen. Statt Einkaufszentren auf der grünen Wiese zu bauen, müssen künftig verstärkt Stadtteile entstehen, in denen Wohnung, Arbeitsstätte und Geschäfte nah beieinanderliegen und zu Fuß oder per Fahrrad erreichbar sind – zumal in vielen Ländern dank einer besseren Kommunikationsinfrastruktur die Zahl der Arbeitsplätze zu Hause ohnehin deutlich zunehmen wird.

Aller Voraussicht nach wäre es aber eine Illusion zu glauben, dass Menschen in Zukunft weniger mobil sein werden. Ganz im Gegenteil: So geht die Studie »Klimaneutrales Deutschland« (siehe Kapitel 1) davon aus, dass die Zahl der Personenkilometer im Jahr 2050 in Deutschland ähnlich hoch sein wird wie heute und dass die Güterverkehrsleistung sogar um rund 50 Prozent wachsen wird. Trotzdem könnten, sagen die Fachleute, die Klimagase des Verkehrs um über 97 Prozent auf nahe null sinken. Der entscheidende Erfolgsfaktor ist die Elektromobilität: Wenn ab 2030 oder spätestens 2035 keine neuen Pkws mit Verbrennungsmotoren mehr zugelassen werden, würde zehn bis 15 Jahre danach der deutsche Pkw-Bestand nahezu vollständig aus batterieelektrischen Fahrzeugen bestehen, die dann nur CO_2-freien Strom »tanken«.

Allein dieser Wechsel zum Elektro-Pkw würde die Klimawirkung des Verkehrs schon fast um die Hälfte verringern. Mit rund 30 Millionen Fahrzeugen läge die Zahl dieser E-Autos allerdings um einiges niedriger als die 48 Millionen heute zugelassenen Pkws. Dies liegt vor allem daran, dass für die Menschen, die in Städten leben, der Besitz eines eigenen Pkw weniger wichtig wird und dass immer mehr Autos nach den Konzepten des Carsharings und Carpoolings von mehreren Personen gemeinsam genutzt werden. Eine Analyse der Beratungsfirma Deloitte hält es für möglich, dass bereits in den nächsten 15 Jahren der Fahrzeugbestand in deutschen Städten und Metropolregionen um ein Fünftel abnehmen könnte.

Die positive Klimawirkung eines Elektroautos gilt übrigens auch dann noch, wenn man nicht nur den Betrieb, sondern auch die Produktion des Fahrzeugs und seiner Batterie mit einbezieht. So hat eine Untersuchung von Forschenden der Technischen Universität Eindhoven im Jahr 2020 ergeben,[7] dass die Herstellung einer Lithium-Ionen-Batterie heute etwa 75 Kilogramm

CO_2eq je Kilowattstunde Batteriekapazität verursacht. Bei einer 75-kWh-Batterie, die pro Vollladung für 500 Kilometer Reichweite ausgelegt ist, entspräche das 5,6 Tonnen CO_2eq – fast so viel wie für die Herstellung des gesamten Autos. Dennoch: Vergleicht man das mit einem ähnlich leistungsfähigen Fahrzeug mit Verbrennungsmotor und 250 000 Kilometern Fahrleistung, dann verursacht das E-Auto insgesamt etwa zwei Drittel weniger Treibhausgase als der Verbrenner – und das schon beim heutigen Energie- und Strommix.

Je mehr erneuerbare Energien künftig zur Verfügung stehen, desto deutlicher gewinnt das E-Auto, denn dann wird nicht nur der Betrieb CO_2-frei. Auch die Batterieherstellung braucht vor allem elektrischen Strom für die Fertigung der Batteriezellen sowie Prozessenergie in den Trockenräumen der Fabriken. Mit Erneuerbaren sinken also auch die Klimagase aus den Produktionsabläufen erheblich. Gegenüber Fahrzeugen mit Verbrennungsmotoren würden künftige E-Autos 90 Prozent weniger Treibhausgase verursachen – und noch positiver wird die Bilanz, wenn ihre ausgedienten Batterien ein »second life« erleben. So gehen Experten davon aus, dass Fahrzeugbatterien, die 20 oder 30 Prozent ihrer Kapazität eingebüßt haben, mindestens noch ein weiteres Jahrzehnt als Stromspeicher für Solaranlagen dienen können.

Der zweite große Hebel für geringere CO_2-Emissionen sind die Gütertransporte. Hier lässt sich ein weiteres Drittel der Klimagase des Verkehrssektors einsparen, allerdings sind die Lösungen breiter gestreut als bei den E-Autos. Zum Beispiel hilft jede Fracht, die vom Lkw auf die Schiene verlagert wird, dem Klimaschutz; allerdings werden das wohl auch 2050 in Deutschland nicht mehr als ein Viertel aller Tonnenkilometer sein. Heute schafft die Eisenbahn nur 18 Prozent der Güterverkehrsleistung. Die meisten Kleintransporter werden künftig wie Pkws und Busse elektrisch angetrieben. Doch der größte Teil des Frachtverkehrs läuft über Lkws, und daran wird sich wenig ändern. Bei Schwerlastwagen sind Batterien allerdings aus Gewichts- und

Kostengründen nicht ideal. Ein großer Sattelzug mit 40 Tonnen Nutzlast und einem 1200-Liter-Dieseltank fährt heute 2000 bis 3000 Kilometer, bevor der Fahrer nachtanken muss. Batterien, die eine solche Reichweite schaffen, würden über 20 Tonnen wiegen und damit die Nutzlast um die Hälfte reduzieren – ein absolutes No-Go für jede Spedition.

Elon Musk hat daher seinen geplanten Tesla Semi-Truck neben einer windschnittigen Fahrerkabine auch mit neuen Batteriezellen ausgestattet, die im Topmodell immerhin eine Reichweite von über 800 Kilometer erlauben sollen. An speziellen Schnellladestationen sollen sie binnen 30 Minuten halb geladen werden können – doch das Gewicht dieser Akkus ist mit über sieben Tonnen nach wie vor sehr hoch. Andere Hersteller wie Daimler setzen auf kleinere, rein elektrische Lkws mit 200 Kilometer Reichweite für den Verteilerverkehr im Stadtumfeld, aber auch hier soll es ab 2024 einen Mercedes-Lkw namens eActros LongHaul geben, der auf Reichweiten von 500 Kilometern ausgelegt ist.

Darüber hinaus verfolgen Forschende noch ein anderes Konzept für schwere Lkws: Brennstoffzellen und »grüner« Wasserstoff als Energieträger. Die Experten der Studie »Klimaneutrales Deutschland« schätzen, dass dafür ab 2045 etwa 15 Prozent – 1,2 Millionen Tonnen – des deutschen Wasserstoffbedarfs zur Verfügung stehen könnten. Fast jeder dritte Last- und Sattelzug und ein Zehntel aller leichteren Nutzfahrzeuge könnte dann mit Brennstoffzellen unterwegs sein.

Dass diese Vision realistisch ist, belegt der südkoreanische Hyundai-Konzern, der 2020 die ersten in Serie produzierten schweren Lastkraftwagen mit Brennstoffzellen-Elektroantrieb in die Schweiz geliefert hat.[8] Bis 2025 sollen weitere 1600 dieser »Xcient Fuel Cell«-Lkws folgen. Mit 32 Kilogramm Wasserstoff kommen die 34-Tonnen-Fahrzeuge etwa 400 Kilometer weit, und ein Tankvorgang ist in weniger als 20 Minuten erledigt. Als Nachfolgemodelle sollen künftige 44-Tonnen-Sattelzüge mit einer Tankfüllung sogar bis zu 1000 Kilometer schaffen. Ähnliche Fahrzeuge mit 1000 Kilometer Reichweite und Tanks mit 80 Kilogramm Wasserstoff plant die Lkw-Sparte von Daimler unter dem Namen GenH2 Truck.

Ein Verbrauch von acht Kilogramm H_2 pro 100 Kilometer für einen schweren Lkw klingt, als ob das Tankgewicht keine Rolle mehr spielt. Ganz so ist es allerdings nicht, da Tanks benötigt werden, die Wasserstoff unter mehreren Hundert bar Druck speichern. Sie haben mehrlagige Wände aus unterschiedlichen Materialien, sodass selbst die kleinen Wasserstoffatome nicht hindurch diffundieren können. Die 32 Kilogramm H_2 sind beim Xcient-Fuel-Cell-Lkw in sieben Tanks gelagert, von denen jeder 125 Kilo wiegt. Allerdings: Batterien mit ähnlicher Reichweite brächten noch fünf- bis sechsmal mehr Gewicht auf die Waage. Dank eines Pay-per-use-Geschäftsmodells ist die neue Technologie durchaus attraktiv: Hyundai Hydrogen Mobility vermietet die Fahrzeuge an die Speditionen, die nur für die gefahrenen Kilometer bezahlen. So ist keine Vorfinanzierung nötig, und weil bei »grünem« Wasserstoff die teure Schwerverkehrsabgabe – eine Schweizer Form der CO_2-Steuer – ebenfalls entfällt, liegen die Kilometerkosten fast so niedrig wie die eines vergleichbaren Diesel-Lkw.

Weitere Vorteile der Brennstoffzellen-Fahrzeuge sind ebenfalls bestechend: Sie stoßen am Auspuff nur eine feine Wasserdampffahne aus, und es tropft allenfalls ein wenig Wasser auf die Straße. Zudem sind die großen Gefährte sehr leise; mehr als die Reifenrollgeräusche und ein mildes Summen hören weder Fahrer noch Passanten. Und wie alle Autos mit Elektromotoren verfügen sie über ein hohes Drehmoment und eine schnelle Beschleunigung – Eigenschaften, die nicht nur Brummifahrer zu schätzen wissen. Technisch gesehen sind Brennstoffzellenfahrzeuge nichts anderes als Elektroautos, die ihren Strom nicht in Batterien speichern, sondern direkt an Bord erzeugen. Am besten mit H_2 als Energieträger, weil sich Wasserstoff in den Brennstoffzellen mit dem Sauerstoff der Luft nur zu Wasser verbindet und keine weiteren Schadstoffe entstehen – kein Ruß, kein Feinstaub, keine Stickoxide.

Dabei sind die heute verwendeten PEM-Brennstoffzellen sozusagen die Umkehrung der in Kapitel 1 beschriebenen PEM-Elektrolyseure: Wird in den Elektrolyseuren durch elektrischen Strom Wasserstoff erzeugt, so verwandeln die Brennstoffzellen H_2 wieder zu Strom, der dann im Elektromotor des Autos seine Arbeit verrichtet. Die ersten Geräte dieser Art sind über 180 Jahre alt: Sie wurden 1838/39 von den beiden Physikern und Chemikern Christian Friedrich Schönbein und William Grove gebaut, die damit das Grundprinzip der Wasserzerlegung umkehren wollten, das Michael Faraday wenige Jahre zuvor erforscht hatte.

Wie die Elektrolyseure, so sind auch die Brennstoffzellen recht effizient. Der elektrische Wirkungsgrad[9] einer PEM-Zelle liegt bei etwa 60 Prozent, sie kann also die im Wasserstoff enthaltene Energie zu 60 Prozent in Strom umwandeln – und die Abwärme lässt sich zusätzlich zur Beheizung der Fahrzeuge nutzen. Elektromotoren wiederum haben Wirkungsgrade von 90 Prozent oder noch mehr. Wer demnach mit einem Brennstoffzellenauto Wasserstoff tankt, kann damit rechnen, dass er gut die Hälfte der H_2-Energie als Bewegungsenergie auf die Straße bekommt. Verglichen mit konventionellen Fahrzeugen, ist das sehr viel, denn der Wirkungsgrad von Benzinmotoren liegt nur bei 25 bis 30, der von Dieselmotoren bei 35 bis 40 Prozent. Zudem gehen hier noch fünf bis 15 Prozent durch komplexe Getriebe und andere Aggregate verloren, die beim Elektromotor nicht notwendig sind.

Strom, Synfuels und Wasserstoff

Ein Brennstoffzellenfahrzeug ist also rund doppelt so effizient wie ein Auto mit Verbrennungsmotor. Noch besser sind nur Elektroautos mit Batterien: Die nutzen die hineingesteckte Energie fast dreimal effizienter als Verbrenner. Für den Klimaschutz entscheidend ist aber natürlich sowohl beim Batterie- als auch beim Brennstoffzellenfahrzeug, dass der Strom CO_2-frei und der Wasserstoff »grün« sein muss. Käme der Strom aus Kohlekraftwerken oder der Wasserstoff aus Erdgas, dann wäre in Sachen Treibhausgasvermeidung wenig gewonnen.

Dennoch: Grundsätzlich gilt, dass man Wasserstoff – den »teuren Champagner der Energiewende« – nur dort einsetzen sollte, wo sich eine direkte Verwendung des Stroms aus Wind und Sonne verbietet, also etwa in großen Lkws, die lange Strecken fahren müssen. Hier wären Batterien einfach zu schwer. Brennstoffzellen mit Wasserstoff oder synthetische Treibstoffe sind hier die richtige Lösung. Ähnliches gilt im Flugverkehr, wo zu viel Gewicht unbedingt vermieden werden muss. Nur bei Kleinflugzeugen sind Elektromotoren mit Akkus denkbar. So arbeitet Rolls-Royce an einem Propellerflieger mit Leichtbau-Elektromotoren, der die Strecke London – Paris in einer knappen Dreiviertelstunde zurücklegen könnte.

Airbus untersucht größere Maschinen für 100 bis 200 Passagiere auf Kurz- und Mittelstrecken zwischen 1800 und 4000 Kilometern; sie sollen »grünen« Wasserstoff in Gasturbinen verbrennen und damit Düsentriebwerke oder Propeller antreiben. Auch ein futuristisch wirkender Nurflügler mit H_2-Antrieb ist Teil der Ideenpalette von Europas größtem Luft- und Raumfahrtkonzern. Bei dieser besonders aerodynamischen Konstruktionsweise gehen ein breiter Rumpf und die Tragflächen direkt ineinander über. Bis 2025 will Airbus die Technologien so weit entwickelt haben, dass entschieden werden kann, welches Konzept bis 2035 zur Einsatzreife gebracht werden soll.

Wasserstoff ist dabei laut Airbus-Chef Guillaume Faury der entscheidende Faktor, um die Klimagase des Flugverkehrs drastisch zu reduzieren.[10] Ganz auf null werden sie allerdings nicht zu bringen sein, da Wasserdampf in großer Höhe ebenfalls einen Klimaeffekt hat, doch immerhin gäbe es keine CO_2-Emissionen. Bei den Regional- und Mittelstreckenfliegern würde H_2 wohl auf minus 253 Grad Celsius gekühlt als Flüssigwasserstoff mitgenommen, doch für Langstreckenjets wären die nötigen Kryotanks zu groß. Eine Alternative sind synthetische Treibstoffe, die sich mithilfe von »grünem« Wasserstoff über »Power to Liquid«-Verfahren (siehe Kapitel 1) gewinnen lassen. Im Prinzip kann man diese Synfuels auch aus Algen oder Bioabfall erzeugen, vom gebrauchten Speiseöl bis zu Zelluloseabfällen der Forstwirtschaft. Technisch spannender sind aber Projekte wie »Haru Oni«, das ein Konsortium um Siemens Energy und Porsche sowie dem italienischen Energiekonzern Enel und der chilenischen ENAP derzeit nahe der Magellanstraße nicht weit von Kap Hoorn vorantreibt.[11]

Diese stürmische Gegend an der Südspitze Chiles ist einer der besten Plätze für Windenergie auf dem Planeten. Hier können Windkraftanlagen mit 6300 Volllaststunden pro Jahr betrieben werden und dadurch rund 40 Prozent mehr Strom ernten als an den besten Offshore-Standorten in der Nordsee. Verglichen mit Windrädern im deutschen Binnenland ist es sogar das Dreifache. Dementsprechend kostengünstig ist in Chile der Ökostrom, der in Elektrolyseuren zur Erzeugung von »grünem« Wasserstoff eingesetzt wird. Große Ventilatoren und Filter holen zugleich Kohlendioxid aus der Umgebungsluft, und zusammen mit dem H_2 wird das CO_2 dann in den Alkohol Methanol verwandelt. Eine weitere Chemieanlage macht daraus schließlich synthetischen Treibstoff, eine Art »grünes« Leichtbenzin. Schon 2022 sollen im Rahmen des Projekts »Haru Oni« auf diese Weise 130 000 Liter Synfuel produziert werden, in späteren Ausbaustufen ab 2026 peilen die Betreiber 550 Millionen Liter pro Jahr an. Wegen der vielen Umwandlungsverluste in dieser komplexen Herstellungskette werden diese Synfuels allerdings auch künftig wohl drei- bis viermal teurer sein (vor Steuern) als Benzin oder Kerosin aus Erdöl – doch dafür sind sie nahezu klimaneutral.

Die Wettbewerbsfähigkeit der »grünen« Synfuels (auch eFuels genannt) entscheidet sich in erster Linie über den Preis, der für eine Tonne Kohlendioxid zu zahlen ist. Würde eine Tonne CO_2 zwischen 400 und 600 Euro kosten und entfielen sämtliche anderen Steuern, dann käme ein Liter Synfuel aus Wind, Wasser und Luft dem Preis für einen Liter Benzin aus Erdöl schon heute sehr nahe. Zum Hintergrund: Das deutsche Umweltbundesamt hat im Jahr 2020 aus den Kosten von Umweltschäden einen »fairen Preis« von 195 Euro pro Tonne CO_2 ermittelt, der sogar auf 680 Euro steigen müsste, wenn alle Schäden, die künftigen Generationen entstehen, genauso gewichtet würden wie die, die die heutige Generation zu tragen hat.[12]

Dennoch: Ein Preis von 400 bis 600 Euro pro Tonne CO_2 ist rund zehnmal mehr als das, was man im europäischen Emissionshandel derzeit zahlen muss – um so etwas für Treibstoffe einzuführen, müsste man dem schwedischen Beispiel folgen und spezielle CO_2-Abgaben erheben. In Schweden gilt seit 30 Jahren eine CO_2-Steuer, die derzeit bei 115 Euro pro Tonne liegt. Dies verteuert den Benzinpreis um knapp ein Fünftel – weil gleichzeitig aber andere Abgaben wie Lohn-, Vermögens- und Kapitalsteuern gesunken sind, blieb die Steuerbelastung der Bevölkerung erträglich. Der Preis pro Liter Superbenzin in Schweden entspricht übrigens trotz Klimasteuer fast dem in Deutschland. Eine hohe CO_2-Steuer für Treibstoffe in der EU wäre sicherlich ein guter Anreiz, Synfuels zu nutzen und weiterzuentwickeln.

Wie die Fluggesellschaften, so analysieren auch die Reedereien verschiedene Optionen synthetischer Flüssigkraftstoffe. Elektrische Antriebe mit Batterien als Stromspeicher gibt es bislang nur auf Flüssen und Seen sowie bei einigen Fährschiffen, etwa in Norwegen. Hier ist seit März 2021 die weltgrößte Elektrofähre unterwegs, die 600 Passagieren und 200 Autos Platz bietet. Sie überquert mehr als 20-mal am Tag den Oslofjord zwischen den Orten Moss und Horten. Nach jeder Überfahrt, die eine halbe Stunde dauert, werden die Akkus an Schnellladestationen mit Strom aus Wasserkraftwerken wieder aufgeladen. Doch bei Schiffen, die Zehntausende von Containern befördern können – den 400 Meter langen Giganten der Meere –, sind weder Batterien noch Tanks mit Flüssig- oder Druckwasserstoff praktikabel. Angesichts des kommenden Emissionshandels auch für Schiffe in der EU stellen daher nun etliche Hersteller ihre Motoren auf verflüssigtes Erdgas (LNG) um. Verglichen mit dem bisher oft benutzten Schweröl senkt das die CO_2-Emissionen immerhin um 15 bis 25 Prozent.

Klimaneutral würden die Ozeanriesen allerdings erst bei Verwendung von »grünem« Methanol oder Ammoniak, das auch mit Hilfe von »grünem« Wasserstoff hergestellt werden kann. Im Prinzip wäre das stechend riechende Ammoniak eine gute Lösung, denn es verbindet sich mit dem Sauerstoff der Luft einfach zu Stickstoff und Wasser. Doch damit dies in Verbrennungsmotoren mit ausreichender Ausbeute geschieht, muss man ein wenig tricksen – zum Beispiel dem Ammoniak ein paar Prozent H_2 beimischen. Um solche Antriebe zu entwickeln, hat der dänische Weltmarktführer Maersk ein eigenes Dekarbonisierungsteam gegründet.[13] Das Ziel: Bis 2050 soll die Maersk-Flotte CO_2-neutral sein – eine enorme Herausforderung, denn jedes der großen Containerschiffe stößt derzeit pro Jahr so viel CO_2 aus wie 100 000 Pkws.

Das Unternehmen setzt auf »grünes« Methanol ebenso wie auf Ammoniak. So plant ein Konsortium um Maersk in der dänischen Hafenstadt Esbjerg eine Fabrik, die mit dem Strom aus Offshore-Windanlagen Ammoniak für Dünger und synthetischen Treibstoff erzeugen soll. Noch wären allerdings die Kosten für »grünes« Methanol oder »grünes« Ammoniakgas zwei- bis dreimal höher als für Marinediesel, für den Maersk jährlich mehrere Milliarden Euro ausgibt. Pro transportiertem Container wären das etliche Hundert Euro an Zusatzkosten. Eine Umstellung lohnt sich also auch hier erst dann, wenn die CO_2-Preise drastisch steigen – bis dahin setzt die Branche auf flexible Motoren, die sich mit unterschiedlichen Kraftstoffen betreiben lassen, die also beispielsweise verflüssigtes Erdgas einsetzen und zugleich »ammonia-ready« sind. Im deutschen Forschungsprojekt Campfire, an dem Düngemittelproduzenten ebenso beteiligt sind wie Schiffsbauer, werden immerhin schon erste Ammoniakantriebe entwickelt: zunächst für eine Sportjacht, 2026 für eine Autofähre, und 2030 will AIDA sogar ein Ammoniak-Kreuzfahrtschiff in der Ostsee auf die Reise schicken.

Ironie der Geschichte: Das E-Auto gewinnt zum zweiten Mal

Doch noch einmal zurück zum Straßenverkehr, dem mit Abstand größten Hebel für eine klimaneutrale Mobilität. Als Herbert Diess, der Vorstandsvorsitzende von Volkswagen, im Frühjahr 2021 den VW Power Day mit den Worten eröffnete: »Die Elektromobilität hat das Rennen gewonnen«, da läutete er das Ende einer beispiellosen Erfolgsgeschichte der Verbrennungsmotoren ein. Die Ironie dahinter hat er allerdings nicht erwähnt: Denn die Elektrofahrzeuge lagen schon einmal vorne, die ersten in Kleinserie gefertigten E-Autos gab es bereits vor 120 Jahren. So surrte schon im Jahr 1905 die »Elektrische Viktoria« von Siemens als elegantes Hoteltaxi, als Lieferwagen und Kleinbus durch Berlin – mit einer Spitzengeschwindigkeit bis zu 30 km/h. Sogar eine Bremsenergierückgewinnung war in einigen Modellen der Viktoria eingebaut. Die Reichweite der Bleiakkus lag zwischen 60 und 80 Kilometer, und sie wurden an Batteriewechselstationen mit Flaschenzügen getauscht, sodass die Fahrzeuge gleich weiterfahren konnten – alles sehr modern anmutende Lösungen.

Zu dieser Zeit, als meist noch Pferdekutschen unterwegs waren, gab es in Städten wie New York und Berlin mehr Elektroautos als solche mit Ottomotoren. Allein in den USA waren 60 000 von ihnen unterwegs. Erst in den 1910er-Jahren mussten sich die E-Autos dem Verbrennungsmotor geschlagen geben. Der Grund: Die Kapazität der Batterien, die Geschwindigkeit und die Reichweite konnten nicht im gleichen Maße gesteigert werden, wie die Verbrenner an Fahrt gewannen, nachdem bei diesen der elektrische Anlasser die schwer zu bedienende Handkurbel ersetzt hatte. 110 Jahre später hat sich das Blatt wieder gewendet – das E-Auto hat das Rennen für sich entschieden.

Elektroautos sind leise, komfortabel und effizient. Das hohe Drehmoment der Elektromotoren ist vom Start an nahezu komplett verfügbar, sie können extrem beschleunigen und erlauben eine sehr dynamische Fahrweise. Nicht zuletzt dank der milliardenfachen Verbreitung von Notebooks und Smartphones sind die Energiedichte und die Lebensdauer der Lithium-Ionen-Akkus gestiegen und die Preise massiv gefallen. Pro Gewicht und Volumen kann in den Batterien doppelt so viel Energie gespeichert werden wie noch vor zehn Jahren. Nach etwa 150 000 Fahrkilometern haben sie erst weniger als ein Zehntel ihrer Kapazität verloren – und vor allem sind seit 2010 die Akkupakete um fast 90 Prozent billiger geworden: Statt 800 Euro pro Kilowattstunde kosten die Speicher heute nur 100 Euro/kWh, teilweise noch weniger.[14]

Künftig könnte der Preis sogar unter 50 Euro/kWh liegen, prognostiziert Stanley Whittingham, der 2019 neben zwei weiteren Forschern den Chemienobelpreis für die Entwicklung der Lithium-Ionen-Technik erhalten hat. Daher ist auch die Reichweite kein grundsätzliches Problem mehr, weil einfach größere Batterien eingebaut werden. Mit 15 bis 20 kWh Speicherkapazität kommt ein Elektro-Pkw etwa 100 Kilometer weit; in neueren Fahrzeugen reicht ein 80-kWh-Akku typischerweise für 400 bis 550 Kilometer. Die besten Schnellladesysteme können so eine Batterie in einer halben Stunde zu vier Fünftel aufladen. Daimler gibt bei seinem aktuellen Spitzenmodell, dem Mercedes EQS, für die 108-kWh-Batterie sogar eine Reichweite von bis zu 770 Kilometern an – binnen 15 Minuten soll Strom für 300 Kilometer nachgeladen werden können.

Allein die deutschen Autokonzerne wollen in den nächsten Jahren weit über hundert Milliarden Euro in E-Mobilität, Ladeinfrastruktur und Digitalisierung investieren und bis Ende 2023 mehr als 150 E-Modelle auf den Markt bringen. Daimler und BMW haben angekündigt, bis 2030 mindestens die Hälfte ihrer verkauften Fahrzeuge mit Elektroantrieben auszurüsten, Volkswagen sogar 70 Prozent, und selbst der US-Konzern General Motors will ab 2035 weltweit nur noch emissionsfreie Autos fertigen. VW baut zudem bis 2030 sechs Batteriefabriken in Europa, mit 240 Gigawattstunden Fertigungskapazität –

das reicht für drei bis vier Millionen E-Autos pro Jahr. 2026 will VW die letzte Plattform für Verbrennungsmotoren auflegen; das bedeutet, dass in dem Konzern, der mit Toyota immer um den Titel des weltgrößten Autoherstellers wetteifert, spätestens Mitte der 2030er-Jahre Verbrennungsmotoren endgültig Geschichte sein werden.

Politisch sind alle großen Weltregionen auf die Elektromobilität eingeschwenkt. China, wo pro Jahr dreimal mehr E-Autos zugelassen werden als in Deutschland oder den USA, hat eine Quote beschlossen, wonach alle größeren Hersteller einen Teil ihrer Fahrzeuge mit E-Antrieben oder Hybridmotoren ausstatten oder von anderen Firmen Zertifikate zukaufen müssen. 2022 beträgt diese Quote 16 Prozent, bis 2025 sollen es mindestens 20 Prozent sein. In den USA sollen Hunderttausende Ladesäulen entstehen und 50 000 Dieselloks und -busse durch elektrische Modelle ersetzt werden. Kalifornien hat angekündigt, ab 2035 keine neuen Verbrenner mehr zuzulassen. Auch Großbritannien will 2035 aussteigen. Dänemark, Schweden, die Niederlande und Israel planen schon 2030 einen Zulassungsstopp für Benziner und Diesel – der Pionier Norwegen sogar ab 2025. Bereits 2020 wurden in Norwegen mehr E-Autos als Verbrenner verkauft; hohe Steuervergünstigungen und finanzielle Anreize wie der Wegfall von Parkgebühren machten's möglich.

Die EU wiederum verschärft in der Abgasnorm Euro 7 erneut massiv die Grenzwerte für alle Arten von Emissionen. Ein strategisches Ziel ist es, bis 2030 rund 30 Millionen emissionsfreie Fahrzeuge auf den Straßen Europas zu haben, drei Millionen öffentliche Ladestationen und 1000 H_2-Tankstellen. Dies scheint machbar – zumal allein schon die deutsche Bundesregierung mit sieben bis zehn Millionen E-Autos bis 2030 plant. Pro Einwohner gibt es heute in Deutschland, wenn auch auf noch niedrigem Niveau, bereits viermal mehr Elektrofahrzeuge als in China oder den USA. Und neben Tesla und den chinesischen Herstellern BYD und SAIC sind drei deutsche Marken – VW, BMW und Mercedes – unter den sechs größten E-Auto-Firmen der Welt.[15]

300 Kilometer Reichweite in zehn Minuten nachladen

Wo liegen dann noch die Probleme? Zum Beispiel bei den Ladestationen, von denen wesentlich mehr errichtet werden müssen: im privaten Umfeld ebenso wie am Arbeitsplatz, bei Tankstellen, im Handel und auf öffentlichen Straßen. Langsame, aber kostengünstige Ladesäulen (etwa Wallboxen mit 11 kW Leistung) sind sinnvoll, wo Fahrzeuge mehrere Stunden stehen, etwa zu Hause oder beim Arbeitgeber. Bei Einkaufszentren oder an Autobahnparkplätzen, wo man sich vielleicht eine Stunde aufhält, sollten die Fahrzeuge am besten mit Gleichstrom geladen werden, den die Batterien direkt verarbeiten können: Mit 50 kW Leistung bekommt man in 60 Minuten Strom für weitere 300 Kilometer.

Noch schneller geht's mit den 350 kW Leistung der »High Power Charging«-Säulen: Da sind 300 Kilometer in zehn Minuten nachgeladen. Allerdings kosten solche HPC-Säulen gut und gerne 20-mal so viel wie einfache Ladesäulen für Wechselstrom. Außerdem brauchen sie mehr Platz und eine leistungsfähige Netzinfrastruktur – und es eignen sich erst wenige E-Autos für eine blitzartige Strominjektion mit Leistungen über 150 kW. Grundsätzlich geht es bei einer hohen Reichweite allerdings eher um die Beruhigung der Autofahrer, denn sie ist selten notwendig: Laut dem deutschen Verkehrsministerium liegen 95 Prozent aller Pkw-Fahrten pro Tag unter 50 Kilometer.

Das Berliner Start-up Ubitricity, das 2021 von Shell übernommen wurde, hat mit Siemens eine Lösung für Straßenlaternen entwickelt.[16] So wurden in London über tausend Laternen zu Ladestationen aufgerüstet – allein in einer Wohnstraße im Stadtbezirk Westminster waren es so viele, dass der Abschnitt in »Electric Avenue« umgetauft wurde. Der Vorteil: Anwohner, die über keinen Stellplatz verfügen, können ihre Fahrzeuge einfach über Kabel mit Strom aus dem Laternenmast versorgen. Die 11 kW Leistung reichen aus, um E-Autos über Nacht vollständig zu laden. Energie genug ist vorhanden, weil in immer mehr Städten alte Leuchtstoff- oder Dampflampen durch effiziente LEDs ersetzt werden. Noch einen Schritt weiter geht ein Projekt im bayerischen Donauwörth: Hier wurden in die Masten nicht nur Stromtankstellen integriert, sondern gleich noch kostenloses WLAN. Ein farbiger LED-Ring in mehreren Meter Höhe zeigt an, ob die Ladestation frei oder besetzt ist. Künftig sollen zudem Sensoren die Belegung der Parkplätze erfassen und ins Netz melden – dann können Fahrer gleich per App zur nächsten freien Ladestation geleitet werden.

Eine weitere Frage, die bei E-Autos immer wieder gestellt wird, ist, ob unser Stromnetz dafür überhaupt ausreicht. Grob gerechnet, braucht ein Elektro-Pkw mit der üblichen jährlichen Fahrleistung etwa so viel elektrische Energie wie ein Zwei- bis Dreipersonenhaushalt. Wollte man alle heutigen deutschen Pkws auf Elektroantrieb umstellen, betrüge der zusätzliche Strombedarf rund 120 bis 180 Terawattstunden (TWh) – die Stromerzeugung des Landes müsste um 20 bis 30 Prozent steigen. Die Studie »Klimaneutrales Deutschland«, die im Jahr 2050 mit 30 Millionen E-Autos sowie 3,5 Millionen E-Nutzfahrzeugen rechnet, schätzt deren Energiebedarf auf 170 TWh. Weitere 130 TWh Strom fließen in die heimische Produktion von Wasserstoff; der Rest an H_2 und Synfuels wird importiert. Diese zwei Faktoren, die Elektrifizierung des Verkehrs und die Wasserstoffwirtschaft, sind der wesentliche Grund, warum sich laut der Studie der deutsche Stromverbrauch von heute knapp 600 TWh auf rund 1000 TWh im Jahr 2050 erhöhen dürfte. Doch wie in Kapitel 1 beschrieben, ist diese Zunahme angesichts des Ausbaus der Windenergie und der Photovoltaik gut zu bewältigen. Die für Elektroautos benötigte Strommenge stellt kein Nadelöhr dar.

Etwas problematischer sind die Details der Energieverteilung vor Ort. Denn wenn bei einer Fußballarena oder am Flughafen Tausende Autos gleichzeitig Strom zapfen wollen, bräuchte man die Leistung eines mittleren Kraftwerks. Gleiches gilt, wenn in einem Ortsteil zur selben Zeit am Abend alle Fahrzeuge ans Netz gingen – das würde die heutigen Niederspannungsnetze überlasten. Grundsätzlich müssen aber für die Smart Grids von morgen die Stromnetze sowieso nachgerüstet werden, weil sie in Zukunft Stromflüsse in alle Richtungen erlauben sollen: Ein E-Auto in der Garage kann seinen Strom nicht nur aus dem Netz ziehen, sondern auch von der PV-Anlage auf dem Dach oder vom Stromspeicher im Keller. Oder umgekehrt: Das E-Auto liefert Strom, den es gerade nicht braucht, ins Netz, um dieses zu stabilisieren.

All diese Stromflüsse müssen mit intelligenten Zählern abgerechnet werden. Netzplaner versuchen bereits, die Energienetze von morgen zu simulieren und heute schon entsprechend auszubauen. Wichtig ist dabei die Kommunikation zwischen Verteilnetzen und Ladesäulen – denn es darf immer nur so viel Strom in E-Autos fließen, wie das Netz verträgt. Beispielsweise können Ladevorgänge koordiniert über die Nachtstunden verteilt werden. Forschende haben auch beobachtet, dass sich das Nutzerverhalten anpasst. Viele Fahrer von E-Autos gehen inzwischen ähnlich vor wie bei ihren Smartphones: Wann immer sich die Gelegenheit bietet, wird die Batterie aufgeladen – ob an der Wallbox zu Hause, in der Tiefgarage des Büros oder an einer öffentlichen Ladesäule beim Einkaufszentrum. Das entzerrt die Belastungen und schont die Netze.

Seltene Erden sind gar nicht so selten

Wie aber sieht es mit den Rohstoffen aus? Batterien und Motoren benötigen Materialien wie Lithium, Kobalt und seltene Erden. Sind davon weltweit genug verfügbar, wenn Hunderte Millionen E-Autos gebaut werden? Lithium etwa ist für heutige Batterien unverzichtbar, weil die Li-Ionen den Strom innerhalb der Zellen fließen lassen. Die Kleinheit und Beweglichkeit dieser Ionen sind wesentlich für die hohe Energiedichte: Pro Kilogramm Gewicht speichern Li-Ionen-Akkus fünf- bis siebenmal mehr Energie als klassische Bleiakkus. Ähnlich wichtig ist das Material an den Elektroden: Für die Kupfer-Anode genügt Grafit, aber an der Aluminium-Kathode müssen sich die Li-Ionen in komplexe Schichtstrukturen einlagern – am besten sind Metalloxide wie Nickel-Mangan-Kobalt-Oxid. Insbesondere Kobalt ist ideal für eine hohe Energiedichte. Für eine 80-kWh-Batterie braucht man je etwa zwölf bis 14 Kilogramm an Kobalt und Lithium.

Etwa die Hälfte des weltweit geförderten Lithiums stammt aus Erzminen in Australien, ein knappes Drittel aus Chile und Argentinien.[17] In den trockenen Wüsten Südamerikas wird lithiumhaltiges Salzwasser aus unterirdischen Seen an die Oberfläche gebracht und in großen Becken verdunstet – inwieweit sich dadurch der Grundwasserspiegel verändert und dann vielleicht Süßwasser für die Landwirtschaft fehlt, ist eine ökologische Frage, die dringend geklärt werden muss. Die weltweit erkundeten und abbaubaren Lithiumreserven betragen mindestens 21 Millionen Tonnen, fast 60 Prozent davon liegen in Südamerika, der Rest vor allem in Australien und China. Allein diese Lagerstätten würden für viele Hundert Millionen Fahrzeuge reichen – und die vermuteten Lithiumressourcen sind noch fünfmal größer. Ein Lithiumengpass wird bis 2050 also wohl nicht drohen, auch wenn sich allein innerhalb der nächsten zehn Jahre die für E-Autos benötigten Mengen mindestens verzehnfachen dürften.

Beim Kobalt ist die Lage kritischer, weil nach Angaben der Deutschen Rohstoffagentur[18] rund 70 Prozent der globalen Fördermengen aus Minen der Demokratischen Republik Kongo stammen, einem der ärmsten Länder der Welt, dessen Bewohner seit vielen Jahrzehnten unter diktatorischen Regimen, Korruption und Bürgerkriegen leiden. Für die Verarbeitung des Kobalts aus dem Kongo hat China fast ein Monopol, geringere Mengen werden in Australien, Russland und Kanada abgebaut. Die globalen Reserven würden für alle E-Autos bis mindestens 2050 reichen, und in Manganknollen am Meeresboden wird noch ein Vielfaches vermutet – doch ohne den Kongo geht es nicht: Auf absehbare Zeit wird das Land der bedeutendste Standort für Kobaltminen bleiben. Deshalb ist es extrem wichtig, dass die Autohersteller ihre Zulieferer sorgfältig kontrollieren und auf Umwelt- und Arbeitsschutzstandards bestehen.

In den industriell betriebenen Minen des südlichen Kongo wird Kobalt vor allem als Nebenprodukt der Kupfer- und Nickelförderung gewonnen, aber Hunderttausende von Menschen bauen das Erz auch in Handarbeit ab, in selbst gegrabenen, oft 20 bis 50 Meter tiefen Löchern. Zehn bis 20 Prozent des kongolesischen Kobalts werden auf diese Weise aus der Erde geholt, nicht selten von Kindern, die mit Hammer und Meißel auf dem Rücken liegend das Gestein bearbeiten. Natürlich ist auch in Zentralafrika Kinderarbeit illegal, aber sie kann nur verhindert werden, wenn stattdessen attraktive Jobalternativen angeboten werden. Ein erster Schritt ist gemacht: So haben Hilfsorganisationen wie World Vision Tausenden von Kindern Ausbildungen finanziert, etwa zu Schweißern oder Automechanikern. Jeder kann hier mit Patenschaften helfen.

Bei den Metallen der seltenen Erden wie Neodym, Praseodym und Dysprosium, die Magnete für Elektromotoren kompakt und leistungsfähig machen, droht kein Versorgungsengpass, denn viele von ihnen sind nicht wirklich selten.[19] Ihre irreführende Bezeichnung geht darauf zurück, dass sie zuerst in seltenen Mineralien gefunden und aus diesen in Form ihrer Oxide – damals »Erden« genannt – isoliert wurden. Tatsächlich kommen einige, etwa das Neodym, in der Erdkruste sogar häufiger vor als Blei oder Kupfer. Größere Lagerstätten sind bislang allerdings erst wenige entdeckt worden, unter anderem in der Inneren Mongolei in China, in Westaustralien, Grönland, Brasilien, Vietnam, Russland und den USA.

Noch 2014 dominierte China die Weltproduktion mit über 97 Prozent, was vor allem daran lag, dass bei der konventionellen Förderung der seltenen Erden jede Menge giftiger Abwässer anfallen und in China sowohl die Lohnkosten geringer als auch die Umweltauflagen weniger streng sind. Inzwischen wurden aber umweltfreundlichere Verfahren entwickelt und andere

Lagerstätten erschlossen: Heute kommen noch knapp 60 Prozent der Rohstoffe aus China, der Rest vor allem aus Australien und den USA. Die schwedische Bergbaufirma Eurobattery Minerals will Kobalt, Kupfer, Nickel und seltene Erden sogar in Finnland, Spanien und Schweden gewinnen, und zwar ausschließlich über sozial und ökologisch verträglichen Bergbau. Zudem arbeiten Forschende daran, Hochleistungsmagnete mit immer weniger seltenen Erden zu fertigen – etwa über Nanotechnologien, die bewirken, dass diese Werkstoffe nicht mehr im ganzen Magneten verteilt sind, sondern nur an wichtigen Kristallitgrenzen.

Je mehr Elektrofahrzeuge auf den Markt kommen, desto wichtiger wird es am Ende ihrer Betriebsdauer, dass wertvolle und seltene Stoffe über Recycling zurückgewonnen werden. Aus Batterien lassen sich bereits heute bis zu 95 Prozent des Kobalts, Nickels und Kupfers wieder herausholen, und eine Rückgewinnung von Lithium wäre ebenso möglich, ist aber wegen der relativ niedrigen Weltmarktpreise noch unwirtschaftlich. Auch bei Motoren für E-Autos und den Generatoren in Windturbinen entwickeln Wissenschaftler Methoden, um sie so zu konstruieren, dass sich die Magnete leicht demontieren oder wiederaufarbeiten lassen. Gleichzeitig versucht man, besonders kritische Materialien ganz zu vermeiden. So experimentiert Tesla mit dem chinesischen Unternehmen CATL an kobaltfreien Akkus mit Lithium-Eisen-Phosphat (LFP). Diese LFP-Zellen vertragen schnelles Laden noch besser als die mit Kathoden aus Nickel, Kobalt und Mangan, allerdings ist die Energiedichte geringer – bei gleichem Gewicht kann man nicht so weit fahren. Kobaltfreie LFP-Batterien eignen sich eher für kleinere Autos im Stadtverkehr, während die Li-Ionen-Akkus mit Kobalt und Nickel auch künftig wohl vor allem in den Limousinen zum Einsatz kommen werden, die längere Strecken unterwegs sind.

Einen großen Technologiesprung könnten in einigen Jahren Feststoffbatterien beisteuern.[20] Denn heutige Akkus sind mit einem leicht brennbaren Elektrolyten auf organischer Basis gefüllt, durch den die Li-Ionen zwischen Anode und Kathode hin- und herwandern. Bei Kurzschlüssen kann es zu Bränden kommen, die sich nur schwer löschen lassen. Unfallstatistiken besagen zwar, dass – auf gleiche Fahrleistung bezogen – Pkws mit Verbrennungsmotoren bisher 20- bis 40-mal häufiger in Brand geraten als E-Autos, doch Batterien mit einem festen, meist keramischen Material zwischen den Elektroden wären noch wesentlich sicherer. So arbeitet der Toyota-Konzern an einem sulfidischen anorganischen Festelektrolyten, dessen Leitfähigkeit sogar dreimal höher liegen soll als bei flüssigen Elektrolyten. Neben der niedrigeren Brandgefahr wäre ein solcher Akku auch weniger voluminös, ließe sich schneller laden und bräuchte keine externe Kühlung. Erste derartige Feststoffbatterien dürften allerdings frühestens 2025 auf den Markt kommen.

Zukunftsbatterien nach dem Vorbild von Blutzellen

Auch andere Wunderbatterien, die oft mit Sensationsmeldungen angepriesen werden, sind – wenn überhaupt – Erfolge, die in Laboren gelungen sind. Bis daraus echte Alternativen zu den Li-Ionen-Akkus erwachsen, müssen viele Fragen geklärt werden: Wie viel Energie lässt sich pro Gewicht und Volumen speichern, wie kompakt können die Zellen werden? Wie viele Ladezyklen sind möglich, mit welchen Strömen und Spannungen kann die Batterie geladen werden? Wie gut verfügbar, wie stabil, wie sicher sind die Materialien? Wie sieht es mit Recycling aus, und zu welchen Kosten kann produziert werden? Gerade die Umstellung von Fabriken erfordert nicht selten Investitionen in Milliardenhöhe …

Trotzdem sind solche Forschungen natürlich extrem spannend, denn auch vor der Erfindung der Lithium-Ionen-Akkus hieß es, die physikalisch-chemischen Grundlagen von Batterien seien alle bekannt und nicht weiter verbesserbar. Im Glauben, dass sich Batterieforschung nicht lohne, wurden seit den 1990er-

Jahren häufig Professuren für Elektrochemie an deutschen Hochschulen gar nicht mehr besetzt. Auch westliche Firmen arbeiteten kaum noch an neuen Batterien, während die Patentanmeldungen aus Asien geradezu explodierten. Die Folge: Die größten Batteriehersteller kommen heute alle aus Asien – neben Panasonic aus Japan sind das Samsung und LG aus Korea sowie CATL und BYD aus China.

Erst in den letzten Jahren haben die anderen Weltregionen nachgezogen, es setzte ein Run auf alternative Batterie-Ideen ein. Da werden Lithium-Schwefel- und Lithium-Sauerstoff-Batterien propagiert, die die doppelte oder gar vierfache Energiedichte der Li-Ionen-Akkus erreichen sollen. Mit Magnesium-Schwefel, heißt es, käme man ähnlich weit, doch es fehle noch ein geeigneter Elektrolyt. Neue Materialklassen, sogenannte Hoch-Entropie-Oxide, sollen ungeahnte Freiheiten an Elementkombinationen eröffnen.[21] Und innovative Elektroden lassen sich sogar aus organischen Naturstoffen wie Hämocyanin herstellen – ein Kupferprotein, welches das Blut von Spinnen und Tintenfischen blau färbt. Dies erlaubt laut Forschern des Helmholtz-Instituts in Ulm bei Natrium-Ionen-Akkus nicht nur ähnliche Speicherkapazitäten wie bei der Lithiumkonkurrenz und Tausende von Ladezyklen, sondern auch blitzartige Schnellladungen binnen einer Minute. Der Nachteil: Derartige Batteriezellen sind vergleichsweise groß, eignen sich also wohl eher für stationäre Anwendungen.

Materialforschung und die moderne Elektrochemie sind oft der Schlüssel zum Erfolg – das gilt für die Batterien der Zukunft ebenso wie für Brennstoffzellen. Bei Letzteren sei noch ein faszinierendes Beispiel genannt, das gut zeigt, wie viel Forscher von der Natur lernen können. H_2-Brennstoffzellen eignen sich – wie geschildert – besonders für schwere Lkws und lange Strecken, aber eine große Hürde ist ihr Preis. Allein der Materialwert des benötigten Edelmetalls Platin liegt für größere Brennstoffzellen bei mehreren Tausend Euro. Doch Ulrike Kramm, Katalysatorexpertin und Juniorprofessorin an der TU Darmstadt, hat eine

Alternative entwickelt: ohne Edelmetalle, nur aus Eisen, Stickstoff und Kohlenstoff.[22] Platin diente bislang an den Elektroden der PEM-Brennstoffzellen als Katalysator, damit sich Wasserstoff mit Sauerstoff zu Wasser vereinen kann, wobei der elektrische Strom entsteht. Auf der Anodenseite, sagt Kramm, sei fein verteiltes Platin in einer Kohlenstoffschicht nach wie vor das Mittel der Wahl – da gebe es nichts Besseres: »Doch auf der Kathodenseite, wo man bisher rund zehnmal so viel Platin einsetzte wie auf der Anodenseite, können wir jetzt edelmetallfreie Katalysatoren verwenden.«

Die Idee dazu hat sich die Forscherin von der Natur abgeschaut, vom Hämoglobin der roten Blutkörperchen. Im Zentrum dieses Proteinkomplexes liegt eine Häm-Gruppe mit einem Eisenatom in der Mitte, umgeben von vier Stickstoff-Kohlenstoff-Ringen. Sie dient dem Sauerstofftransport im Blut, denn an das Eisen kann sich Sauerstoff anlagern und wieder loslösen. »Genau diese Eigenschaft brauchen wir auch bei den Katalysatoren«, sagt Kramm. Das aktive Zentrum ihrer »Fe-N-C«-Katalysatoren ist wie in der Häm-Gruppe ein Eisenatom (Fe), stabilisiert durch mehrere Stickstoffatome (N), in einer schwammartigen Struktur aus Kohlenstoff (C).

Das Prinzip ist einfach, doch wie so oft steckt der Teufel im Detail: Damit die Katalysatoren möglichst aktiv und stabil sind, müssen die Eisenatome von genau der richtigen Menge an Stickstoffatomen umgeben sein – »denn nur dann bildet sich Wasser und nicht etwa das aggressive Wasserstoffperoxid, das den Katalysator zerstören kann«, erklärt Kramm. Außerdem muss die Struktur des Katalysators einerseits porös sein, damit der Sauerstoff möglichst leicht zu den aktiven Zentren gelangt und das Wasser schnell abtransportiert werden kann. Andererseits darf sich das Eisen auch dann nicht aus der Kohlenstoffumgebung lösen, wenn sich die Strombelastung der Brennstoffzelle dynamisch verändert – was im Straßenverkehr oft passiert.

Um all dies sicherstellen zu können, hat Kramms Team an allen Stellschrauben gedreht: Die Wissenschaftler sind führend auf dem Gebiet der präzisen Echtzeit-Spektralanalysen, mit denen sie untersuchen, wie sich die aktiven Zentren der Katalysatoren im Betrieb genau verhalten. Zudem haben sie neue Präparations- und Reinigungsverfahren entwickelt, um aus den einfachen Materialien Eisen, Stickstoff und Kohlenstoff kostengünstig ein möglichst reines Pulver herzustellen. Für diese Forschungen wurde Ulrike Kramm mit zahlreichen Preisen ausgezeichnet, doch ihr ultimatives Erfolgserlebnis steht noch aus: zu zeigen, dass die Stabilität der edelmetallfreien Katalysatoren so gesteigert werden kann, dass sie mehrere Tausend Stunden ohne merkliche Leistungsabnahme durchhalten. Wenn sich das erreichen lässt, dann könnten Brennstoffzellen deutlich preisgünstiger werden, weil in ihnen viel weniger teure Edelmetalle wie Platin eingesetzt werden müssten.

Fahrzeuge mit Augen und Ohren

Fahrzeughersteller stehen heute gleich vor mehreren Paradigmenwechseln: Elektrisch angetrieben und umweltfreundlich soll das Auto von morgen sein. Zugleich soll es sich zum Smart Car wandeln – vernetzt mit Fahrzeugen, aber auch mit den Infrastrukturen der künftigen Smart City, mit den Ladenetzen des Smart Grid sowie mit dem Smart Home und dem Smartphone seines Besitzers. Und in nicht zu ferner Zukunft soll das intelligente Fahrzeug zudem autonom unterwegs sein.

Leicht ironisch übertrieben wollen die Ingenieure den Blechgeschöpfen genau das beibringen, was deren Vorgänger aus Fleisch und Blut von Natur aus können: Pferde kollidieren selten mit anderen Pferden, sie kommunizieren durch Schnauben und Wiehern. Sie haben stets im Blick, was vor, neben und hinter ihnen passiert, weichen Hindernissen aus und hören im Allgemeinen auf die Befehle ihrer Reiter. Kamele sind sehr genügsame Energieverbraucher, und wenn sie Abfall produzieren, dann ist der biologisch abbaubar. Und ein Esel findet selbst nach Hause –

notfalls sogar, wenn sein Reiter eingeschlafen ist. Die Autos von morgen sollen dies auch leisten: mit vielfältigen Sinnesorganen die Umgebung abtasten, mit anderen Fahrzeugen in Kontakt treten, notfalls selbstständig agieren, um Unfälle zu vermeiden, und mit ihrem Treibstoff so sparsam und nachhaltig wie möglich umgehen.

Schon heute sind Autos eher elegante Computer auf Rädern als plumpe Kisten aus Stahl und Kunststoff. Machte die Software im Jahr 2000 nur vier Prozent des Werts eines Pkws aus, so sind es nun über 20 Prozent. Zugleich nehmen auch elektronische Komponenten massiv zu – zurückzuführen ist das auf die Elektromobilität ebenso wie auf viele Sensoren, ob Kameras, Laser oder Radar, und auf die digitale Vernetzung. In heutigen Pkws stecken rund 100 Millionen Zeilen Programmcode, etwa das Doppelte eines modernen PC-Betriebssystems. Nach Schätzungen mancher Fachleute könnte sich dieser Wert bis 2030 bei automatisiert fahrenden Autos verzehnfachen. »Das Auto wird das komplexeste, wertvollste und massentauglichste Internet-Device«, formulierte es VW-Chef Herbert Diess 2020 auf einer Strategietagung. »Es wird nicht zur grauen Büchse, sondern noch viel komfortabler, wohnlicher und vor allem vernetzter, multifunktionaler als heute.«

Volkswagen ist mit dieser Einschätzung nicht allein. Weltweit wandeln sich Automobilunternehmen von Fahrzeugproduzenten zu Mobilitätskonzernen, denn künftig geht es vor allem darum, Kunden das Mobilsein zu ermöglichen. MaaS, »Mobility as a Service«, heißt das Schlagwort. Verschiedenste Firmen kooperieren, um die Grenzen zwischen den Transportmitteln zu überwinden: So soll man etwa ohne Aufwand von Zügen zu U-Bahnen und Bussen oder zu Carsharing-Angeboten, E-Bikes oder E-Scootern wechseln können – und alles bequem über eine App bezahlen, einschließlich Buchen von Parkplätzen und Stromtanken an Ladestationen.

Solche Mobilitätsangebote werden rund um die Welt schon von Hunderten Millionen Menschen genutzt. Sogar in Kigali, der boomenden Hauptstadt von Ruanda, gibt es dank eines guten Mobilfunknetzes bereits eine Ridesharing-App, die vor allem von jungen Leuten geschätzt wird.[23] Beim Ridesharing teilt man sich eine Fahrt, so wie man sich beim Carsharing ein Auto teilt. Ein Algorithmus optimiert die Touren der Fahrzeuge, meist Kleinbusse, sodass möglichst viele Kunden mitgenommen werden können, ohne eine gewisse Fahrzeit zu überschreiten. Der Vorteil: Das bedarfsgesteuerte System ist flexibler als der ÖPNV mit seinen starren Haltestellen und Abfahrtszeiten und zudem billiger und umweltfreundlicher als ein Taxi, in dem nur ein oder zwei Fahrgäste sitzen.

Die Smart Cars von morgen tanken Informationen ebenso wie Strom, sie sind stets online, und mehr als das: Wenn es private Pkws sind, dann lassen sie sich personalisieren. Sie halten Kontakt mit den Terminkalendern ihrer Fahrer und kennen deren Reisepläne – sie wissen über die Verkehrslage Bescheid und können daher planen, wie viel Treibstoff benötigt wird. Für E-Autos sind diese Daten wichtig, um die richtige Strommenge zu laden. Überschüssigen Strom könnten sie zu Zeiten hoher Nachfrage ins Netz abgeben und damit Geld verdienen. Wenn dann eine Fahrerin künftig morgens in ihr Auto einsteigt, ist ihr Smart Car perfekt vorbereitet – es erkennt sie, rückt den Sitz zurecht und passt die Fahrdynamik an ihre Vorlieben an. Vielleicht begrüßt es sie sogar mit einem virtuellen Beifahrer – etwa als Avatar auf dem Cockpit-Display –, mit dem die Fahrerin sprechen kann wie mit einem realen Menschen. Der digitale Dienstbote könnte anbieten, die Musik-Playlist, die beim Frühstück lief, im Auto ebenfalls einzustellen. Er könnte über die anstehenden Termine informieren und fragen, ob die Fahrerin selbst steuern will oder ob automatisiert gefahren werden soll, damit sie schon erste Videobesprechungen abhalten kann.

Das automatisierte Fahren ist neben der Elektromobilität und der digitalen Vernetzung das dritte große Vorhaben der Mobilitätskonzerne. Durchbrüche gab es bereits 1986. Damals war erstmals ein Auto eigenständig unterwegs: ein Mercedes-Kleintransporter des Teams um Ernst Dickmanns an der Universität der Bundeswehr auf einem stillgelegten Flugplatz im Südosten Münchens. Um Objekte und ihre Geschwindigkeiten in Echtzeit wahrnehmen zu können, war das Auto vollgestopft mit Computern, Sensoren und Kameras. 1994 fuhren derartige Fahrzeuge mehrere Hundert Kilometer im normalen Autobahnverkehr – lange bevor das »autonome Fahren« erneut zu einem Ziel der Autoindustrie wurde. Ins Bewusstsein der Öffentlichkeit drang es erst wieder, als ab 2015 die spätere Google-Tochter Waymo mit ihren Knutschkugel-Fahrzeugen Furore machte, die mit Lidar-Laserscannern auf dem Dach langsam über US-Straßen kurvten.

Zwei Jahre zuvor, 2013, hatte schon ein S-Klasse-Mercedes selbstständig die Strecke zwischen Mannheim und Pforzheim bewältigt – 125 Jahre nach der historischen Pionierfahrt von Bertha Benz auf derselben Route. Diesmal ging es nicht darum zu beweisen, dass Kutschen ohne Pferde unterwegs sein können. Diesmal fuhr die »Kutsche« sogar ohne »Kutscher« – das erste Fahrzeug, das über 100 Kilometer im dichten Verkehr mit Ampeln, Kreisverkehren, Engstellen mit Gegenverkehr, Fußgängern und Radfahrern unterwegs war. Neben Stereokameras und Radarsensoren war eine zentimetergenaue 3D-Karte der Strecke erfolgsentscheidend. Sie enthielt nicht nur, wie üblich, den Straßenverlauf, sondern auch die Anzahl der Fahrspuren und die Position von Verkehrsschildern, Stopplinien und Ampeln. Der im Auto anwesende Sicherheitsfahrer musste während der Fahrt nur sehr selten eingreifen, zum Beispiel, als der Mercedes an einem Fußgängerüberweg anhielt. Denn dort stand ein Passant, der aber die Straße gar nicht überqueren wollte, sondern das Fahrzeug vorbeiwinkte. Auf so eine Situation war der Computer nicht vorbereitet – diese menschliche Geste kannte er nicht.

Solche Überraschungen, die im Stadtumfeld immer wieder passieren, sind einer der Gründe dafür, warum die Firmen das Umschalten auf Autopilot zunächst auf Autobahnen ohne Quer- und Gegenverkehr sowie beim selbsttätigen Einparken ermöglichen wollen. Denn in Städten müssen die Roboter auf Rädern nicht nur rote Rücklichter von roten Ampeln unterscheiden, sondern auch herausfinden, ob eine Ampel für sie selbst gilt oder doch eher für den Querverkehr, für eine andere Fahrspur oder für Fußgänger. Mehr noch: Sie müssen die Intentionen der anderen Verkehrsteilnehmer richtig einschätzen. Wollen die Menschen am Straßenrand die Fahrbahn überqueren, oder halten sie nur einen Plausch? Was kann als Nächstes passieren, wenn ein Ball auf die Straße rollt? Wann kann man in einen Kreisverkehr einfahren, wenn die anderen Autofahrer vergessen, den Blinker zu setzen? Wo bei Menschen der Blickkontakt oder das Winken mit den Händen helfen, da ist ein Autopilot schnell überfordert. Forschende arbeiten derzeit hart daran, dass auch Maschinen solche Szenen analysieren können – etwa indem sie mithilfe von Methoden der Künstlichen Intelligenz aus Videos lernen, wie Menschen üblicherweise agieren.

Auf rund 40 Millionen Kilometer Erfahrung auf öffentlichen Straßen – allerdings im weniger beengten Umfeld von Städten der USA – können inzwischen die Autos von Waymo zurückblicken. Wenn es zu Unfällen kam, waren es meist leichte Blechschäden, und fast immer waren daran andere (menschliche) Fahrer schuld, die die autonomen Fahrzeuge gerammt hatten. Bei Tesla hatte es hingegen schon tödliche Unfälle gegeben, weil Fahrer zu sehr auf die nicht ausreichenden Fähigkeiten des Autos vertraut hatten. Tesla sammelt zwar Unmengen an Daten und schickt Software-Updates in die Autos, aber es werden weder Laserscanner noch detailgenaue digitale Karten verwendet. Waymo hat zudem seine Roboterautos über Milliarden Kilometer simulierter Straßen gejagt, um sie auf unterschiedlichste Situationen vorzubereiten. So ausgerüstet, startete die Firma Ende 2020 in Teilen von Phoenix, Arizona, ihren Robotertaxi-Dienst »Waymo One« ohne Sicherheitsfahrer an Bord.[24]

Die Fahrzeuge – es sind derzeit E-Autos von Jaguar Land Rover – können über eine Ride-Hailing-App gebucht werden. Dank präziser Straßenkarten sowie Lidar auf dem Dach, etlichen

Kameras und Radarsensoren an den Seiten sollen sie sicher ihren Weg finden. Dabei bekommen auch die Passagiere einen kleinen Einblick in die »Denkweise« der autonomen Fahrzeuge: Bleibt das Auto vor einer Kreuzung stehen, ploppt beispielsweise eine Meldung auf, dass der Waymo Driver Fußgänger auf der Fahrbahn geortet hat und wartet, bis der Weg wieder frei ist. So will Waymo die Akzeptanz bei den Fahrgästen steigern, die vielleicht doch ein mulmiges Gefühl haben, wenn sich vor einem leeren Fahrersitz das – noch vorhandene – Lenkrad wie von Geisterhand dreht.

Andere Hersteller sind nicht ganz so weit wie Waymo, aber Pilotprojekte laufen an vielen Orten: Ford probiert Robotaxis in Miami und Washington aus, die Amazon-Tochter Zoox in San Francisco, die russisch-niederländische Firma Yandex in Moskau und Israel, und Baidu, Volvo und Volkswagen starteten Tests in chinesischen Städten. Yandex und Baidu bieten in Russland und China das an, was Google für den Rest der Welt darstellt: eine Internet-Suchmaschine sowie Karten- und Kommunikationsdienste, die für autonome Fahrzeuge unverzichtbar sind. Kein Wunder, dass sich diese Firmen im künftigen Geschäft mit fahrerlosen Autos gute Chancen ausrechnen. In Mitteleuropa gibt es ebenfalls ähnliche Projekte, etwa eigenständig fahrende Minibusse in etlichen Orten Deutschlands oder Fahrzeuge, die in einem Parkhaus am Stuttgarter Flughafen vollautomatisch einparken. Bosch weihte unlängst in Dresden eine milliardenteure Halbleiterfabrik ein, wo speziell für die Elektromobilität und das autonome Fahren gefertigt werden soll, und auch die Chiphersteller Intel und Nvidia investieren massiv in die neuen Technologien.

Mit dem Projekt Trinity, einer elektrisch angetriebenen Limousine, die ab 2026 gebaut werden soll, will Volkswagen nach und nach das automatisierte Fahren einführen. Die Kunden sollen Softwarepakete »on demand« und »over the air« – also nach Bedarf über Funk – kaufen und freischalten, beispielsweise den Autopiloten auf der Autobahn oder das selbsttätige Einparken.

Die Autos sollen auch untereinander Daten austauschen, etwa über die Verkehrslage, Hindernisse oder Unfälle. Zudem will VW einen vollelektrischen Nachfolger des legendären Bulli-Kleinbusses als autonomes Robotertaxi in die Innenstädte bringen. An Projekten mangelt es also nicht. Damit aber fahrerlose Kraftfahrzeuge im Regelbetrieb im öffentlichen Straßenverkehr überhaupt unterwegs sein dürfen, hat Deutschland noch vor anderen Ländern im Sommer 2021 ein entsprechendes Gesetz erlassen. Pflichten für Halter und Hersteller werden darin ebenso geregelt wie Fragen der Haftung und des Datenschutzes.

Die spannendste – und noch ungeklärte – Frage sowohl für Firmen wie für die Politik ist aber, ob die Vorteile eines hoch automatisierten oder gar vollständig autonomen Fahrens groß genug sind, dass es sich am Markt durchsetzen wird. Verglichen mit heutigen Pkws, die 23 Stunden am Tag nicht bewegt werden, würden elektrische Robotertaxis in Zukunft rund neunmal stärker ausgelastet sein, betont die Studie »Energy Outlook 2020« des Energiekonzerns BP. Dementsprechend attraktiv wäre ihre Nutzung – was die Kosten senkt. Die BP-Fachleute schätzen, dass schon 2035 bis zu 40 Prozent aller weltweiten Fahrzeugkilometer von E-Autos durch autonome Robotertaxis abgedeckt werden könnten. Beraterteams von Deloitte, die urbane Mobilität untersuchten, sehen das ähnlich.[25] Sie prognostizieren, dass Mobilitätsdienstleister in Deutschland ab 2035 über 560 000 Robotertaxis und 180 000 autonome Shuttle-Busse verfügen und autonomes Fahren von Tür zu Tür anbieten könnten. Jede dritte Fahrt in urbanen Regionen würde damit ausgeführt, wobei die Einzelfahrt um ein Viertel billiger wäre als mit dem privaten Pkw und halb so teuer wie per ÖPNV.

Einen anderen Schwerpunkt legen Unternehmensberater von Roland Berger: Sie schätzen, dass ab 2035 zwischen 20 und 40 Prozent der schweren Lkws über 15 Tonnen in den USA autonom fahrende Lastwagen sein könnten[26] – zumindest auf Level 4, was bedeutet, dass die Lkws über Land die meiste Zeit eigenständig unterwegs wären. Ein Fahrer müsste nur noch in besonderen Situationen und in Städten eingreifen; erst bei Level 5 wäre er ganz unnötig. Daimler erprobt ähnliche Fahrzeuge bereits seit Jahren in US-Bundesstaaten wie Nevada und New Mexico. Auf den langen Fernverkehrsstraßen steuert ein »Highway Pilot« das Fahrzeug, während der Trucker sich um Abrechnungen kümmern oder mit seinen Lieben zu Hause chatten kann.

Muss das System an den menschlichen Fahrer übergeben – etwa bei engen Baustellen –, ist eine Vorwarnzeit von fünf Sekunden vorgesehen. Übernimmt der Fahrer dann das Steuer nicht, wird der Lkw langsamer und bleibt mit Warnblinker stehen. Wenn auf Überlandstrecken künftig autonom gefahren werden kann, könnten die Betriebskosten so stark sinken, dass es sich für Speditionen rechnet – nicht nur wegen der reduzierten Belastung menschlicher Fahrer, sondern auch, weil dies Treibstoff spart. Autonome Lkws könnten sogar direkt hintereinander im Windschatten fahren, eine sehr energiesparende Fahrweise, die als elektronische Deichsel oder Platooning bekannt ist.

Autonomes Fahren: Roboter auf Rädern

Werden wir also in Zukunft immer mehr Fahrzeugen begegnen, hinter deren Lenkrädern niemand mehr sitzt? Werden wir uns an unsichtbare Chauffeure gewöhnen und den digitalen Butlern zurufen: »Alexa, ich brauche in zehn Minuten ein autonomes Elektrotaxi vor der Haustür«? Unwahrscheinlich ist das nicht, denn die Vorteile sind bestechend. Man denke nur daran, wie viele Menschen in den derzeit 1,2 Milliarden Pkws unterwegs sind – was könnten sie nicht alles in der Zeit erledigen, die sie unproduktiv mit Pendelfahrten, in Staus oder beim Suchen nach Parkplätzen verbringen? Das sind Hunderte von Millionen Stunden jeden Tag.

Vor allem Kommunikations- und Internetfirmen rechnen sich gigantische Gewinne aus, wenn auch nur ein Teil dieser Zeit für Video-Streaming, Playlists, Chats und Teamkonferenzen oder für

»Car Office«-Arbeit genutzt würde. Allein das autonome Einparken wäre für viele schon eine große Entlastung: Wer würde nicht gerne sein Auto am Ziel einfach verlassen und es auffordern, selbst einen Parkplatz zu suchen – wobei man es anschließend per Smartphone wieder ruft? Auch Parkhausbetreiber würden profitieren, denn die Stellplätze für autonome Fahrzeuge könnten deutlich schmaler ausfallen, weil nach dem Einparken keine Autotüren mehr geöffnet werden müssen.

Immer wieder werden auch die Zahlen aus Verkehrsstatistiken genannt, dass rund 90 Prozent aller Unfälle auf menschliches Versagen zurückzuführen sind. Wie viele sich mit autonomen Fahrzeugen verhindern lassen, ist jedoch unklar. Auf der einen Seite werden die Roboter auf Rädern weder müde, noch sind sie betrunken oder lassen sich ablenken, auf der anderen Seite sind sie natürlich auch nicht perfekt. Wie zuverlässig sie in Zukunft sein werden, wird davon abhängen, wie gut die Computer Verkehrssituationen analysieren und bewerten können. Insbesondere im Hybridverkehr – wenn also sowohl von Menschen gesteuerte wie auch selbsttätig fahrende Autos unterwegs sind – kann das schwierig werden.

Wenn autonome Fahrzeuge hingegen miteinander kommunizieren, hätte das große Vorteile: Sie könnten ihre Fahrmanöver besser abstimmen, könnten schneller reagieren und dichter hintereinanderfahren, was die Straßen besser auslastet. So wie sich Menschen an Engstellen gegenseitig Zeichen geben, wer zuerst fahren soll, so könnten dies auch Maschinen untereinander vereinbaren. Oder einander informieren, falls hinter einer Kurve Eisglätte auftritt oder Autos plötzlich abbremsen. Unfälle und Staus könnten deutlich reduziert werden. Solche sogenannten Car-to-X-Technologien werden derzeit in mehreren europäischen Ländern erprobt.

Im »Internet der Dinge«, in dem Maschinen mit Maschinen reden, wären künftig nicht nur die Fahrzeuge untereinander verbunden, sondern auch mit Teilen der Infrastruktur. Ampeln könnten sich je nach Verkehrslage mit den Autos abstimmen und so lange auf »grüne Welle« schalten, wie kein Querverkehr in Sicht ist. Ebenso könnten Straßenlaternen melden, falls vor ihnen ein Parkplatz frei wird, oder Zebrastreifen, ob sie gerade überquert werden. Eine Voraussetzung für all das ist, dass die vernetzten Maschinen den Mobilfunk der fünften und sechsten Generation nutzen. Das 5G-Netz befindet sich im Aufbau und soll bis zu einer Million Geräte pro Quadratkilometer zuverlässig verbinden. Mit dem künftigen 6G-Mobilfunk, der ab 2030 in Betrieb gehen könnte, peilen Forschende eine praktisch verzögerungsfreie Datenübertragung mit extremer Ausfallsicherheit und Datenraten bis zu 1000 Gigabit pro Sekunde an – das wäre noch 100-mal schneller als 5G.

Wenn die Nutzung künftiger Robotertaxis preiswert ist, weil sie fast ständig unterwegs sein können – bis auf die Zeit, in der sie aufgeladen werden müssen –, dann könnten auch Personen mit eingeschränkter Mobilität stärker am öffentlichen Leben teilnehmen. Die Autos könnten ein völlig neues Design erhalten, weil Fahrersitz und Lenkrad entfallen. Sitze können beispielsweise drehbar und ausklappbar gestaltet werden, Rollstühle könnten im Innenraum Platz finden, auch Tische und große Displays wären möglich, der Komfort für die Passagiere könnte ganz neue Dimensionen erreichen. Viele alte Menschen und Menschen mit Behinderungen würden solche Robotaxis sicherlich gerne nutzen, um abends mal wieder ein Konzert zu genießen und ein Restaurant zu besuchen – aber auch für Jugendliche auf dem Land könnten flexibel buchbare Shuttlebusse eine gute Ergänzung zum öffentlichen Nahverkehr sein.

Der Nachteil ist allerdings ebenso offensichtlich: Ein besseres Angebot erhöht die Nachfrage. Dementsprechend könnte es passieren, dass diese künftigen autonomen Elektrotaxis ausgiebiger genutzt werden als der ÖPNV. Der Verkehr auf den Straßen würde steigen, und ein Teil der positiven Umwelteffekte autonomer Fahrzeuge wäre zunichte gemacht.[27] Im Prinzip sind Elektroautos ohne Fahrer durchaus energiesparend: Sie können kleiner und leichter sein, dichter fahren und sanfter beschleunigen und bremsen – doch wenn mehr von ihnen öfter unterwegs sind, ist der Gesamtverbrauch trotzdem höher.

Wie sich mit neuen Mobilitätsformen, von Mobility-as-a-Service (MaaS) bis zu Robotertaxis, lebenswerte Städte und Regionen gestalten lassen, ist Ziel des »Münchner Clusters für die Zukunft der Mobilität in Metropolregionen«, der im Januar 2022 unter Leitung der TU München startete. Neun Jahre lang wird dieses M-Cube genannte Forschungsprojekt mit bis zu 45 Millionen Euro von der Bundesregierung gefördert. Dabei geht es nicht nur darum, Mobilitätssysteme effizienter und umweltfreundlicher zu machen. Ob selbstfahrende Autos ein Erfolgsmodell werden, hängt neben den Fragen von Komfort, Kosten und Nachhaltigkeit vor allem von ihrer Akzeptanz ab. Selbst wenn die autonomen Fahrzeuge weit weniger Unfälle verursachen als von Menschen gesteuerte, so stellt sich doch die Frage, inwieweit man den Maschinen ethische Prinzipien beibringen kann.

Viel diskutiert werden hier ethische Dilemmata: Wie etwa soll ein derartiges Auto handeln, wenn es nur die Wahl hat, einen unvorsichtigen Passanten zu überfahren oder mitsamt seinem Fahrgast mit einem Baum zu kollidieren? Einem Menschen würde man eine falsche Entscheidung, die er unter Stress schnell trifft, wohl verzeihen – aber einer Maschine mit Künstlicher Intelligenz? Muss sie nicht alle Eventualitäten im Voraus berücksichtigen? In der Praxis ist das allerdings oft gar nicht möglich. Abgesehen davon, dass auch die beste KI nicht alles berechnen kann – wie die exakten Reibungskräfte auf einer glatten Straße –, so ist es in Deutschland unzulässig, potenzielle Opfer aufzurechnen. Lässt sich daher ein Unfall mit Personenschaden nicht vermeiden, würde die Maschine wohl scharf bremsen, ein Schleudern in Kauf nehmen und der Physik ihren Lauf lassen müssen.

Auf jeden Fall aber müssen autonomen Fahrzeugen strikte Regeln eingepflanzt werden, wie zum Beispiel »Menschenleben sind wichtiger als Sachschäden«. Das gilt auch eine Ebene tiefer: Man könnte etwa festgelegen, dass diese Autos bei Schnecken und Insekten nicht bremsen, aber bei Igeln und Kröten, wenn es die Verkehrssituation erlaubt, und auf jeden Fall bei Rehen und Wildschweinen. Zugleich müssen die Maschinen lernen, was ein sozial akzeptiertes Verhalten ist: So werden Fahrzeuge, die auf der Autobahn hinter anderen herschleichen, von den Verkehrsteilnehmern meist ebenso negativ bewertet wie solche, die ständig die Spuren wechseln. Selbsttätig fahrende Autos sollten also ab und zu andere überholen, aber nicht übertrieben rücksichtslos fahren – ganz wie vernünftige menschliche Autofahrer. Eines gilt jedenfalls immer: Maschinen können nicht haftbar gemacht werden. Letztlich müssen es Menschen sein, die die Verantwortung tragen und sich gegen Schäden versichern müssen: Hersteller, Programmierer, Manager, Fahrzeughalter, Benutzer – je nach Situation.

Diese Überlegungen gelten ebenso für selbsttätig fahrende Lieferroboter. Für die Güterlogistik sind Lieferdienste ohne menschliche Berufsfahrer betriebswirtschaftlich hoch attraktiv. Dabei geht es nicht nur um Waren auf der Straße. So testen Firmen wie Starship Technologies autonome Einkaufswägen, die auf Gehsteigen größerer Städte unterwegs sind. Die Idee: Wenn Kunden beispielsweise Lebensmittel online einkaufen, wird die Ware in einem nahen Supermarkt in kleine Rollcontainer gepackt, die sie dann ausliefern. Hindernisse erkennen und umfahren die kleinen Roboter mit Sensoren und Kameras, und an Fußgängerampeln bleiben sie wie Menschen stehen, bevor sie die Straße überqueren.

Autonome Lieferungen sind auch nicht nur auf den Erdboden beschränkt. So wurden im Meer vor Norwegen und Finnland schon eigenständig fahrende Frachtschiffe erprobt – und Firmen wie Amazon und UPS liefern Waren testweise über Drohnen aus. In der chinesischen Metropole Guangzhou fliegen Drohnen zweimal täglich Express-Sendungen zwischen zwei Packstationen, ohne von Menschenhand gesteuert zu werden. Für schwere Lasten sind solche Lieferdrohnen, die nur wenige Kilogramm befördern können, nicht geeignet, aber für die Zustellung von Medikamenten kann der schnelle Luftpostdienst sinnvoll sein – insbesondere für abgelegene Orte, etwa auf Inseln oder in Bergregionen. Auch in Kriegsgebieten wie in Somalia wurden während einer UN-Mission im Februar 2021 bereits autonome Lieferdrohnen eingesetzt.

Flugtaxis, menschliche Rohrpost und der Weltraumlift

Doch es geht noch eine Nummer größer. Die für Passagiere aufregendste Art von Transportdiensten dürften in Zukunft Flugtaxis ohne Piloten sein. Auch sie werden bereits entwickelt, etwa von der deutschen Firma Volocopter.[28] Deren VoloCity-Drohne verfügt über 18 elektrische Propeller. Sie startet und landet senkrecht und kann zwei Personen mit 100 km/h bis zu 65 Kilometer weit befördern – für urbane Ballungsräume mit ihren oft nervenaufreibenden Staus eine Zukunftsvision wie aus einem Science-Fiction-Film. Getestet wurden diese Volocopter-Drohnen ganz ohne Passagiere oder mit einem Piloten in Dubai, Singapur, Helsinki und Stuttgart; ab etwa 2023 könnte der kommerzielle Betrieb beginnen. In Singapur hat Volocopter schon einen ersten VoloPort gebaut, eine Abfertigungshalle für autonome Flugtaxis.

Weltweit arbeiten inzwischen bereits Dutzende von Herstellern an derartigen Fluggeräten, darunter auch Airbus und das bayerische Unternehmen Lilium, das mit einem 36-motorigen Luftfahrzeug für Aufsehen sorgt. Dieser Lilium-Jet ähnelt weniger einer hubschrauberartigen Drohne als einem Flugzeug, allerdings mit schwenkbaren Propellern, was das senkrechte Starten und Landen ermöglicht. Er soll bis zu sieben Personen über 200 Kilometer weit transportieren können – ab 2024 sind Flugerprobungen in Florida geplant, allerdings noch mit menschlichen Piloten an Bord.

Wer letztlich erfolgreich sein wird, ist völlig offen; angesichts milliardenschwerer Finanzierungsrunden scheinen aber zumindest Investoren optimistisch zu sein. Scheich Mohammed, der Herrscher von Dubai, hat in seiner 2016 veröffentlichten »Strategie für autonomen Transport« verkündet, das Emirat zu einem Vorreiter zu machen.[29] Bis 2030 soll in Dubai ein Viertel aller Transporte voll automatisiert durchgeführt werden: auf der Straße ebenso wie auf der Schiene und in der Luft. Neben autonomen Elektrotaxis und Lufttaxis findet sich auch der Hyperloop im Planungsbuch dieser Wolkenkratzerstadt. Zwischen Dubai und Abu Dhabi sollen damit künftig Passagiere in zwölf Minuten befördert werden – durch die Wüste über eine Strecke von 140 Kilometern, für die man mit dem Auto eineinhalb bis zwei Stunden braucht.

Der Hyperloop basiert auf einer Idee von Tesla-Chef Elon Musk aus dem Jahr 2013: Große Transportkapseln gleiten in einer weitgehend luftleeren Röhre, entweder auf Luftkissen oder elektromagnetisch schwebend. Ähnlich wie die Magnetschwebebahn Transrapid werden sie mit Linearmotoren beschleunigt und sollen Geschwindigkeiten von mehr als 1000 km/h erreichen. Die Röhre könnte in Tunneln unterirdisch oder kostengünstiger auf Stelzen überirdisch errichtet werden. Im November 2020 fand in einer 500 Meter langen Teströhre bei Las Vegas die erste Fahrt mit zwei Passagieren statt, allerdings nur mit 172 km/h.

Den Geschwindigkeitsrekord von über 480 km/h für unbemannte Hyperloop-Kapseln hält derzeit ein Team von Studierenden der TU München (TUM)[30] – sie gewannen gleich mehrfach die Wettbewerbe in Los Angeles. »Unsere Mitglieder stammen aus 29 Ländern und vielen verschiedenen Fakultäten«, berichtet Sofía Ramírez Bernini, die als Doktorandin aus Costa Rica im Hyperloop-Programm der TUM für die Fahrerkabine zuständig ist: »Wir haben Informatiker, Physiker, Elektrotechniker, Maschinenbauer und Betriebswirtschaftler im Team.« Insgesamt arbeiten neun Promovierende und rund 80 Studierende mit weiteren Wissenschaftlern an einem Demonstrator der Passagierkapsel in Echtgröße sowie einer Teströhre auf einem Gelände in Ottobrunn bei München.

Außerdem untersuchen sie, wie der Hyperloop ein zukunftsweisendes Transportmittel werden kann. »Wir wollen nicht nur eine schnelle Dose bauen. Sie soll auch bequem und ansprechend sein, sicher, bezahlbar und nachhaltig«, sagt der Physiker Gabriele Semino, der fast von Beginn an dabei war. Doch die Konkurrenz schläft nicht. Kurz nach der Hyperloop-Testfahrt in Las Vegas meldeten Forschende aus Südkorea, dass ihr 1:17-Miniaturmodell eines künftigen Hyper-Tube-Zugs – Koreas Antwort auf den Hyperloop – in einer ringförmigen Röhre, in der nur noch ein Tausendstel des üblichen Luftdrucks herrschte, über 1000 km/h erreicht habe. Ziel des Hyper-Tube-Projekts ist es, in Zukunft die Reisezeit zwischen der Megacity Seoul und der Millionenstadt Busan an der Südküste Koreas von 3,5 Stunden auf 30 Minuten zu verkürzen.

Im Emirat Dubai fehlt im ambitionierten Portfolio der Mobilitätsprojekte nach den Roboter- und Flugtaxis und dem Hyperloop eigentlich nur noch der Weltraumlift – eine Vision, die zwar ziemlich abgehoben ist, aber ein so schönes Forschungsthema, dass ich noch kurz darauf eingehen möchte. Die Grundidee, nicht mit schubstarken Raketen ins Weltall zu gelangen, sondern sich mit Kabinen an einer Art Seil entlangzuhangeln, ist schon über 60 Jahre alt. Sie galt lange als praktisch undurchführbar, hätte aber einen bestechenden Vorteil, weil sie Aufwand und Kosten für Weltraumreisen drastisch reduzieren würde. Kurztrips ins All mit ein paar Minuten Schwerelosigkeit, wie sie die Milliardäre Richard Branson und Jeff Bezos nach ihren Pionierflügen im Juli 2021 mit den Firmen Virgin Galactic und Blue Origin anbieten wollen, sind zwar schon für rund 240 000 US-Dollar zu haben. Aber um 200 Kilogramm Nutzlast in eine Erdumlaufbahn zu bringen, verlangt selbst der preiswerteste Anbieter, SpaceX, derzeit noch eine Million Dollar.

Mit einem Weltraumlift, so hoffen die Visionäre, könnte der Transport um einen Faktor 50 billiger werden. Die technischen Probleme sind allerdings exorbitant, denn es genügt nicht, etwa ein Seil bis zur Internationalen Raumstation ISS zu bringen. Die

ISS umrundet den Planeten in 400 Kilometer Höhe in 90 Minuten – ein Seil würde sich schnell um die Erde wickeln. Damit dies nicht geschieht, muss es mit einer Station verbunden sein, die in 24 Stunden einmal um die Erde kreist, also in knapp 36 000 Kilometer Höhe im geostationären Orbit. Dort gleichen sich Gravitation und Fliehkraft aus, das Seil wäre dauerhaft gespannt.

Allerdings würde dann diese Weltraumstation mit einem Großteil des Seilgewichts belastet. Besser wäre es, das Seil mit einem Gegengewicht zu verbinden, das noch einmal deutlich weiter im All stationiert sein müsste – letzten Endes müsste ein solches Seil rund 100 000-mal länger sein als Aufzugseile, die in den größten Wolkenkratzern der Erde installiert wurden. Mit üblichen Materialien kann das nicht gelingen, aber die vor 30 Jahren entdeckten Kohlenstoff-Nanoröhren könnten einen Weg weisen. Es sind die reißfestesten bisher bekannten Stoffe: Bei gleicher Dichte sind sie über 100-mal zugfester als Stahl. Noch hat es allerdings niemand geschafft, daraus Seile herzustellen, die länger waren als 100 Meter, und es ist unklar, ob die für einen Weltraumlift nötigen Längen und Stärken mit Kohlenstoff-Nanoröhren oder ähnlichen Stoffen wie Graphen oder Kompositmaterialien je realisierbar wären.

Für Forschungsinstitutionen sind solche Entwicklungen aber sehr inspirierend, und an der TU München fand 2019 schon die dritte »European Space Elevator Challenge« statt. Hier ging es darum, einen sogenannten Climber mit möglichst viel Gewicht an einem Seil hochklettern zu lassen, das an einem Ballon in 100 Metern Höhe hing. Beim künftigen Weltraumlift stellen sich die Forschenden vor, dass starke Laser auf den Boden der Climber, also der Liftkabinen, zielen. Sie liefern damit die Energie, die an Bord der Kabinen in Strom umgewandelt wird, der wiederum die Motoren antreibt, mit denen sich die Climber am Seil entlang bewegen.

Dass so etwas grundsätzlich funktioniert, haben Studierende der TUM bereits bewiesen: Sie haben mit Infrarotlasern einen Quadrokopter zwölf Stunden lang in der Luft gehalten. Darüber hinaus erproben sie internationale Kooperationen. Am Climber-Wettbewerb in München nahmen auch zwei japanische Teams von der Nihon-Universität in Tokio teil, wo es bereits Studienkurse zum Weltraumlift gibt. Dass dies in Japan geschieht, ist kein Zufall, denn weltweit am weitesten aus dem Fenster gelehnt hat sich die Obayashi Corporation, eines der größten Bauunternehmen Japans. Sie kündigte an, bis 2050 einen Weltraumlift zu bauen, und hat dafür bereits vor Jahren konkrete Pläne veröffentlicht.[31] Wie realistisch sie sind, steht allerdings in den Sternen. Sicherlich kann man den Weltraumlift noch als Science-Fiction-Vision verbuchen – ein faszinierendes Forschungsprojekt ist er allemal.

3 Die Krise der Städte

Kann es lebensfreundliche Megacitys geben?

Die Baustelle ist fast menschenleer, wie bei einer Flutlichtanlage sind sechs hohe Gerüste um das Fundament platziert. Zwei Beobachter mit aufgeklappten Notebooks stehen am Rand, kein einziger Maurer ist zu sehen. Dennoch herrscht Hochbetrieb: Die Mauern des Einfamilienhauses wachsen rasant immer weiter nach oben. Wie von Geisterhand gesteuert flitzt ein Roboterkopf hin und her über den Grundriss und hinterlässt Schichten aus Betonmörtel wie Sahne aus einer Spritztüte. In diesem ruhigen Vorort von Beckum in Nordrhein-Westfalen wird im September 2020 gerade Architekturgeschichte geschrieben.[1] Hier wird das erste Wohnhaus Deutschlands gedruckt – mit zwei Stockwerken und 160 Quadratmetern Wohnfläche.

Der Druckkopf des Bauroboters ist über höhenverstellbare Metallträger an den Gerüsten befestigt. Punktgenau kann er jede Stelle im Raum erreichen. Die Programmierung für seinen Fahrweg kommt direkt aus dem digitalen 3D-Modell des Computers. »Dieser hohe Digitalisierungsgrad ist einer der großen Vorteile unseres Verfahrens«, berichtet der Architekt Waldemar Korte, der das Projekt leitet: »Wir gehen nahtlos von der 3D-Planung in die Fertigung.« In Zukunft könnten demnach eher Facharbeiter mit Laptops statt Maurer mit Kelle und Wasserwaage auf den Baustellen unterwegs sein. Sie würden nur noch gelegentlich Feinarbeiten durchführen und ansonsten die Tätigkeit der

Roboterdrucker überwachen. Korte ist selbst das beste Beispiel für den Wandel des Berufsstands. Vor 20 Jahren hat er eine Ausbildung als Maurer absolviert, bevor er Architektur studierte und sich als Mitinhaber des Planungsbüros Mense-Korte ingenieure + architekten für neue Techniken begeisterte.

Die Leistung des Druckroboters der Firma Peri ist enorm: Sechs Zentimeter breite und zwei Zentimeter dicke Mörtelschichten spritzt er aus seiner Düse, mit einer Geschwindigkeit bis zu einem Meter pro Sekunde. In Beckum ist er etwas langsamer unterwegs, aber auch hier wurde das Obergeschoss des Hauses Schicht für Schicht in 50 Stunden gedruckt – eine fünfköpfige Maurerkolonne hätte doppelt so lange gebraucht. Tür- und Fensteröffnungen sowie Aussparungen für Rohre und Steckdosen lässt der Drucker einfach frei, es muss nachträglich nichts aufgestemmt werden. Teile des Innenausbaus können gleich mitgedruckt werden, etwa für einen Kaminofen, die Dusche oder für Anrichten in der Küche. Schalungen, also Gussformen, wie beim konventionellen Betonbau sind nicht nötig, die neuartige Betonmischung ist perfekt auf die Drucktechnik abgestimmt.

Wenn der Roboter das Wohnhaus druckt

Mehrere Jahre lang haben Fachleute des Betonherstellers HeidelbergCement geforscht und getestet, bis sie die richtige Rezeptur aus Sand, Zement, Wasser und Zusatzstoffen gefunden hatten. Die »Drucktinte« muss dickflüssig sein, aber zugleich darf sie die Düsen am Druckkopf nicht verstopfen. Sie muss gleichmäßige Lagen formen, schnell abbinden und trocknen, damit sie die nächste Schicht tragen kann. Zugleich muss aber der Mörtel so nachgiebig sein, dass sich die Schichten gut miteinander verbinden, damit eine stabile Mauer entsteht. Sogar Jahrzehnte in die Zukunft haben die Hersteller gedacht: Ihr Hightech-Baustoff ist recycelbar, kann also am Ende der Lebensdauer des Gebäudes wiederverwendet werden.

Architekt Korte freut sich über ganz neue Freiheiten: »Das 3D-Betondruckverfahren bietet uns Planern ein sehr hohes Maß an Designfreiheit«, sagt er. »Wir können Gebäude gestalten, die im herkömmlichen Bauverfahren nur mit großem finanziellen Aufwand umsetzbar wären.« Beim Wohnhaus in Beckum waren es runde Außen- und Innenwände und Kurven, die mit üblichen Schalungen teuer gekommen wären, weil diese Gussformen erst aufwendig hergestellt werden müssten. Für den Druckroboter sind Kurven kein Problem, Schalungen entfallen vollkommen. Der Kreativität sind kaum Grenzen gesetzt – vorausgesetzt, die späteren Bewohner stören sich nicht an den leicht geriffelten Wänden, die der Schichtbauweise geschuldet sind.

Viele Kunden empfinden die wellige Oberfläche offenbar sogar als sehr attraktiv. Kurz nach dem Pionierbau in Beckum hat Peri im bayerischen Ort Wallenhausen ein noch größeres Gebäude fertiggestellt: ein Mehrfamilienhaus mit fünf Wohneinheiten und 380 Quadratmeter Wohnfläche. Im Frühjahr 2021 war es das größte gedruckte Wohnhaus Europas. Weltweit ist auch das noch zu toppen: In Dubai steht ein Verwaltungsbau mit über 640 Quadratmetern Fläche. Seine Teile stammen ebenfalls zum größten Teil aus dem 3D-Drucker. In nur 17 Tagen wurden sie direkt auf der Baustelle gedruckt oder aus gedruckten Fertigteilen zusammengefügt. Das Besondere dabei: Die Mischung bestand nicht nur aus Zement, sondern auch aus recyceltem Schutt und Gips.

Sind also Roboter die Zukunft des Bauwesens? Die Planer schwärmen von durchgängiger Digitalisierung und den neuen Designoptionen. Die Bauherren hoffen auf geringere Kosten, weil der Bau schneller vorankommt und weniger Menschen beteiligt sind, und die Werkstoffexperten betonen die Chancen des 3D-Drucks: Damit sind Geometrien möglich, die bei gleicher Belastbarkeit deutlich weniger Material benötigen. HeidelbergCement berichtet, dass dadurch und durch die neue Rezeptur des Mörtels bis zu 50 Prozent weniger CO_2-Emissionen entstünden, verglichen mit herkömmlichen Betonbauten. Und es geht noch besser: Forschende untersuchen Mischungen, die wie in

Dubai recycelten Bauschutt enthalten, oder auch Holz-Leichtbeton. Hier sorgen dem Zement beigemischte Holzspäne gleich für eine integrierte Wärmedämmung – bislang verwendet man dafür meist parallel gedruckte Wände und verfüllt die Zwischenräume mit Dämmmaterial.

Moritz Mungenast, Ingenieur und Architekt an der TU München, hat sogar eine Fassade entwickelt, die der sprichwörtlichen eierlegenden Wollmilchsau ähnelt: Sie ist lichtdurchlässig, aber nicht durchsichtig, wärmedämmend und Lärm abweisend. Innere Zellstrukturen sorgen für Stabilität, Hohlräume für die Dämmwirkung, eine gewölbte Makrostruktur steuert den Lichteinfall, und die mikrostrukturierte Oberfläche verbessert die Akustik. Gedruckt wird die multifunktionale Fassade aus Kunststoffgranulat, das man aus recycelten PET-Flaschen gewinnen kann. Auch nach Gebrauch, so der Forscher, könne die Fassade vollständig wieder dem Wertstoffkreislauf zugeführt werden.

Doch noch sind all dies Pionierprojekte in einer sehr konservativen Branche. Innovative Bautechniken und Werkstoffe, die ganzheitliche Herangehensweise und digitale Integration aller Gewerke erfordern neue Standards, Normen und behördlichen Genehmigungen – und vor allem ein Umdenken in den Köpfen. Ob dies schnell und umfassend genug geschieht, damit die Baubranche weltweit davon profitieren kann, ist fraglich. Denn die Herausforderungen sind gigantisch: Bis 2050 wird es nach Prognosen der Vereinten Nationen knapp zwei Milliarden Menschen mehr auf der Erde geben – entsprechend mehr Wohnraum wird benötigt. Städte explodieren geradezu: 2007 lebten erstmals die Hälfte der Menschen in urbanen Räumen, 2050 werden es mindestens zwei Drittel sein. Die Zahl der Stadtbewohner wird um rund 2,5 Milliarden wachsen.

Allein in den sechs Ländern China, Indien, Indonesien, Pakistan, Nigeria und Äthiopien könnten nach den Angaben von Our World in Data, die wiederum auf UN-Berechnungen basieren, bis 2050 rund eine Milliarde Stadtbewohner hinzukommen.[2] Aber auch anderswo ist der Drang in die Städte ungebremst, denn sie bieten meist eine bessere Strom-, Wasser- und Gesundheitsversorgung sowie mehr Bildungschancen und Arbeitsplätze – kurz: einen höheren Lebensstandard. Zwar leben, vor allem in Zentralafrika, immer noch viele Menschen in städtischen Elendsvierteln, doch seit 1990 sank der Anteil der Slumbewohner rund um den Globus etwa um die Hälfte. In Brasilien, Indien und China ist es noch rund ein Fünftel der städtischen Bevölkerung.

Die erste Megalopolis mit 70 Millionen Menschen

Schon seit Langem ist die Urbanisierung ein unaufhaltsamer Megatrend. Vor 100 Jahren übersprang in den USA der Anteil der Stadtbevölkerung erstmals die 50-Prozent-Marke. In Japan war es kurz nach dem Zweiten Weltkrieg so weit, in China erst vor zehn Jahren, Indien liegt noch unter 35 Prozent – Tendenz stark steigend. Mitteleuropa und Nordamerika haben sich bei Urbanisierungsgraden von etwa 80 Prozent eingependelt, in Teilen Südamerikas und Australien beträgt die Verstädterung sogar zwischen 85 und 90 Prozent.

Während im historisch gewachsenen Europa eher kleinere Städte überwiegen, nimmt die Verdichtung auf anderen Kontinenten massiv zu: 470 Millionen Menschen leben in Megacitys mit über zehn Millionen Einwohnern. Vor 50 Jahren gab es nur vier dieser Ballungszentren – Tokio, Osaka, New York und Mexico City –, heute sind es schon 30. Noch eindrucksvoller wird die Zahl, wenn man Agglomerationen hinzunimmt, die aus mehreren eng benachbarten Städten bestehen. So leben in der Metropolregion Rhein-Ruhr mit Städten wie Köln, Düsseldorf, Essen und Dortmund knapp elf Millionen Menschen, während es am Perlflussdelta in der Megalopolis um Guangzhou, Foshan, Hongkong und Shenzhen bereits über 70 Millionen sind – auf nicht einmal 0,6 Prozent der Fläche Chinas, wenig größer als Niedersachsen.

Es ist sicher nicht übertrieben zu sagen, dass sich die Zukunft der Menschheit in den Städten entscheidet. Obwohl dicht besiedelte urbane Regionen weniger als zwei Prozent der Landfläche der Erde bedecken, werden in ihnen 80 Prozent der Energie verbraucht – und sie verursachen 70 Prozent aller vom Menschen erzeugten Treibhausgase. Wie können solche Siedlungsstrukturen lebensfreundlich und nachhaltig gestaltet werden? Hoffnung machen die Antworten der C40-Gruppe.[3] In diesem vor 15 Jahren gegründeten Netzwerk wollten sich ursprünglich 40 der größten Städte der Welt zusammentun, um voneinander zu lernen, wie man den Klimawandel bekämpft und zugleich das gesundheitliche und wirtschaftliche Wohlergehen der Stadtbewohner verbessert.

Heute sind 97 Städte auf allen Kontinenten Teil der C40: Los Angeles und New York ebenso wie Buenos Aires, Rio de Janeiro, Mexico City und Johannesburg, London, Paris, Berlin und Kopenhagen, Singapur, Peking und Wuhan, Seoul, Tokio und Melbourne. Insgesamt repräsentieren sie mehr als 700 Millionen Stadtbewohner und ein Viertel der Weltwirtschaft. Auf ihrem Gipfeltreffen Ende 2019 in Kopenhagen riefen sie den »globalen Klimanotstand« aus und forderten einen »Green New Deal«. Ihr Vorsitzender Eric Garcetti, Bürgermeister von Los Angeles, erklärte dazu: »Was Klimamaßnahmen angeht, ist niemand aktiver als die Städte, doch gleichzeitig tut niemand genug. Die 2020er-Jahre werden die entscheidende Dekade für das Überleben unserer Umwelt und die Stärke unserer Wirtschaft sein.«

Die Maßnahmen, die die C40-Städte vorantreiben, decken viele Felder ab: Da geht es um Energieeffizienz genauso wie um nachhaltige Mobilität, weniger Plastikmüll und bessere Luft. Fast 70 000 Elektrobusse sind in den Metropolen bereits unterwegs, etliche verbieten Einweggeschirr aus nicht recycelbarem Plastik – und zwei Dutzend haben sich verpflichtet, bis 2030 neue städtische Gebäude nur noch als Häuser zu bauen, die netto keine CO_2-Emissionen verursachen. Zudem wollen sie ihren Strom vollständig aus erneuerbaren Quellen gewinnen. Dahinter steckt auch die Erkenntnis, dass Wind- und Solaranlagen sowie E-Autos nicht nur den CO_2-Ausstoß verringern, sondern ebenso die Luftschadstoffe wie Stickoxide, Feinstaub und Schwefeldioxid.

Denn nicht selten liegen etwa in Peking und Neu-Delhi die Feinstaubwerte um das 10- bis 40-Fache über den Grenzwerten der Weltgesundheitsorganisation. Chronischer Husten, Lungenschäden, Lungenkrebs und Herzerkrankungen sind die Folgen des Smogs – allein für China und Indien gehen Studien von jährlich ein bis zwei Millionen vorzeitiger Todesfälle durch Luftverschmutzung aus. Noch 2014 urteilte eine chinesische Akademie für Sozialwissenschaften lapidar: »Peking ist für menschliches Leben ungeeignet«.[4] Erst seit immer mehr alte Kraftwerke, Industrieanlagen und Heizungen abgeschaltet und emissionsarme Fahrzeuge gefördert werden, können auch in den Städten Chinas die Bewohner wieder ihre Fenster öffnen und etwas durchatmen. Vorher sah man mitunter selbst Hunde auf den Straßen mit Atemschutzmasken.

Auch jenseits der großen C40-Städte gibt es viele Aktivitäten von Kommunen für eine nachhaltige Stadtentwicklung. So haben sich schon vor über 30 Jahren Gemeinden und Regionen im ICLEI-Bündnis zusammengeschlossen.[5] Dieser Verbund – mit dem Weltsekretariat in Bonn – umfasst 2500 kommunale Mitglieder in 125 Ländern. Fünf Maßnahmenpfade sollen den ökologischen Fußabdruck verringern: Erstens die drastische Senkung von Emissionen – Schadstoffe ebenso wie Treibhausgase bei Gebäuden, Verkehr und Abfall. Zweitens eine naturnahe Entwicklung, die Ökosysteme, Luft, Wasser und Böden schützt. Drittens eine Kreislaufwirtschaft, die auf Wiederverwertung und gemeinsame Nutzung setzt, sowie viertens und fünftens inklusive und resiliente Strategien, die alle Menschen einschließen und sie in die Lage versetzen, Veränderungen gut zu bewältigen. Beispielsweise geht es darum, ökologisch orientierte Mobilität zu fördern, aber auch um Fragen einer »grünen« Finanzierung oder wie sich Kommunen gegen Folgen des Klimawandels absichern können.

Eine Auswirkung des Klimawandels trifft große Städte besonders stark: die Temperaturzunahme, denn massive steinerne Gebäude speichern Hitze und bremsen zugleich kühlende Winde. Schon jetzt ist etwa Tokio sieben Grad heißer als das Umland – künftig könnten Großstädte im Sommer noch etliche Grad wärmer werden als heute. Im Winter müsste zwar weniger geheizt werden, aber in den anderen Monaten wären die Temperaturen für ältere und geschwächte Menschen eine enorme Belastung. »Städte in Mitteleuropa werden ein mediterranes Klima bekommen«, sagt Matthias Schuler, Gründer des Ingenieurbüros Transsolar in Stuttgart und Experte für klimagerechtes Bauen.[6] »Paris zum Beispiel wird demnächst Bedingungen haben, die mit Nizza vergleichbar sind – nur leider ohne die kühlende Brise des Mittelmeers.« Viel Grün kann helfen: Schatten spendende Bäume, Belüftungskorridore, Verdunstungsbrunnen und Parks. Wenn sie größer als ein Hektar sind, dann erreicht man bereits eine Abkühlung von einem Grad und mehr, erklärt Schuler, der in Paris unter anderem den Place de la République saniert hat: mit einem hellen Bodenbelag, der das Sonnenlicht reflektiert, sowie ausladenden Bäumen und kühlenden Wasserspielen.

Eine 15-Minuten-Stadt der kurzen Wege

Paris ist derzeit für Stadtplaner einer der inspirierendsten Orte der Welt. Denn die Bürgermeisterin Anne Hidalgo will Paris zur »15-Minuten-Stadt« umbauen.[7] In dieser Stadt der kurzen Wege soll künftig alles in einer Viertelstunde zu Fuß erreichbar sein: die Wohnung und der Arbeitsplatz, Bildungsstätten und Ärzte ebenso wie der Laden um die Ecke oder kulturelle Treffpunkte. Die Idee dahinter: Räumliche Nähe spart Zeit und fördert die Gemeinschaft, verringert Stress und verbessert die Lebensqualität. Wohl kaum eine andere Metropole eignet sich dafür so gut wie Paris, denn die französische Hauptstadt ist seit Jahrhunderten in 20 Stadtvierteln, den Arrondissements, organisiert, die wie große Dörfer funktionieren. Die 2,2 Millionen Einwohner im Zentrum sind enge Nachbarn. Sie wohnen auf nur 105 Quadratkilometern – München ist dreimal so groß. Die Bevölkerungsdichte in Paris ist eine der höchsten der Welt: doppelt so hoch wie in New York City und dreimal höher als in Hongkong. Schon heute benötigen 96 Prozent der Pariser und Pariserinnen weniger als fünf Minuten zur nächsten Bäckerei, Apotheke oder dem Buchladen.

Die Bürgermeisterin lässt Parkplätze verschwinden, um Raum für Fahrräder, Gehwege, Cafés, Terrassen und Grünanlagen zu schaffen. Der Pkw-Verkehr ist in Paris seit 2010 um ein Fünftel zurückgegangen, nur noch jeder Dritte besitzt ein Auto. Zudem fördert Hidalgo Bürgerkioske, die zum Verweilen einladen. Hier kann man Kurse besuchen, und Vereine haben hier ihren Platz: etwa für Fahrradreparaturen, Digitalberatung für Senioren oder Nachhilfeunterricht für Schüler. Nach und nach werden in Paris auch neue Stadtwälder angelegt und Dächer und Hauswände bepflanzt – und die Bewohner können in Bürgerkiosken Kompost für ihre Balkongärten erwerben.

Konzepte wie die 15-Minuten-Stadt treiben Politiker inzwischen auch anderswo voran, etwa im kanadischen Ottawa oder in Mailand und Melbourne. Kopenhagen gilt als fahrradfreundlichste Stadt der Welt: An Ampeln sind grüne Wellen speziell an Radfahrer angepasst, damit sie zügiger vorankommen, und es gibt eigens angelegte Radschnellwege und Brücken nur für Radfahrer. Zwischen den Fahrradstädten Berlin und Kopenhagen existiert sogar eine Radwegverbindung mit rund 700 Kilometer Länge, aber auch in Amsterdam und Utrecht, Wien, Barcelona und Vancouver genießt das umweltfreundliche und gesunde Fortbewegungsmittel immer mehr Vorrang.

Doch trotz aller Fortschritte gibt es nach wie vor die andere Seite der Medaille: So sind die Vororte von Paris mit ihren Wohnburgen und Einkaufszentren von einer 15-Minuten-Stadt weit entfernt. Hier wuchern Industriegebiete, Bürostädte und Schlafviertel, hier bestimmt das Pendeln den Tagesablauf. Hier besitzen vier von fünf Haushalten ein Auto – und hier dominieren nicht grüne Parks, sondern Hochhäuser aus Beton die Optik. Abgesehen von der Tristesse und der sozialen Sprengkraft dieser Siedlungen: Beton ist Gift für den Klimaschutz, denn die Zementindustrie verursacht weltweit jedes Jahr 1,5 Milliarden Tonnen an direkten CO_2-Emissionen plus weitere 0,8 Milliarden Tonnen, die durch den Energiebedarf bei der Zementherstellung entstehen – das entspricht sechs bis sieben Prozent der CO_2-Emissionen aus Kohle, Öl und Erdgas und ist mehr, als der Luft- und Schiffsverkehr zusammen ausstoßen.

Wäre die Zementindustrie ein Staat, so läge sie beim CO_2-Ausstoß an vierter Stelle, hinter China, den USA und fast gleichauf mit Indien.[8] Seit 1990 hat sich die Jahresproduktion auf über vier Milliarden Tonnen Zement vervierfacht, mehr als die Hälfte – 2,2 Milliarden Tonnen – wird in China erzeugt. Die USA liegen bei fast schon bescheidenen 90 Millionen Tonnen, Deutschland bei 34 Millionen. Zum Vergleich: In den vergangenen 60 Jahren wurden weltweit rund acht Milliarden Tonnen an Kunststoffen hergestellt; die gleiche Masse schafft die Zementindustrie binnen zwei Jahren.

Beton besteht aus einer Gesteinskörnung, etwa Sand oder Kies, sowie aus Zement als Bindemittel, Zusatzstoffen und Wasser, das den chemischen Abbindevorgang und die Aushärtung einleitet. Die Bedeutung des Baustoffs ist kaum zu überschätzen: Nach Wasser ist Beton die industriell am meisten genutzte Substanz überhaupt. Er ist kostengünstig, lässt sich in beliebige Formen gießen und ist nach dem Aushärten extrem druckfest. Dies war schon in der Antike bekannt – die Kuppel des Pantheon in Rom, die bis ins 20. Jahrhundert die größte der Welt war, ist aus »Opus caementicium«, einem Beton, der durch Vulkanasche als Zusatzstoff besonders gehärtet wurde.

Die CO_2-Emissionen entstehen überwiegend bei der Herstellung des sogenannten Zementklinkers, der für die Aushärtung zwingend erforderlich ist. Die Ausgangsstoffe sind Kalkstein und Tonminerale, die fein gemahlen und bei 1450 Grad Celsius erhitzt werden, bis sie teilweise verschmelzen – Fachleute nennen das Sintern. Dabei können je nach Zementsorte auch noch Quarzsand, Flugasche oder eisenoxidhaltige Stoffe beigemengt werden. Nach der Abkühlung und einem erneuten Mahlvorgang entsteht das Endprodukt Zement. Chemisch ist der entscheidende Schritt der Brennprozess: die Umwandlung von Kalkstein ($CaCO_3$) in Kalziumoxid (CaO) und Kohlendioxid (CO_2). Für jedes produzierte Molekül CaO bildet sich ein Molekül CO_2. Hinzu kommt die Heizenergie, die bisher durch fossile Brennstoffe gedeckt wird oder durch Müll, Altholz oder andere Biomasse. Bis zu einem Viertel der Emissionen kann übrigens während der Lebensdauer eines Bauwerks wieder rückgängig gemacht werden, weil die Zementoberfläche nach und nach CO_2 aus der Luft aufnimmt – doch diese »Recarbonatisierung« dauert Jahrzehnte.

In Deutschland entstehen bei der Herstellung einer Tonne Zement derzeit etwa 400 Kilogramm CO_2 beim Brennen des Kalks und 200 Kilogramm CO_2 durch die Brennstoffe selbst. Dabei ist es den Herstellern seit 1990 bereits gelungen, den CO_2-Ausstoß um knapp ein Viertel zu drücken[9] – vor allem durch effizientere Brennöfen und Mahlwerke, die Rückführung von Abwärme sowie alternative Brennstoffe wie Holzhackschnitzel oder Biogas. Deren Verbrennung ist CO_2-neutral, da nur das Kohlendioxid freigesetzt wird, das die Pflanzen vorher aus der Luft gebunden hatten. Deutlich schwieriger ist es, die prozessbedingten Emissionen zu senken. Hierfür werden neue Zementarten entwickelt, bei denen der Klinkeranteil – etwa durch die Beimischung nicht gebrannten Kalksteins – auf bis zu 50 Prozent reduziert ist. Zudem kann man über neue Zusatzmittel und optimierte Geometrien den Anteil des Zements im Beton verringern. Dennoch bleibt Zementklinker weiterhin unverzichtbar, und sowohl der Verein Deutscher Zementwerke als auch die Fachleute der Studie »Klimaneutrales Deutschland« gehen davon aus, dass es nur einen Weg gibt, Klimaneutralität für die Zementindustrie zu erreichen: die Abscheidung von CO_2 im Zementwerk und dessen Speicherung oder Nutzung als Wertstoff.

Beton der Zukunft: mit purem Sauerstoff und Kohlefaser

So haben sich vier große europäische Zementhersteller im Projekt »catch4climate« zusammengetan, um die Oxyfuel-Technologie voranzutreiben.[10] Dabei wird anstelle von Luft purer Sauerstoff für die Feuerung der Brennöfen verwendet – deren Abgas ist dann fast reines CO_2, das wie in Kapitel 1 beschrieben in unterirdische Lager gepresst werden kann. Alternativ kann man es für die Getränkeindustrie verwenden oder in Treibhäusern, damit Pflanzen besser wachsen. Zusammen mit »grünem« Wasserstoff lässt sich das CO_2 auch in Methan, Methanol oder synthetische Kraftstoffe umwandeln. Letzteres wollen die Projektpartner von »catch4climate« in einer Oxyfuel-Pilotanlage in Baden-Württemberg demonstrieren. Hier soll im großtechnischen Maßstab CO_2 aus der Zementfertigung abgeschieden und in synthetisches Kerosin verwandelt werden. Eine 2020 publizierte Machbarkeitsstudie zeigt, dass das Kohlendioxid eines einzigen Zementwerks reichen würde, um den doppelten Kerosinbedarf des Stuttgarter Flughafens zu decken.

Noch ehrgeiziger ist das Projekt »Reallabor Westküste 100«, bei dem an der Westküste Schleswig-Holsteins unterschiedliche Stoffkreisläufe miteinander verzahnt werden sollen.[11] Beteiligt an dieser Sektorenkopplung sind neben Energieversorgern auch Netzbetreiber, Raffinerien und Zementhersteller. Der Ausgangspunkt ist »grüner« Strom aus Offshore-Windrädern, mit dem in Elektrolyseuren Wasserstoff erzeugt werden soll. Dabei entsteht Abwärme, die als Fernwärme ein Gewerbegebiet versorgen soll, und reiner Sauerstoff, der in die künftige Oxyfuel-Anlage eines Zementwerks eingespeist werden soll. Das dort abgespaltene CO_2 soll dann mit dem »grünen« H_2 der Elektrolyseure zu Methanol umgesetzt werden, und das Methanol wiederum wird in der Raffinerie in eFuels umgewandelt: synthetisches Benzin und Kerosin, das beim Flughafen Hamburg eingesetzt werden könnte.

Gestartet werden soll mit einem 30-Megawatt-Elektrolyseur, am Ende könnte eine Leistung von 700 MW stehen. Dieser ganzheitliche Ansatz verleiht dem »Reallabor Westküste 100« – wenn es so realisiert wird wie geplant – eine weit über die Region hinausreichende Vorbildfunktion, nicht nur für die nachhaltige Erzeugung von Strom und Wärme, sondern auch fürs klimaneutrale Fliegen und Bauen.

Indessen gehen die Forschungen am Werkstoff Beton weiter. Beton hat zwar eine hohe Druckfestigkeit, aber wenn er auf Zug belastet werden soll, wie etwa bei Brücken, Decken oder Stützwänden, dann muss er verstärkt werden: Bisher waren hierfür gerippte Stahlstäbe das Mittel der Wahl, die im Bauteil einbetoniert wurden. Weltweit werden jedes Jahr 160 Millionen Tonnen Stahl nur dafür eingesetzt. Bei hoher Luftfeuchtigkeit sowie Salzen in der Luft, und weil jeder Beton eine gewisse Porosität aufweist, kann allerdings nach und nach die stählerne Bewehrung rosten. Das Problem: Die Korrosionsprodukte brauchen mehr Platz als das ursprüngliche Eisen. Teile des Betons werden dann weggesprengt, und die Stabilität leidet – was Autobahndirektionen bei Tausenden von Brücken viel Kopfzerbrechen und hohe Sanierungskosten verursacht. Die Lebensdauer von Stahlbetonbauten ist weit entfernt von der des 1900 Jahre alten Pantheons in Rom: Sie beträgt im Schnitt nur 40 bis 80 Jahre.

Im C3-Projekt, dem derzeit größten Forschungsvorhaben des deutschen Bauwesens, wollen mehr als 140 Partner unter Führung von Manfred Curbach, Direktor des Instituts für Massivbau der Technischen Universität Dresden, zeigen, dass es auch anders geht. C3 steht für Carbon Concrete Composite – gemeint ist der Verbundwerkstoff Carbonbeton, für dessen Entwicklung Curbach mit zwei Kollegen 2016 den Deutschen Zukunftspreis erhielt.[12] Statt der korrosionsanfälligen Stahlstäbe stecken in Carbonbeton gitterartige Lagen aus feinen Kohlenstofffasern, die bei gleichem Querschnitt nur ein Viertel des Gewichts von Stahl haben, aber eine sechsfach höhere Zugfestigkeit. Sie sind also leichter und fester und zudem beständiger, weil sie nicht korrodieren.

Darüber hinaus sind Kohlenstofffasern flexibel formbar – Bauteile können sehr filigran gestaltet werden, was wiederum den Rohstoffbedarf deutlich verringert. Bei Fassadenplatten, die aus Stahlbeton acht Zentimeter dick wären, reichen bei Carbonbeton zwei Zentimeter. Das reduziert nicht nur die Herstellungs-, Transport- und Montagekosten, sondern auch die Klimawirkung: Der Energieverbrauch und die CO_2-Emissionen sinken um 30 bis 50 Prozent. Mehr noch: Kohlefasern haben eine hohe elektrische und thermische Leitfähigkeit. Damit versehene Bauteile können multifunktional werden. »Wir können zum Beispiel eine beheizbare Wand herstellen, was bauphysikalisch besser ist als die Fußbodenheizung«, erklärt Curbach. »Wir können auch Informationen aus dem Bauwerk – etwa über die physikalische Belastung – an eine Zentrale melden, sodass der Bauherr weiß, was in seinem Bauwerk stattgefunden hat und wie schnell es altert.« Die Bewehrung könnte also auch noch als Sensor und Datenleitung wirken, »smarte« Bauteile würden zu einem Element des intelligent vernetzten »Smart Home«.

Dank Curbach und seinen Partnern im C3-Projekt hat Deutschland eine weltweit führende Position beim neuen Werkstoff Carbonbeton erreicht. Ziel ist es, auf absehbare Zeit etwa ein Fünftel des Stahls in Betonbauten durch Kohlefasern zu ersetzen. Wesentlich hierfür ist eine stärkere Automatisierung, damit Carbonbauteile nicht wie bisher in Handarbeit produziert werden müssen. Bei den Kosten sind Kohlefasern und Stahl durchaus vergleichbar, denn die Fasern sind zwar pro Kilogramm 16-mal teurer, aber dafür auch 24-mal leistungsfähiger als Stahl.[13] Zudem ist die Lebensdauer von Carbonbeton viel höher als die von Stahlbeton, und die Stoffe sind gut recycelbar: Die Bestandteile Carbon und Beton lassen sich mit einem Reinheitsgrad von 98 Prozent separieren.

Noch gibt es allerdings keine Produkte mit recycelten Kohlefasern – das haben sich die Wissenschaftler als einen künftigen Arbeitsschwerpunkt vorgenommen. Als Pionierprojekt errichteten sie zunächst das weltweit erste Gebäude aus Carbonbeton:

den CUBE, einen 220 Quadratmeter großen Bau in Dresden. Zwischen dünnen Doppelwänden bewirken spezielle Aerogele mit zahllosen Luftporen im 100-Nanometer-Bereich eine exzellente Wärmedämmung. Diese inneren Werte bleiben Passanten allerdings verborgen. Sie dürften vor allem über die geschwungene Wand-Dach-Konstruktion aus Carbonbeton staunen, die im Sommer 2021 vor Ort im Spritzverfahren entstand – eine sehr markante Visitenkarte für den revolutionären Werkstoff.

Boom der Holzhochhäuser – Gebäude als CO_2-Senken

Doch es muss nicht immer Beton sein. In letzter Zeit beweisen etliche Bauwerke, dass auch bei großen Gebäuden auf Beton fast ganz verzichtet werden kann. Sie bestehen aus dem nachhaltigsten Material überhaupt: Holz. Schon vor zehn Jahren hat das Bauunternehmen Cree, eine Tochter der österreichischen Rhomberg Gruppe, in Dornbirn am Bodensee den LifeCycle Tower ONE eröffnet – ein achtstöckiges Büro- und Ausstellungsgebäude, das mit seinen 27 Metern Höhe als erstes Holzhybrid-Hochhaus der Welt gilt.[14] Die Holzkonstruktionen sind offen, also ohne schützende Verkleidung. Stahlbeton spielt nur noch eine untergeordnete Rolle, etwa beim Treppenhauskern, wo das Material aus Stabilitäts- und Brandschutzgründen verwendet wurde.

Den Planern war es vor allem wichtig, die CO_2-Bilanz während des gesamten Lebenszyklus zu betrachten, wobei sie nicht nur Beton vermeiden, sondern auch die »graue« Energie minimieren wollten. Das ist diejenige Energie, die nötig ist, um die Vorprodukte zu erzeugen und zu transportieren sowie am Ende des Gebäudelebens die Entsorgung zu leisten. Diese Lebenszyklusanalysen lassen sich in drei Kernaussagen für nachhaltiges Bauen zusammenfassen. Erstens: Baue so viel wie möglich mit Holz. Zweitens: Produziere so viel wie möglich vor und kombiniere auf der Baustelle nur noch die Module. Und drittens: Plane mit einem digitalen Zwilling des Gebäudes und integriere frühzeitig alle Beteiligten.

Die Begründungen dafür sind einfach. Holz ist aus Umweltgesichtspunkten ideal, weil es CO_2 aus der Luft bindet und nicht wie bei der Zementherstellung freisetzt. Ganz im Sinn der Nachhaltigkeit verpflichtet sich die Firma Cree, für jedes verbaute Holz aus den Wäldern der Region dort wieder neue Bäume zu pflanzen. Zudem hat Holz nur einen Bruchteil des Gewichts von Stahlbeton, was die Belastung des baulichen Untergrunds drastisch verringert und bei den Fundamenten eine Menge Beton einspart. Außerdem können auch große Holzbauteile per Lkw transportiert werden. Diese Modulteile werden – für die Decken wie für die Fassaden – von den Zulieferern präzise vorgefertigt und auf der Baustelle nur noch wie Legosteine zusammengefügt.

Der große Vorteil: Rohbau, Fassade und Gebäudetechnik können doppelt so schnell realisiert werden wie bei herkömmlichen Gebäuden. So wurden die acht Stockwerke des LifeCycle Tower ONE in nur acht Tagen hochgezogen, bis das Gebäude dicht war und die Innenarbeiten folgen konnten. Im Vorfeld wurde alles digital simuliert. Daraus ergaben sich die präzisen Maße und Anforderungen an die Module wie auch die Planung, wer was wann an die Baustelle zu liefern hatte. Zudem forderte Cree von den Partnern Rückbauanleitungen, also genaue Aussagen über die Inhaltsstoffe, den ökologischen Fußabdruck und darüber, wie sich die Bauteile ausbauen und entsorgen lassen.

Das Ergebnis fasst Harald Professner, Leiter der Geschäftsentwicklung bei Cree, so zusammen: »Gegenüber einem Stahlbetonbau verursacht unser Gebäude über die Lebensdauer 90 Prozent weniger CO_2, ist 60 Prozent leichter und wurde doppelt so schnell und fast emissionsfrei errichtet – wobei wir auch den Preis, alles in allem, in etwa gleicher Höhe halten konnten.« Kein Wunder, dass der LifeCycle Tower ONE international höchste Auszeichnungen erhielt: beispielsweise Platin von LEED (Leadership in Energy and Environmental Design), dem US-System zur Klassifizierung für ökologisches Bauen, und das Zertifikat in Platin der Deutschen Gesellschaft für Nachhaltiges Bauen.

Auch im Gebäude selbst werden vielfältige Energiesparlösungen eingesetzt, etwa eine Dreifachverglasung der Fenster, in die Decken integrierte Heiz-Kühl-Paneele, eine Lüftung mit Wärmerückgewinnung und Ansteuerung über Atemluftsensoren sowie ein ausgeklügeltes Lichtmanagementsystem. Präsenzmelder in den Büros schalten das Licht nur ein, wenn es benötigt wird. Zudem werden Kunst- und Tageslicht kombiniert und die Jalousien automatisch so gesteuert, dass der Blendschutz optimal ist und der Kühlbedarf gering. Das Wichtigste ist aber, betont Professner, dass sich die Menschen in den von viel Holz dominierten Räumen wohlfühlen: »Holz ist ja nicht nur ein nachwachsender Rohstoff, sondern es sorgt auch für ein unvergleichliches Wohn- und Raumklima und hat definitiv eine positive Wirkung auf die Gesundheit.«

Nach dem Beispiel des LifeCycle Tower ONE entstehen nun immer gewagtere Bauten. Fertiggestellt ist beispielsweise seit 2019 das 84 Meter hohe »HoHo«, das Holzhochhaus in der Wiener Seestadt Aspern: 24 Stockwerke mit Hotel, Restaurants, Wohnungen und Büroflächen.[15] 3600 Kubikmeter Holz, meist Fichten aus Österreichs Wäldern, wurden hier verbaut – über dem Erdgeschoss, wo noch viel Beton nötig war, liegt der Holzanteil immerhin bei 75 Prozent.

Im norwegischen Brumunddal steht ein weiteres Hochhaus, vorwiegend aus Kiefernholz, das noch ein wenig höher ist als das HoHo in Wien; eingeweiht wurde es ebenfalls 2019. Nach Aussagen der zuständigen Brandschutzfirma ist dieser Holzbau sogar besser gegen Feuer geschützt als ein vergleichbares Gebäude aus Stahl und Beton. Das liegt vor allem am sogenannten Brettsperrholz, einem standardisierten Hightech-Holz. Um es herzustellen, werden dünne Schichten von Bauholz übereinandergeklebt und abwechselnd im rechten Winkel gegeneinander versetzt. Das garantiert die gleichbleibende Qualität hinsichtlich Festigkeit und Brandschutz.

Bei der Höhe der Holzhochhäuser ist Hamburg gerade dabei nachzulegen: mit dem 64 Meter aufragenden Roots, das einen spektakulären Blick über die Hafencity bieten wird.[16] Hier sollen ab 2024 nicht nur 128 Eigentumswohnungen und 53 öffentlich geförderte Wohnungen Platz finden, sondern in den unteren Etagen auch passenderweise die Deutsche Wildtier Stiftung mit einer Ausstellung – und in der Tiefgarage ein Carsharing-Service mit Elektroautos. In Eindhoven wiederum sind die »Dutch Mountains« geplant, ein Doppelholzturm, der wie eine überdimensionierte Halfpipe aussieht. Für London haben Architekten mit dem Oakwood Timber Tower einen Wolkenkratzer aus Holz vorgeschlagen. Und in Sydney wollen die Gründer der Software-Schmiede Atlassian neue Maßstäbe setzen: mit einem Hybrid-Holzturm für 4000 Mitarbeiter. An einem Betonkern und einem stählernen Exoskelett winden sich laut Plan »Habitate« mit viel Grün und Holz 180 Meter in die Höhe – den Strombedarf deckt der Bau aus erneuerbaren Quellen, unter anderem von Solarzellen an der Glasfassade. In den unteren Ebenen soll zudem eine Jugendherberge einziehen, als adäquate Unterkunft für die Teilnehmer an den »Hackatons« der Software-Firma.

Das wohl spektakulärste Projekt hat aber der japanische Holzbaukonzern Sumitomo Forestry angekündigt. Bis zum 350. Gründungsjubiläum der Firma im Jahr 2041 soll in Tokio ein 350 Meter hohes Holzhochhaus eingeweiht werden – jeder Meter symbolisiert ein Jahr der Geschichte. Eine Herausforderung wird es sein, den 70 Stockwerke hohen Bau gegen Taifune und Erdbeben abzusichern. Dazu soll der Wolkenkratzer neben Stützpfeilern eine außen liegende Stahlkonstruktion erhalten. Zugleich soll er Bewohnern und Besuchern ein naturnahes Erlebnis bieten: Dafür werden 185 000 Kubikmeter Holz verbaut – vorwiegend von Zedern und Zypressen –, zudem wird die Außenfassade bepflanzt, es gibt viele Balkone, und auf dem Dach soll ein Garten angelegt werden – ein Biotop in schwindelerregender Höhe.

Nicht nur dieses Projekt zeigt: Naturnahes Bauen liegt eindeutig im Trend. Selbst Amazons geplantes zweites Hauptquartier in

Arlington, Virginia, sieht nicht nur aus wie ein 105 Meter hoher Korkenzieher, der sich aus der Erde bohrt. Entlang seiner Glasfassade soll sich doch tatsächlich eine Allee großer Bäume spiralförmig bis ganz nach oben winden. Einen Holzbau hat Amazon-Chef Jeff Bezos für sein »Helix« genanntes Gebäude nicht vorgesehen, aber wer weiß, vielleicht ändern sich angesichts des weltweiten Holzbooms die Pläne ja noch.

An der Verfügbarkeit von Hölzern werden die Projekte jedenfalls nicht scheitern. Die Menge an Holz, die beispielsweise im Wiener HoHo verbaut wurde, wächst in Österreichs Wäldern in einer knappen Stunde nach, haben die Planer errechnet. Ähnliches gilt hierzulande: 2020 wurden in Deutschland rund 80 Millionen Kubikmeter Holz eingeschlagen, davon etwa die Hälfte als Schnittholz – das würde 8000-mal für das Hamburger Holzhochhaus Roots reichen oder für fünfmal mehr Wohnungen, als in Deutschland jährlich neu errichtet werden. Weltweit liegt der Holzeinschlag sogar bei etwa drei Milliarden Kubikmeter pro Jahr; mit dem für Bauhölzer geeigneten Anteil ließen sich Dutzende von Millionen Wohnungen bauen – jedes Jahr.

Um wie viel würde dies den Kohlendioxidausstoß verringern? Eine schnelle Rechnung zeigt: Würde weltweit ein Viertel des verbauten Betons durch Holz ersetzt, könnte man allein durch die Einsparungen bei der Zementproduktion jährlich fast so viel an Klimagasen einsparen, wie ganz Deutschland derzeit emittiert – ein beachtlicher Wert. Unabdingbar ist hierfür natürlich, dass die Wälder nachhaltig bewirtschaftet werden, dass also ebenso viel nachwächst, wie entnommen wird. Genau genommen wäre der Gewinn für das Klima sogar noch deutlich größer, denn man spart beim Holzbau ja nicht nur die rund 300 Kilogramm CO_2, die bei der Herstellung jedes Kubikmeters Beton freigesetzt werden. Jeder Kubikmeter Holz bindet zudem während seines Wachstums etwa eine Tonne CO_2 in Form von 270 Kilogramm Kohlenstoff.[17] Dieser Kohlenstoff gelangt viele Jahrzehnte, mitunter sogar Jahrhunderte lang nicht wieder in die Atmosphäre, wenn das Holz in den Balken, Fußböden und

Wänden der Gebäude steckt – es ist also eine Nettoentnahme von CO_2 aus der Luft.

Bauholz ist übrigens nicht das einzige »carbon negative«-Material, auf das sich die Wissenschaft konzentriert. Das gesamte Geschäftsmodell des Berliner Start-up-Unternehmens »Made of Air« basiert auf solchen Stoffen.[18] Die beiden Gründer, die Geschäftsführerin Allison Dring und der Cheftechnologe Daniel Schwaag, entwarfen zunächst Fassadenelemente, die sie mit speziellen Pigmenten beschichteten – unter anderem für eine Klinik in Mexico City. Diese Paneele wandeln mithilfe des Sonnenlichts Stickoxide in harmlose Stoffe um. So neutralisiert die Fassade der Klinik jeden Tag die Abgase von 1000 Fahrzeugen. Doch diese Smog verzehrenden Materialien waren den Forschenden nicht genug. Ihre neue Erfindung ist noch spektakulärer: »Wir nehmen Pflanzenreste, etwa Holzabfälle, aus der Forst- und Landwirtschaft und verwandeln sie in hochwertige ›carbon negative‹-Kunststoffe«, erklärt Allison Dring. »Dabei wird im Endeffekt mehr CO_2 aus der Luft entnommen als emittiert.« Dring und Schwaag nennen ihr schwarz glänzendes Wundermaterial wie ihre Firma: Made of Air, MOA.

Das Herstellungsverfahren beruht auf der Pyrolyse, der Zersetzung organischer Verbindungen bei hohen Temperaturen in Abwesenheit von Sauerstoff. Die Abfallbiomasse wird zuerst zerkleinert und in einem Ofen ohne Sauerstoff »gebacken« – dabei entsteht eine Art Bioholzkohle, reiner Kohlenstoff. Zudem wird Wärme frei, die für andere Zwecke genutzt werden kann. Dann wird ein Bindemittel aus Biopolymeren hinzugegeben, das ebenfalls ohne fossile Stoffe hergestellt wurde. Das MOA-Endprodukt ist ein schwarzes Granulat, oder wie es Dring ausdrückt: »ein Thermoplast, der frei formbar ist, für eine breite Vielfalt von Anwendungen, etwa in der Möbel-, Bau- oder Autoindustrie«. Thermoplaste sind wahre Alleskönner: Kunststoffe, die sich durch Erwärmen und Schmelzen in Formen gießen, blasen oder ziehen lassen – was beliebig oft wiederholt werden kann. LEGO-Bausteine sind ebenso Thermoplaste wie Folien und Flaschen aus

Polyethylen, Verpackungen aus Polypropylen, das Styropor aus Polystyrol oder die Nylonfasern aus Polyamid.

Die MOA-Thermoplaste sind robust und ungiftig – man kann Stühle und Tische ebenso daraus machen wie Böden, Paneele oder Brillengestelle. H&M nutzt MOA für Sonnenbrillen, und Audi hat schon Fassaden von Autohäusern damit verkleiden lassen. Da MOA zu 90 Prozent aus atmosphärischem Kohlenstoff besteht, werden Kunststoffobjekte aus MOA neben Bauten aus Holz in Zukunft tatsächlich Kohlenstoffsenken darstellen – also zu einem gewissen Teil »den Klimawandel rückgängig machen«, wie die MOA-Erfinder auf ihrer Website vollmundig verkünden. Und am Ende ihrer Nutzungsphase können die MOA-Produkte entweder geschreddert und als Thermoplaste recycelt werden ... oder man vergräbt sie einfach in der Erde, denn sie sind biologisch abbaubar.

Kühlen nach dem Vorbild der Termiten

Doch nicht nur bei der konventionellen Herstellung von Häusern und ihren Einrichtungen entstehen Treibhausgase. Knapp 15 Prozent aller deutschen Klimagase gehen auf Heizung und Warmwasser in Gebäuden zurück. Hinzu kann man noch einmal ähnlich viele Treibhausgase aufgrund von indirekten Emissionen in Kraftwerken addieren, denn 52 Prozent des erzeugten Stroms wird in privaten und gewerblichen Gebäuden genutzt – in Privathaushalten übrigens rund die Hälfte durch Hausgeräte und die Beleuchtung sowie ein Viertel durch Fernseher, Computer und Smartphones. Im Durchschnitt der europäischen Länder sehen diese Werte sehr ähnlich aus. In den USA hingegen verbraucht jeder Einwohner in privaten Haushalten das Zweieinhalbfache an Strom im Vergleich zu Deutschland – auch, weil die Klimaanlagen über 16 Prozent des Stroms der Haushalte verschlingen.[19]

Gerade vor dem Hintergrund des Klimawandels sollte man daher nicht nur das Heizen, sondern auch die Kühlung im Blick behalten. Derzeit sind weltweit über zwei Milliarden Klimaanlagen in Privathäusern und Gewerbebauten in Betrieb – sie brauchen etwa 2300 Terawattstunden (TWh) Strom pro Jahr, rund ein Zehntel der globalen Stromerzeugung. Zwei Drittel davon stehen allein in drei Staaten: in China, Japan und den USA. In Europa sind es nur sechs Prozent. Hinzu kommt: In den drei Ländern laufen solche Anlagen über tausend Stunden im Jahr, in Europa nur 350. Die Studie »The Future of Cooling« der Internationalen Energieagentur IEA, die Szenarien bis 2050 analysiert, sagt allerdings voraus, dass wegen der Klimaerwärmung der mittlere Kühlbedarf von Gebäuden weltweit um ein Viertel steigen dürfte.[20] Besonders stark ist der Nachholbedarf in Indien und Indonesien: Hier wäre schon heute die Notwendigkeit zu kühlen dreimal höher als in den USA, aber dort stehen fast zehnmal mehr Klimageräte als in Indien und Indonesien zusammen – bei nur einem Fünftel der Einwohner.

Insgesamt gehen die IEA-Experten davon aus, dass 2050 weltweit rund 5,6 Milliarden Klimaanlagen installiert sein werden. Weil sich aber gleichzeitig ihre Effizienz mehr als verdoppeln dürfte – was die besten Geräte heute schon schaffen –, wird der Strombedarf nicht über 3400 TWh steigen. Besser noch: Da die IEA-Studie im optimistischen Szenario mit einem weltweiten Anteil der nicht fossilen Energien von 70 Prozent am Strommix rechnet, würden die durch Klimaanlagen verursachten CO_2-Emissionen deutlich sinken: von heute 1,3 Milliarden Tonnen pro Jahr auf weniger als 200 Millionen. Obwohl sich die Zahl der Anlagen also fast verdreifacht, nimmt der von ihnen verursachte Treibhauseffekt um 85 Prozent ab.

Entscheidend dafür ist das Zusammenspiel einer effizienteren Nutzung der Elektrizität mit einer möglichst CO_2-freien Erzeugung. Dasselbe passiert bei Hausgeräten und der Beleuchtung: Sie werden erheblich effizienter. Selbst wenn daher mehr von ihnen zum Einsatz kommen, steigt ihr Strombedarf nicht wesentlich, und wegen des wachsenden Anteils der Erneuerbaren im Strommix sinkt ihr Beitrag zum Klimawandel sogar deutlich.

Architekten und Bauplaner, die hohen Wert auf Nachhaltigkeit legen, versuchen natürlich trotzdem, eine intelligentere Klimatisierung zu erreichen. So gibt es für große Fenster Gläser, die zwar sichtbares Licht durchlassen, aber einen großen Teil der Wärmestrahlung herausfiltern. Forschende an der Purdue University in Indiana haben 2021 zudem eine weiße Farbe entwickelt, die dank kleinster Bariumsulfatpartikel über 98 Prozent des Lichts reflektiert.[21] Das sind etliche Prozentpunkte mehr, als bisher erreichbar waren. In Tests zeigte sich, dass Oberflächen mit diesem »weißesten Weiß« um über vier Grad kühler waren als ihre Umgebung – würde man Hausdächer und Wände damit streichen, wäre dies eine durchaus effektive Klimaanlage.

In heißen Ländern bietet sich zudem eine Bauweise an, die seit Jahrtausenden in Arabien und im Iran genutzt wird. In traditionellen Wüstenstädten leiten enge Gassen als Frischluftschneisen den Wind zwischen Häusern hindurch, Arkaden spenden Schatten, Lichthöfe lenken Sonnenlicht durch schmale Fenster – aber vor allem kühlen sogenannte Windtürme. Sie funktionieren mit einer genialen Luftzirkulation nach dem biologischen Vorbild der Termitenbauten, bei denen Luft durch Öffnungen an der Seite eindringt, Wärme aufnimmt und nach oben wie durch einen Kamin entweicht. Dadurch entsteht am Boden ein Unterdruck, der kühlere Luft ansaugt – idealerweise aus unterirdischen Kellerräumen. In Windtürmen sind meist mehrere Lüftungskanäle vorhanden, die je nach Wind den Luftstrom auch in die andere Richtung nach unten leiten können und die man einzeln verschließen kann. Im Masdar Institute bei Abu Dhabi wird dieses Konzept auf die Spitze getrieben: Hier fängt ein Kühlturm Luft in 45 Metern Höhe ein und lenkt sie zu Boden. Zugleich sprühen Düsen Wasser ein, und die kühler werdende Luft sinkt weiter ab. Die frische Brise verteilt sich über die Gebäudeanlage und macht selbst die Gluthitze im Sommer erträglich. Der Strom für die Wasserpumpen wird dabei mithilfe von Solarzellen erzeugt.

Doch zurück zu unseren (noch) nicht so heißen Breiten in Europa und der Frage, wie wir unseren Wärmebedarf möglichst ohne fossile Energien decken können. Derzeit werden fast 70 Prozent aller Flächen in Privathäusern und Gewerbebauten in Deutschland mit Öl oder Erdgas beheizt – vorwiegend mit Gasbrennwertthermen. Die Verfeuerung von Holzpellets oder ähnlicher Biomasse hat einen Anteil von etwa sechs Prozent, Fernwärme und Wärmepumpen je zehn Prozent, die Solarthermie unter einem Prozent. Im Jahr 2020 waren unter den 842 000 verkauften Heizungsanlagen 120 000 Wärmepumpen und 54 000 Biomassekessel[22] – ein Verkaufsplus gegenüber dem Vorjahr von 40 beziehungsweise 138 Prozent. Dieser Trend macht Hoffnung, weil die klimaneutrale Biomasse und die Wärmepumpe als Königswege zu einer CO_2-freien Wärmeversorgung gelten. Denn die ebenfalls attraktive Fernwärme ist nicht mehr beliebig ausbaubar, wenn bis 2050 immer mehr Strom aus Wind und Sonne kommt: Neben Abwärme aus Industrieanlagen kann dann Fernwärme nur noch aus Kraftwerken stammen, die mit Biogas, Biomasse, Wasserstoff, Erdwärme oder Abfällen betrieben werden, da die Kohle-, Erdgas- und Kernkraftwerke, die Fernwärme liefern könnten, dann alle abgeschaltet sind.

Am wichtigsten ist aber zunächst, dass der Wärmebedarf deutlich sinkt. Bis 2050 sollten möglichst alle Gebäude wärmetechnisch saniert werden. Ab jetzt müsste man daher jedes Jahr 1,6 bis 1,8 Prozent des Bestandes nachrüsten, das sind 60 bis 80 Prozent mehr als heute. Sanierung heißt meist eine Zwei- oder Dreifachverglasung der Fenster, eine bessere Dämmung von Dach und Keller oder sogar der gesamten Fassade eines Bauwerks, eventuell auch mit Wärmerückgewinnung bei Lüftungen. Im Mittel liegt heute der Wärmebedarf von Wohngebäuden bei 140 Kilowattstunden pro Quadratmeter und Jahr.[23] Bei Sanierungen sind Werte von 40 bis 60 kWh/m^2a gut erreichbar, manchmal noch darunter, bis etwa 25 kWh/m^2a.

Immer mehr Neubauten werden inzwischen nach dem Passivhaus-Standard errichtet; dabei beträgt der Wärmebedarf wegen der sehr gut gedämmten Gebäudehülle und der intelligenten Nutzung des Sonnenlichts höchstens noch 15 kWh/m^2a. Dieser Wert ist die Grenze, unterhalb der im Mittel überhaupt keine aktive Heizung mehr erforderlich ist – daher der Begriff »Passivhaus«. Ein Großteil der Wärme wird hier von den im Haus lebenden Personen und den Elektrogeräten erzeugt und in Fußböden, Wänden und Decken gespeichert, die die Wärme wieder abgeben, wenn es kühler wird. Mithilfe von Photovoltaik und Solarthermie lassen sich sogar Nullenergie- oder Plusenergiehäuser realisieren. Die Letzteren erzeugen übers Jahr gerechnet mehr Energie, als die Bewohner verbrauchen – was man zum Beispiel fürs Laden von Elektroautos nutzen kann.

Doch selbstverständlich können nicht alle Häuser auf der grünen Wiese neu errichtet werden. Zwei Drittel der 42 Millionen deutschen Wohneinheiten stammen aus der Zeit vor 1978, als es noch keine Wärmeschutzverordnung gab. Ein knappes Drittel gilt als besonders ineffizient. Ihr Wärmebedarf liegt über 200 kWh/m^{2}a, oft auch über 250 kWh/m^{2}a. Nach aktuellen Analysen[24] des Instituts für Energie- und Umweltforschung (ifeu) in Heidelberg würde eine Sanierung dieser alten Gebäude nach dem Standard »Effizienzhaus 55« schon 52 bis 64 Millionen Tonnen CO_2eq pro Jahr einsparen, das ist die Hälfte der wärmebedingten Gebäudeemissionen in Deutschland. Dabei sinkt der Wärmebedarf dieser alten Häuser im Mittel um fast 80 Prozent, was so viel an Heizkosten spart, dass sich die Sanierungen nach ifeu-Angaben oft auch wirtschaftlich rechnen. Im Idealfall sollten die neuen Heizungen über Wärmepumpen betrieben werden oder Holzpellets nutzen. Laut ifeu-Studie sei der Standard »Effizienzhaus 55« zwar »ambitioniert, aber bei Altbausanierungen in der Praxis gut zu erreichen«.

In den Niederlanden wurden bereits Tausende von Reihenhäusern jeweils binnen acht Tagen sogar auf Passivhaus-Standard nachgerüstet. Das Konzept hinter dieser »Energiesprong« genannten Initiative ist einfach, aber genial: Die Häuser werden mit 3D-Scannern vermessen und am Computer möglichst gut nachgebildet.[25] Dann passt der Rechner dem Modell eine Dämmhülle aus Fertigteilen an, die automatisch von Maschinen produziert werden, um dann an den realen Fassaden angebracht zu werden. Hinzu kommen noch Solarmodule, eine Luftwärmepumpe und ein Energiemanagement-Modul – fertig ist die Gebäudesanierung. Dass sich diese Methode nicht für hochwertige Altbauten mit denkmalgeschützten Fassaden eignet, ist klar, aber vielerorts wurden gleichförmige Häuser errichtet, vor allem zwischen 1950 und 1980.

Auch in Deutschland stehen eine Menge standardisierter Gebäude – man denke nur an Plattenbauten in Ostdeutschland oder die uniformen Siedlungen des sozialen Wohnungsbaus in den westlichen Bundesländern. Alte, ineffiziente Gebäude mit höchster Priorität zu sanieren ist einer der wichtigsten Hebel, um Deutschlands Klimaziele zu erfüllen. Staatliche Förderungen können dazu ebenso beitragen wie der steigende CO_2-Preis, der ab 2021 auch für fossile Energieträger, die zum Heizen genutzt werden, gezahlt werden muss. Für eine 70-Quadratmeter-Wohnung dürften ab 2025 die dadurch entstehenden Zusatzkosten für eine Erdgasheizung je nach deren Alter 60 bis 180 Euro pro Jahr betragen, bei Erdöl deutlich mehr. Steigt der Haushalt auf erneuerbare Wärme um, fallen diese Kosten komplett weg. Bei allen Investitionen sollte man daher künftig immer bedenken: Gas und Öl werden teurer, »grüner« Strom billiger.

Wärme aus Luft und Erdboden pumpen

Da Holz eher als Baumaterial genutzt werden sollte als zum Heizen, kann auch die Zahl der Pelletheizungen nicht beliebig vergrößert werden. Umso wichtiger werden Wärmepumpen mit »grünem« Strom. Sie funktionieren ähnlich wie Kühlschränke. Beim Kühlschrank wird die Wärme dem inneren Kühlraum entzogen und im Wärmetauscher auf der Rückseite des Geräts an die Umgebung abgegeben. Die Wärmepumpe dreht diesen Vorgang sozusagen um: Sie nutzt elektrischen Strom, um der Außenluft oder dem Erdboden Wärme zu entziehen und sie ins Gebäude als Heizwärme weiterzuleiten. Übers Jahr gerechnet, erzeugen übliche Luftwärmepumpen aus einer Kilowattstunde Strom etwa drei kWh Wärme – ihre sogenannte Jahresarbeitszahl (JAZ) hat den Wert drei. Bereits beim heutigen Strommix sparen sie gegenüber Erdgasheizungen drei Viertel an Treibhausgasen, und je mehr Strom aus Wind und Sonne stammt, desto besser wird ihre Klimabilanz.

Erdwärmepumpen sind sogar noch effizienter, ihre JAZ liegt meist bei vier. Sie nutzen entweder tiefe Erdsonden oder ein Rohrsystem, das ein bis zwei Meter unter der Erdoberfläche verlegt ist. Hier, unterhalb der Frostgrenze, liegt die Temperatur das ganze Jahr über stabil bei sieben bis zwölf Grad Celsius. In den Rohren zirkuliert ein Gemisch aus Salz, Wasser und Frostschutzmittel, das die Wärme aus dem Erdreich aufnimmt und an den Wärmetauscher des Systems übergibt. Dort verdampft ein Kältemittel, das mithilfe des elektrischen Stroms verdichtet wird und dadurch Wärme abgibt, bevor es in flüssiger Form den Kreislauf wieder schließt – Wasser für die Raumheizung kann so etwa auf 60 Grad erhitzt werden.

Am besten arbeiten Wärmepumpen, wenn der Temperaturhub möglichst niedrig ist. Daher sind Erdwärmepumpen, deren Eingangstemperatur um zehn Grad Celsius liegt, effizienter als Luftwärmepumpen, die auch mit frostiger Außenluft zurechtkommen müssen. Bis minus 25 Grad funktionieren Luftwärmepumpen mit der neuesten Technologie. Bei Erdwärmepumpen schätzen Fachleute, dass künftig JAZ von 5,5 erreichbar sind. Grundsätzlich gilt jedoch: Wärmepumpen sollten nur in Kombination mit gut gedämmten Gebäuden verwendet werden, weil sie dann weniger Heizleistung erbringen müssen. Bei Neubauten und bei sanierten Altbauten gelingt das ausgezeichnet – idealerweise mit Wand- oder Fußbodenheizungen, denn damit kann die Temperatur des Heizwassers niedrig gehalten werden.

Das hat sogar den Vorteil, dass man in heißen Sommern die Kreisläufe umkehren und die Wärmepumpe zur »Kühlpumpe« umfunktionieren kann. Die Wand oder der Fußboden strahlen dann angenehm kühlende Luft ab. Alles in allem sind die Vorzüge dieser Anlagen so offensichtlich, dass die Studie »Klimaneutrales Deutschland« damit rechnet, dass bis 2030 sechs, ab 2045 sogar 14 Millionen Wärmepumpen in Betrieb sein könnten. Sie würden dann 60 Prozent der deutschen Gesamtwohnfläche versorgen. Zusammen mit Sanierungen würde dies einen Großteil der nötigen Klimagasreduktionen leisten; mit Biomasseheizungen, Fernwärme und Solarthermie ließe sich auch noch der Rest schaffen – und die Gebäude in Deutschland wären in Bezug auf Heizung und Warmwasser tatsächlich klimaneutral.

Ein solcher Boom bei Wärmepumpen bedeutet allerdings, dass künftig jedes Jahr fast viermal so viele Anlagen installiert werden müssten wie 2020. Ein sehr ambitioniertes Ziel: Denn die Rechnung, dass sich eine Wärmepumpe durch die eingesparten Heizkosten nach sieben bis zehn Jahren amortisiert, nützt wenig, wenn man für die Anschaffung viel Geld in die Hand nehmen muss. Aller Voraussicht nach braucht es hier über die jetzigen Fördermittel hinaus noch einiges an staatlicher Unterstützung, um sowohl die Sanierungen als auch den Einsatz von Wärmepumpen voranzubringen. Darüber hinaus muss auch eine Lösung für Mietwohnungen gefunden werden: Denn in Modernisierungen investieren die Vermieter, doch von den sinkenden Energiekosten profitieren deren Mieter. Wie lassen sich hier Kosten und Nutzen besser verteilen, damit die energietechnischen Sanierungen überhaupt stattfinden?

Und wie entwickelt sich dann der Stromverbrauch? Sollten bis 2050 tatsächlich 14 Millionen Wärmepumpen in Betrieb sein, dürfte ihr jährlicher Strombedarf zwischen 50 und 60 TWh liegen. Das ist ein Drittel dessen, was die deutschen E-Autos 2050 an Strom benötigen werden – also eher unproblematisch, zumal zeitgleich die Haus- und Elektrogeräte sowie die Beleuchtung effizienter werden, der Strombedarf also trotz Wärmepumpen kaum steigt. Allerdings kann es in kalten Wintern zu Verbrauchsspitzen kommen, wenn viel Wärme benötigt wird. Die Autoren der Studie »Klimaneutrales Deutschland« denken aber, dass diese Lastspitzen gut zu bewältigen sein werden, zum Beispiel, wie in Kapitel 1 beschrieben, mit wasserstoffbetriebenen Gaskraftwerken oder mit Importstrom.

In einer Analyse, die 2020 in der Fachzeitschrift *Nature Sustainability* publiziert wurde, untersuchen Forschende der Universitäten Nijmegen und Cambridge die Effekte von E-Autos und Wärmepumpen in 59 unterschiedlichen Regionen der Welt.[26] Das Resultat: In 53 Regionen, die 95 Prozent des globalen Transport- und Heizbedarfs repräsentieren, sparen sowohl die elektrisch betriebenen Fahrzeuge als auch die Wärmepumpen deutlich an Klimagasen gegenüber ihren auf fossilen Energien basierenden Alternativen – und das schon beim jeweiligen heutigen Strommix. Je mehr die Staaten in Zukunft auf CO_2-frei erzeugten Strom setzen, desto besser werden diese Klimabilanzen.

Neben Gebäudesanierung und Wärmepumpen können auch noch andere Technologien wichtige Beiträge leisten: So belegen viele Projekte, dass eine intelligente Gebäudetechnik – oft »Smart Building« oder »Smart Home« genannt – über Sensoren und Automatisierung den Energieverbrauch um ein Drittel bis zur Hälfte senken kann. Im schon erwähnten LifeCycle Tower ONE sind über hundert Präsenzmelder direkt in die Leuchten integriert. Sie erlauben keine Rückschlüsse über die Identität der sich bewegenden Personen, aber sie zeigen, welche Teile der Räume häufig frequentiert werden. Für die Steuerung von Licht, Wärme, Klimatisierung – und einen niedrigen Stromverbrauch – ist das ebenso nützlich wie für die Planung der Raumnutzung und des Einsatzes von Reinigungskräften.

Manche Smart Homes greifen zudem automatisch auf Wetterberichte aus dem Internet zurück: Wird etwa eine längere Wärmephase vorhergesagt, dann kann das System frühzeitig die Heizung herunterfahren. Am besten funktioniert das mit Verfahren der Künstlichen Intelligenz, mit denen der Computer lernt, wie viel Wärme die Wände und Decken speichern und wann wie viele Personen voraussichtlich im Haus sein werden. Gedächtniseffekte sind ebenfalls wichtig: So wirkt sich ein Temperatursturz nicht so stark aus, wenn ihm eine längere Wärmeperiode vorausgegangen ist, als wenn er auf eine Kälteperiode folgt, weil dann Wände und Decken bereits ausgekühlt sind.

Gläser mit organischen Leuchtdioden können sowohl als Fenster wie als Lichtquelle dienen. Ganz nach Wunsch und auf Knopfdruck sind sie transparent oder leuchten weiß oder bunt. Sie eignen sich auch als Raumteiler oder Deckenleuchte: Lichtstimmungen und Lichtfarben lassen sich an die jeweilige Situation anpassen – man kann sie zum Beispiel auf romantisch, meditativ, anregend oder Arbeitsatmosphäre schalten. Smart Homes mit Solarzellen auf dem Dach und Batterien im Keller können zudem ihre Leistung bündeln und, über eine Art »Schwarmintelligenz« verknüpft, Energiehandel betreiben. Auf diese Weise erzielen sie bessere Preise als alleine. Ihre Geräte, vom Reinigungsroboter bis zur Waschmaschine, sind nicht nur über das hauseigene Datennetz ansteuerbar, sondern sie können, falls nötig, auch übers Internet Software-Updates erhalten oder bei Problemen von Fachleuten aus der Ferne gewartet werden.

Smart Cities à la *Gangnam Style*

In einer Smart City wird dieses Prinzip auf die Spitze getrieben. In der Stadt von morgen sind alle Teilsysteme – die Smart Homes und Smart Cars ebenso wie die Smart Grids, die »intelligenten Energienetze« – verknüpft, um Ressourcen effizient zu verteilen und zu nutzen. Die Smart City steckt voller Sensoren, die Energie- und Wasserverbrauch ebenso messen wie das Verkehrsaufkommen, die Luftqualität, die Art der Abfälle und vieles mehr. In einem »City Cockpit« werden wie im Cockpit eines Flugzeugs die Daten zusammengeführt und mit Systemen der Künstlichen Intelligenz ausgewertet. Die KI erstellt dann Prognosen und macht den Stadtmanagern Vorschläge, wie sich die Verbräuche, die Emissionen und das Müllaufkommen senken und die Staus auf den Straßen vermeiden lassen.

In der Smart City Songdo, 40 Kilometer südwestlich von Seoul, wird dies in Ansätzen versucht. Auf dem Reißbrett für 80 000 Wohnungen konzipiert, wurde Songdo auf Land errichtet, das mit Millionen Tonnen Sand dem Meer abgetrotzt worden war. Mehr als 40 Prozent der Fläche ist für Bäume und Parks reserviert, über hundert große Gebäude entsprechen den LEED-Nachhaltigkeitsstandards; man sieht überall Solarmodule, Regenwasserspeicher, Fahrradwege und unzählige Ladestationen für Elektroautos. Es gibt weder Abfallbehälter noch Müllwagen auf den Straßen: Stattdessen müssen die Bewohner ihre Müllbeutel in spezielle Schächte werfen, wo sie dann automatisch eingesaugt und über ein Rohrleitungssystem in eine Recyclinganlage transportiert werden.[27]

Nicht zufällig erinnert hier einiges an das Video *Gangnam Style* des südkoreanischen Rappers Psy, das vor zehn Jahren als erstes eine Milliarde Aufrufe bei YouTube erreichte. Denn Psy hat darin nicht nur den poppigen Lebensstil des Reichenviertels Gangnam parodiert, sondern auch die Smart City Songdo als Kulisse verwendet. Wer in Songdo genau hinschaut, der sieht in der Tat viele Widersprüche: Wie überall in Südkorea, das weltweit den höchsten Kunststoffkonsum pro Kopf hat, ist Songdo alles andere als plastikfrei. Auch durchschneiden zehnspurige Straßenschneisen die Stadt – doch am irritierendsten ist wohl die ständige Überwachung. Sensoren messen nicht nur Verkehrsfluss und Luftverschmutzung: Hunderte von Wärmebildkameras scannen Gebäude, um Feuer zu entdecken. Alle Nummernschilder der Autos, die über die Brücken in die Stadt kommen, werden gelesen, und in einer Zentrale beobachten Mitarbeiter rund um die Uhr, was in Songdo vor sich geht. Sie können sogar hören, wenn in einem Park ein Streit ausbricht und über Lautsprecher nachfragen, ob jemand Hilfe braucht. Wohlgemerkt: Dies passiert nicht beim Überwachungsspezialisten China, sondern im westlich orientierten, demokratisch regierten Südkorea.

Noch extremer – wenn sie denn je realisiert wird – könnte die Smart City Neom ausfallen. Gegen den heftigen Widerstand traditionell lebender Beduinen plant Saudi-Arabien im Nordwesten am Roten Meer in einem Gebiet etwas größer als Hessen eine City der Superlative. Auch bekannt unter dem Namen »The Line«, soll sich diese Stadt für eine Million Einwohner wie ein Bandwurm über 170 Kilometer Länge erstrecken.[28] Ihren Energiebedarf soll sie nur aus Wind und Sonne decken, private Autos sind nicht vorgesehen – für einen Staat, der auf Erdöl und Erdgas gegründet ist, ein unerwarteter Schritt in die nachfossile Zukunft. Gebaut werden soll die Stadt in drei Ebenen. Die oberste voller Parks und Erholungszentren ist für Fußgänger und Radfahrer vorgesehen, die mittlere – schon unter der Erdoberfläche – ist eine Serviceebene mit autonom fahrenden Fahrzeugen und Robotern für alle möglichen Dienstleistungen. In der untersten Ebene sollen Hochgeschwindigkeitsbahnen Menschen und Güter in weniger als 20 Minuten von einem Ende der Stadt zum anderen befördern. Ob sich damit in der Felsenwüste für Hunderte von Milliarden Euro eine nachhaltige und lebenswerte Hightech-Stadt »im Einklang mit der Natur« verwirklichen lässt, wie die Planer stolz verkünden, ist fraglich. Die saudische Regierung stellt sich jedenfalls vor, dass zahlreiche Interessenten aus aller Welt Schlange stehen werden, um hier zu arbeiten, zu forschen und sich zu erholen.

Zurückhaltender, aber ansprechender ist das, was in der Seestadt Aspern im 22. Wiener Bezirk umgesetzt wird.[29] Wien gilt als eine der lebenswertesten Städte der Welt. In der renommierten Studie über Lebensqualität der internationalen Arbeitsberatungsfirma Mercer belegt Wien seit Jahren den ersten Platz,[30] meist vor Zürich und München sowie der kanadischen Metropole Vancouver und Auckland in Neuseeland. Bewertet werden dabei Faktoren wie die Gesundheitsversorgung und das Freizeit- und Bildungsangebot, aber auch die Infrastrukturen, die Kriminalitätsrate und die Luftverschmutzung. In der Seestadt Aspern baut Wien derzeit rund um einen smaragdgrünen See ein Viertel für 25 000 Menschen, das Teil der Initiative »Smart City Wien« ist. Hier ragt das schon erwähnte Holzhochhaus HoHo 84 Meter in die Höhe, es entstehen umweltfreundliche, bezahlbare Wohnungen, Tausende von Büroarbeitsplätzen und ein Forschungsgelände, und hier rollt Wiens erster autonom fahrender öffentlicher Kleinbus.

Bislang sind drei Bauten – ein mit viel Holz ausgestattetes Wohngebäude, ein Studierendenwohnheim nach Passivhaus-Standard und ein Bildungscampus mit Kindergarten und Schulen – als Untersuchungsobjekte für die Smart City ausgewählt. Ausgestattet mit Solarzellen, Solarthermie und Wärmepumpen sowie verschiedenen thermischen und elektrischen Speichern agieren sie als Prosumer, also sowohl als Produzenten wie als Konsumenten von Energie. Dabei wird unter anderem getestet, wie sich überschüssige Energie am besten verkaufen lässt, wie sinnvoll zeitvariable Tarifmodelle sein können, wie Strom- und Wärmesysteme zusammenspielen und wie man Elektroautos integriert.

Insgesamt nehmen etliche Studierende und 111 Haushalte am Programm teil, indem sie die Daten über ihren Strom-, Wärme- und Wasserverbrauch und ihre Einstellungen von Zimmertemperatur und Lüftung zur Verfügung stellen. Diese Informationen sowie die aktuellen Wettervorhersagen und die Messdaten von Hunderten von Energiezählern und weiteren Sensoren speisen Wissenschaftler in ein selbstlernendes System ein. Damit werden Prognosen über Nutzergewohnheiten erstellt und Szenarien simuliert – etwa, wann wie stark geheizt werden muss, wann gekocht wird und wann wie viel Duschwasser benötigt wird. Letztlich geht es darum, die Energieflüsse zu optimieren sowie den Verbrauch zu minimieren und ihn umweltfreundlich zu gestalten.

Noch ehrgeiziger ist das, was in den nächsten Jahren und Jahrzehnten rund um den stillgelegten Berliner Flughafen Tegel umgesetzt werden soll.[31] Hier entsteht auf rund 500 Hektar in mehreren Abschnitten bis 2040 eines der größten Stadtentwicklungsprojekte Europas. Wie in einem Brennglas ist im »neuen Tegel« alles im Fokus, worum es in den Städten von morgen gehen muss: nachhaltiges Bauen und umweltschonende Mobilität, der effiziente Einsatz von Ökoenergie, die Stadt der kurzen Wege, grüne Parks, städtische Landwirtschaft und sauberes Wasser, Recycling und Müllvermeidung sowie umfassend vernetzte Kommunikations- und Steuerungssysteme.

Das sogenannte Schumacher Quartier mit über 5000 Wohnungen soll ein Modellviertel für urbanen Holzbau und klimaneutrale Energien werden. Wände, Decken und Stützpfeiler der Gebäude könnten beispielsweise aus Massivholz mitsamt Leitungen und Rohren vorgefertigt und auf der Baustelle nur noch zusammengesetzt werden – für sechsstöckige Mehrfamilienhäuser und 20-stöckige Holzhochhäuser, auf deren Dächern und Fassaden viel Grün sprießen soll. Autos sind bis auf Zubringer- und Lieferdienste außen vor, der Verkehr soll im Wesentlichen auf breiten Radschnellwegen ablaufen. Garagen an den Rändern des Viertels dienen als Mobility-Hubs mit Verbindung zu Bussen, U-Bahnen, autonomen Elektrotaxis, Car- und Bikesharing sowie Ladestationen für E-Fahrzeuge.

Mit Energie versorgt wird die Öko-City über Solaranlagen, Windkraft, Geothermie und Biogas. Dabei soll auch die Abwärme von Gewerbe- und Industrieanlagen sowie den Serverräumen voller Computer eingespeist werden. Die Bauten werden mit Wärmepumpen und Flächenheizungen ausgestattet, die für Niedertemperaturwärme bis 40 Grad Celsius ausgelegt sind – das genügt, um die gut gedämmten Gebäude zu heizen, und es verringert zugleich die Wärmeverluste deutlich. Außerdem werden die Flächenheizungen in heißen Sommern umgewidmet: Die zirkulierende Flüssigkeit kühlt dann mit einer Temperatur von nur noch 20 Grad die Räume. Alle Energie-, Verkehrs-, Gebäude- und Umweltdaten laufen dabei in einem Infrastruktur-Managementsystem zusammen, das die Prozesse abbildet und die Steuerung optimiert.

Über Bäume, viele Grasflächen und einen See soll sich der Stadtteil zudem selbst kühlen und seine Luft reinigen. Das Regenwasser fließt nicht schnell ab, sondern es versickert nach und nach in den bepflanzten Zonen. Durch dieses Prinzip der »Schwammstadt« wird selbst in Zeiten des Klimawandels dank der natürlichen Verdunstung ein angenehmes Mikroklima erreicht. Ein großer Landschaftspark bildet schließlich den Übergang vom Wohnviertel zu »Berlin TXL – the Urban Tech Republic«, einem benachbarten Forschungs- und Industriepark auf dem ehemaligen Flughafengelände. Hier sollen Hunderte von Unternehmen mit 20 000 Beschäftigten arbeiten sowie mehrere Tausend Studierende forschen und entwickeln – natürlich an genau den Technologien, die die Städte der Zukunft benötigen werden.

4 Die Krise des Konsums

Die Natur als Vorbild für eine Welt ohne Müll

Genau genommen ist der Mensch ein Leichtgewicht. Würde man die Erdbewohner auf eine Waage stellen, dann wären die Gliederfüßer, also Insekten, Tausendfüßer, Spinnen- und Krebstiere, 20-mal schwerer als die Menschen. Bakterien wögen mehr als das Tausendfache und Pflanzen sogar das 7500-Fache – jeweils gerechnet mit der Trockenmasse, das heißt, ohne Wasseranteil. Alles in allem machen wir Menschen nur ein Zehntausendstel der Biomasse auf der Erde aus, haben Biologen um Ron Milo am Weizmann Institute of Science in Israel ermittelt.[1]

Doch das ist nicht das Ende der Geschichte. So wiegen die Milliarden von Rindern, Schweinen und Hühnern, die wir als Nutztiere halten, doppelt so viel wie die Weltbevölkerung – 20-mal mehr als alle wild lebenden Säugetiere. Die Biomasse unserer Nutzpflanzen wiederum übertrifft die der Nutztiere um das Hundertfache. All dies verblasst jedoch gegenüber den von uns geschaffenen Infrastrukturen: Unsere Gebäude und Straßen aus Beton und Ziegel, Schotter, Kies und Asphalt wiegen genauso viel wie alle Pflanzen. Addiert man noch die anderen Objekte aus Metall, Holz, Glas und Kunststoffen hinzu, kommt man zur schockierenden Erkenntnis, mit der die israelischen Forscher im Dezember 2020 in der Fachzeitschrift *Nature* für Aufsehen sorgten.[2] Mit 1100 Milliarden Tonnen Trockenmasse übertreffen die menschgemachten Dinge die Biomasse allen Lebens auf der

Erde – und da sind unsere Abfälle, Abraumhalden und Emissionen noch gar nicht eingerechnet.

Diese explosive Entwicklung passierte erst innerhalb der letzten 100 Jahre: Während sich seit 1920 die Weltbevölkerung vervierfachte, wuchs die Masse der technischen Produkte um das 30-Fache. Heute werden jedes Jahr Objekte im Gewicht von 30 Milliarden Tonnen hergestellt, also pro Erdbewohner fast vier Tonnen. Ron Milo zieht ein nüchternes Fazit: »Die Menschheit ist heute die bestimmende Kraft, die das Antlitz der Erde formt« – das Anthropozän, das Zeitalter des Menschen, ist keine Übertreibung. Oder um eine Analogie aus dem Boxsport zu verwenden: Wir Menschen entwickelten uns binnen 100 Jahren vom Fliegengewicht zum Superschwergewicht.

Wie konnte es so weit kommen? Vor allem wegen unseres Konsumverhaltens. Wir fertigen ständig neue, mehr oder minder nützliche Dinge, die dann schnell »konsumiert«, das heißt im Wortsinn »verbraucht«, werden. Ein Wissenschaftlerteam der Universität Leicester hat geschätzt, dass die Artenzahl der Technosphäre – von der Konservendose bis zum T-Shirt, von der Kreditkarte bis zur Solarzelle – eine Milliarde überschritten hat. Das wäre weit mehr als die acht bis zehn Millionen Arten von Lebewesen, die außer uns die Erde bevölkern.

Die Probleme, die sich aus dem überbordenden Konsum ergeben, sind schnell benannt: Wertvolle Ressourcen werden verschwendet und Böden, Wasser, Luft und Nahrung mit gefährlichen Stoffen verseucht. Ökosysteme werden ruiniert, Arten sterben, und das Klima wird aufgeheizt. Unser »ökologischer Fußabdruck« ist so groß, dass wir zur Befriedigung unserer Bedürfnisse 1,7 Erden bräuchten. Dieses Konzept hat der Schweizer Nachhaltigkeitsforscher Mathis Wackernagel, Präsident der Denkfabrik Global Footprint Network, mit seinem Doktorvater William E. Rees vor fast 30 Jahren an der Universität in Vancouver entwickelt.[3] »Der ökologische Fußabdruck ist eine Art Buchhaltungssystem für den Naturverbrauch des Menschen«, erklärt Wackernagel. Dabei werden alle Aktivitäten in globale Hektar umgerechnet, so wie man Währungen umrechnet. Ein globaler Hektar entspricht einem Hektar bioproduktiver Fläche mit weltweitem Durchschnittsertrag – ein realer Hektar in der kargen russischen Taiga zählt also weniger als ein Hektar Ackerfläche in Mitteleuropa.

Mehrere Erden für eine Menschheit

12,3 Milliarden globale Hektar stehen der Menschheit laut Wackernagel derzeit zur Verfügung. Dieser Wert steige mit der Zeit leicht an, weil wir die Flächen besser nutzen, sagt er, »aber unsere Nachfrage steigt noch viel schneller«. Wir brauchen nicht nur Flächen für Häuser, Straßen und Fabriken, sondern auch für den Tee, den wir trinken, den Salat, die Fische und die Hühner, die wir verzehren – mitsamt Flächen für die Futtermittel –, die Baumwolle für unseren Pullover und die Rohstoffe für unser Smartphone und unsere Möbel. Und wir brauchen Platz für all die Bäume, die Kohlendioxid einfangen könnten, um unsere Heizung, unseren Strom und unsere Reisen zu kompensieren. Nicht zu vergessen den Teil der Biokapazität, den wir unberührt lassen sollten, damit Millionen von Tier- und Pflanzenarten eine Chance zum Überleben haben.

Im Mittel benötigt jeder Mensch heute rund 2,7 globale Hektar, die gesamte Menschheit also 21 Milliarden. Da aber nur 12,3 Milliarden zur Verfügung stehen – 1,6 globale Hektar pro Person –, handeln wir so, als ob wir 1,7 Erden zur Verfügung hätten. Wir nutzen die Ressourcen des Planeten demnach 1,7-mal schneller, als sie sich regenerieren können. Ziemlich genau 50 Jahre ist es her, dass unser Bedarf erstmals die Biokapazität der Erde überschritten hat. »Seitdem leben wir auf Pump«, sagt Wackernagel und verweist gerne auf seine Website www.footprintcalculator.org. Hier kann jeder Leser und jede Leserin selbst testen, wie groß der jeweilige Fußabdruck ist. Zugleich veranschaulicht das Team von Global Footprint Network auf http://data.footprintnetwork.org die aktuellen und historischen Werte für die Staaten der Welt.

Würden alle Menschen den Deutschen folgen, bräuchten wir heute bereits drei Erden. Beim amerikanischen Lebensstil wären es sogar fünf Erden, aber selbst die Chinesen leben mit 2,4 Erden deutlich über dem, was unser Planet bieten kann. Wackernagel veranschaulicht das gerne mit dem Earth Overshoot Day, dem Tag im Kalender, an dem die Regenerationskraft der Erde erschöpft ist. Bis dann haben wir alle Ressourcen verbraucht, die die Erde innerhalb eines Jahres zur Verfügung stellen kann. 2021 lag der Erderschöpfungstag am 29. Juli, 2020 war es noch einen Monat später gewesen: am 22. August. Doch die positive Entwicklung in 2020 war nur der Corona-Pandemie zu verdanken, unter anderem durch den Einbruch bei weltweiten Flugreisen – es war ein Rückgang »by disaster, not by design«, wie es Wackernagel ausdrückt.

Dass wir ein neues Design der Weltwirtschaft benötigen, ist offensichtlich, denn langfristig kann niemand auf Pump leben. Irgendwann müssen Schulden zurückgezahlt und neue Wege beschritten werden. Die Umstellung unserer Energiesysteme, unserer Mobilität und unserer Gebäude und Städte, die ich in den vorangegangenen Kapiteln skizziert und analysiert habe, ist dafür essenziell – aber wir müssen auch unser Konsumverhalten hinterfragen und die gesamten Produktionsverfahren viel nachhaltiger gestalten.

Besonders deutlich wird die Krise angesichts der weltweiten Müllberge. Rund 2,5 Milliarden Tonnen Abfall sind es allein in der Europäischen Union jedes Jahr.[4] Die schiere Menge ist noch nicht einmal das Hauptproblem, denn fast zwei Drittel stammen aus dem Baugewerbe und dem Bergbau. Hiervon wird ein Großteil wiederverwendet: Mit Bauschutt und Aushub werden Steinbrüche und Kiesgruben verfüllt. Beton, Ziegel und Asphalt landen in Recyclinganlagen für neue Bauprojekte. Selbst die Mondlandschaften der Braunkohleabbaugebiete in Deutschland, in denen riesige Schaufelradbagger stehen, sollen rekultiviert und für erneuerbare Energien oder als Seen und Naherholungsgebiete genutzt werden. Ein Blick über die Grenzen in die Schweiz und die Niederlande zeigt weiteres Potenzial: Dort werden viele Gebäude errichtet, bei denen Recyclingbeton dem neuen Beton zugemischt wird. In Deutschland wird dieser wertvolle Betonbruch aus Abrissbauten meist nur für den Straßenbau genutzt.

Im Fokus von Müllexperten liegt aber vor allem eine andere Müllfraktion: die Siedlungsabfälle, also das, was private Haushalte sowie Schulen, Arztpraxen und Geschäfte wegwerfen – von Verpackungen über Essensreste und Textilien bis zum Sperrmüll und ausrangierten Elektrogeräten. Laut Eurostat, dem Statistischen Amt der EU, entsorgen EU-Bürger pro Kopf und Jahr 500 Kilogramm Siedlungsmüll, insgesamt 225 Millionen Tonnen. Weltweit beziffert die Studie »What a Waste 2.0« der Weltbank die Siedlungsabfälle auf über zwei Milliarden Tonnen jährlich.[5] Schlimmer noch: Bis 2050 könnte dieser Wert um 70 Prozent wachsen, weit schneller als die Weltbevölkerung. In Südasien und den Staaten südlich der Sahara sehen die Weltbank-Expertinnen Silpa Kaza und Lisa Yao sogar eine Verdoppelung bis Verdreifachung der Müllmengen voraus. Diese beiden Regionen zusammen würden dann fünfmal mehr Siedlungsabfälle verursachen als ganz Europa heute.

Eine Milliarde Tonnen an Klimagasen aus Müllkippen

Und das ist noch nicht alles: Während in Hochlohnländern 96 Prozent des Mülls eingesammelt wird, ist es in Niedriglohnländern kaum mehr als ein Drittel und außerhalb von Städten sogar nur ein Viertel. In Südasien und den Subsaharaländern landet praktisch der gesamte Müll auf Deponien und davon über die Hälfte auf offenen, unüberwachten Müllkippen. Hier würde sich jeder Euro und Dollar doppelt und dreifach bezahlt machen, der in eine geordnete Sammlung, Behandlung und Entsorgung von Abfällen investiert wird. Denn neben all den Giftstoffen, die aus solchen Halden entweichen, emittieren diese mindestens eine Milliarde Tonnen an CO_2-Äquivalenten pro Jahr, mehr als der globale Schiffsverkehr. Der Grund: Organischer Müll macht über die Hälfte des entsorgten Materials aus, und der zersetzt sich in sauerstoffarmer Umgebung zu Methan – dem 28-mal stärkeren Treibhausgas im Vergleich zu Kohlendioxid.

Nicht zuletzt deshalb gilt in Deutschland seit 2005 ein Deponierungsverbot für organische Abfälle. Dadurch konnten die Klimagase des Abfallbereichs seit 1990 um über drei Viertel reduziert werden: auf neun Millionen Tonnen CO_2eq pro Jahr – knapp über ein Prozent der gesamten deutschen Emissionen. Siedlungsabfälle landen hierzulande sowieso nur noch zu 0,2 Prozent auf Deponien. Gläser sowie Papier, Pappe und Aluminium, die einen Großteil des Verpackungsmülls ausmachen, werden zu über 90 Prozent wiederverwendet. Die meisten Verpackungspapiere, -kartons und Tageszeitungen werden in Deutschland vollständig aus Altpapier und Altkartons hergestellt.

Schwieriger ist Recycling allerdings bei den Plastikabfällen.[6] Aus privaten Haushalten gelingt hier nur bei einem Drittel eine stoffliche Wiederverwertung. Aus dem industriellen Umfeld, wo die Kunststoffe meist sauber und sortenrein anfallen, kann hingegen fast die Hälfte recycelt werden. Insgesamt werden laut Umweltbundesamt von 6,3 Millionen Tonnen Plastikmüll pro Jahr knapp drei Millionen in industrielle Kreisläufe zurückgeführt oder in Recyclinganlagen geschreddert, geschmolzen und als Granulat wieder zum Ausgangsstoff für neues Plastik. Der Rest wird »energetisch verwertet«, was nichts anderes bedeutet, als dass die Kunststoffe zur Strom- und Wärmeerzeugung verbrannt werden oder in Zementwerken fossile Brennstoffe ersetzen.

Die Verpackungsabfälle haben in letzter Zeit erheblich zugenommen. Ob Coffee to go, Pizza vom Lieferservice, Joghurt in Miniportionen oder Sportschuhe im Internethandel – allein in Deutschland fallen derzeit jährlich 19 Millionen Tonnen Verpackungsmüll an, ein Viertel mehr als vor zehn Jahren. Den größten Anstieg gab es schon, bevor während der Corona-Pandemie Geschäfte schließen mussten und der Versandhandel boomte. Die Haupttreiber sind nämlich Veränderungen bei den Lebensbedingungen und damit verbunden bei den Konsumgewohnheiten der Menschen: So leben heute in mehr als drei Viertel aller deutschen Haushalte nur eine oder zwei Personen; die Zahl der Singlehaushalte hat in den letzten zehn Jahren um eine Million zugenommen. Darunter sind nicht nur Studierende und junge Berufstätige, sondern auch immer mehr allein lebende Senioren. Dementsprechend werden bei Nahrungsmitteln und Getränken kleinere Mengen und Fertiggerichte gekauft – was wiederum mehr Verpackungen bedeutet.

Papier, Kartonagen und Gläser werden zwar, wie gesagt, größtenteils recycelt, aber Plastikverpackungen – und besonders schlimm: die nicht sortenrein zu trennenden Verbundverpackungen aus mehreren Kunststoffen – sind ein wachsendes Problem. Immerhin gibt es bei Einwegplastiktüten eine positive Nachricht: Die Mitgliedsstaaten der EU haben sich verpflichtet, bis Ende 2025 den Verbrauch auf maximal 40 Stück pro Kopf und Jahr zu reduzieren. In Deutschland lag er 2019 bereits bei 18 Stück – und damit um fast 80 Prozent niedriger als zur Jahrtausendwende. Seit Januar 2022 gilt hierzulande sogar ein Verbot für die leichten Plastiktüten (ausgenommen die extrem dünnen Tüten für die Selbstbedienungsstationen bei Obst und Gemüse).

Weltweit belaufen sich die Produktion aller Kunststoffe auf 360 Millionen Tonnen und der Plastikmüll auf 260 Millionen Tonnen pro Jahr. Selbst an den entlegensten Stränden, in der Tiefsee und in der Antarktis wurde schon Plastik angeschwemmt. Was dies für die Meere bedeutet und wie Forschende dagegen angehen, wird in Kapitel 5 beschrieben – hier möchte ich zunächst die Frage klären, wie sich Plastikmüll verringern lässt und welche Rolle Bioplastik dabei spielen kann. Dass die beste Verpackung natürlich diejenige ist, die man gar nicht braucht, ist offensichtlich: Obst und Gemüse lassen sich häufig auch unverpackt einkaufen, und für andere Produkte kann man Gläser, Papiertüten, Stofftragetaschen oder Kartons selbst mitbringen und wiederverwenden. Glasflaschen für Getränke, die regional wieder befüllt werden, sind ökologisch vorteilhaft – aber es gibt auch Mehrwegflaschen aus dem thermoplastischen Kunststoff Polyethylenterephthalat (PET), deren Ökobilanz ähnlich gut abschneidet. Sie können bis zu 25-mal befüllt werden, bevor man den Kunststoff einschmelzen und recyceln sollte.[7]

In der Umwelt dürfen PET-Flaschen allerdings nicht landen, denn Studien haben gezeigt, dass es 450 Jahre dauert, bis sie endgültig verrottet sind. Zwar ist es Forschenden der französischen Recyclingfirma Carbios im Jahr 2020 gelungen, ein Bakterien-Enzym so weit zu verbessern, dass sich damit PET-Kunststoffe binnen Stunden zerlegen lassen – aber nur in industriellen Anlagen, nicht in der freien Natur, wo derartig optimierte Enzyme nicht vorkommen. Im Juli 2021 haben die zwei US-Forscher Ting Lu und Stephen Techtmann sogar den mit einer Million Euro dotierten Future Insight Prize der deutschen Firma Merck erhalten, nachdem es ihnen gelungen war, verschiedene Bakterien in einer Art Arbeitsteilung so zusammenzuschalten, dass sie PET und andere Kunststoffe in Proteinpulver verwandeln konnten – also letztlich Plastik in Nahrungsmittel. Voraussetzung war allerdings, dass die Kunststoffe zuerst über chemische oder Pyrolyseverfahren den Bakterien sozusagen »mundgerecht« vorzerlegt wurden. Das ist zweifellos eine spannende Grundlagenforschung, aber noch weit entfernt davon, vom Laborerfolg zu einem marktfähigen Produkt zu werden. In absehbarer Zeit löst dies weder das Problem der Plastikberge noch das der Welternährung.

Dass das Recyceln von PET-Flaschen nicht nur in Hochlohnländern stattfindet, belegt das Land, das weltweit am meisten Plastikflaschen nutzt: Mexiko. 750 PET-Flaschen wirft jeder Einwohner Mexikos pro Jahr weg, insgesamt rund hundert Milliarden – fast ein Fünftel des Weltverbrauchs und ein gigantisches Umweltproblem. Vor zehn Jahren haben daher Abfüllunternehmen, vor allem aus dem Coca-Cola-Konzern, beschlossen, mit der Recyclingfirma PetStar ein Kreislaufsystem ins Leben zu rufen.[8] Überall in Mexiko gibt es heute Sammelstationen für PET-Flaschen, die dort vorsortiert und dann in einer Recyclinganlage mithilfe des Stroms von Windkraftwerken zerkleinert, eingeschmolzen und in Granulat für neue PET-Flaschen umgewandelt werden. Laut PetStar werden so mehr als 53 Prozent aller in Mexiko gesammelten Flaschen genutzt, um daraus wieder neue Getränkeflaschen zu machen, was gegenüber dem Plastik aus Erdöl erheblich Energie und Klimagase einspart.

Vielleicht noch wichtiger ist aber ein anderer Effekt: PetStar hat Partnerschaften mit mehr als 25 000 Müllsammlern im ganzen Land geschlossen – sie erhalten dadurch im Vergleich zu ihrer vorherigen, informellen Tätigkeit nicht nur ein relativ gutes, gesichertes Einkommen. Darüber hinaus gibt es Trainingskurse und für etliche Hundert ihrer Kinder Programme für deren Ausbildung und zur Verbesserung ihrer Lebenssituation. Ein Beispiel, von dem man sich wünscht, dass es in vielen Ländern Nachahmer finden möge.

Die erste Regel bei langlebigen Kunststoffen heißt also: wiederverwenden – PET-Flaschen beispielsweise als Mehrwegflaschen fertigen und möglichst oft wieder befüllen. Wenn das nicht geht, gilt die zweite Regel: sortenrein zerlegen, zu Granulat verarbeiten und neue Plastikprodukte daraus machen. Bei vielen Kunststoffen kann man sich allerdings auch grundsätzliche Fragen stellen: Wieso müssen sie aus Erdöl sein und wieso so langlebig? Warum sollen Shampooflaschen, Zahnpastatuben oder Joghurtbecher ihre Inhalte um Jahrzehnte überdauern? Für kurzlebigere Kunststoffe ist daher eine dritte Regel sinnvoll: Fertige sie biobasiert, das heißt, aus pflanzlichen Rohstoffen, und gestalte sie biologisch abbaubar.

Plastik vom Acker – statt aus Erdöl

Wenn sich solche Biokunststoffe beim Verrotten zu Kohlendioxid und Wasser zersetzen, entstehen keine zusätzlichen CO_2-Emissionen, weil nur das CO_2 frei wird, das die Pflanzen vorher aus der Luft gebunden hatten – und auch das Müllproblem löst sich dann idealerweise wortwörtlich in Luft auf. Biobasiert und biologisch abbaubar ist übrigens nicht das Gleiche, denn auch Kunststoffe auf Erdölbasis können biologisch abbaubar sein, und biobasiertes Plastik kann genau dies nicht sein: etwa wenn man aus nachwachsenden Rohstoffen Bio-PET, Bio-Polyethylen, Bio-Polypropylen oder Bio-PVC gewinnt. Kunststoffe, die beide Eigenschaften erfüllen, sind auch keine neue Erfindung. So werden seit über 100 Jahren Blumen häufig in knisterndes Zellophan gehüllt – eine Verpackung, die durchlässig für Wasserdampf ist, die aus Pflanzenfasern hergestellt wird und die problemlos kompostiert werden kann.

Bioplastik macht weniger als zwei Prozent des weltweiten Kunststoffmarktes aus; rechnet man noch die »alten« Biomaterialien wie Zelluloid, Linoleum, Viskose und Kautschuk hinzu, dann kommt man immerhin auf zehn Prozent. Auch wenn die Marktdurchdringung noch in weiter Ferne liegt: Für Forschende sind die neuen Biokunststoffe schon heute eines der heißesten Themen. Allein die EU-Kommission finanziert derzeit etwa 1200 Projekte. Da gibt es Pullover aus recyceltem Nylon aus alten Teppichen oder Fischernetzen, die – wenn man sie in der Erde vergräbt – nach einem Jahr zu Humus werden. Elektronik-Platinen wurden schon aus Pflanzenextrakten hergestellt und Isolatoren aus Gelatine. An der Technischen Hochschule Nürnberg lässt Stephanie Stute Bakterien Polyhydroxybuttersäure (PHB) aus Glyzerin erzeugen und in ihren Zellen als Energiedepot einlagern. Aus einem Kilogramm Bakterien kann die Forscherin so bis zu 800 Gramm PHB ernten, ein extrem hoher Wert. PHB verhält sich spröder, aber ansonsten ähnlich wie der petrochemisch erzeugte Kunststoff Polypropylen. Es kann für Folien, Becher oder Kosmetikflaschen eingesetzt werden, und es zerfällt binnen weniger Wochen bis Monate sowohl im Boden wie im Süß- oder Meerwasser.

Im Allgemeinen sind diejenigen Polymere besonders gut abbaubar, die sich an Sollbruchstellen leicht knacken lassen – sogenannte nicht aromatische Ester mit Doppelbindungen zwischen Kohlenstoff- oder Phosphor- und Sauerstoffatomen sind ideale Kandidaten. Bei ihnen können Chemiker direkt einstellen, ob die Zerlegung in Wasser oder mit Enzymen Stunden, Tage oder Monate dauern soll. Ein beliebter Polyester ist etwa Polylactid (PLA), oft auch Polymilchsäure genannt. Ausgangsstoffe für die PLA-Herstellung sind meist Mais, Zuckerrohr oder Zuckerrüben. Beim Mais wird die Stärke fermentiert, beim Zuckerrohr und den Rüben die Melasse – die zähflüssigen Rückstände aus der Zuckerproduktion – vergoren. In beiden Fällen bildet sich Milchsäure und letztlich, bei Temperaturen über 140 Grad und unter Mitwirkung von katalytischen Zinnverbindungen, Polylactid.

PLA ist ein vielseitig einsetzbarer thermoplastischer Biokunststoff.[9] Chirurgen verwenden ihn gerne für Nägel, Schrauben oder Platten, die der menschliche Körper selbst abbauen kann; eine Nachoperation, um sie zu entfernen, entfällt daher. Kosmetiktiegel aus PLA-Blends sind ebenso üblich wie Joghurtbecher, Trinkhalme, Abfallbeutel, Kugelschreiber oder Computermäuse – und Landwirte verwenden PLA-Blends für Mulchfolien, die sie nach der Nutzung einfach unterpflügen. Unter Blends versteht man die Verbindung von PLA mit anderen Biokunststoffen und Additiven, die das Produkt maßschneidern, es etwa stabiler oder weicher, elastischer oder weniger empfindlich gegen Wasser oder Wärme machen. Besonders wichtig: Auch die Additive müssen gesundheitlich unbedenklich und biologisch abbaubar sein. Denn bei konventionellen Kunststoffen machen Additive wie Weichmacher oder Flammschutzmittel oft einen Großteil des Gewichts und der Umweltprobleme aus.

PLA ist in industriellen Kompostieranlagen binnen vier bis neun Wochen biologisch abbaubar, je nachdem, ob es sich um eine dünne Folie oder um größere Stücke handelt. Allerdings herrschen in diesen Anlagen Temperaturen von etwa 60 Grad Celsius; im Erdboden bei Umgebungstemperatur dauert die Zersetzung deutlich länger. Nach einer EU-Norm ist der Begriff »kompostierbar« genau definiert: In industriellen Anlagen muss der Kunststoff binnen zwölf Wochen verrottet sein, wobei man dann höchstens noch ein Zehntel des Ausgangsstoffes als Partikel kleiner als zwei Millimeter vorfinden darf. Obwohl dies bei PLA der Fall ist, nehmen viele kommunale Kompostieranlagen das Bioplastik nicht an. Der Grund: Die bei ihnen üblichen Verrottungszeiten sind deutlich kürzer als die zwölf Wochen der EU-Norm, und nur teilweise verrottete Bioplastikstücke sind im Kompost unerwünscht.

Dann bleibt auch für die biologisch abbaubaren Kunststoffe nur der Weg in die Müllverbrennungsanlage. Verfechter von Bioplastik kritisieren das scharf, weil zum Beispiel Abfallbeutel heute nur noch Wandstärken von 15 Mikrometer haben und solche Biostoffe sogar binnen zwei Wochen verrotten. Andere sehen die Müllverbrennung nicht so kritisch. Ihr Argument: Sowohl beim Verrotten wie beim Verbrennen bildet sich dieselbe Menge an CO_2 – aus Klimasicht gibt es also keinen Unterschied. Und warum sollte man dann nicht wenigstens die beim Verbrennen entstehende Energie für die Erzeugung von Strom oder Fernwärme nutzen? Im Übrigen: Selbst wenn die Kompostierbarkeit nicht gegeben sein sollte, haben biologisch abbaubare Kunststoffe doch den Vorteil, dass sie nicht viele Jahre lang Menschen und Tiere gefährden – falls sie, aus welchen Gründen auch immer, in der Umwelt landen.

Ein nahezu vorbildlicher, biologisch erzeugter und abbaubarer Kunststoff ist Mater-Bi. Es ähnelt Polyurethan und enthält einen hohen Anteil an Maisstärke. Über 15 Jahre Forschungsarbeit stecken in diesem Bioplastik der Firma Novamont aus dem norditalienischen Novara, berichtet ein Artikel in der Zeitschrift *Bild der*

Wissenschaft.[10] Rund 150 000 Tonnen an Mater-Bi-Granulat stellt Novamont derzeit jährlich her – für Kunden in der ganzen Welt, die daraus Mensageschirr und Besteck, Eislöffel und Trinkhalme, Becher, Schalen und Kämme, Kaffeekapseln, Einkaufstüten und Mulchfolien fertigen. Damit Mater-Bi zu 90 Prozent aus nachwachsenden Rohstoffen gewonnen werden kann, brauchten die Forschenden bei Novamont allerdings einiges an Einfallsreichtum, unzählige Laborversuche, kongeniale Partner in mehreren Ländern und viel Durchhaltevermögen.

So entsteht Butandiol, das für die Polyestersynthese notwendig ist, bei Novamont mithilfe von gentechnisch angepassten Bakterien in 15 Meter hohen Fermentationstanks aus den Zuckern von Mais und Sonnenblumen – ein Verfahren, das Genomatica, ein amerikanisches Biotech-Unternehmen, entwickelte. Für das zweite wichtige Zwischenprodukt von Mater-Bi wurden die Novamont-Wissenschaftler auf den kargen Böden Sardiniens fündig: Aus Ölen der Distelart Kardone, die mit der Artischocke verwandt ist, lässt sich Azelainsäure extrahieren. Auch das aus der Karamellbildung von Zuckern bekannte Hydroxymethylfurfural (HMF), das für das dritte Zwischenprodukt, die Furandicarbonsäure, erforderlich ist, kann aus der Kardone gewonnen werden: diesmal aus deren Wurzeln. Und aus all diesen Ingredienzien wird schließlich Mater-Bi – ein Biokunststoff, der binnen eines Monats sowohl in Kompostieranlagen wie im Meerwasser vollständig zerfallen kann.

HMF gehört nach Einschätzung des U.S. Department of Energy zu den wichtigsten Plattformchemikalien,[11] die nötig sind, um die Rohstoffbasis der Chemie im großen Maßstab von Erdöl und Erdgas auf Biomasse umzustellen. Der Stoff lässt sich auch aus Holzabfällen gewinnen, aus Zellulose von Stroh oder aus dem schnell wachsenden Chinaschilfgras Miscanthus. Auch die Wurzelrüben von Chicorée, die nach Abtrennung der Salatblätter meist nur kompostiert werden, eignen sich perfekt für eine »HMF-Ernte«: Aus den Wurzeln eines Hektars lassen sich rund drei Tonnen HMF erzeugen, wie ein Forscherteam um

Andrea Kruse an der Universität Hohenheim herausgefunden hat.[12] Bei Temperaturen zwischen 180 und 250 Grad Celsius und unter einem Druck wie in einem Schnellkochtopf werden einfache Zucker aus den Wurzeln umgewandelt. »Die dabei entstehende braune, zähe Lösung enthält HMF – und sie riecht auch nach Karamell«, erklärt Kruse.

Im Prinzip lässt sich die unendliche Vielfalt an Kunststoffen durchaus über Ackerpflanzen herstellen. Derzeit werden allerdings nur auf 0,08 Prozent der weltweiten Ackerflächen Pflanzen für Bioplastik angebaut. Die Fläche für Biokraftstoffe – etwa Bioethanol aus Rohrzucker wie in Brasilien oder Biodiesel aus Rapsöl – ist hingegen 60-mal größer. »Ein wenig mehr, fünf Prozent der globalen Ackerfläche würden ausreichen, um die gesamte weltweite Plastikproduktion biobasiert darzustellen«, sagt Hans-Josef Endres, Leiter des Instituts für Kunststoff- und Kreislauftechnik an der Leibniz Universität Hannover in einem Interview der Zeitschrift *Spektrum der Wissenschaft*.[13] Und er fügt hinzu: »Jetzt müssten wir die Frage diskutieren, ob der menschliche Wohlstand – ob all das, was wir mit Kunststoffen verbinden – fünf Prozent der Ackerfläche wert ist.« Unabhängig davon frage ich mich, ob Biokraftstoffe im kommenden Zeitalter der Elektromobilität überhaupt noch so viel landwirtschaftliche Fläche in Anspruch nehmen müssen wie heute – wäre es nicht viel sinnvoller, diese 75 Millionen Hektar lieber für Bioplastik zur Verfügung zu stellen?

Außerdem können sowohl Biokraftstoffe wie Biokunststoffe auch aus Pflanzen gewonnen werden, die wie das Großgras Miscanthus auf Böden gedeihen, auf denen man gar keine Nahrungsmittel anbauen kann. Oder man nutzt dafür Abfälle wie Stroh, Melasse oder das Lignin, das dem Holz seine Härte verleiht, bei der Papierherstellung aber herausgekocht wird. 50 Millionen Tonnen Lignin werden weltweit pro Jahr produziert. Bislang dienen sie in den Zellstofffabriken nur als Brennstoff. Und es gibt den in Kapitel 1 beschriebenen Weg, der derzeit noch der teuerste ist: aus »grünem« Wasserstoff und Kohlendioxid synthetisches Methan, Methanol oder leichtes Rohbenzin – »grünes« Naphtha – herzustellen und diese energiereichen Materialien in hochwertige Kunststoffe zu verwandeln.

Wie auch immer man es macht, die Schlussfolgerung heißt jedenfalls: Der Abschied vom Öl ist nicht identisch mit einer Welt ohne Kunststoffe. Allein der Gewinn fürs Klima wäre schon alle Anstrengungen wert, denn der Anteil des Erdöls, der heute in die Kunststoffproduktion fließt, entspricht einem jährlichen Ausstoß von 1,5 Milliarden Tonnen CO_2, wenn das Plastik verrottet oder verbrannt wird. Das ist genauso viel wie die direkten, weltweiten CO_2-Emissionen der Zementindustrie.

Ohne gesellschaftlichen Wandel und politische Unterstützung geht es allerdings nicht. Die EU und das deutsche Kreislaufwirtschaftsgesetz kennen eine Abfallhierarchie – aber wird sie befolgt? An erster Stelle steht die Vermeidung von Abfällen, also weniger Verpackungen, aber auch Verzicht auf unnötigen Konsum. Wer braucht wirklich 60 neue Kleidungsstücke pro Jahr? Dies ist der Durchschnittswert für deutsche Erwachsene. Ein Drittel gab in Umfragen an, über hundert Kleidungsteile zu besitzen[14] – wohlgemerkt ohne Unterwäsche und Socken. Insgesamt liegen in deutschen Haushalten rund zwei Milliarden Kleidungsstücke nahezu ungenutzt in den Schränken. T-Shirts werden kaum länger getragen als Einkaufstüten. Kleidung wird maximal im Familien- oder Bekanntenkreis weitergegeben, weniger als die Hälfte der Deutschen hat schon einmal Secondhandkleidung gekauft oder selbst verkauft.

Dabei wäre dies die zweite Stufe der Abfallhierarchie: die Wiederverwendung. Für Glas- oder PET-Flaschen sind Mehrwegsysteme gut etabliert, über das Flaschenpfand und regionale Sammel- und Befüllstationen. Recycling, also die stoffliche Verwertung, ist die dritte Stufe: Produkte sollen so gestaltet sein, dass sie leicht zerlegt und wieder in die Kreisläufe zurückgeführt werden können. Downcycling ist zu vermeiden: Betonbruch sollte nicht im Straßenbau landen, sondern als Recyclingbeton in neuen Gebäuden. Und Kleidung sollte nicht geschreddert und zu

Putzlappen oder Füllstoffen verarbeitet werden, sondern Knöpfe sollten als Knöpfe, Fasern als Fasern wiederverwendet werden.

Auf der vierten Stufe der Abfallhierarchie steht die energetische Verwertung, also die Verbrennung von Müll zur Erzeugung von Strom und Wärme. Dass man dabei Schadstoffe herausfiltert, ist selbstverständlich – aber in Zukunft könnte, wie in Kapitel 1 diskutiert, auch das CO_2 aus Abgasen weggefangen und chemisch genutzt oder unterirdisch gelagert werden, um es von der Atmosphäre fernzuhalten. Erst die fünfte und letzte Stufe der Müllbehandlung ist, wenn alles andere nicht infrage kommt, die geordnete Entsorgung auf Deponien. Gegen offene Deponien, Verklappung von Problemmüll in Flüsse, Seen und Meere sowie illegalen Müllhandel muss allerdings weltweit vorgegangen werden, denn sie verursachen die meisten Umweltprobleme.

Was in diesen Hierarchien und Abfallgesetzen noch nicht geregelt ist, ist die Frage, wie der Markt für Biokunststoffe gefördert werden kann. Ökonomisch am sinnvollsten ist ein Preisaufschlag, der die Umweltkosten berücksichtigt: also eine CO_2-Abgabe für Plastik aus fossilen Quellen, die bei biobasierten Kunststoffen entfällt, und ein Entsorgungsanteil, der für biologisch abbaubare Kunststoffe nicht gezahlt werden muss. Hier muss die Politik deutlich aktiver werden. Derzeit ist in der EU nur eine kleine Abgabe für jedes Kilo nicht recycelten Plastikverpackungsmülls vorgesehen. Und noch gibt es beim Erdöl, das für die Herstellung von Kunststoffen verwendet wird, keine eigene Steuer – anders als beim Öl, das in Kraftstoffe wie Benzin und Diesel umgewandelt wird.

Immerhin will die EU-Kommission innerhalb von zehn Jahren den Anteil von Materialien, die in Kreisläufen verwendet werden, verdoppeln. Einwegprodukte sollen deutlich reduziert werden, die Vernichtung unverkaufter Waren – etwa durch Internethändler – soll untersagt und ein Recht auf Reparatur eingeführt werden. Viele Kommunen sind bereits Vorreiter, rund 400 gehören in Europa dem Verein »Zero Waste« an, der sich den Erhalt von Ressourcen auf die Fahnen geschrieben hat.[15] Die Stadt München beispielsweise hat im Sommer 2020 beschlossen, eine Kreislaufstrategie und ein »Zero Waste«-Konzept zu erstellen. An praxistauglichen Lösungen arbeiten nicht nur Beratungsfirmen, sondern in Workshops auch viele Einwohner Münchens: Dabei geht es um das verpackungsfreie Einkaufen und die Förderung von Mehrwegsystemen ebenso wie um die Weiternutzung von Produkten, die Einsparung von Papier im Büro und von Rohstoffen in der Fertigung und um eine möglichst plastikfreie Stadt.

Ökobilanzen für Wind und Sonne

Bei vielen Firmen sind Ökobilanzen schon Bestandteil ihrer Produktplanung. Dabei werden alle Umweltauswirkungen während des gesamten Lebenszyklus analysiert. Der Abbau von Erzen oder die Ölförderung und Umwandlung in Plastikteile fließen hier ebenso ein wie der Energieverbrauch und die Emissionen in den Fabriken und während der Nutzungsphase der Produkte sowie die Abfälle am Ende des Lebenswegs. Denn Kunden beurteilen Produkte nicht mehr nur nach Preis, Leistung und Qualität – häufig sind Ökobilanzen und Umweltverträglichkeit sogar Voraussetzung, um überhaupt an einer öffentlichen Ausschreibung teilnehmen zu können, etwa wenn Verkehrsbetriebe neue Züge ordern. Dabei zeigt sich meist, dass Ökologie und Ökonomie keine Widersprüche sind: So rechnet sich ein zehn Prozent höherer Kaufpreis bei einer Lok bereits, wenn sie nur zwei Prozent besser im Energieverbrauch ist. Noch eklatanter ist die Differenz bei industriellen Energiesparmotoren oder LED-Lampen – hier amortisiert sich die Anschaffung nach zwei bis vier Jahren, mitunter noch schneller. Der Kauf solcher Geräte ist eine Win-win-Situation: Die Umwelt profitiert davon ebenso wie der Geldbeutel des Käufers.

Daraus ergibt sich für viele Kommunen, Krankenhäuser, Hallenbäder, Hotels und ähnliche Kunden eine attraktive Methode der Finanzierung: das Energiespar-Contracting.[16] Das heißt, dass etwa finanzschwache Gemeinden überhaupt kein eigenes Geld für solche Projekte in die Hand nehmen müssen. Über Ausschreibungen wird ein sogenannter Contractor gesucht, der mit seinen Fachleuten die Modernisierung – etwa die energetische Sanierung städtischer Gebäude – plant und durchführt. Die erreichbaren Energieeinsparungen, meist zwischen 30 und 50 Prozent, werden vertraglich garantiert. Der Kunde, in diesem Fall die Kommune, bezahlt die Investitionen in Raten mit einem Teil der eingesparten Energiekosten, beispielsweise über zehn Jahre. Der Anteil der Einsparungen, der über den zu zahlenden Raten liegt, verbleibt als Überschuss in der Gemeindekasse und kann für weitere Projekte genutzt werden.

Dieses Modell ist so attraktiv, dass es nicht nur weltweit für Zigtausende von Gebäuden eingesetzt wurde, sondern auch für die Umstellung von Ampeln auf Leuchtdioden und andere Maßnahmen, die alle eines gemeinsam haben: Sie führen zu Einsparungen bei den Energiekosten, die so hoch sind, dass sich nach einigen Jahren allein dadurch die Investitionen bezahlt machen. Wie man Energieverbrauch, Ressourceneinsatz und Abfallmengen am besten verringern kann, lässt sich idealerweise mit Methoden der Künstlichen Intelligenz herausfinden – indem Computer die Abläufe simulieren und aus realen Betriebsdaten hinzulernen. In Kapitel 8 beschreibe ich diese Verfahren näher.

Auch für die wichtigsten Produkte im Kampf gegen den Klimawandel werden regelmäßig Ökobilanzen erstellt. Dass E-Autos einschließlich der Fertigung der Fahrzeuge und ihrer Akkus eine positive Ökobilanz aufweisen, habe ich bereits in Kapitel 2 erläutert. Doch wie steht es mit den Windkraft- und Solaranlagen? Bei der Energieernte sind Windräder kaum zu schlagen: Je nach Standort und Größe haben sie bereits nach vier bis acht Monaten so viel Energie produziert wie für ihre Herstellung, den Betrieb und die Entsorgung aufgewendet werden muss.[17] Über ihre Laufzeit von 20 bis 25 Jahren können sie 30- bis 50-mal mehr Energie gewinnen, als man in sie hineinstecken muss. Rechnet man die Umweltbelastungen in CO_2-Äquivalente pro erzeugte Kilowattstunde um, dann liegt Windstrom zwischen fünf und 15 Gramm CO_2eq/kWh.

Kohlekraftwerke hingegen emittieren allein schon im Betrieb zwischen 700 und 1100 Gramm CO_2 pro kWh – und da sind noch keinerlei Beträge für den Bau oder die Entsorgung dieser Anlagen und die Bereitstellung der Kohle enthalten. Bei der Solarenergie ist der Erntefaktor etwas ungünstiger als beim Wind.[18] Während ihrer Lebensdauer liefern Photovoltaikanlagen in Deutschland das 10- bis 20-Fache der Energie, die für Produktion, Betrieb und Entsorgung notwendig ist; ihre Umweltbelastungen liegen zwischen 60 und 70 Gramm CO_2eq/kWh – aber damit immer noch bei einem Bruchteil von fossil befeuerten Kraftwerken. Ganz abgesehen davon, dass Solaranlagen im Betrieb keine Schadstoffe wie Stickoxide, Schwefeldioxid oder Feinstaub verursachen, und natürlich auch keinen Lärm.

Im Grunde könnte die Ökobilanz von Solarzellen noch weit besser ausfallen, wenn sie nicht größtenteils in China gefertigt würden. Denn ihr fast reines Silizium wird mithilfe von Schmelz-, Reinigungs- und Destillationsprozessen bei hohen Temperaturen aus Siliziumdioxid – das heißt, aus Quarzsand oder Quarzkies – hergestellt. Die nötige Energie stammt in China zu großen Teilen noch aus fossilen Quellen. Um aus Silizium Solarzellen zu machen, werden zudem Säuren und Laugen, Phosphor, Bor und andere Chemikalien gebraucht. Und dann kommen noch der Transport nach Europa und die Konstruktion der PV-Anlagen mitsamt Solarmodulen, Montagesystemen, Wechselrichtern und Verkabelung hinzu. All das verschlechtert die Umweltbilanz.

Dafür sind sie am Ende ihrer Nutzung umweltfreundlicher als die Windanlagen: Bereits heute bestehen viele Solarmodule aus wiederverwendeten Materialien alter Module. Ihre drei Hauptbestandteile Glas, Aluminium und Silizium sind bis zu 95 Prozent recycelbar. Beim Glas und Aluminium sind die Prozesse etabliert, beim Silizium etwas komplexer. Inzwischen haben aber Fraunhofer-Forschende ein Verfahren entwickelt, bei dem sich in einem Ofen die Kunststofffolien, in die die Solarzellen gebettet sind, zu Brenngasen umwandeln. Übrig bleiben das Silizium und einige Metalle, die dann über konventionelle elektrochemische Verfahren getrennt und wiederverwertet werden.

Bei den Windanlagen können ebenfalls viele Stoffe recycelt werden, etwa der Turm aus Stahl, die elektronischen Komponenten aus Kupfer und Aluminium oder das Betonfundament – das im Zuge von Repowering-Maßnahmen auch vor Ort weitergenutzt und ausgebaut werden kann. Unter Repowering versteht man den Ersatz alter Windanlagen durch neue, die größer und leistungsfähiger sind. Der Vorteil: An bereits genehmigten und akzeptierten Standorten kann weit mehr Windstrom erzeugt werden als bisher. Die größte Herausforderung beim Recyceln von Windrädern sind die Rotorblätter, die mit 60 bis 90 Meter Länge – künftig sogar über 100 Meter – Kirchturmhöhe erreichen. Sie müssen 100 Tonnen schwere Luftmassen aushalten, schwingen im Lauf ihres Lebens millionenfach hin und her, und ihre Spitzen pfeifen je nach Windstärke mit bis zu 400 km/h durch die Luft, so schnell wie ein Hochgeschwindigkeitszug.

Um diesen Belastungen standzuhalten, bestehen die Blätter meist aus glasfaserverstärkten Kunststoffen, die mit Epoxid-, Polyurethan- oder ähnlichen Harzen verklebt werden. Sie sind innen hohl, aber mit Stabilisierungsstegen versehen und mit Balsaholz oder Kunststoffschäumen in Sandwichbauweise konstruiert. Ähnlich wie bei einem Fachwerkbau erreicht man damit eine hohe Steifigkeit bei geringem Gewicht. Etliche Forscher haben sich schon mit dem Recycling der riesigen Rotorblätter beschäftigt. So kann man sie mit einem Hochdruckwasserstrahl und einem Schredder zertrümmern. Dabei zerbrechen die Kunststoffteile in kleine Stücke, die dem Blitzschutz dienenden Metalle lassen sich abtrennen, und das Balsaholz bleibt dank seiner Elastizität erhalten. Es kann dann zu Dielen oder Wärmedämmplatten weiterverarbeitet werden. Mit einem anderen Verfahren, das die Recyclingfirma Neocomp entwickelt hat, lassen sich aus glasfaserverstärkten Kunststoffen Ersatzbrennstoffe und Recyclingfasern gewinnen. Das Gemisch eignet sich gut als Brennstoff für die Zementindustrie. Die Glasfasern bleiben dabei in der Asche und können in der Zementklinkerfertigung den Sand ersetzen. Neocomps Aufbereitungsanlage in Bremen ist für die Behandlung von Rotorblättern bereits gut gerüstet: Sie hat eine Kapazität von 80 000 Tonnen im Jahr.

Chemieindustrie ohne Treibhausgase?

Die Chemieindustrie unternimmt derzeit überhaupt viele Anstrengungen, das Plastikrecycling zu verbessern. Manchmal – wie bei den faserverstärkten Kunststoffen – führt zwar kaum ein Weg an der energetischen Verwertung vorbei: Etwa ein Fünftel der Plastikabfälle wird weltweit verbrannt. Ökologischen Vorrang hat aber das mechanische Recycling oder eine Trennung von Kunststoffen über Lösungsmittel. Je sortenreiner die Kunststoffe sind, desto besser lassen sie sich wieder in Produktionskreisläufe einbringen. Mitunter ist sogar ein Upcycling möglich: Dabei werden Abfälle durch das Beimischen spezieller Zusatzstoffe auf das Niveau von Neuware aufbereitet. Stoffliches Recycling gelingt im globalen Maßstab erst bei einem Fünftel des Plastikmülls, der große Rest landet noch zur Hälfte auf geordneten Deponien oder wird einfach auf offenen Deponien und in der Umwelt entsorgt. Hier gibt es für Chemieingenieure also noch sehr viel zu tun.

Ein interessanter Ansatz ist der, den der BASF-Konzern unter dem Schlagwort ChemCycling vorantreibt.[19] Es soll ein wichtiger Baustein sein, um das Ziel zu erreichen, ab 2025 jährlich 250 000 Tonnen abfallbasierte Recyclingmaterialien anstelle von fossilen Rohstoffen zu verarbeiten. ChemCycling betrifft Kunststoffabfälle, die nicht mechanisch recycelt werden – das kann etwa eine Mischung aus Polyethylen-, Polypropylen- und Polystyrolfolien sein oder auch Polyurethan, PVC oder PET, der Müll muss also nicht sortenrein getrennt werden. Selbst mit Altreifen funktioniert es.

Das chemische Recycling ist im Kern ein Pyrolyseverfahren, das BASF mit Partnern wie der norwegischen Firma Quantafuel entwickelt hat. Dabei werden die großen Polymere bei Temperaturen zwischen 300 und 700 Grad unter Ausschluss von Sauerstoff geknackt und in ein Pyrolyseöl aus kleineren Molekülen umgewandelt. Zusätzlich entstehen Gase, die sich für den Energiebedarf des Verfahrens nutzen lassen. Die Kunst beim ChemCycling ist es, trotz eines sich verändernden Mix unterschiedlicher Kunststoffe Pyrolyseöle von gleichbleibender Qualität herzustellen – bereits heute lassen sich diese Öle in Produktionsprozesse bei BASF einschleusen und für Kunststoffe nutzen, die identisch zu einer Neuware sind. Zu ersten kommerziellen ChemCycling-Produkten zählen Boxen für die Pharmaindustrie sowie verschiedene Transport- und Lebensmittelverpackungen.

Auch in der Studie »Klimaneutrales Deutschland« (siehe Kapitel 1) wird Pyrolyseverfahren eine hohe Bedeutung beigemessen. Denn die 14 Millionen Tonnen an Kohlenwasserstoffen, die die deutsche Chemieindustrie ab 2045 voraussichtlich verarbeiten wird, sollen dann nicht mehr aus fossilen Quellen stammen. Basis ist laut der Studie zum einen »grünes« Naphtha, ein leichtes Rohbenzin, das aus Biomasse oder mit »grünem« H_2 aus dem CO_2 der Luft gewonnen und überwiegend importiert wird. Die andere Ressource besteht aus Kunststoffabfällen, die zu mehr als der Hälfte dem chemischen Recycling zugeführt werden (der andere Teil wird wie bisher mechanisch oder thermisch verwertet). Das Ergebnis sind dann wie bei BASF Pyrolyseöle sowie Gase und Methanol.

Aus dem Aufbrechen – dem Cracking – der Pyrolyseprodukte und des »grünen« Naphtha und mit dem sogenannten »Methanol to Olefins«-Verfahren lassen sich alle Plattformchemikalien herstellen, die die organische Chemie benötigt, so etwa Ethylen, Propylen und Butadien oder Benzol, Toluol und Xylol. Auf dem Feld der anorganischen Chemie ist – neben Chlor – das wichtigste Produkt das Ammoniakgas, für das ebenfalls »grünes« H_2 genutzt wird. Die Studie konstatiert demnach, dass 2050 alle

Rohstoffe aus ökologischen Quellen oder aus Plastikmüll stammen und der Energiebedarf über Wind und Sonne, »grünen« Wasserstoff, Biomasse, Abfälle und Anlagen zur Kraft-Wärme-Kopplung gedeckt werden kann.

Wenn das so umgesetzt wird, dann sinken die Treibhausgasemissionen der Grundstoffindustrie tatsächlich auf null. Genau genommen können sie sogar unter null fallen, wenn das in den Chemieprozessen noch entstehende CO_2 eingefangen und unter die Nordsee verpresst wird. Denn die Kohlenstoff- und Energiequellen bestehen zum Teil aus Biomasse oder atmosphärischem Kohlendioxid – sie entfernen netto CO_2 aus der Luft.

Klimaneutrale Chemieunternehmen sind also ebenso möglich wie eine »grüne« Stahlindustrie, die Energieversorgung ohne Treibhausgase, Mobilität ohne Emissionen und Plusenergie-Häuser. Viele der dafür notwendigen Lösungen, die ich in diesem Buch beschrieben habe, existieren schon; sie sind kein Hexenwerk, wir müssen die neuen Wege nur konsequent beschreiten. Doch wie steht es mit einer Welt ohne Müll? Wie realistisch ist diese Utopie?

Cradle-to-Cradle: eine Welt ohne Abfall

»Wir müssen das Wort Abfall aus dem Kopf bekommen«, fordert Michael Braungart. Müll und Abfall – das sei in der Natur unbekannt. »Schauen Sie sich einen Kirschbaum an. Er bringt Tausende Blüten und Früchte hervor, ohne die Umwelt zu belasten. Im Gegenteil: Sobald sie zu Boden fallen, werden sie zu Nährstoffen für Tiere, Pflanzen und den Boden.« Ein Kirschbaum kennt ihm zufolge kein Sparen, Verzichten, Vermeiden, sondern er produziert im Überfluss, aber lauter nützliche und schöne Dinge.

Völlig ineffizient, aber »ökoeffektiv«, wie Braungart es nennt. »Alles ist Nährstoff«, ist das Motto des Experten für chemische Verfahrenstechnik, der an der Erasmus-Universität Rotterdam und der Leuphana Universität Lüneburg lehrt. Braungart gründete das Umweltforschungs- und Beratungsinstitut EPEA in Hamburg und war, wie seine Frau Monika Griefahn, in den 1980er-Jahren eine der Aufbaupersönlichkeiten von Greenpeace Deutschland. Weltweit bekannt wurde er, als er Ende der 1990er-Jahre mit dem amerikanischen Architekten William McDonough das Cradle-to-Cradle-Konzept (C2C) entwickelte.[20]

Cradle-to-Cradle: »von der Wiege zur Wiege«. Das ist der Gegenentwurf zu »von der Wiege zur Bahre«, also zur Vorstellung, dass am Ende des Lebenszyklus eines Produkts die Entsorgung, der Abfall, steht. C2C propagiert die konsequente Kreislaufwirtschaft. Produkte sollen so gestaltet werden, dass alle Bestandteile entweder biologisch abbaubar sind – also in einen biologischen Kreislauf münden –, oder dass sie nach der Nutzungsphase sortenrein getrennt und bei gleichbleibender Qualität wiederverwertet werden. Dies entspricht dann einem technischen Kreislauf ohne Downcycling, also ein Recycling im Wortsinn. Im C2C-Konzept gibt es keine Verbraucher mehr, weil nichts mehr verbraucht wird.

Neben den Kirschbäumen nennt Braungart gerne die Ameisen – eine Insektenfamilie, die ähnlich viele Kalorien verbraucht wie 30 Milliarden Menschen, aber keinerlei Müll produziert. Zehn bis hundert Billiarden einzelner Individuen gibt es, doch Ameisen handeln nicht wie Individuen. Sie bilden Staaten mit Tausenden oder Millionen Einzelwesen, die Aufgaben wie Nestbau, Brutpflege, Nahrungssuche und Verteidigung übernehmen. Sie kommunizieren über Duftstoffe oder das Betasten mit ihren Fühlern. Seit vielen Millionen Jahren sind sie erfolgreich mit ihrer Strategie der sozialen Kooperation.

Der Vergleich mit Menschen ist nicht so weit hergeholt. Manche Ameisen kennen sogar eine Art von Landwirtschaft. Blattschneiderameisen pflücken Blätter von den Bäumen und tragen sie in ihre Nester. Dort züchten sie damit Pilzfarmen, von denen sie sich ernähren. Sie hegen und pflegen die Pilze und halten Schädlinge fern. Andere Ameisen halten sich Nutztiere: Sie haben gelernt, Blattläuse zu melken, indem sie von ihnen den

Honigtau saugen, einen zuckerreichen Pflanzensaft, den die kleinen Insekten ausscheiden. Im Gegenzug schützen die Ameisen die Läuse vor Fressfeinden wie dem Marienkäfer. Das sind biologische Kreisläufe in Perfektion. »Ameisen produzieren nur Nährstoffe, keinen Abfall – alles, was sie aus der Natur nehmen, geben sie als Stoffwechselprodukt wieder zurück«, sagt Braungart. »Wenn wir so intelligent handeln würden wie die Ameisen, dann könnten wir 30 Milliarden Menschen auf der Erde sein, und die anderen Lebewesen würden sich noch freuen, dass es uns gibt. Wir würden von Schädlingen zu Nützlingen.«

Seit über 20 Jahren arbeitet der Umweltexperte mit vielen Gleichgesinnten daran, diese Vision Schritt für Schritt Wirklichkeit werden zu lassen – seit zwölf Jahren gibt es eine internationale »C2C-Zertifizierung«, mit der Produkte anhand von fünf Kriterien bewertet werden.[21] Dazu gehören die Kreislauffähigkeit, die gesundheitliche Unbedenklichkeit, die Nutzung erneuerbarer Energien, der verantwortungsvolle Umgang mit Wasser sowie faire, sozial gerechte Produktionsbedingungen. PetStar aus Mexiko hat für sein Recyclinggranulat aus gesammelten PET-Flaschen eine solche C2C-Auszeichnung erhalten, ebenso Evonik für einen nicht brennbaren Hochleistungsdämmstoff aus Siliziumdioxid und Trigema für ökologische T-Shirts aus Biobaumwolle. Vom Nähgarn bis zu den Farben werden für die C2C-Shirts nur biologisch abbaubare Materialien verwendet. Eine solche Kleidung gibt beim Tragen und Waschen nur Stoffe ab, die der Umwelt nicht schaden. Zudem stammt die Biobaumwolle aus einem Familienunternehmen in der Türkei, das auf Mischkultur setzt. An den Feldrändern wachsen Sonnenblumen, in der Feldmitte neben Baumwolle auch Bohnen und Kichererbsen für den Eigenbedarf. Das nützt zudem der Artenvielfalt und verhindert die Ausbreitung von Schädlingen. Gedüngt wird mit Kompost und Rinderdung und bewässert nur, wenn nötig, über eine sehr sparsame Tröpfchenbewässerung.

Auch Cotton Blossom, ein indisches Unternehmen mit fast 7000 Angestellten, erhielt für seine biologisch abbaubare Kleidung eine C2C-Zertifizierung. Hier werden die Spinnerei und Färberei größtenteils mit Windstrom versorgt und die Wohnheime mit Solaranlagen. Auch für eine hohe Wasserqualität ist gesorgt: Das Wasser wird wiederaufbereitet und zu 95 Prozent zurück in die Anlage geleitet. Inzwischen gibt es weltweit Hunderte von C2C-zertifizierten Produkten. Teppiche und Wandfarben, Fassadenelemente, Schalter und Steckdosen, naturbasierte Wasch- und Reinigungsmittel – etwa von der deutschen Öko-Marke Frosch –, Seifen aus Sheabutter, kompostierbare Kinderbücher und sogar recycelfähige Kupplungsscheiben, die der Autozulieferer ZF ohne umwelt- oder gesundheitsgefährdende Stoffe fertigt.

Wie konsequent man auf C2C setzen kann, belegt der Umweltbildungsverein Cradle to Cradle NGO, den der Wirtschaftswissenschaftler Tim Janßen mit der Umweltforscherin Nora Sophie Griefahn, der Tochter von Michael Braungart und Monika Griefahn, leitet. In einem Berliner Plattenbau haben die beiden die erste umfassende Sanierung nach C2C-Kriterien durchgeführt – eine enorme Herausforderung, zumal das Gebäude noch aus DDR-Zeiten stammt. Auf 400 Quadratmetern wurden hier nicht nur die Zentrale des Vereins und ein Bildungszentrum, sondern auch ein Designlabor geschaffen, in dem C2C praktisch erfahrbar wird.[22] Griefahn und Janßen setzen auf Seegras und Pflanzenfasern als Dämmstoff und Schallschutz, Wandfarben, die nicht ausgasen, Lampen mit Wohlfühllicht, PVC-freie Stromkabel, viel Holz in Fußböden, Decken und Möbeln sowie Teppichfliesen aus recycelbaren Polyamidfasern, die durch ihre Webstruktur achtmal mehr Feinstaub aus der Luft filtern als herkömmliche Teppiche – und alles wurde so verbaut, dass es leicht demontierbar und kreislauffähig ist.

Nichts könnte den alten Betonbauten der DDR ferner sein. Hier in Ostberlin zwischen dem alten Schlachthof und dem Velodrom, neben Wettbüro, Kebab- und Burger-Laden, macht das C2C Lab deutlich, wie eine nachhaltige Zukunft des Wohnens und Bauens aussehen könnte. C2C inspiriert nun auch umweltbewusste Architekten. So werden erste Hochhäuser nach C2C-Kriterien geplant, etwa die »Woodscraper«-Wohnhäuser in Wolfsburg, für deren Konzept die Architekten Klaus Günter und Jörg Finkbeiner im Dezember 2020 den Deutschen Nachhaltigkeitspreis Design erhielten. Woodscraper sind bis zu 20 Stockwerke hohe Gebäude, die vorwiegend aus Holz und Stroh bestehen und frei von Schadstoffen sind. Zudem sind die Woodscraper so modular konstruiert, dass ihre Nutzung flexibel verändert werden kann und alle Materialien in geschlossenen Kreisläufen zirkulieren können.

Gleichwohl: So einleuchtend und ökologisch sinnvoll das C2C-Konzept klingt, so ist doch offensichtlich, wo es an Grenzen stößt. Schränke und Lichtschalter kann man gut in Einzelteile zerlegen, Teppiche, Fenster und Dämmstoffe mögen recycelbar sein und Waschmittel und T-Shirts biologisch abbaubar – aber wie geht man mit viel komplexeren Produkten um? Nehmen wir das Beispiel Handy und Smartphone. Rund 200 Millionen Altgeräte liegen ungenutzt allein in deutschen Schubladen.[23] Ein oft verkannter Schatz: Denn sie enthalten neben Kupfer, Eisen und Aluminium sechs Tonnen Gold, 60 Tonnen Silber und über zwei Tonnen Palladium, etwa in den elektrischen Kontakten auf den Platinen. Das ist in Gewichtsprozent mehr Edelmetall als in den besten Minen der Welt. Von kleineren Mengen an wertvollem Kobalt, Indium, Gallium, Niob, Tantal, Wolfram und Platin ganz zu schweigen. Doch wie lässt sich das zurückgewinnen? Das Problem: Im einzelnen Mobiltelefon sind es weniger als 0,4 Gramm an Edelmetallen, und die werden beim Schreddern mit anderen Stoffen vermischt, von denen sie sich nur schwer wieder trennen lassen. Wie man solche Geräte möglichst effizient einsammelt, zerlegt und die wertvollen Materialien recycelt, ist ein spannendes Forschungsgebiet,[24] das sogar einen eigenen Namen erhalten hat: Urban Mining nennt sich dieser »Bergbau« in den Bergen der Konsum- und Produktionsabfälle des Menschen.

Wie könnte man die Konstrukteure komplexer Produkte dazu bringen, diese leicht zerlegbar zu machen? Michael Braungart hat auch dafür eine Lösung parat: »Wir müssen alles noch einmal neu erfinden – ausgehend von der Frage: Was will der Kunde? Der möchte nicht die Verantwortung für einen Fernseher mit 4000 giftigen Chemikalien übernehmen, sondern er möchte einen Film sehen. Und er will kein Fahrzeug besitzen, sondern mobil sein. In solchen Fällen bietet es sich an, die Nutzung und nicht das Produkt zu verkaufen. Eine Art Öko-Leasing also.« Was der Öko-Pionier meint, ist, dass Fernseher, Computer, Waschmaschine oder Auto im Besitz des Herstellers bleiben und der Kunde eine Dienstleistung kauft: also fünf Jahre fernsehen, drei Jahre den PC nutzen, 3000-mal die Wäsche reinigen oder 100 000 Kilometer fahren.

Danach nimmt der Hersteller die Geräte wieder zurück. Das hätte enorme Effekte, ist Braungart überzeugt: »Die Firmen würden nicht mehr das Billigste verbauen, sondern das Beste – das, was am besten wiederverwendbar ist.« Außerdem würden die Hersteller viel Wissen über die Maschinen und Rohstoffe bündeln, und sie hätten ein hohes Interesse daran, die Kreisläufe zu schließen. Letztlich lässt sich das C2C-Konzept also auf einen einfachen Nenner bringen: Es geht darum, Verbrauchsgüter biologisch abbaubar zu machen und Gebrauchsgüter vor allem so zu konstruieren, dass sich ihre Materialien gut in technische Kreisläufe einbinden lassen.

Roboter mit Elefantenrüssel und selbstheilende Stoffe

Der Blick in die Natur lohnt immer. Bei C2C waren es die Kirschbäume und die Ameisen, die die Forschenden inspirierten, bei den kühlenden Windtürmen in Arabien die Termitenbauten. An Fluggeräten, die den Vogelflug imitieren, versuchte sich schon Leonardo da Vinci. Doch die Schlag-, Dreh- und Längsbewegungen von Flügeln sind so komplex, dass erst 500 Jahre später der deutschen Firma Festo ein Durchbruch gelang. Mit ihrem SmartBird präsentierte das Unternehmen aus Esslingen am Neckar im

Jahr 2011 ein zwei Meter großes Flugmodell, das sich wie eine Silbermöwe bewegt. 2013 folgte mit dem BionicOpter ein vierflügeliges Modell, das sich das Aussehen und den Flug der Libellen zum Vorbild nahm. 2015 waren es Schmetterlinge, 2018 Flughunde und 2021 Schwalben, die mit ihrem Gefieder aus dünnen Schaumstofflamellen sogar Loopings flogen. Oft werden solche Projekte im Bionic Learning Network entwickelt,[25] einem Verbund von Festo mit Hochschulen, Firmen und Instituten. So entstanden tierähnliche Roboter, die wie Pinguine, Quallen oder Mantarochen schwimmen, oder wie ein Känguru springen und Energie bei der Landung zurückgewinnen, oder auch solche, die sich wie Ameisen bewegen und untereinander in einer Art Schwarmintelligenz abstimmen.

Besonders viel Aufsehen erregten die Projekte zu »Soft Robotics«. Das sind Roboterstrukturen, die nicht auf starren Metallen basieren, sondern auf weichen Materialien: etwa Silikonkappen, die sich wie eine Chamäleonzunge aus- und einstülpen, Tentakel mit Saugnäpfen wie beim Oktopus oder Finger, die sich dank des sogenannten Fin-Ray-Effekts automatisch an die Kontur von Objekten anpassen. Damit lassen sich flexible Greifer konstruieren, die leichter und kostengünstiger sind als übliche Roboterhände. Für den »bionischen Handling-Assistenten« wurde Festo gemeinsam mit dem Fraunhofer-Institut für Produktionstechnik und Automatisierung in Stuttgart sogar mit dem Deutschen Zukunftspreis 2010 ausgezeichnet. Dieser Roboterarm funktioniert ohne Motor und Gelenke wie ein Elefantenrüssel, der auch keinen Knochen, sondern nur Muskeln besitzt.

Der künstliche Rüssel besteht aus Segmenten mit Kunststoffhohlkammern, die sich durch Einblasen oder Ablassen von Luft verlängern oder verkürzen lassen. Dadurch arbeitet er sehr beweglich und sicher: Im Fall einer Kollision gibt die Struktur sofort nach. Mit Methoden des maschinellen Lernens und einer Bilderkennung kann sich der Rüssel selbst beibringen, Objekte zu greifen – ohne Programmierung oder Fernbedienung. Das Computersystem probiert einfach aus, welche Luftkammern es wie füllen und leeren muss, damit sich der Rüssel Richtung Zielobjekt dreht. Diese selbstoptimierende Steuerung funktioniert nach einiger Übung so gut, dass der Rüssel auch einer langsamen Bewegung von Objekten folgen kann, um sie zu ergreifen.

Bionik als Kunstwort aus Biologie und Technik beschreibt recht gut, worum es bei solchen Forschungen geht: nicht darum, die Natur zu imitieren, sondern durch das Studium der natürlichen Vorbilder deren Funktionsprinzipien und Tricks zu lernen – die in Millionen Jahren der Evolution optimiert wurden – und diese dann technisch zu nutzen. Seit 1960 wird der Begriff verwendet, es gibt inzwischen einen Studiengang Bionik in Bremen, ein Bionik-Kompetenz-Netzwerk in Berlin[26] und viele erfolgreiche Anwendungen. Einer der Klassiker ist der Klettverschluss, dessen Prinzip der Schweizer Ingenieur Georges de Mestral vor 70 Jahren den Früchten der Kletten abgeschaut hatte, die sich im Fell seiner Hunde verfingen.

Auch der Lotuseffekt, der Mitte der 1970er-Jahre erstmals vom Biologen Wilhelm Barthlott bei Blättern der Lotusblumen entdeckt worden war, ist weithin bekannt: Oberflächen mit winzigen Noppen im Mikro- und Nanometerbereich sind wasserabweisend und wirken selbstreinigend, weil der Schmutz mit dem Regen abperlt. Algen und Pilze können sich auf solchen Oberflächen nicht ansiedeln. In den vergangenen 20 Jahren wurden Millionen von Häusern mit der Fassadenfarbe Lotusan gestrichen, aber auch selbstreinigende Gläser und schmutzabweisende Markisen und Segeltücher gibt es zu kaufen.

Der Gecko war die Inspiration für eine Hightech-Folie, die ohne Klebstoff auf allen ebenen Flächen hält – ob Glas, Metall, Keramik, Kunststoff oder sogar Menschenhaut. Denn Geckos sind die größten Tiere, die an Wänden und Decken entlanglaufen können. Dahinter stecken wieder Nanostrukturen: Mit 200 Nanometer Durchmesser ist ein Geckohaar 500-mal feiner als ein menschliches Haar. Auf der Gesamtfläche eines menschlichen Fingernagels besitzt ein Gecko an seinen Füßen eine Milliarde solcher Härchen. Damit kann er sich allein über die physikalischen Kontakteffekte mit einer Kraft von zehn Newton an Oberflächen festhalten. Das ist zehnmal mehr, als er selbst wiegt – ideal als Vorbild für das klebstofffreie Gecko-Tape.

Weitere Bionik-Beispiele: Synthetisch hergestellte Spinnenseide ist 25-mal belastbarer als ein vergleichbarer Stahldraht und weit elastischer als das Polyamid Nylon. Winglets an der Spitze von Flugzeugflügeln, die den aufgespreizten Flügelenden großer Vögel nachempfunden sind, reduzieren Luftwirbel und sparen Treibstoff. Und Strahlentierchen mit ihren stabilen und dennoch leichten Schalenstrukturen wiesen Forschenden den Weg, wie man die dreibeinigen Fundamente von Offshore-Windanlagen um mehr als ein Drittel leichter machen kann.

Mit einer ähnlichen Zielsetzung hat der Physiker Claus Mattheck schon Mitte der 1980er-Jahre ein Rechenprogramm entwickelt, das sich an natürlichen Wachstumsprozessen orientiert und heute vielfach zum Einsatz kommt. Die Frage war, wie man mit wenig Material maximale Stabilität und Bruchfestigkeit erreicht. Bäume und Knochen gleichen erhöhte Spannungen dadurch aus, dass sie an stärker belasteten Stellen mehr Material anlagern, während es an wenig beanspruchten Teilen entfernt wird. Genau dies leistet Matthecks Software. So gelang es, Motoraufhängungen bei Autos um die Hälfte leichter und doch stabiler zu gestalten. Gut funktioniert das auch mit Faserverbundwerkstoffen, wo die Fasern dank robotergesteuerter Legetechniken sehr präzise entlang den Kraftflusslinien und Verzweigungen angeordnet werden können.

Bei einer Fähigkeit der Biologie, die für technische Systeme extrem wertvoll wäre, haben sich Wissenschaftler bislang allerdings die Zähne ausgebissen: bei der Selbstheilung. Ein aufgeschlagenes Knie, ein Schnitt im Finger – nach wenigen Tagen sind solche Wunden zugewachsen und verheilt. Bei einem Roboter, der sich den Finger bricht, oder einem Pullover, der an Dornen aufreißt, geschieht nichts dergleichen. Erste Erfolge konnten Materialforscher verbuchen, als sie Pflanzen wie den Löwenzahn und die Birkenfeige näher untersuchten. Bei beiden quillt nach Verletzungen ein milchweißer, klebriger Saft heraus, der die Wunde verschließt. Dabei koagulieren mikroskopisch kleine Kautschukpartikel des Latexsaftes miteinander und bilden eine elastische Schutzschicht, die die Pflanzen auch mechanisch wieder stabilisiert. Nach diesem Vorbild gelang die Entwicklung selbstreparierender Elastomere. Aus ihnen lassen sich Auspuffaufhängungen und Dichtungsringe fertigen, bei denen Risse eigenständig heilen.

Noch spektakulärer ist das, was im Sommer 2020 Forschende von der Pennsylvania State University (PSU) und der Mikromaschinen- und Soft-Robotik-Spezialist Metin Sitti vom Max-Planck-Institut für Intelligente Systeme in Stuttgart in der Fachzeitschrift *Nature Materials* publizierten.[27] Sie hatten sich auf Proteine konzentriert, die sich bei Tintenfischen auf den ringförmigen Strukturen ihrer Saugnäpfe befinden, mit denen die Räuber ihre Beute festhalten. Diese Tintenfischproteine wachsen ein Leben lang nach und reparieren sich selbst. Die Wissenschaftler fanden nicht nur einen Weg, dieses Material in Bioreaktoren herzustellen – sie konnten die Molekülstruktur sogar noch optimieren.

Jetzt verknüpfen sich die gummiartigen, biologischen Polymere nach einer Verletzung wesentlich schneller miteinander, ohne an Festigkeit zu verlieren. Was beim Tintenfisch üblicherweise einen Tag für die Heilung benötigt, geschieht nun buchstäblich in Sekundenschnelle – ein verblüffender Vorgang, wenn man beobachtet, wie sich Löcher und Risse binnen Sekunden wie durch Zauberhand schließen. Sitti und seine Kollegen erhoffen sich dadurch ganz neue Möglichkeiten, etwa für Handschuhe oder Schutzanzüge, die sich nach einem Schnitt selbst reparieren, für Prothesen oder weiche Robotergreifer. »Selbstreparierende, physikalisch intelligente, weiche Materialien sind für den Bau robuster und fehlertoleranter Softroboter unerlässlich«, sagt Metin Sitti. Ein weiterer wichtiger Vorteil: Das Biopolymer ist – ebenso wie sein Ursprung, der Tintenfisch – vollständig biologisch abbaubar.

Synthetische Biologie: die Ingenieure des Lebens

Bei der Entwicklung dieses Biomaterials haben Sitti und die PSU-Forscher ein Verfahren angewendet, das einen näheren Blick verdient, weil es einer der ganz großen Game Changer der nächsten Jahre und Jahrzehnte werden könnte: die Synthetische Biologie, kombiniert mit der gerichteten Evolution.[28] 2018 hat Frances Arnold, Forscherin am California Institute of Technology in Pasadena, dafür den Nobelpreis für Chemie erhalten. Ihr Werdegang ist ungewöhnlich: Ende der 1970er-Jahre studierte sie Maschinenbau und Luftfahrttechnik, dann promovierte sie 1985 in Chemie und arbeitete schließlich als Ingenieurin mit biologischen Molekülen – aber genau durch diese Wechsel wurde sie zur Pionierin: Bei der Synthetischen Biologie geht es darum, die Biologie mit den Augen von Ingenieuren zu sehen.

Ihr Ziel hatte Frances Arnold jedenfalls klar im Blick: »Ich wollte vor 25 Jahren eine effektivere, umweltfreundlichere Chemie entwickeln«, erinnert sie sich in einem Gespräch mit mir, das wir einige Wochen vor der Nobelpreisverleihung führten.[29] »Dabei habe ich schnell festgestellt, dass die Natur in dieser Beziehung unübertroffen ist. Nehmen Sie die Katalysatoren, die in jeder biologischen Zelle aktiv sind, die Enzyme. Sie stellen genau die Produkte her, die die Zelle braucht, mit hoher Ausbeute und minimalem Abfall. Kaum ein Verfahren, das Menschen erfunden haben, ist auch nur annähernd so leistungsfähig.«

Tom Knight, Gründer der Firma Ginkgo Bioworks[30] in Boston und ebenfalls einer der Pioniere der Synthetischen Biologie, bezeichnet die Biochemie lebender Zellen als »die am weitesten fortgeschrittene Fertigungstechnologie des Planeten«, weil sie auch die komplexesten Moleküle Atom für Atom präzise zusammenbaut. »Welche andere Technologie kann etwas herstellen, das sich selbst repariert, selbst vervielfältigt und auch noch selbst ständig verbessert?« Knight ist wie Frances Arnold ebenfalls ein Quereinsteiger: Ausgebildet wurde er als Computeringenieur und so entwickelte er zuerst Hard- und Software fürs Internet. Doch Anfang der 1990er-Jahre arbeitete er sich als spät berufener Student in Biologie und Genetik ein und schaffte es, am Informatikinstitut des Massachusetts Institute of Technology (MIT) in Boston ein Labor für Molekularbiologie einzurichten. Seine Idee: Diese so verschiedenen Forschungsfelder sollten sich gegenseitig befruchten. »Engineering biology« ist sein Ziel – lebende Organismen so zu designen und zu produzieren, wie Ingenieure Autos entwerfen und fertigen.

»Im 21. Jahrhundert ist es nicht mehr so interessant, Computer zu programmieren«, sagt Knight. »Viel spannender ist es, die Programme des Lebens zu schreiben.« Ganz in diesem Sinn entstanden in seinem Labor am MIT schon vor 20 Jahren die ersten »BioBricks«, standardisierte DNA-Bauteile – oder wie Knight es nennt: ein »freies Betriebssystem für Biotechnologen«. Damit hat Knight das Denken der Computeringenieure in die Biologie gebracht. Jedes der BioBricks codiert für eine Struktur mit definierter Funktion, und sie passen gut zusammen, sodass sie sich – ähnlich wie Legosteine – leicht in einem Organismus wie *Escherichia coli* kombinieren lassen. Das Darmbakterium *E. coli* ist so etwas wie das Arbeitspferd von Biotechnologen, mit dem schon Insulin, Interferon und Wachstumshormone hergestellt wurden.

Inzwischen gibt es Zehntausende dieser BioBricks und den iGEM-Wettbewerb, an dem jedes Jahr Tausende von Studierenden aus der ganzen Welt teilnehmen[31] – mit oft erstaunlichen Ergebnissen: So entwickelten Jungforscher aus Taiwan und München Bakterien, die aufleuchten, wenn sie mit Giften in Berührung kommen, sowie Zellstrukturen, die sich als »Biotinte« im 3D-Drucker ausdrucken lassen. Ein Team der RWTH Aachen kombinierte lichtgetriebene Protonenpumpen mit einem Enzym für die ATP-Synthese – dem universellen Energielieferanten von Zellen –, um beliebige Enzymreaktionen mit Energie zu versorgen. Studierende der Universität Leiden wiederum entwarfen im

Sommer 2020 schnelle, kostengünstige Testsysteme für künftige Pandemien.

Enzyme Stoffe herstellen zu lassen, die dem Menschen nutzen, ist eine uralte Kunst: Schließlich kultivieren Menschen seit Jahrtausenden Hefepilze, um Bier zu brauen und Brot zu backen. Auch modifizierte Enzyme stecken bereits in etlichen Produkten, etwa in Waschmitteln, und sie helfen der Pharmaindustrie. So wird ein wichtiges Arzneimittel für Typ-2-Diabetes heute über Enzyme hergestellt: Gegenüber dem vorherigen, rein chemischen Verfahren braucht man dafür keine giftigen Schwermetalle, und der Abfall von Lösungsmitteln konnte um 60 Prozent reduziert werden. Genau darum gehe es, sagt Frances Arnold: »Bessere Ausbeute und höhere Selektivität – also präzise die Endprodukte, die man haben will –, umweltfreundlichere Prozesse und weniger Abfall. All das kann man mit maßgeschneiderten Enzymen erreichen.« Doch wie funktioniert dieses Maßschneidern? »Hier kommt die Evolution ins Spiel, die beste Designerin aller Zeiten. Sie hat in Milliarden von Jahren die Enzyme der Lebewesen optimiert – und sie tut es immer noch.«

Beispielsweise galt jahrzehntelang das Unkrautbekämpfungsmittel Atrazin als biologisch nicht abbaubar. So lange, bis es die ersten Mikroben – Bakterien der Gattung *Pseudomonas* – schafften, das Chloratom aus dem Herbizid zu entfernen und den Rest als wertvolle Stickstoffquelle, sozusagen als Nährstoff, zu nutzen. Sie bekamen dadurch einen Evolutionsvorteil gegenüber ihren Nachbarmikroben. Das Verblüffende: Dafür sind nur an drei Stellen natürliche Mutationen passiert – in einem Enzym, das die Lebewesen eigentlich für andere Zwecke besaßen. Das reichte schon, um diesem großen Molekülkomplex ganz neue Fähigkeiten zu verleihen.

Diese Wandelbarkeit macht sich Arnold zunutze: »Ich sehe mich als Trainerin für Enzyme: Ich bringe sie dazu, die Stoffe zu produzieren, die wir gerne von ihnen hätten.« Mit viel Intuition und Erfahrung erkennt die Enzym-Flüsterin, welche Fähigkeiten in welchen Biokatalysatoren schlummern könnten: »Letztlich ist das wie bei der Zucht von Rennpferden – dafür startet man ja auch nicht mit einem Esel.« Arnolds Lieblingspferde sind die Cytochrome, Proteine, die in der Atmungskette von Zellen ebenso vorkommen wie bei der Photosynthese. Dank ihrer Häm-Gruppe mit einem Eisenatom im Zentrum können sie Elektronen übertragen, Sauerstoffatome verschieben und viele Reaktionen beschleunigen.

»Wir haben Tausende unterschiedlicher Cytochrome digital in den Datenbanken und physisch in unseren Gefrierschränken«, erzählt die Forscherin. Soll eine bestimmte Aufgabe erfüllt werden, startet Arnolds Team beispielsweise mit vielversprechenden Cytochromen und Mutationen von ihnen, die zufällig oder gezielt angebracht werden. Tests identifizieren unter Hunderten von Varianten dann diejenigen, die besonders erfolgreich sind, und mit ihnen beginnen die Forscher das Spiel aus Mutation und Selektion von Neuem. Frances Arnold nennt das »gerichtete Evolution«, weil die Selektion im Labor – anders als in der Natur – immer mit Blick auf ein Ziel erfolgt: »Damit lassen sich sogar Chemikalien bauen, die es in keinem Lebewesen gibt.« Etwa Verbindungen aus Silizium und Kohlenstoff.

Diese Si-C-Stoffe nutzen wir heute im Alltag ständig, unter anderem als Silikondichtungen, als Gleitmittel, Kleber oder in Zahnpasta, aber ihre Herstellung erfordert hohe Temperaturen und teure Katalysatoren – mit Enzymen war es bisher unmöglich. »In einem Bakterium aus heißen, salzigen Tümpeln in Island haben wir aber tatsächlich ein Cytochrom gefunden, das so etwas schafft«, freut sich Arnold.

Ihr Team veränderte das Cytochrom nur an drei Stellen und schaffte es dadurch, dass dieses vielseitige Enzym zum effizienten Katalysator für Si-C-Verbindungen wurde. Es arbeitet sogar um ein Vielfaches leistungsfähiger als bisherige chemische Katalysatoren, bei Raumtemperatur, in Wasser, ohne Lösungsmittelabfälle und mit simplem Eisen statt teuren Edelmetallen – »alles, was wir tun müssen, damit es aktiv wird, ist, das Bakterium mit ein wenig Zucker zu füttern«.

Ähnliche Erfolge gelangen Arnolds Team mit Cytochromen, die Kohlenstoff-Bor-Verbindungen katalysieren, die in der Biologie ebenfalls nicht vorkommen. Sogar Kohlenstoff-Fluor-Moleküle sollten machbar sein, prognostiziert die Biochemikerin. »Diese Forschungen machen wir keineswegs nur aus akademischer Neugier«, sagt sie. »C-F-Verbindungen sind beispielsweise für die Pharmaindustrie sehr wichtig – vom Antibiotikum über den Cholesterinsenker bis zum Schlafmittel. Allerdings sind sie bisher extrem schwierig und nur mit hoher Umweltbelastung herzustellen.«

Um ihre Entdeckungen nutzbar zu machen, kooperiert Arnold mit Partnern in der Industrie und gründete selbst Start-up-Unternehmen – darunter eine Firma, die mithilfe von Enzymen Isobutanol, einen Ausgangsstoff für Biotreibstoffe, aus Biomasse gewinnt, und ein Unternehmen, das Duftstoffe von Insekten erheblich kostengünstiger produziert als bisher. Auch in den Laboren von Ginkgo Bioworks am Bostoner Hafen arbeitet das Team von Tom Knight daran, Dutzende von Organismen für technische Zwecke maßzuschneidern. Da verströmen modifizierte Hefezellen Pfirsicharomen und Rosenduft, in kleinen Bioreaktoren produzieren Bakterien Aminosäuren für Tierfutter und in anderen Materialien für Plastik oder Ausgangsstoffe für die Pharmaindustrie. Machbar ist all dies, weil die Sprache des Lebens universell ist. Die Gene, die einer Rose ihren Duft verleihen, bringen auch einen Hefepilz dazu, dieselben Geruchsstoffe zu erzeugen. Das sei ökonomisch und ökologisch sinnvoll, sagt Knight: »Denken Sie nur daran, dass manche Parfums Ingredienzien von seltenen oder bedrohten Pflanzen enthalten – da ist es viel umweltschonender und billiger, wenn man sie stattdessen von Pilzen aus einem Bioreaktor erntet.«

Neu ist bei Firmen wie Ginkgo Bioworks die konsequente Optimierung. Da werden am Computer die Daten von Hunderttausenden von Biokatalysatoren durchforstet. Maschinelle Lernverfahren helfen, Verwandtschaftsstammbäume zu erstellen und die Suche einzugrenzen. Ziel ist es, die Enzyme zu finden, die den gewünschten Stoff mit der höchsten Ausbeute herstellen, egal, ob sie aus Tier- oder Pflanzenzellen, aus Bakterien oder aus Pilzen stammen. Üblicherweise fokussiert sich das Ginkgo-Team auf etwa 5000 der meistversprechenden Enzyme. Für diese notieren die Bioingenieure aus den Datenbanken die Abfolge der Buchstaben des Erbguts – der Basenpaare der DNA –, die in den biologischen Zellen die Herstellung der Enzyme veranlassen. Diese Liste aus meist einigen Tausend Basenpaaren schicken sie dann an externe Dienstleister, die den DNA-Abschnitt binnen zwei bis vier Wochen chemisch synthetisieren, vervielfältigen und per Post zurücksenden.

Von jedem DNA-Abschnitt bekommen die Wissenschaftler einige Hundert Milliarden Kopien, die sie in Zellen von *E.coli*-Bakterien oder Hefepilzen einschleusen. Diese biologischen Miniaturfabriken verrichten daraufhin brav ihre Arbeit und produzieren die entsprechenden Enzyme. Ab diesem Zeitpunkt übernimmt das Test-Team von Ginkgo, denn nun gilt es, mit modernsten chemischen Analyseverfahren – vor allem der sogenannten Hochdurchsatz-Massenspektrometrie – herauszufinden, welches der 5000 verschiedenen Enzyme am besten gearbeitet hat. »Oft entdecken wir dabei Enzyme, die zehnmal produktiver sind als diejenigen, die am Anfang unserer Untersuchungen standen«, berichtet Knight. »Manchmal, wenn auch selten, gelingt es uns, durch den Austausch weniger Basenpaare die Biokatalysatoren noch besser zu machen.« Die gentechnischen Modifikationen stehen allerdings nicht im Zentrum der Arbeiten von Ginkgo: »Die natürlichen Enzyme sind meist kaum zu übertreffen. Wir müssen nur die besten finden.«

Bei Frances Arnold ist dies anders, denn sie will ja gerade Enzyme darauf trainieren, Stoffe herzustellen, die es in biologischen Systemen bisher nicht gibt – oder sie dazu bringen, besonders effizient Abfallstoffe zu zerlegen, also die biologische Abbaubarkeit zu verbessern. Die gerichtete Evolution hat dabei einen entscheidenden Vorteil, sagt sie: »Wir müssen gar nicht verstehen, wie die Enzyme im Detail funktionieren oder wie sich eine

Mutation auf die räumliche Faltung eines Proteins oder auf seine Funktion auswirkt.« Denn hier ist nach wie vor vieles unverstanden, und es lässt sich auch nicht einfach am Computer simulieren. »Nehmen Sie ein Cytochrom mit 500 Aminosäuren. Wenn Sie an jeder Stelle alle 20 denkbaren Aminosäuren durchprobieren wollten, ergäbe das 20 hoch 500 Mutationen, eine unvorstellbare Zahl mit 650 Nullen.«

Kein Wunder, dass Forschende immer wieder Überraschungen erleben: So ergab eine im Nachhinein durchgeführte Computersimulation des Cytochroms aus dem Island-Bakterium, dass es gar kein freies aktives Zentrum besitzt. Die Katalyse der Si-C-Verbindungen hätte daher nach der herrschenden Theorie gar nicht funktionieren dürfen – »und dennoch wurde es zum erfolgreichsten Si-C-Produzenten«, wundert sich Frances Arnold. Mehr noch: »Oft finden unsere besten Mutationen in den Enzymen an Orten statt, die räumlich sehr weit von denen entfernt sind, wo wir sie eigentlich erwartet hätten.« Die Nobelpreisträgerin vergleicht daher den komplexen Aufbau eines Enzyms gerne mit einer Sinfonie von Beethoven: »Die Aminosäuren des Enzyms und die Buchstaben der DNA, die die jeweilige Aminosäure festlegen, entsprechen dabei den Musiknoten. Wir können heute diese Noten lesen und verändern, wir können einzelne Akkorde herausschneiden und anderswo wieder einfügen, aber wir sind noch lange nicht in der Lage, eine Sinfonie zu komponieren, sprich, ein funktionierendes Enzym zu erfinden – das kann nur die Evolution.«

5 Die Krise des Artensterbens

Wie schützen wir das Leben auf der Erde?

Überall ragen sie hier aus dem türkisblauen Wasser, als hätte ein exzentrischer Landschaftsarchitekt seiner Vorliebe für steinerne Pilze freien Lauf gelassen: runde Kalksteinfelsen mit von den Wellen angenagten Stielen und breiten, dicht bewachsenen Hüten. »Im Zweiten Weltkrieg haben japanische Flieger eines dieser Inselchen bombardiert, weil sie es für ein getarntes Kriegsschiff gehalten hatten«, lacht Jimmy Praet, der im Bug unseres kleinen Bootes gerade lässig eine Tauchflasche repariert. In den Büschen und Bäumen der Steinpilzinsel neben uns regt sich etwas. Ein Flügelschlagen, Schnattern, Pfeifen und dann ein ohrenbetäubendes Kreischen – aufgeschreckt durch das Zischen der aus der Tauchflasche entweichenden Luft sind eine Horde Flughunde aufgewacht. Sie beschweren sich lautstark über die Störung ihrer Morgenruhe …

Wir sind in Raja Ampat, dem »Reich der vier Könige«, in der Provinz Westpapua im indonesischen Teil Neuguineas. Es ist vor allem ein Reich der Tiere. Am Tag zuvor sahen wir zwei Paradiesvögel durch die Baumkronen flattern: unwirklich schöne Tiere mit knallgelbem Schnabel, smaragdgrün schillerndem Kopf, gelber Brust, buschig roten Flanken und zwei langen, elegant geschwungenen Schwanzfedern. Bei unseren Hütten ruhen

Warane in der Sonne, und abends kommt ein Waigeo-Tüpfelkuskus zu Besuch, ein Kletterbeutler mit cremeweiß gepunktetem Fell und einer Vorliebe für Obst aller Art. Er sieht sehr zufrieden aus, wenn er mit seinen Krallenfingern eine Frucht packt und sie genüsslich verspeist, wobei er seinen kräftigen Greifschwanz um den nächsten Ast schlingt – sicher ist sicher.

Raja Ampat liegt auf der australischen Seite der Wallacea, dem Übergang zwischen Asien und Australien, der zwischen den Inseln Bali und Lombok durch die Wallace-Linie und vor Papua durch die Lydekker-Linie begrenzt ist. Benannt ist die Wallace-Linie nach dem britischen Forscher Alfred Russel Wallace, der vor 165 Jahren erkannte, dass hier Asien endet. Jenseits dieser Region gibt es keine Affen und großen Raubkatzen wie in Asien, dafür aber Beuteltiere wie den Tüpfelkuskus oder Vögel wie die Kakadus. Etabliert hat sich dies während der Eiszeiten, als der Meeresspiegel um etwa 125 Meter tiefer lag als heute. Die westlichen Inseln waren durch Landbrücken mit Südostasien verbunden, während Papua und Neuguinea zum australischen Festlandssockel gehörten. Die Wallacea dazwischen war eine breite und tiefe Wasserregion, die die Tierwelten trennte.

Aufgrund dieser Erkenntnisse entwickelte Wallace, zunächst unabhängig von Charles Darwin, Ideen über die Veränderung der Arten und ihre geografische Verteilung. Mit Darwin, der nach seiner Reise mit der *HMS Beagle* jahrzehntelang Belege für die Anpassung von Arten durch Variation und Selektion zusammengetragen, aber noch nicht publiziert hatte, stand Wallace in Briefkontakt. 1858 wurden ihre beiden Vorstellungen über die Evolutionstheorie als »Darwin-Wallace-Papiere« in der Linné-Gesellschaft von London veröffentlicht. Sie gelten als eines der wichtigsten Dokumente der Biologie – und die Wallacea ist bis heute eine der Schlüsselregionen der Erde mit extrem großer Biodiversität, mit einer Artenvielfalt, die ihresgleichen sucht.

»Mehr noch als an Land gilt dies unter Wasser«, erklärt Jimmy, unser Tauchguide, während eine Schule übermütig springender Delfine unser Boot begleitet. Wenige Minuten vom Öko-Resort von Papua Diving entfernt liegt Cape Kri. Hier hat Gerry Allen – ein weltweit bekannter Korallenfisch-Forscher – vor einigen Jahren den bis heute geltenden Weltrekord aufgestellt: »Er zählte 374 verschiedene Fischarten während eines einzigen Tauchgangs«, berichtet Jimmy Praet. 1600 Arten von Fischen, dazu 700 Arten von Weichtieren und über 550 verschiedene Korallen sind in den marinen Schutzzonen von Raja Ampat zu Hause. »Ihr werdet es erleben, die Vielfalt ist überwältigend«, sagt Jimmy, bevor wir uns rückwärts ins 29 Grad warme Meer fallen lassen. »Aber passt auf die Waschmaschine auf!« – und in der Tat: An manchen Stellen strudelt und wirbelt das Wasser so schnell, dass man Mühe hat, Halt zu finden, um die Unterwasserwelt zu genießen. Aber genau diese nährstoffreichen Strömungen sind der Grund für den Artenreichtum. Ob Sardines Reef oder Chicken Reef, Friwen Wall, Fam Wall und Cape Kri, Blue Magic, Mike's Point oder Melissa's Garden – wer jemals hier war, wird nie wieder daran zweifeln, wie schützenswert ein intaktes Ökosystem ist.

Rund 200 Tauchgänge haben mich rund um die Welt geführt: Ich war verblüfft über »Bubbles«, die seltene Hawaii-Mönchsrobbe, die bei den Lavafelsen von Ni'ihau Luftblasen blubberte – offenbar, um mit mir zu spielen, ebenso wie eine neugierige Delfinfamilie im offenen Rund des Molokini-Kraters. Vor Big Island tanzten vier Meter große Mantarochen mit sanften Flügelschlägen direkt über meinem Kopf ihre Loopings. In 45 Meter Tiefe im Great Blue Hole von Belize schwamm ich ungläubig staunend zwischen den säulenartigen Stalaktiten dieses versunkenen Höhlendoms, während nebenan im freien Rund die Haie ihre Kreise zogen. Vor Mexiko begegnete ich metergroßen Hummern, und vor Lizard Island bei Australien bewunderte ich die Verwandlungstalente des Chamäleon-Oktopus: Dieser Meister der Täuschung durch Nachahmung, der Mimikry, kann eine Seeschlange ebenso imitieren wie einen Feuerfisch oder eine Korallenformation. Ohne Zweifel: Es gibt weltweit (noch) viele Highlights für Taucher, doch kaum ein anderes Tauchrevier hat eine derart explodierende Fülle an Leben zu bieten wie Raja Ampat.

In Melissa's Garden wachsen grüne, gelbe, rosa, lila und braune Korallen dicht nebeneinander. Sie ähneln Tischen, Bäumen und Blumen, Salatblättern, Hirschgeweihen, Fächern und Fingern – und sie atmen im Rhythmus der Wellen Schwärme kleiner silbriger, gelber und schwarzer Fische aus und gleich wieder ein. Orange-weiß gestreifte Clownfische, jedem Kinogänger aus *Findet Nemo* bekannt, lugen aus Seeanemonen hervor und ziehen sich bei Gefahr sofort in die sichere Umgebung der nesselnden Tentakel zurück. Ein gelber Trompetenfisch sticht wie ein Pfeil aus dem Korallengarten. Durchsichtige Minigarnelen, kleine Seepferdchen und wie von Künstlerhand gesprenkelte Meeresnacktschnecken sind in der bunten Vielfalt kaum zu entdecken. Zwei Adlerrochen schweben über einer Blumenkohl-Koralle; sie umkreisen sich in einer langsamen Drehung, es wirkt wie Tangotanzen unter Wasser.

An Mike's Point nagen große Büffelkopf-Papageifische an den harten Korallen, während sich ein Wobbegong, ein Teppichhai, in 25 Meter Tiefe in den Boden gegraben hat. Mit seinen vielen Hautlappen, Barteln und Ausfransungen ist er hervorragend getarnt, um plötzlich hervorzuschießen, wenn sich eine Beute nähert. Gleich nebenan liegt ein Roter Drachenkopf, ein Skorpionfisch mit einem Gesicht wie ein Monster und giftigen Stacheln auf der Rückenflosse. Unter Überhängen ruhen grüne Meeresschildkröten. Eine Riesenmuschel hat ihre Schalen geöffnet, sodass man tief in ihren blau gefärbten Mantelraum hineinblicken kann. Rot-weiße Soldatenfische flitzen in die Korallenhöhlen, farbenprächtige blau-gelbe Kaiserfische ziehen vorbei, und gelb-schwarze Wimpelfische winken mit ihren weißen Fahnen, als plötzlich ein frecher Fledermausfisch jede Scheu verliert und an meiner Kamera knabbert.

Bei Cape Kri und der Fam Wall tauchen wir an steilen Wänden voll ledriger Weichkorallen, Röhrenschwämmen und Gorgonien, die ihre wie mit Adern durchzogenen Fächer in die Strömung hängen. Muränen lauern in den Höhlen, Napoleon-Lippfische und Stachelmakrelen streifen langsam durchs Riff, und eine Seeschlange – ein schwarz-weißer Nattern-Plattschwanz – windet sich durch eine Fächerkoralle. Weiter vorne stehen Dutzende Barrakudas ruhig, aber angespannt, vor dem Riffabhang, während über den Korallen ein riesiger Schwarm von Ochsenaugen-Makrelen nervös hin und her wabert. Es müssen Tausende dieser silbrig schimmernden Fischlein mit der markanten gelben Rückenlinie sein, die hier dicht gedrängt mal eine atmende Kugel, mal einen wirbelnden Zylinder bilden. Und dann ist er da: Wie aus dem Nichts stößt plötzlich ein Schwarzspitzen-Riffhai in den tobenden Schwarm hinein …

Von Papuas Korallenriffen in die Serengeti

Machen wir noch einen Sprung in ein anderes Ökosystem, 10 500 Kilometer weiter nach Westen. Ein Traum meiner Kindheit, seit ich den oscargekrönten Dokumentarfilm *Serengeti darf nicht sterben* von Michael und Bernhard Grzimek gesehen hatte. Ende August 2019 – genau ein Jahr nach dem Tauchabenteuer von Raja Ampat – liege ich rücklings in einem Korb dicht über dem Gras der Serengeti, während neben mir ein Feuerschwall meine Haare zu versengen droht. Nach und nach füllt sich die 20 Meter lange dunkelgrüne, rot-gelb gestreifte Hülle mit den heißen Gasen, bis sich der Korb mit einem Ruck aufrichtet und unser Heißluftballon nur noch durch Seile am Boden gehalten wird. Wir starten in dem Moment, als über den Schirmakazien die Sonne aufgeht.

Langsam gleiten wir über die weite Savanne, während unter uns Tausende von Gnus und Zebras friedlich grasen. Giraffen recken ihre Hälse zu den Blättern hoher Bäume empor, Warzenschweine galoppieren davon – ob erschreckt oder übermütig, wer weiß –, große Elenantilopen schauen ungerührt zu, und zwei Strauße traben langsam hintereinander Richtung Fluss. Dort, am Mara River, stillt neben dösenden Flusspferden gerade eine Elefantenfamilie ihren Durst, während zwei Krokodile kaum merklich ins Wasser gleiten.

Bald werden sich hier wieder Dramen ereignen, wie jeden Tag zu dieser Jahreszeit. Wir sind Zeuge der größten Wanderung von Säugetieren auf der Erde: Rund 1,5 Millionen Gnus, 400 000 Zebras und 500 000 Gazellen wandern seit Jahrtausenden auf der Suche nach Wasser und Futter zwischen der Serengeti in Tansania und der Masai Mara in Kenia hin und her. In der Regenzeit zu Jahresbeginn sind sie im Süden, wo ihre Fohlen und Kälber geboren werden. Wenn im Sommer die Savanne trockener wird, ziehen sie nordwärts in die Masai Mara, wo das Gras noch grün und saftig ist und die Raubtiere satt und faul – die Leoparden dösen in ihren Astgabeln, die Geparde im hohen Gras und die Löwen im Schatten von Bäumen und Felsen. Im Herbst und Winter geht es dann wieder nach Süden. Doch zwischen der Serengeti und der Masai Mara liegt der Mara River. Er hat viele Furten, an denen das Wasser nur knietief ist, aber die Böschung ist oft rutschig, die Strömung manchmal tückisch, das Wasser schlammig, und die Krokodile sind kaum zu sehen.

Am Tag vor dem Ballonflug wurden wir Zeugen einer typischen Tragödie am Mara River: In langen Schlangen bis zum Horizont wanderten Tausende von Gnus und Zebras an den Fluss, wo sich ein stundenlanger Stau bildete. Niemand wagte den ersten Sprung. Auf Sandbänken im Wasser ruhten etliche Krokodile mit geöffnetem Maul, und im Fluss trieben die Leichen einiger Gnus, die die Überquerung am Tag zuvor nicht überlebt hatten. Unruhe machte sich breit. Die Tiere wanderten nervös am Ufer entlang, die Herden wurden immer dichter – die schlaueren Zebras hielten sich im Hintergrund, sie warteten, bis sich die ersten Gnus ins Wasser wagten.

Dann war es so weit, ein Gnu glitt mehr, als es sprang, die Böschung hinunter, andere folgten. Die Gnu-Parade versuchte, das andere Ufer zu erreichen. Auf der Seite des Zugs, die von den Krokodilen entfernter war, gingen die ersten Zebras ins Wasser. Die Reptilien auf den Sandbänken rührten sich immer noch nicht, doch trieben da nicht zwei, Baumstämmen ähnelnd, entgegen der Strömung in Richtung der Gnus? Eine junge Antilope versuchte hektisch umzukehren – zurück zur Herde am Ufer. Sie blökte verzweifelt, schaffte es mit letzter Kraft die Böschung hinauf. Dennoch ergriff ihre Panik Hunderte von Tieren. Wild stoben Gnus und Zebras durcheinander, und als sich die Staubwolke gelegt hatte, war ein Gnu tot – eine versteckte Löwin hatte die Gelegenheit genutzt, sie brauchte nur einen schnellen Sprint. Nun schleppte sie ihre Beute in die Büsche, vorbei an drei Hyänen, die leer ausgingen …

Warum beschreibe ich hier diese persönlichen, emotionalen Erlebnisse, während ich in den Kapiteln zuvor nüchtern das Für und Wider technischer Lösungen diskutiert habe? Der Grund ist einfach: Die Erhaltung der Artenvielfalt ist weniger eine Frage des Verstandes als eine des Anstandes. Dass Windräder, Solaranlagen, E-Autos und »grüner« Wasserstoff ausgebaut werden müssen, sagt einem die Vernunft. Ob aber die Mönchsrobbe von Ni'ihau vor dem Aussterben bewahrt werden soll oder der Kaiserfisch, der Gepard und der Rote Paradiesvogel – das ist keine Frage der Ökonomie oder des Überlebens von *Homo sapiens*. Hier geht es um die Verbundenheit des Menschen mit der Natur. Im Extremfall könnten wir vermutlich in Stahlwüsten leben wie in dystopischen Science-Fiction-Filmen. Wir könnten Gemüse in künstlich beleuchteten Räumen züchten, Proteine aus dem Bioreaktor essen und Roboter als Haustiere halten … aber wie sehr wären wir dann noch Menschen? Was würde es für unsere Selbstachtung bedeuten, wenn wir uns gegen alle Mitgeschöpfe rücksichtslos durchsetzen und ihre Äste am Baum der Evolution einfach absägen?

Im klugen Büchlein *Der Kleine Prinz* von Antoine de Saint-Exupéry steht das bekannte Zitat »Man sieht nur mit dem Herzen gut, das Wesentliche ist für die Augen unsichtbar«, und gleich danach: »Du bist zeitlebens für das verantwortlich, was du dir vertraut gemacht hast.« Genauso ist es – wir haben eine Verantwortung für die Welt, in der wir leben. Sie zu bewahren ist auch unabhängig von den Glaubenssätzen der Religionen ein moralischer Imperativ. Oder psychologisch ausgedrückt: Wir schützen, was wir lieben. Dieses Gefühl wird desto stärker, je mehr man sich miteinander vertraut gemacht hat.

Dass Korallenriffe weniger als 0,1 Prozent des Meeresbodens bedecken, aber ein Viertel aller bekannten Arten von Meereslebewesen beherbergen, sind zwei interessante Zahlen – aber sie transportieren keine Emotionen.[1] Wenn ein Mensch nie in diese faszinierend fremden Welten eingetaucht ist, wie kann man dann erwarten, dass er alles daransetzt, sie zu erhalten? Daher freue ich mich über jeden Schnorchler und jede Taucherin – obwohl ich weiß, was ein falscher Flossenschlag oder ein unbedachter Griff ins Riff anrichten können. Doch zum Glück gehört in guten Tauchschulen der Schutz der Umwelt zu den wichtigsten Lerninhalten, und erfahrenen Tauchern ist die Devise »Take pictures and leave only bubbles« in Fleisch und Blut übergegangen.

Um sich für Natur- und Artenschutz zu begeistern, muss man aber gar nicht um die Welt reisen. Auch auf Balkonen kann man kleine Ökosysteme einrichten und pflegen. Wir freuen uns im Garten über den singenden Vogel am Morgen und den Igel, der abends schmatzend durchs Gebüsch raschelt, über blühende Apfelbäume, Rosen und Schwertlilien, über Bienen und Hummeln. In unserer Gemeinde sind Patenschaften für Blühinseln an den Straßen ebenso gefragt wie die Übernahme von Krautgärten zum Obst- und Gemüseanbau.

Nördlich des Bodensees brüten an einem einzigen Ort, am Affenberg Salem, wieder 50 Storchenpaare. Nach Hochrechnungen des Deutschen Jagdverbandes leben schon fast 2000 Wölfe in Deutschland, und im Juni 2021 wurden im Nationalpark Berchtesgaden zwei junge Bartgeier ausgewildert – über 100 Jahre nach ihrer Ausrottung. Naturschutz hat Konjunktur: 2019 wurde die Aktion »Artenvielfalt und Naturschönheit in Bayern«, besser bekannt unter dem Motto »Rettet die Bienen«, zum erfolgreichsten Volksbegehren, das es je in Bayern gegeben hat. Dabei geht es um weniger Pestizide, den Schutz von Biotopen und eine stärkere ökologische Bewirtschaftung.

Seit 1970: zwei Drittel der Tierwelt verschwunden

Dennoch: Weltweit ist die Artenvielfalt immens bedroht. Es ist nicht übertrieben zu sagen, dass die Erde derzeit das sechste Massenaussterben erlebt – nach dem fünften, als vor 66 Millionen Jahren ein Asteroid praktisch alle großen Tiere an Land und im Wasser, einschließlich der Dinosaurier, vernichtet hat. Doch diesmal ist keine Naturkatastrophe schuld, sondern allein der Mensch. Dies konstatierten einhellig die 150 Wissenschaftler des Weltbiodiversitätsrats (IPBES), nachdem sie 15 000 der wichtigsten Fachpublikationen ausgewertet hatten.[2] Bis zu einer Million Tier- und Pflanzenarten sind demnach in den nächsten Jahrzehnten vom Aussterben bedroht. Der Artenschwund verläuft ihnen zufolge schon heute »zehn- bis hundertmal schneller als im Mittel während der letzten zehn Millionen Jahre«. Mehr als 40 Prozent aller Amphibienarten, fast ein Drittel der riffbildenden Korallen wie auch der Haie und Rochen sowie ein Viertel aller Säugetiere und ein Sechstel aller Vogelarten sind weltweit akut bedroht.

Noch schlimmer ist die Lage, wenn man sich die Zahl der Tiere – also die Populationsgrößen – anschaut. Der Living Planet Index des World Wide Fund For Nature (WWF)[3] umfasst rund 21 000 Wirbeltierbestände aus aller Welt: Säugetiere, Vögel, Fische, Reptilien und Amphibien. 2020 meldete der Living Planet Index einen durchschnittlichen Rückgang von 68 Prozent seit 1970; das heißt, seit meiner Kindheit sind mehr als zwei Drittel aller wilden Tiere von der Erde verschwunden. In Lateinamerika sind es sogar unglaubliche 94 Prozent. In den USA gibt es zudem fast drei Milliarden Vögel weniger als vor 50 Jahren, fast 30 Prozent des Bestandes.

Der Schwund macht auch vor Insekten nicht halt: Ausgehend von einer Studie des Entomologischen Vereins Krefeld, über die 2017 in der Fachzeitschrift *Science* berichtet wurde, haben zahlreiche Forscher Insektenbestände seit den 1980er-Jahren analysiert.[4] Das erschreckende Ergebnis: In den untersuchten Gegenden Deutschlands ist die Biomasse von Fluginsekten, vor allem von Schmetterlingen, Bienen und Schwebfliegen, um drei Viertel zurückgegangen – nicht etwa über den Monokulturen von Äckern, sondern in landwirtschaftlichen Schutzgebieten. Eine im Jahr 2020 publizierte Metastudie, die 166 Langzeitstudien in 41 Ländern mit Fokus auf Europa und Nordamerika verglich, konnte auch keine Entwarnung liefern: Danach nimmt das Insektenaufkommen jedes Jahrzehnt durchschnittlich um etwa neun Prozent ab.

Die Gründe für diese Hiobsbotschaften liegen auf der Hand. Laut IPBES hat sich die Fläche von Naturwäldern durch Abholzungen zwischen 1990 und 2015 um 290 Millionen Hektar verringert – um die doppelte Fläche von Deutschland, Frankreich und Spanien zusammengenommen. In Brasilien wachsen heute Sojapflanzen und weiden Rinder dort, wo einst Regenwald stand, und in Indonesien, Malaysia, Mittelamerika und Westafrika werden Wälder für Palmölplantagen abgeholzt. Die Nachfrage nach Palmöl, das in Margarine und Eiskonfekt ebenso steckt wie in Kosmetika und Reinigungsmitteln, hat sich in den letzten 25 Jahren mehr als vervierfacht. Zugleich hat die Umweltverschmutzung drastisch zugenommen: Plastikmüll verzehnfachte sich weltweit seit 1980, vier Fünftel aller Abwässer gelangen unbehandelt in die Umwelt, und viel zu viel Dünger landet in Seen und vor den Küsten. Stickstoff und Phosphor lassen dort Algenteppiche wachsen, die von Bakterien zersetzt werden. Dabei wird eine Menge Sauerstoff verbraucht, und es entstehen wahre Todeszonen in den Gewässern. An Land sieht es nicht besser aus: Intensiv bewirtschaftete Felder, schrumpfende Lebensräume, gleichförmige Landschaften und zu viele Pestizide und Herbizide – diese Faktoren haben auch Insektenkundler als Ursachen für das Insektensterben ausgemacht.

Letztlich werden die Biotope immer kleiner. Laut IPBES tragen drei Viertel der eisfreien Landoberfläche der Erde die Handschrift menschlicher Eingriffe und sind »signifikant verändert«, ebenso zwei Drittel der Meere. Nach dem Living Planet Index wurden weltweit Millionen von Flusskilometern verändert, und ein großer Teil der Feuchtgebiete ging verloren – kein Wunder, dass die stärksten Rückgänge bei Amphibien, Reptilien und Fischen zu beobachten sind. Sehr dramatisch sind auch die Biotopverluste in den tropischen Regenwäldern, die bei nur sieben Prozent der Landfläche rund die Hälfte der biologischen Vielfalt beherbergen. 2021 hat ein Team um den britischen Zoologen Andrew Plumptre sogar ermittelt, dass der Anteil ökologisch unberührter Landflächen mit intakter Tierwelt bei nur noch 2,9 Prozent liegt – nicht einmal ein Zehntel dessen, was man aufgrund von Satellitenbildern angenommen hatte. Wirklich unberührt sind demnach nur noch Teile des Kongobeckens, des Amazonas, der russischen Tundra und einiger Wüsten wie der Sahara. Auch in Gegenden, die vom Menschen unbeeinflusst scheinen, gibt es erhebliche Populationsrückgänge, so etwa bei den Waldelefanten und den Östlichen Flachlandgorillas im Kongo.

Bei Wildtieren sind es nicht nur die schrumpfenden Lebensräume, die die Arten bedrohen, sondern auch die Behinderung ihrer Migration. Der Nationalpark Serengeti mit dem angrenzenden Ngorongoro-Schutzgebiet und der Masai Mara ist eine der wenigen Ausnahmen, weil die Tiere hier noch auf 24 000 Quadratkilometern wandern können. Im Allgemeinen gilt aber: Selbst wenn Schutzgebiete vorhanden sind, sind sie oft nicht zusammenhängend, sondern durch landwirtschaftliche Flächen, Bergbauregionen, Straßen und Siedlungen getrennt. Daher können sich viele Tiere nicht frei bewegen, um Nahrung und Fortpflanzungspartner zu finden. Hinzu kommen die Risiken der Globalisierung: eingeschleppte Krankheitserreger und Fressfeinde.

Invasive Spezies sind auch nicht zu unterschätzen. In ihrem mit dem Pulitzerpreis ausgezeichneten Buch *Das sechste Sterben*[5] schildert die Umweltjournalistin Elizabeth Kolbert drastisch, wie der aus Afrika stammende Chytridpilz von Menschen weltweit verbreitet wurde, wobei er unter anderem Frösche in Mittel-

und Südamerika vernichtete. Unlängst berichteten Forschende in *Science,* dass dieser Pilz für das Aussterben von 90 Amphibienarten zumindest mitverantwortlich sei – das größte bisher bekannte Artensterben, das durch einen einzelnen Erreger verursacht wurde. Tausende verschiedene Spezies werden auch in den Ballastwassertanks von Seeschiffen ständig um die Welt verstreut – in der Elbe und anderen Flüssen hat sich etwa die Chinesische Wollhandkrabbe fest etabliert.

In Neuseeland hat eine Bestandsaufnahme ergeben, dass die Menge invasiver Tierarten fast die Zahl der rund 1800 einheimischen Arten erreicht hat. Vor allem der flugunfähige, nachtaktive Kiwi ist stark bedroht: Von einstmals Millionen Kiwis sind nur noch wenige Tausend übrig. Neuseeland hat daher eine Offensive beschlossen, um bis 2050 alle Ratten, Wiesel und Opossums auszurotten. Auch die 1,4 Millionen Hauskatzen sind nicht mehr gerne gesehen. Die Empfehlung der Regierung: Katzen so wenig wie möglich nach draußen lassen, ihnen ein Glöckchen umhängen, sie sterilisieren und nach ihrem Tod darüber nachdenken, ob man sich wirklich eine neue Katze anschaffen will.

Radioaktive Nashörner und der Juchtenkäfer

Teilweise nehmen Schutzmaßnahmen verzweifelt skurrile Züge an: So startete im Mai 2021 in Südafrika das Projekt »Rhisotope«, bei dem Wissenschaftler Nashörnern eine Aminosäure mit radioaktiven Kohlenstoff- und Stickstoff-Isotopen ins Horn spritzen wollen.[6] »Es genügt eine winzige Dosis von der Größe einer Kugelschreiberspitze«, erklärt der Mediziner James Larkin von der Witwatersrand-Universität in Johannesburg. »Das schadet dem Organismus der Tiere nicht. Wir wollen damit den Wert des Horns mindern und den Schmuggel erschweren.« An Flughäfen und Zollstationen würden Strahlungsmessgeräte Alarm schlagen – und so mancher Käufer würde durch die Radioaktivität in den Hörnern abgeschreckt. Der Aberglaube über die heilende

Wirkung des Horn-Keratins ist in Vietnam und China leider immer noch weit verbreitet: Pro Gramm kostet Nashornpulver teilweise mehr als Gold. Kein Wunder, dass im letzten Jahrzehnt allein in Südafrika trotz strengsten Schutzes fast 10 000 Nashörner Wilderern zum Opfer fielen. Laut Weltnaturschutzunion leben derzeit in ganz Afrika nur noch 18 000 Breitmaulnashörner und 6000 der besonders stark bedrohten Spitzmaulnashörner.

Um Wilderern das Handwerk zu legen, rüsten auch die Wildhüter auf: Mit Drohnen und Infrarotkameras können sie die Wärmestrahlung von Tieren und Menschen messen und sie auch in stockdunkler Nacht entdecken. In Südamerika, so berichtet die Zeitschrift *GEO*, gibt es sogar ein indigenes Volk, das ganz traditionell lebt, sich aber mit modernster Technik gegen Ölkonzerne, Bergbaufirmen und Wilderer wehrt: die Sarayaku in Ecuador.[7] Ihr Dorf im Regenwald ist sechs Bootsstunden entfernt von der nächsten Straße, aber sie besitzen Solarzellen, Satellitenkommunikation, WLAN und eine kleine Fluglinie. Mit Luftüberwachung und Kamerafallen dokumentieren sie den Tierbestand und das Eindringen unerwünschter Fremder – und über eine eigene Internetseite informieren sie über ihre Aktionen.

Auch im brasilianischen Amazonasgebiet sind indigene Waldwächter aktiv, wie die Reporterin Sonja Peteranderl im Magazin *Der Spiegel* schreibt.[8] Sie nutzen »Guardian«-Systeme, das sind Detektoren aus ausrangierten Mobiltelefonen mit Solarzellen, die hoch oben in den Bäumen Umgebungsgeräusche aufzeichnen. Eine Software wertet die Daten nach verdächtigen Mustern aus, wie sie etwa kreischende Kettensägen oder rumpelnde Lastwagen verursachen. Die Indios des Tembé-Stammes erhalten nicht nur die Signale auf ihre Handys, sondern auch deren errechnete Standortdaten – und sie können entscheiden, was sie tun wollen: zum Beispiel die Verstöße aufzeichnen, Zufahrtswege blockieren oder Sägen und Laster außer Betrieb setzen.

Immer mehr nutzen Ökologen auch Künstliche Intelligenz (KI), mit der sich Daten schnell klassifizieren lassen: So kann eine KI in Tausenden von Satellitenbildern Flächen illegaler

Landnutzung oder Waldrodungen erkennen. 2020 hat Microsoft eine KI-Plattform namens »Planetary Computer« vorgestellt, die Umweltorganisationen unterstützen soll – etwa um die Baumdichte in Wäldern automatisch zu messen oder die Zahl der Löwen und Geparde in Kenia. Eine australische Umweltbehörde setzt KI ein, um in Sekundenschnelle Unterwasser-Videoaufnahmen auswerten zu lassen. Der Computer hatte vorab gelernt, Fischarten in Bewegtbildern zu unterscheiden. Und in Nordaustralien sind Kameras mit GPS an Helikoptern installiert: Beim Überfliegen von Stränden sucht eine KI nach Nestern von Schildkröten, um sie zu schützen, bevor Wildschweine oder andere Räuber sie aufstöbern.

Mitunter können sich jedoch Klima- und Naturschutz in die Quere kommen. Wenn etwa in Deutschland Stromtrassen gebaut werden sollen, damit Windstrom aus dem Norden zu Verbrauchern im Süden transportiert werden kann, so müssen Energieversorger mit langwierigen Einspruchsverfahren rechnen. Dasselbe gilt für Zugstrecken, obwohl jede Fahrt mit der Eisenbahn ökologisch sinnvoller ist als mit dem Pkw. Geradezu berühmtberüchtigt wurde der nach EU-Recht streng geschützte Juchtenkäfer. Die Deutsche Bahn hatte bei einem Ausbauprojekt in Stuttgart den Artenschutz nicht ernst genug genommen – und musste dies mit jahrelangen Verzögerungen und hohen Mehrkosten bezahlen. Denn in uralten Platanen hausten die Larven des Juchtenkäfers, was erhebliche Umplanungen erforderlich machte. Zudem lebten auf Gleisflächen Mauereidechsen, die aufwendig umgesiedelt werden mussten, und in einem Gebäude brüteten Turmfalken. Letztlich musste sogar die EU-Kommission eine Stellungnahme über das Schicksal einiger »Juchtenkäfer-Verdachtsbäume« abgeben, bevor weitergebaut werden konnte.

Auch Windräder werden von Naturschützern immer wieder gestoppt, vor allem in Gebieten, wo Greifvögel oder Fledermäuse den rasenden Rotoren zum Opfer fallen könnten. Belegt sind in Deutschland einige Tausend tote Vögel, darunter neben dem häufig vorkommenden Mäusebussard die selteneren Rotmilane, und etliche Tausend verendete Fledermäuse – die Dunkelziffer dürfte allerdings um ein Vielfaches höher liegen.[9] Ist es dann überhaupt realistisch, an Land Zehntausende zusätzlicher Windkraftanlagen zu errichten, wie es für ein klimaneutrales Deutschland notwendig wäre? Sind die Prioritäten richtig gesetzt? Kann man Klima- und Artenschutz gegeneinander aufrechnen?

Das mitunter gehörte Argument, dass die hierzulande lebenden 16 Millionen Katzen vermutlich tausendmal mehr Vögel töten als die Windräder, führt auch nicht weiter, weil in Deutschland jedes Jahr rund hundert Millionen Vogelpaare brüten. Sing- und Greifvögel zu vergleichen ist wie Äpfel und Birnen. In Windanlagen ist den Greifvögeln ein neuer Gegner erwachsen; durch Hauskatzen waren sie jedenfalls nie gefährdet. Die einzige Möglichkeit, hier zu sinnvollen Lösungen zu kommen, sind transparente Ausschreibungsverfahren mit klaren Regeln für den Naturschutz. Vorrangflächen für Windräder müssen nicht nur weit genug von Wohnhäusern entfernt sein, sondern auch von den Nist- und Jagdplätzen »windkraftsensibler« Vögel wie Adler, Rotmilan, Schwarzstorch und Kranich. Darüber hinaus können technische Innovationen eine Hilfe sein, etwa Sensoren, die anfliegende Vögel erkennen und die Anlage kurzzeitig abschalten oder die Tiere mit akustischen Signalen vergrämen.

Hoffnung macht immerhin, dass im Juni 2021 die höchsten Gremien für Klima- und Artenschutz, der Weltklimarat (IPCC) und der Weltbiodiversitätsrat (IPBES), erstmals gemeinsam berieten, wie sich die bisher getrennt behandelten Menschheitsprobleme bewältigen lassen.[10] Denn zwischen ihnen gibt es nicht nur Konflikte wie bei der Windenergie, sondern auch gemeinsame Interessen. So hilft die Wiedervernässung von Mooren bei der CO_2-Speicherung ebenso wie beim Schutz wichtiger Pflanzen- und Tierarten wie dem Sonnentau und dem Birkhuhn. Bei Aufforstungen plädieren IPCC und IPBES stark für Mischwälder, die besser mit Trockenheit zurechtkommen und im Gegensatz zu Monokulturen von Fichten eine vielfältige Flora und Fauna hervorbringen.

Beide Gremien empfehlen zudem deutlich weniger Bioenergiepflanzen: Denn auch sie werden oft in Monokulturen mit viel Dünger und Pestiziden angebaut, was der Artenvielfalt schadet, Nahrungspflanzen verdrängt und die Waldrodung befördert. Auf der Weltnaturschutz-Konferenz im Frühjahr 2022 im chinesischen Kunming soll beschlossen werden, bis 2030 ein Fünftel der bereits zerstörten Ökosysteme zu renaturieren sowie den Einsatz von Düngemitteln global um die Hälfte und den von Pestiziden um mindestens zwei Drittel zu reduzieren. Zudem unterstützen die Umweltminister der G-7-Staaten und der EU das sogenannte 30×30-Ziel der Biodiversität: Bis 2030 sollen jeweils 30 Prozent der Land- und der Meeresfläche unter Schutz gestellt werden, und zwar sowohl global wie national in den einzelnen Staaten.

Noch ist die Welt davon ein gutes Stück entfernt: Bislang sind rund 15 Prozent der Landfläche und nur sieben Prozent der Ozeane als Schutzgebiete ausgewiesen. Mehr noch: Nach Angaben der Vereinten Nationen wurde bis 2020 kein einziges der im Jahr 2010 beschlossenen Biodiversitätsziele vollständig erreicht. Greta Thunberg, die als 16-jährige Fridays-for-Future-Aktivistin auf dem UN-Klimagipfel 2019 all den Staats- und Regierungschefs ihr wütendes »How dare you?!« – »Wie könnt ihr es wagen?!« – entgegenschleuderte, um anzuprangern, dass sich niemand um die Zukunft der jungen Menschen kümmert, hatte für das Versagen beim Artenschutz nur noch bitteren Sarkasmus übrig. Den Aufruf von Deutschland und Frankreich an die Länder der Welt, sich einer globalen Allianz für das 30×30-Ziel anzuschließen, kommentierte die junge Schwedin im Januar 2021 auf Twitter mit »Live vom One Planet Summit in Paris: Bla bla Natur, bla bla wichtig, bla bla ehrgeizig, bla bla grüne Investitionen, bla bla große Chancen … bla bla Hoffnung, bla bla bla«.

Leider hat Greta Thunberg nicht ganz unrecht. Angesichts der minimalen Fortschritte kann man die Geduld verlieren. Doch gute Politik ähnelt leider fast immer dem langsamen Bohren ganz dicker Bretter. Der ehemalige US-Präsident Barack

Obama beispielsweise begründete 2016 im Ozean nordwestlich von Hawaii das größte Schutzgebiet des Planeten, viermal größer als Deutschland, und er erklärte weite Teile des Festlandsockels vor Alaska zu Schutzgebieten. Sein Nachfolger Donald Trump machte viele Umweltauflagen wieder rückgängig und versteigerte sogar Bohrrechte zur Förderung von Öl und Erdgas ausgerechnet im Naturschutzgebiet Alaskas.

Präsident Joe Biden stoppte diese Bohrungen gleich nach seinem Amtsantritt, zumindest bis eine umfassende Umweltanalyse erstellt wird – und er widerrief Trumps Genehmigung für den Bau der Keystone-XL-Pipeline, die Schweröl aus den Ölsandfeldern der kanadischen Provinz Alberta in die USA bringen sollte. Sie war Umwelt- und Klimaschützern ein besonderer Dorn im Auge, weil es kaum etwas Umweltschädlicheres gibt, als Öl aus Teersand zu gewinnen. Dabei wird entweder Wasserdampf in die Lagerstätten gepresst, was die zähen Kohlenwasserstoffe dünnflüssiger macht – oder der im Tagebau gewonnene Ölsand wird mit heißem Wasser und Natriumhydroxid versetzt. Das Ergebnis sind Albtraumlandschaften: riesige Abbauhalden, dreckige Abwasserbecken, eine Menge Feinstaub und vernichtete boreale Nadelwälder und Moore.

Ein Marshallplan für die Biodiversität

Kann man wirtschaftliche Schäden des Artensterbens beziffern? In einem Bericht im Auftrag der britischen Regierung versuchte der Wirtschaftsforscher Partha Dasgupta von der Universität Cambridge im Frühjahr 2021, Biodiversität aus ökonomischer Sicht zu bewerten.[11] Sein alarmierendes Ergebnis: Der wahre Wert der Natur ist in keinen Marktpreisen enthalten. Wir nutzen die Natur nicht nur, um uns mit Wasser, Nahrung und Rohstoffen zu versorgen. Wir vertrauen darauf, dass sie uns Sauerstoff und ein angenehmes Klima liefert, unseren Müll an Land, in den Ozeanen und der Luft aufnimmt und uns als Erholungsraum zur

Verfügung steht. Für all das bezahlen wir fast nichts. Die Ausgaben zum Schutz von Umwelt und Artenvielfalt liegen weltweit jährlich zwischen 78 und 143 Milliarden US-Dollar, weniger als 0,15 Prozent der globalen Wirtschaftsleistung.

Was hingegen investiert wird, um der Natur zu schaden – also für intensive Landwirtschaft mit Düngern und Pestiziden, für Fischfang, Bergbau, fossile Energien und so weiter – ist mit 4000 bis 6000 Milliarden Dollar rund 50-mal mehr pro Jahr. Dasgupta beurteilt dieses Missverhältnis als eklatantes Marktversagen. Er fordert einen »Marshallplan für die Biodiversität«, um unseren ökologischen Fußabdruck zu verkleinern, sowie weniger Konsum und mehr Investitionen für die Regenerierung natürlicher Systeme. Um die globalen Schutzgebiete des 30×30-Ziels einzurichten und aufrechtzuerhalten, so schreibt er in seinem Bericht, wären 140 Milliarden Dollar pro Jahr nötig – ein kleiner Betrag angesichts des Gewinns für unseren Planeten.

Allein die Bestäubungsleistungen von Insekten, Fledermäusen und Kolibris für Früchte und Gemüse werden weltweit auf mindestens 150 Milliarden Euro pro Jahr geschätzt; Wissenschaftler der Universität Hohenheim setzen sogar ein Mehrfaches davon an, denn 75 Prozent aller Pflanzen, die Menschen essen, werden von Tieren bestäubt. Etwas besser berechnen lässt sich der ökonomische Wert der Korallenriffe.[12] Intakte Riffe schützen 200 Millionen Menschen vor Stürmen, Erosion und Überflutungen, weil sie die Wellen vor der Küste brechen: so etwa das Riff vor Belize, das über 250 Kilometer von Yucatán bis Honduras reicht, und das Great Barrier Reef vor Australien mit 3000 Einzelriffen auf einer Gesamtlänge von 2300 Kilometern – die größte von lebenden Organismen erschaffene Struktur der Erde, mit einer Fläche fast so groß wie Deutschland. Diese mächtige Barriere beeindruckte schon James Cook, der 1770 im wahrsten Sinn des Wortes auf das Great Barrier Reef stieß: 110 Kilometer nördlich des heutigen Cairns rammte sein Schiff *Endeavour* diesen »Wall aus Korallenfelsen, der fast senkrecht aus dem Ozean steigt«, wie Cook in seinem Logbuch schrieb – es dauerte zwei Monate, den

Rumpf zu reparieren. Hunger mussten seine Schiffsleute dabei nicht leiden, denn Fisch gab es genug.

Noch heute basiert die Ernährung von einer halben Milliarde Menschen auf Korallenriffen. Ein Viertel des globalen Fischfangs ist von Riffen abhängig: 15 Prozent direkt vor Ort, 10 Prozent weiter entfernt, aber in Form von Fischen, die sich wiederum am Riff ernähren. Hinzu kommen Millionen Touristen sowie die Nutzung als »Blaue Apotheke«: Der Wirkstoff Prostaglandin lässt sich aus Hornkorallen gewinnen, die Gifte der Kegelschnecken in Schmerzmittel verwandeln, die nicht abhängig machen, und sicher harren auch noch neue Antibiotika der Entdeckung. Alles in allem bewerten Studien den ökonomischen Wert von Korallenriffen auf 170 Milliarden Euro pro Jahr.

Entsprechend groß wäre der Verlust, wenn die Riffe sterben. Die Gefahr besteht, denn sie sind massiv bedroht. Dynamit- und Cyanid-Fischerei sowie Schleppnetze ruinieren Korallenriffe in vielen Weltregionen, ebenso die Anker von Touristenbooten. Wird im Hinterland intensive Landwirtschaft betrieben, so fließt viel Dünger ins Meer, und schädliche Algen überwuchern die Korallen. Ausbaggerungen für Schiffe, Bergwerke und Bauten an den Küsten produzieren Schlamm, der die Korallen zuschüttet – ebenso Plastikmüll, der die Riffe nicht nur verschmutzt, sondern auch neue Krankheitserreger einschleppt und von Seevögeln und Schildkröten gefressen wird, die Plastiktüten für Quallen halten und daran zugrunde gehen können.

Der bleiche Tod in den Oasen der Meere

Doch am schlimmsten für die Korallen ist der Klimawandel und die damit einhergehende Erwärmung und Versauerung der Meere. Als ich 1995 an der Universität von Sydney den inzwischen weltweit bekannten Meeresbiologen und Korallenriff-Forscher Ove Hoegh-Guldberg besuchte und daraufhin in der *Süddeutschen Zeitung* einen langen Artikel mit dem Titel »Der bleiche Tod in den Oasen der Meere« veröffentlichte,[13] da war dieses Thema noch so neu, dass mein Beitrag einer der ersten in den Medien war, der die Zusammenhänge zwischen Klimakrise und Korallensterben deutlich machte. Heute gehört es zum Allgemeinwissen, dass der Tod der Korallen eine der unmittelbaren Auswirkungen des Klimawandels darstellt.

Hoegh-Guldbergs Kollege und gleichermaßen engagierter Warner vor dem Korallensterben, Terry Hughes von der James Cook University in Townsville, Queensland, publizierte 2018 in *Science* eine vergleichende Studie von hundert Riffen in aller Welt.[14] Sie belegt, dass vor 1980 das starke Ausbleichen von Korallen, das dem Tod der Riffe vorausgeht, extrem selten war. Ab den 1980er-Jahren trat es etwas häufiger auf, allerdings zunächst noch gekoppelt an El-Niño-Ereignisse, bei denen etwa alle vier Jahre ungewöhnlich warmes Oberflächenwasser von Südostasien nach Südamerika strömt, was selbst in anderen Weltregionen noch für Hitzewellen sorgen kann. Der stärkste El Niño zum Jahreswechsel 1997/98, verbunden mit höheren Meerestemperaturen aufgrund des Klimawandels, zeigte dann erstmals die tödlichen Auswirkungen dieser Kombination: Weltweit waren drei Viertel der von Hughes untersuchten Riffe betroffen, teilweise massiv. Etwa ein Sechstel aller Riffe von der Karibik bis zu den Südseeinseln starben, bei den Malediven stieg die Wassertemperatur sogar auf 40 Grad. Werte über 29 Grad gelten schon als sehr gefährlich für viele Korallen.

Im Jahr 2015, 20 Jahre nach meinem ersten Besuch, tauchte ich wieder am nördlichen Great Barrier Reef. Vor Lizard Island traf ich nicht nur auf giftige Seeschlangen und gefleckte Riesenzackenbarsche, die Potato Cods, sondern auch auf vollkommen weiße, zerbröckelnde Korallenstümpfe – etwas, was ich 1995 bei keinem meiner Tauchgänge gesehen hatte. Und doch war das erst der Anfang: Wenig später trafen zwei mächtige Zyklone die nordaustralische Küste, und was die Wirbelstürme übrig gelassen hatten, fiel 2015/16 und 2016/17 weiteren großen Korallenbleichen zum Opfer – eine unfassbare Katastrophe für diese wunderbaren Ökosysteme unter Wasser. Laut Terry Hughes war die Korallenbleiche von 2017 die erste jemals gemessene, die nicht an ein El-Niño-Ereignis gekoppelt war. Die Erwärmung der Meere ist offenbar schon so weit fortgeschritten, dass sie alleine ausreicht, um Korallen sterben zu lassen. Im Jahr davor, 2016, waren vier Fünftel aller Riffe in Australien und dem Indischen Ozean und drei Viertel weltweit betroffen. Noch schlimmer: Die Belastungen der Riffe folgen nun so schnell aufeinander, dass ihnen gar keine Zeit mehr bleibt, sich ein wenig zu regenerieren, bevor sie die nächste Attacke trifft.

Bereits 1999 hatte Ove Hoegh-Guldberg in einem viel diskutierten Fachartikel die Vorhersage gewagt,[15] dass das einst so seltene Ausbleichen von Korallen zwischen 2020 und 2040 in den meisten Ozeanen zu einem jährlichen Ereignis werden würde – in der Karibik, im Indischen Ozean und am Great Barrier Reef noch schneller als andernorts. Wenn bei den Treibhausgasen nicht schnell gegengesteuert wird, sagt er, dann verschwinden die meisten Korallenriffe binnen weniger Jahrzehnte. Am Great Barrier Reef, so Hoegh-Guldberg, würden Besucher im Jahr 2050 »nur noch schnell erodierende Schuttbänke« vorfinden. Inzwischen nehmen auch andere Experten die Warnungen der beiden Riffforscher Hughes und Hoegh-Guldberg sehr ernst: 2018 urteilte der Weltklimarat, dass bei einem Temperaturanstieg von 1,5 Grad bis 2100 mit hoher Wahrscheinlichkeit 70 bis 90 Prozent aller Riffe verloren gehen würden – bei zwei Grad seien es sogar mehr als 99 Prozent!

Um zu verstehen, wieso riffbildende Korallen so extrem auf den Klimawandel reagieren, muss man diese Ökosysteme im Detail erforschen. Ozeane sind eigentlich nährstoffarme Wüsten und die Riffe in ihnen die lebenssprudelnden, sich selbst erhaltenden Oasen. Reinhold Leinfelder, Geobiologe und Anthropozänforscher, der mehrere »Internationale Jahre der Riffe« mitorganisiert hat,[16] vergleicht sie gerne mit »Städten unter Wasser«. Die Steinkorallen, sagt er, sind diejenigen, die die massiven Häuser aus Kalkstein bauen. Auf dem harten Grund siedeln sich dann Märkte und Gemüseläden an: Weichkorallen, Algen und Cyanobakterien. Das lockt Algen abweidende Fische als Kunden an und diese wiederum größere Fleischfresser. »Manche Fische, wie die Damselfische, sind wahre Kleingärtner«, erklärt Leinfelder. »Sie pflegen ihre Algenfelder, indem sie Unkraut jäten und Feinde vertreiben.«

Auch die Papageifische arbeiten im Gartenbauamt, sie beißen alte, kranke und abgestorbene Korallenstückchen ab. Sie verhindern, dass Algen alles zuwuchern und scheiden den Kalk als Sand wieder aus. Schwämme, die aktiv große Mengen Wasser durch ihre Körper pumpen, um daraus Fressbares zu filtern, sind exzellente Kläranlagen im Riff. Viele Krebse und Krabben ernähren sich von totem Material, sie gehören zur Müllabfuhr und sind wichtige Recycler. Sie selbst und zahlreiche andere Tiere, vom Oktopus bis zur Muräne, nutzen die Korallenwohnungen als Unterkunft. Sogar Zahnärzte und Kosmetikstudios gibt es. An Putzerstationen stellen sich große Raubfische geduldig an, bis sie an der Reihe sind, damit Putzergarnelen und -lippfische Parasiten entfernen. »Letztlich«, sagt Leinfelder, »ist alles ausbalanciert wie bei einem Mobile. Nach einem kleinen, störenden Luftzug pendelt sich alles wieder ein – nur wenn jemand zu heftig an den Fäden zieht, kippt das Ganze und verheddert sich unauflösbar.«

Der entscheidende Kippfaktor ist die Energieversorgung der Steinkorallen. Sie sind Nesseltiere, millimeterkleine, sesshafte Polypen, die an ihrer Basis Kalk – genauer: das Calciumcarbonat Aragonit – abscheiden. Über Jahrtausende schaffen sie gewaltige Riffstrukturen, darunter die Bahamas und die Malediven, das Great Barrier Reef oder die Atolle im Pazifik. Durch das langsame Absinken eines Vulkans in der Inselmitte entstand beispielsweise das Eniwetok-Atoll im Westpazifik, das die US-Militärs für Dutzende Kernwaffentests missbrauchten: Mit mehr als 1400 Metern Höhe ist dieser Korallenbau ein gigantischer Turm – höher als alle von Menschen errichteten Gebäude.

Im Prinzip könnten sich die Korallen – ähnlich wie Quallen – von Plankton ernähren. In der Nacht tun sie das auch. Dann fangen sie mit winzigen Tentakeln Kleinstlebewesen, doch da es in tropischen Ozeanen nur wenig Plankton gibt, setzen Riffkorallen tagsüber auf eine »dezentrale Solarenergieversorgung«, wie es Leinfelder nennt. Dafür haben sie einzellige Algen – die Zooxanthellen – als Untermieter in ihr Gewebe aufgenommen. Diese produzieren aus Sonnenlicht, Kohlendioxid, Wasser und einigen von der Koralle zur Verfügung gestellten Nährstoffen Zucker, Glyzerin und Aminosäuren, die sie zum Großteil als »Mietzins« an die Koralle abgeben. Wegen dieser Photosymbiose werden Korallen gerne als »Blumentiere« bezeichnet. Wirklich gut funktioniert dieses Geben und Nehmen nur in einem begrenzten Temperaturbereich. Wird das Wasser zu warm, entsteht Hitzestress: Die Symbiose wird gestört, denn die Algen liefern immer weniger Zucker. Stattdessen sondern sie gefährliche Sauerstoffradikale ab. Die Korallen müssen ihre eigenen Reserven aufbrauchen und werfen schließlich die nutzlos gewordenen Untermieter hinaus. Da die Zooxanthellen den Korallen ihre Farbe gegeben hatten, werden die Riffe weiß – das ist die Korallenbleiche.

Wenn der Hitzestress nachlässt, nehmen die Korallen ihre Symbionten auch wieder auf und regenerieren sich, andernfalls sterben sie ab und es bleiben nur die toten Kalkstümpfe stehen. Manchmal gelingt eine solche Erholung noch nach Wochen, aber nicht immer: Besonders starke Hitzewellen lassen Korallen binnen weniger Tage dauerhaft ausbleichen. Ihre Skelette werden dann von einem Biofilm aus Mikroorganismen überzogen, und sie werden immer poröser und instabiler. Verstärkt wird dies noch durch die Versauerung der Meere, denn wenn im Zuge des Klimawandels immer mehr CO_2 in den Ozeanen landet, entsteht Kohlensäure, was die Kalkbildung durch die Steinkorallen erschwert.

Auch Chemikalien wie Octinoxat und Oxybenzon, die in Sonnenmilch gerne verwendet werden, sollen angeblich die Korallenbleiche fördern. Hawaii hat daher ab 2021 derartige Sonnencremes verboten. Inwieweit gestresste Korallen anfälliger gegen Viren, Pilze und Bakterien werden, unter welchen Umständen ihr eigenes Mikrobiom sie schützt, ob die Kontrolle des Nitratgehalts im Wasser hilfreich wäre – all das sind aktuelle Forschungsthemen. Die Korallenbleiche ist in jedem Fall ein hochkomplexes, auch 25 Jahre nach meinem Besuch bei Ove Hoegh-Guldberg noch immer nicht ganz verstandenes Phänomen. Eines ist aber klar: Wenn Korallen dauerhaft ausbleichen, werden sie von Makroalgen besiedelt, von Seeigeln abgeraspelt, von Bohrorganismen durchbohrt und von den Wellen zerrieben – am Schluss ist das ganze Riff tot, denn in Städten ohne massive Häuser kann und will niemand mehr leben.

Bevor der Mensch den Klimawandel verursachte, gediehen die Korallenriffe über lange Zeit hervorragend, denn die letzten 10 000 Jahre waren klimatisch gesehen sehr stabil. Für Riffe, die mitunter schon bei einer nur um ein Grad höheren Wassertemperatur unter Hitzestress geraten, waren dies ideale Verhältnisse. Doch im Lauf der Erdgeschichte gab es auch andere, viel heißere Phasen. Manchmal waren harte Korallenriffe über Millionen von Jahren verschwunden, bevor sie wieder neu entstanden. Auch in der Eem-Warmzeit vor 125 000 Jahren waren die Meere wärmer als heute, der Meeresspiegel lag sechs bis neun Meter über dem gegenwärtigen Niveau – und die Riffe reagierten mit einer Verschiebung in kühlere Gebiete nördlich und südlich der Tropen. Allerdings waren damals die Temperaturwechsel in den Meeren nicht schneller als etwa ein Grad pro Jahrtausend, genug Zeit für die Korallen, um sich anzupassen.

So viel Zeit bleibt ihnen jetzt nicht mehr, denn der heutige Klimawandel läuft mit einem mindestens zehn- bis 20-mal höheren Tempo ab. Dennoch befürchtet Ove Hoegh-Guldberg nicht, dass die Korallen als solche aussterben, wie er mir bereits 1995 sagte: »Korallenriffe gibt es auf der Erde seit mindestens 450 Millionen Jahren. Sie werden sich irgendwo wieder neu bilden, wenn die heutigen absterben. Möglicherweise werden wir in etlichen Tausend Jahren Korallenriffe finden, wo es heute noch zu kalt ist – vielleicht an den Küsten Europas.« Doch einen Lichtblick kann man das nicht nennen, denn viele Generationen von Menschen (so es sie denn dann noch gibt) würden die wunderbare Welt der Riffe nicht mehr erleben können.

Auch hier – wie bei vielen anderen der in meinem Buch beschriebenen Krisen – kann die Lösung nur lauten: Der Klimawandel muss so schnell wie möglich gestoppt werden! Alle anderen Maßnahmen sind ein Herumdoktern an Symptomen, so hilfreich sie im Einzelfall auch sein mögen. So fanden Forschende auf American Samoa tischartige Steinkorallen des Typs *Acropora hyacinthus,* die im Flachwasser mit täglichen Temperaturschwankungen von bis zu sechs Grad Celsius zurechtkommen. Erbgutstudien ergaben, dass sie über Gensequenzen verfügen, die für Antioxidantien und spezielle Proteine codieren, welche bei thermischem Stress helfen können. Auch auf Palau gibt es ähnliche Korallen und darüber hinaus solche, die recht hohe Versauerungsraten ertragen. Und vor Brasilien leben Riffe in besonders nährstoffreichem und mit Sedimenten beladenem Wasser.

Nun könnte man auf die Idee kommen, solche robusten Korallen in belasteten Gebieten neu anzusiedeln oder gar neue, hitze- und säureresistente Arten im Labor zu züchten und auszuwildern. Mitunter wird das bereits gemacht: Eine Gruppe von »Coral Gardeners« testet in den Lagunen von Moorea nahe Tahiti 15 000 Korallen in unterseeischen Gärten, ob sie als »Superkorallen« infrage kommen – bis 2025 wollen sie mit vielen Gleichgesinnten rund um die Welt eine Million Korallen pflanzen.[17] In Florida gibt es ebenfalls eine Aktion »Plant a Million Corals«, und auch am Great Barrier Reef befestigen Forschende Korallenstücke auf Gittergestellen am Meeresboden als eine Art Baumschule für Jungkorallen. Sogar die Idee, das Riff mit künstlich erzeugtem Nebel zu kühlen, wurde schon geprüft. Doch gerade in Australien zeigt sich, dass all dies nicht mehr als der berühmte Tropfen auf dem heißen Stein sein kann: Ein Riff mit 2300 Kilometer Ausdehnung neu zu besiedeln würde die Wirtschaftskraft des Landes um ein Vielfaches übersteigen – ganz abgesehen davon, dass man die ursprüngliche Vielfalt des Ökosystems nie wieder herstellen könnte.

Dennoch ist es natürlich richtig, Schutzgebiete einzurichten und alles zu tun, um sie zu bewahren. Auch jenseits der Klimakrise gibt es Bedrohungen der Riffe – von Überdüngung bis Überfischung und Verschmutzung –, denen man begegnen muss. Auf der Insel Misool[18] im Süden von Raja Ampat hat beispielsweise das Ehepaar Marit und Andrew Miners in den letzten 15 Jahren nach und nach eines der größten privat verwalteten Meeresschutzgebiete der Welt geschaffen: so groß wie Berlin und München zusammen. Sie errichteten nicht nur mit Einheimischen der Region Westpapua ein Ökoresort und fördern dort Forschungsprojekte. Zudem beschäftigen sie Ranger, die auf dem Meer patrouillieren. Diese sorgen dafür, dass weder mit Schleppnetzen, Dynamit oder Cyanid gefischt noch nach Haifischflossen gejagt oder Schildkröteneier gesammelt werden.

Mehr noch: Die Misool-Stiftung unterstützt Bildungseinrichtungen und hat sogar in eine Recyclingfabrik investiert, die Plastikabfälle sammelt und zu Granulat verarbeitet. Denn so vielfältig die Tierwelt in den Korallenriffen von Misool nach Einrichtung des Schutzgebietes inzwischen wieder ist, sie ist nicht nur durch den Klimawandel bedroht. Ähnlich schlimm sind die Abfallteppiche aus Plastikbechern, Chipstüten, Einkaufstaschen und Flipflops, die aus der 165 Kilometer entfernten Provinzstadt Sorong herangeschwemmt werden. Für die 350 000 Menschen, die in der Region um Sorong leben, gibt es nicht einmal eine Müllverbrennungsanlage. Laster kippen die Abfälle auf Deponien in den Dschungel, und viele Einwohner machen es sich noch einfacher und werfen sie in den Fluss oder auf Schiffen über Bord.

Plastikmüll-Schlucker für Flüsse und Ozeane

Wer aber denkt, dass dieser Plastikmüll ein Problem wenig entwickelter Länder ist, täuscht sich. Europa ist der zweitgrößte Plastikproduzent nach China, und Deutschland ist in Europa die Nummer eins. Hinter den USA und Japan exportiert Deutschland die größte Menge an Kunststoffabfällen nach Asien. Denn nur ein Teil des Plastiks wird bei uns recycelt oder zur Energiegewinnung verbrannt. 2020 hat Deutschland rund eine Million Tonnen an Plastikmüll zur stofflichen Verwertung in andere Länder gebracht – ein Drittel weniger als zehn Jahre zuvor, aber immer noch viel zu viel.[19] Seit China 2018 seine Tore für Abfälle aus dem Ausland praktisch geschlossen hat, weil ein zu großer Anteil umweltschädlich verbrannt wurde oder auf wilden Müllkippen endete, haben sich die Müllströme nach Südostasien verschoben: nach Malaysia, Thailand, Vietnam und Indonesien.

Unter den Abnehmern des deutschen Plastikmülls rangiert Malaysia auf Platz eins, aber auch über die Niederlande wird deutscher Müll nach Südostasien verschifft – wohin genau, ist unbekannt. Dass solche Exporte in der Statistik als »Recycling« geführt werden, ist zum Teil Augenwischerei, weil mitunter gerade diejenigen Abfälle verschifft wurden, bei denen das Recycling schwierig ist – und weil die Empfängerländer oft gar keine geeigneten Anlagen haben. Dann wird der Müll verbrannt, oder er landet auf (oft illegalen) Deponien oder im Meer. Seit 2021 gelten in der EU allerdings verschärfte Regeln: Unsortierte oder verschmutzte Plastikgemische, die sich nicht einfach recyceln lassen, dürfen nicht mehr international gehandelt werden.

Es besteht also die Hoffnung – und das wäre auch moralisch geboten –, dass Europa sein Plastikproblem selbst löst. International ist es aber viel zu früh für eine Entwarnung. Derzeit werden pro Jahr 360 Millionen Tonnen Kunststoffe produziert: 46 Kilo pro Erdenbürger. Manche Experten meinen, dass sich diese Menge bis 2050 vervierfachen könnte, eine gruselige Prophezeiung. Seit den 1960er-Jahren sind acht Milliarden Tonnen Plastik hergestellt worden, wenig mehr als drei Milliarden sind noch in Gebrauch – wo also ist der Rest? Das meiste wurde verbrannt und deponiert, aber wie viel ist auf Äckern, in Flüssen und Meeren gelandet?

Nach Berechnungen der norwegischen Umweltagentur GRID-Arendal, die die Heinrich-Böll-Stiftung und der Bund für Umwelt und Naturschutz Deutschland im *Plastikatlas 2019* zitieren,[20] dürften 86 Millionen Tonnen Plastikmüll in die Meere geschwemmt worden sein: 29 Millionen davon liegen an Küsten und am Meeresboden, 23 Millionen treiben in küstennahen Gewässern, 34 Millionen im offenen Ozean und bis zu 450 000 Tonnen nahe der Meeresoberfläche. Dieser kleinste Teil sind allerdings die Abfälle, die Schlagzeilen machen, denn sie sammeln sich, den Strömungen folgend, vor allem in fünf Strudeln: im Nord- und Südpazifik, im Nord- und Südatlantik und im Indischen Ozean. Allein im größten, dem Great Pacific Garbage Patch zwischen Hawaii und Kalifornien, schwimmen auf einer Fläche viereinhalbmal so groß wie Deutschland rund 1800 Milliarden Plastikteile mit einem Gesamtgewicht von 80 000 Tonnen.

Wenn in Zukunft die Ozeane ähnlich stark überfischt werden wie heute, ist die Vorhersage nicht ganz absurd, dass man in ihnen bald mehr Plastik finden könnte als Fische. Alle Fische in den Meeren wiegen geschätzt 450 Millionen Tonnen, der Plastikmüll 86 Millionen Tonnen, und die beiden Zahlen bewegen sich aufeinander zu. Die Warnung, die 2016 um die Welt ging, dass es schon 2050 in den Ozeanen mehr Kunststoff als Fische geben könnte, ist zwar wohl übertrieben, aber dennoch: Jedes Jahr landen acht bis zehn Millionen Tonnen Plastik im Meer – eine große Lastwagenladung pro Minute. Das Hauptproblem ist die Langlebigkeit: PET-Flaschen lösen sich erst nach Jahrhunderten auf, und selbst eine Einkaufstüte braucht zehn bis 20 Jahre, bis sie sich im Meer vollständig zersetzt hat. Sogar im Marianengraben in 11 000 Meter Tiefe wurde schon eine Plastiktüte entdeckt …

Besonders tückisch sind Teilchen unter fünf Millimeter Durchmesser, das Mikroplastik.[21] Es ist allgegenwärtig, sogar in Wasserproben aus der Antarktis. Fische und Muscheln halten Mikroplastik für Nahrung, sie fressen es und werden wieder gefressen. Am Ende liegt dann das Mikroplastik, fein verteilt, in der Theke im Supermarkt. Australische Forscher schätzen, dass über die Nahrung und über die Luft jeder Mensch pro Woche eine Plastikmenge von fünf Gramm zu sich nimmt. Das ist das Gewicht einer Kreditkarte – wohl bekomm's!

Wie unbekömmlich Mikroplastik wirklich ist, ist allerdings nicht abschließend geklärt.[22] Grundsätzlich sind unsere Schleimhäute in Mund, Nase, Rachen und Darm ein wirksamer Schutz gegen kleine Teilchen wie etwa Sandkörner, die wir versehentlich verschlucken – sie werden wieder ausgeschieden. Und der Nachweis von Mikropartikeln in Tieren ist kein Beleg dafür, wie viel wir wirklich aufnehmen: Denn in Fischen befinden sich diese Teilchen meist im Magen und Darm, der ja nicht mitgegessen wird. Anders ist es bei Muschelfleisch, das tatsächlich oft Mikroplastik enthält. Bei Mäusen hat man festgestellt, dass sich Mikroplastik im Darm oder der Leber anreichert, wo es zu Entzündungen führen kann. Im Labor haben Epithelzellen des menschlichen Darms Plastikpartikel unter vier Mikrometer Durchmesser aufgenommen. Und auf Mikroteilchen können sich Umweltgifte und Bakterien ansiedeln, die dann im Körper landen.

All das sind derzeit Indizien, keine Belege für Gesundheitsgefahren. Dennoch ist es ratsam, Mikroplastik weitestgehend zu reduzieren: es aus Duschgel, Lippenstift, Peelings und Cremes zu verbannen, die Zusammensetzung von Autoreifen, aus deren Abrieb die meisten Mikroteilchen stammen, zu verändern und ebenso manche Kleidungsstücke. Aus Fleecestoffen beispielsweise, so hat eine Studie ergeben, reiben Waschmaschinen pro Waschgang fast 2000 Polyestermikrofasern heraus, die unter einem Millimeter klein sind und nicht einmal in Kläranlagen zurückgehalten werden. Sie gelangen mit dem Klärschlamm auf Felder und schließlich in Böden, Flüsse und Meere.

Zudem entsteht Mikroplastik, wenn größere Kunststoffteile zerfallen. So haben Studien gezeigt, dass der Strudel des Pazifiks bereits zu acht Gewichtsprozent aus Mikroplastik besteht. Der 27 Jahre junge niederländische Erfinder Boyan Slat hat sich daher vorgenommen, die Meere schnell vom Plastikmüll zu befreien – möglichst, bevor sich größere Objekte zersetzen. Schon als 16-Jähriger war er entsetzt, als er beim Tauchen in Griechenland mehr Plastiktüten als Fische sah, und wenige Jahre später brach er sein Raumfahrtstudium ab und startete eine der erfolgreichsten Crowdfunding-Kampagnen. Angesichts erschreckender Bilder toter Seevögel und Meeressäuger mit Mägen voller Plastik spendeten Zehntausende von Unterstützern aus 160 Ländern mehrere Millionen Dollar für Slats Ideen.

Seitdem hat er mit seiner Organisation The Ocean Cleanup einige U-förmige Sammelanlagen gebaut und im Pazifik getestet.[23] Nach Rückschlägen sind die Systeme nun so weit, dass sie Plastikteilchen bis hinunter zu einem Millimeter Größe sammeln – damit, so Slat, ließen sich über 99 Prozent der auf dem Meer treibenden Plastikmassen auffangen. Über Recycling will er einen Teil der Kosten für die Aufräumaktion decken. Ein erstes medienwirksames Produkt gibt es schon: die Ocean-Cleanup-Sonnenbrille, gefertigt aus dem Müll des großen Pazifikwirbels. Doch inzwischen hat Slat den Fokus seiner Aktionen auf eine noch wichtigere Aufgabe ausgeweitet. Er will, wie er es ausdrückt, den Hahn schließen, über den der meiste Müll überhaupt in die Ozeane gelangt.

Vor einigen Jahren hatten Wissenschaftler geschätzt, dass der Großteil des Mülleintrags über nur zehn Flüsse passiert, darunter der Jangtse, der Indus und der Niger. Im Frühjahr 2021 konnte hingegen ein Team niederländischer und deutscher Fachleute um Lourens Meijer von The Ocean Cleanup in einer aufwendigen Studie nachweisen, dass die Lage komplexer ist: Vier Fünftel des Plastikmülls, der pro Jahr über Flüsse ins Meer geschwemmt wird – zwischen 0,8 und 2,7 Millionen Tonnen –, wird über 1000 Flüsse transportiert.[24] Das sind zwar hundertmal mehr als vorher angenommen, aber immer noch nur ein Prozent aller 100 000 Flüsse der Erde. In das Modell der Wissenschaftler flossen dabei nicht nur lokale Daten über Plastikmüllaufkommen, Müllmanagement, Bevölkerungsdichte und Landnutzung ein, sondern auch über Wind, Niederschläge, Strömungsverläufe in den Flüssen und letztlich die Wahrscheinlichkeit, dass der Plastikmüll überhaupt den Ozean erreichen kann.

Das Resultat barg einige Überraschungen: So zeigte sich, dass der Pasig River bei Manila auf den Philippinen mit 63 000 Tonnen Plastikmüll pro Jahr einer der dreckigsten weltweit ist, weit mehr als der Jangtse, der »nur« bei einigen Tausend Tonnen liegt – und 1000-mal schlimmer als der Rhein bei Rotterdam mit weniger als 60 Tonnen pro Jahr. Auch der Ulhas nördlich von Mumbai, der Klang bei Kuala Lumpur oder der Ciliwung bei Jakarta sind mit jährlich mehreren Tausend Tonnen Kunststoffabfällen wahre Dreckschleudern, was natürlich vor allem an der schlecht organisierten Müllentsorgung in der Nähe dieser riesigen Millionenstädte liegt.

80 Prozent des Plastikmülls kommen über die Flüsse Asiens, zehn Prozent aus Süd-, Mittel- und Nordamerika, acht Prozent aus Afrika und nur zwei Prozent aus den Flüssen Europas. Auch die größten Übeltäter in Lateinamerika sind recht unbekannte Ströme, etwa der Ozama in der Dominikanischen Republik, der Tuy in Venezuela oder der Montagua in Guatemala. Allein der Ozama transportiert mit 2200 Tonnen Plastik pro Jahr so viel wie die Einmündungen rund ums Goldene Horn der 16-Millionen-Metropole Istanbul, die als dreckigste in ganz Europa gelten. Denn 70 Prozent des Abwassers von Istanbul werden nicht ausreichend geklärt ins Marmarameer geleitet – was mitverantwortlich für den riesigen Teppich aus Algenschleim war, der sich im Juni 2021 dort ausbreitete.

Beim Plastikmüll setzt The Ocean Cleanup auf eine Neuentwicklung: den Interceptor genannten Müllsammler, der automatisiert und solarbetrieben auf den meistverschmutzten Flüssen unterwegs sein soll. Ähnlich wie ein Walhai Plankton in sein offenes Maul strudelt, schluckt der Interceptor Müll in seinem Schlund. Er ist wie ein Katamaran aufgebaut, mit einem Fließband in der Mitte, das die Plastikteile zu Containern auf dem Schiff befördert. Unterstützt wird er von einer Barriere, die einen Teil des Flusses blockiert und so den Plastikmüll zum Förderband treibt. Setzt man zwei solche Müllschlucker hintereinander, die je eine Flussseite abdecken und die andere frei lassen, dann wird der Schiffsverkehr nicht behindert und zugleich der größte Teil des Mülls eingesammelt.

Boyan Slat will mit seinem Team bis 2025 Interceptor-Anlagen auf den 1000 dreckigsten Flüssen installieren, unterstützt von Geschäftsleuten, Sponsoren und Regierungen der betroffenen Länder, die den Plastikmüll recyceln oder wenigstens Müllverwertungsanlagen zuführen. Einschließlich seiner Aktionen in den großen Ozeanstrudeln will er bis 2040 rund 90 Prozent des globalen Plastiktreibguts entfernen – ein ehrgeiziges Ziel, das jede Unterstützung wert ist. Doch selbst wenn dies Slat nur teilweise gelingen sollte, gibt es noch andere Visionäre, die das gleiche Ziel verfolgen und es gemeinsam schaffen könnten.

So hat der Münchner IT-Unternehmer Günther Bonin im Jahr 2011 die Umweltorganisation One Earth – One Ocean gegründet,[25] die Gewässer nicht nur von Plastik, sondern auch von Öl und anderen Schadstoffen befreien will. Mehrere seiner Gefährte, der SeeHamster, ein kleiner Katamaran mit Fangnetz für Plastikmüll, und die SeeKuh, ein größeres Schiff für Flussmündungen, waren bereits erfolgreich im Einsatz: in der Ostsee ebenso wie vor Hongkong, Manila, Rio de Janeiro, auf dem Mekong und dem extrem verschmutzten Citarum in Indonesien. Sein größtes Projekt, der SeeElefant, ist ein Containerschiff, das den Müll mit einer integrierten Anlagentechnik gleich an Bord sortieren, zerkleinern, recyceln oder chemisch weiterverarbeiten soll. Bonin denkt wirtschaftlich und will eine maritime Müllabfuhr aufbauen. Dafür stellt er Einheimische ein, die den Abfall an Bord in Behälter vorsortieren. Damit können sie den Lebensunterhalt ihrer Familien sichern.

Noch weiter geht der Kanadier David Katz: Er hat ein Sozialunternehmen gegründet, die Plastic Bank, die mit Social Plastic gleich eine neue globale Währung einführen will.[26] Was verrückt klingt, ist ein ungewöhnliches, aber simples Geschäftsmodell: Menschen, die in weniger entwickelten Ländern oft geradezu im Müll leben, geben den Abfall an Sammelstellen ab. Dort wird er gewogen und die Sammler erhalten entweder Bargeld oder Sachleistungen: Strom für ihre Handys, einen Ofen zum Kochen, Schulgeld oder auch eine Arztbehandlung. Mehrere Hundert solcher Sammelstellen gibt es bereits: in Haiti, in Indonesien und auf den Philippinen. Etliche Schulen, Krankenhäuser und Ärzte sind an das System angeschlossen und akzeptieren Überweisungen durch die Apps der Plastic Bank. Unternehmen kaufen den sortierten und geschredderten Plastikmüll, recyceln ihn und liefern das Granulat etwa an Hersteller von PET-Flaschen. 300 Firmen hat die in Vancouver angesiedelte Plastic Bank als Partner gewonnen – und das soll erst der Anfang sein, für ein Projekt, das den Menschen in armen Ländern ebenso hilft wie ihrer Umwelt, den Meeren und der Wirtschaft.

Wenn die Regenwälder zu Savannen werden

Ebenso gefährdet wie das Leben in den Korallenriffen, den Oasen der Meere, ist das zweite große Ökosystem der Erde: die Regenwälder. Knapp 30 Prozent der Landfläche des Planeten sind von Wald bedeckt, etwas mehr als vier Milliarden Hektar mit geschätzt drei Billionen Bäumen. 45 Prozent dieser Waldflächen liegen in den Tropen, der Rest in Subtropen und gemäßigten Regionen sowie 27 Prozent als »boreale Wälder« in Kanada und Sibirien. Die eigentlichen tropischen Regenwälder umfassen ein bis 1,3 Milliarden Hektar, der größte Teil davon befindet sich im Amazonasgebiet von Brasilien, Peru, Kolumbien und Venezuela sowie im Kongo und in Indonesien.

Allein der Regenwald in der Amazonasregion ist um ein Fünftel größer als alle Länder der EU zusammen. Überfliegt man ihn von Manaus aus kommend, wie ich es einmal bei einer Reise nach Leticia ins Dreiländereck von Kolumbien, Brasilien und Peru getan habe, um rosa Flussdelfine, Piranhas, Kaimane, Brüllaffen und Aras zu erleben, dann sieht man zwei Stunden lang nur Grün unter den Tragflächen – doch egal, wann man aus dem Fenster blickt, immer steigt irgendwo eine Rauchsäule nach oben. Wohlgemerkt: Diese Region ist das kaum berührte Herz des Amazonas. An den Rändern Richtung Süden, etwa im Bundesstaat Mato Grosso, wo sich die Viehfarmen und Sojaplantagen ausbreiten, lodern die Flammen noch weit schlimmer. Regelmäßig werden auf Satellitenaufnahmen Zehntausende von Bränden pro Jahr identifiziert. Die meisten sind illegale Rodungen, die unter Präsident Jair Bolsonaro aber kaum verfolgt werden – kein Wunder, dass sich die Zahl der Brände in der Amazonasregion im Vergleich zu den Jahren zuvor fast verdoppelt hat.

Im Jahr 2021 wurden am Amazonas 1,3 Millionen Hektar zerstört, die fünffache Fläche des Saarlands. Die Satellitenfotos zeigen klar, wie dabei vorgegangen wird: Zuerst werden Bäume entlang von Straßen oder am Rand bisheriger Wirtschaftsflächen abgeholzt oder abgebrannt, dann werden oft Äcker angelegt und schließlich, wenn der Boden ausgelaugt ist, folgen die Viehweiden. Nach extensiven Landnahmen, wie es sie bis 2005 gab, hatte Brasilien schon einmal einen besseren Weg gefunden. Zwischen 2006 und 2015 förderten Programme der Regierung eine intensivere Bewirtschaftung statt neuer Rodungen: Dadurch sank die jährliche Entwaldung um vier Fünftel, während die landwirtschaftliche Produktion stieg. Doch Bolsonaro setzt wieder auf die brutale Methode – eine Katastrophe für die Artenvielfalt, das Weltklima und die indigenen Völker Amazoniens.

Dabei hätten große Verbraucher wie die EU Hebel, die sie nutzen könnten: So wie Palmöl nicht unbedingt aus neu angelegten Monokulturen stammen muss und so wie man Kaffee und Kakao über fairen Handel beziehen kann, so könnte man auch bei Soja und Rindfleisch auf dem Schutz von Ökosystemen und Menschenrechten bestehen. Dass die Produkte nicht aus entwaldeten Regionen stammen, ließe sich über Herkunfts- und Satellitendaten belegen. Die Regeln müssten in Lieferkettengesetzen und Handelsvereinbarungen verankert werden. Nur ist das nicht so einfach, wie es klingt, weil man verhindern muss, dass die Marktteilnehmer gegeneinander ausgespielt werden: Allein China importiert 60 Prozent der Weltproduktion an Soja, und davon die Hälfte aus Brasilien – und aus China kommt eher wenig Druck in Richtung Umwelt- und Naturschutz oder Menschenrechte.

Auf jeden Fall hat die EU eine Verantwortung, der sie sich nicht entziehen darf. So hat der WWF im April 2021 einen Bericht veröffentlicht,[27] nach dem 2017 rund 16 Prozent aller Abholzungen von Tropenwäldern durch Handelsimporte der EU (einschließlich Großbritannien) verursacht wurden. Danach lag die EU hinter China (mit 24 Prozent) auf Platz zwei dieser schändlichen Rangliste, vor Indien mit neun und den USA mit sieben Prozent. Auch die Klimakrise wird so verstärkt, denn Wissenschaftler des Global Carbon Project[28] gehen davon aus, dass durch Rodungen, Waldbrände und die Austrocknung von Feuchtgebieten weltweit rund 5,5 Milliarden Tonnen an zusätzlichem CO_2 pro Jahr entstehen.

Die Messunsicherheiten sind allerdings hoch, weil dies ein Nettowert ist: Auf der einen Seite steht die Entwaldung und Trockenlegung, auf der anderen Seite wachsen neue Buschlandschaften und Wälder, wenn Ackerland aufgegeben wird. Der wahre Wert kann daher zwischen drei und acht Milliarden Tonnen liegen, aber der Mittelwert von 5,5 Milliarden Tonnen zeigt die Dimension: Das ist etwa so viel, wie der globale Straßenverkehr emittiert, und es übertrifft den CO_2-Ausstoß der USA. Laut WWF entsprechen die Klimagase aufgrund der Abholzungen, die die EU mit ihren Importen verursacht, rund einem Viertel der Emissionen der Landwirtschaft innerhalb der EU – es sind hohe indirekte CO_2-Emissionen, die in der EU-Statistik gar nicht auftauchen.

Nach dem Waldzustandsbericht 2020 der Welternährungsorganisation der UN (FAO) verschwinden derzeit pro Jahr rund um den Globus etwa zehn Millionen Hektar Wald[29] – das ist fast so viel wie die gesamte deutsche Waldfläche von 10,6 Millionen Hektar. Dass zugleich auf fünf Millionen Hektar neuer Wald entsteht, ist kein Trost, weil es sich dabei meist um Aufforstungen mit weit geringerer Artenvielfalt oder gar um Plantagenwälder handelt. Selbst schnell wachsende Eukalyptusplantagen, die nach wenigen Jahren für die Zellstoffindustrie gefällt werden, erfüllen die Definition eines Waldes, sind aber grüne Wüsten. Monokulturen statt artenreicher Ökosysteme. An der Ostküste Brasiliens erstreckte sich beispielsweise bis vor 100 Jahren der Atlantische Küstenregenwald auf 130 Millionen Hektar. Nach jahrzehntelangen Rodungen sind heute nur noch sieben Prozent dieses einzigartigen Waldes vorhanden, dessen Biodiversität eine der höchsten der Welt war. Hier wurden auf einem einzigen Hektar 450 verschiedene Baumarten gezählt – zum Vergleich: In ganz Kanada gibt es nur 20 Baumarten auf Hunderten von Millionen Hektar.

Die Pflanzen- und Tierwelt der Tropen ist ein Reichtum, der gar nicht hoch genug zu bewerten ist. Wie sich hier so viele Arten entwickeln konnten, ist Evolutionsforschern noch immer nicht ganz klar. Vermutlich ist es eine Mischung aus Anpassung an unterschiedlichste Lebensräume, schnellen Generationsfolgen und der Tatsache, dass die Tropen seit vielen Millionen Jahren Regenwälder beherbergen – dass die Evolution sich hier länger austoben konnte als in Regionen, die durch den Wechsel von Eis- und Warmzeiten geprägt waren.

Laut FAO ist die Menschheit jedenfalls auf solche Wälder angewiesen: Mindestens eine Milliarde Menschen isst häufig Fleisch von Wildtieren und Insekten sowie Fische, Pilze und Früchte. Mehr als zwei Milliarden Menschen brauchen Holz zum Kochen. 28 000 Pflanzenarten sind für ihre medizinischen Wirkungen bekannt, und sehr viele finden sich in den Ökosystemen der Wälder. Doch natürlich gibt es auch die andere Seite: Viele Krankheiten, von HIV und Ebola bis zu Gelbfieber und manchen Malariastämmen und vermutlich auch das SARS-CoV-2-Virus entstammen tropischen und subtropischen Wäldern – sie konnten auf Menschen überspringen, weil diese immer tiefer in die einst abgeschiedenen Regionen vordrangen.

Grundsätzlich ist nachhaltiges Wirtschaften auch im Regenwald möglich, ohne die fruchtbare, dünne Bodenschicht auszulaugen. So werden in Sierra Leone Kakaobohnen, Chili und Mais dauerhaft im Schatten des Regenwalds angepflanzt. Auch in Brasilien habe ich schon vor fast 30 Jahren Farmer getroffen, die eine ökologisch sinnvolle Landwirtschaft betreiben und dabei viel von der indigenen Bevölkerung lernen. Das Prinzip ähnelt dem Aufbau des Regenwaldes in Stockwerken. Dadurch werden dem Boden möglichst wenig Nährstoffe entzogen: Tropische Wälder düngen sich durch den Laubabwurf ihrer Bäume und Sträucher und die aufeinander abgestimmte Tier- und Pflanzenwelt selbst. Hohe Bäume beschatten die unteren Ebenen und verhindern die Austrocknung; außerdem bremsen sie den Regen, sodass er nicht mit voller Wucht auf den Boden treffen und ihn erodieren kann.

Dieses Stockwerkprinzip lässt sich gut für die Landwirtschaft nutzen. In der obersten Etage pflanzt man etwa Kokospalmen oder Paranussbäume. Darunter Papaya-, Kautschuk- oder Mangobäume, Bananen, Pfeffer, Kakao, Kaffee oder Zitrusfrüchte. Noch ein Stockwerk tiefer, in der beschatteten Krautschicht, tropisches Gemüse, Bohnen, Kürbisse, Melonen – und im Boden Süßkartoffeln, Maniok oder Jamswurzeln. In diesem ausgeklügelten System kann sich jede Pflanze so entfalten, wie sie es braucht, um optimalen Ertrag zu liefern. Sie hat ausreichend Licht und Schatten, Wasser und Nährstoffe, und das ganze Jahr über kann geerntet werden. Selbst Kleintiere wie Hühner kann man zwischen den Pflanzungen halten. Der einzige Haken: Es ist kein System für Maschinen und Konzerne, sondern für Kleinbauern mit viel Handarbeit. Doch wenn es mehr davon gäbe, ginge es sowohl den Menschen als auch der Natur weit besser …

Um es noch einmal zu betonen: Wir müssen die Regenwälder vor allem aus zwei Gründen schützen. Zum einen, um ihre Biodiversität, ihre unglaubliche Artenvielfalt, zu bewahren – und zum anderen, weil sie erheblich zur Stabilität des Weltklimas beitragen. Wissenschaftler haben ermittelt, dass Wälder, Böden und Moore 31 Prozent des Kohlendioxids aufnehmen, das wir als Emissionen erzeugen. In den Ozeanen landen 23 Prozent, und die restlichen 46 Prozent, die in der Atmosphäre verbleiben, verursachen den Treibhauseffekt. Die über Jahrhunderte gewachsenen Wälder speichern in ihrer Biomasse, im Totholz und in der obersten Bodenschicht mehr Kohlenstoff, als in der Luft enthalten ist. Auf der Klimakonferenz Ende 2021 in Glasgow haben sich daher über 100 Länder, die 85 Prozent der globalen Waldfläche repräsentieren – darunter auch Brasilien –, verpflichtet, bis 2030 die Entwaldung zu stoppen. Doch wie viel diese Erklärung wert ist, wird erst die Zukunft zeigen.

Tropische Regenwälder gelten als grüne Lunge der Erde. Sie erbringen mehr als ein Drittel der Photosyntheseleistung, die an Land stattfindet – und der Regenwald am Amazonas etwa die Hälfte davon. Für den Sauerstoff gilt dies im Übrigen nicht: Der durch die Pflanzen am Tag abgegebene Sauerstoff und der, den sie während der nächtlichen Atmung selbst wieder nutzen, sowie der, den Mikroben im Waldboden beim Zersetzen organischer Stoffe verbrauchen, halten sich im Wesentlichen die Waage. Die Amazonasregion ist also genau genommen weniger eine grüne Lunge als eine grüne Klimaanlage für die Erde.

Der Kühleffekt kommt auch durch den Wasseraustausch zustande. Wenn Wolken vom Atlantik über dem Amazonas abregnen, wird die Feuchtigkeit im Erdreich, in den Pflanzen und vor allem in deren Kronendach gespeichert. Von dort verdunstet das Wasser wieder und kühlt den Wald; die eine Hälfte fällt gleich vor Ort erneut als Regen nieder, die andere dringt immer tiefer ins Landesinnere vor – der Amazonas bezieht einen Großteil seines Wassers sozusagen aus sich selbst. Allerdings gerät diese Dynamik nun ins Stocken. In den letzten 35 Jahren hat sich die Trockenphase im Amazonasgebiet um etwa sechs Wochen verlängert. Der Hauptgrund: Ein Fünftel der Regenwaldfläche ist bereits abgeholzt – insgesamt 100 Millionen Hektar, das sind zwei Drittel der gesamten Waldfläche der EU. Die Folge: Der Urwald wird trockener, und er absorbiert weniger CO_2.

Forschende warnen, dass der Kipppunkt zur Selbstaustrocknung erreicht sein könnte, wenn die Entwaldung 25 Prozent beträgt – das könnte in 15 bis 30 Jahren der Fall sein. Dann würde der Regenwald zur Savanne werden. Die Kohlenstoffsenke würde zur -quelle, es würde mehr CO_2 emittiert als aufgenommen. Wissenschaftlerinnen wie Susan Trumbore vom Max-Planck-Institut für Biogeochemie in Jena, die den Amazonas unter anderem mithilfe eines 325 Meter hohen Observationsturms erforschen,[30] warnen, dass der Regenwald eine globale Temperaturerhöhung von im Mittel zwei Grad Celsius nicht überleben werde. Denn heute gibt es bei den hohen Temperaturen, die dann in tropischen Breiten herrschen würden, nirgendwo einen Regenwald – nur trockene Savanne. Das wäre eine Katastrophe, mindestens so schlimm wie das Sterben der Korallenriffe.

Wälder in anderen Regionen der Erde, die sich derzeit sogar ausdehnen, können nie die Verluste ausgleichen, die durch das allmähliche Verschwinden der tropischen Regenwälder in Südamerika, Afrika und Südostasien entstehen. Doch immerhin wächst das Bewusstsein für die Problematik, und es werden Selbstverpflichtungen abgegeben: So haben sich in der sogenannten Bonn Challenge im Jahr 2011 mehr als 60 Staaten – auch Brasilien – vorgenommen, bis 2030 rund 350 Millionen Hektar Wald aufzuforsten. Passiert ist bislang nicht viel: Laut FAO wurden in den zwei Dekaden ab dem Jahr 2000 nur elf Millionen Hektar in Lateinamerika und zwölf Millionen in Asien regeneriert oder wieder aufgeforstet. Beim Klimagipfel 2019 in New York, der durch Greta Thunbergs »How dare you?!« im Gedächtnis bleiben wird, gab es weitere Ankündigungen: Pakistan will bis 2025 zehn Milliarden Bäume pflanzen, Äthiopien gar 20 Milliarden, Kenia bis 2022 zwei Milliarden, und Mali will bis 2030 weitere zehn Millionen Hektar mit Bäumen restaurieren. Im thunbergschen Sinn bleibt zu hoffen, dass das alles nicht nur leere Worte sind.

Bäume pflanzen und Moore renaturieren

Wie sinnvoll das massive Pflanzen von Bäumen sein kann, zeigt die Initiative der »Großen Grünen Mauer«. Die Afrikanische Union will damit das Vordringen der Sahara in die Sahelzone bekämpfen. China hat in einem ähnlichen Projekt seit 1978 auf 22 Millionen Hektar eine teils 100 Kilometer breite Wand aus Tamarisken, Pappeln, Büschen und Gräsern errichtet, um die weitere Ausdehnung der Wüsten zu stoppen. In Afrika soll sich in Zukunft ein mindestens 15 Kilometer breiter und 8000 Kilometer langer Wall aus Bäumen von Dakar im Westen bis Dschibuti im Osten quer durch den Kontinent ziehen.[31] Denn seit 100 Jahren hat sich die Sahara um 250 Kilometer nach Süden ausgedehnt, und man befürchtet, dass der Klimawandel bis 2100 die Sahelzone um drei bis sechs Grad aufheizen könnte, was die Wüstenwerdung weiter befördern würde. Zudem dürfte sich bis dahin die Bevölkerung der Sahelländer von 150 auf 350 Millionen mehr als verdoppeln – Konflikte sind vorprogrammiert. Schon heute leiden viele dieser Länder unter Terror und Bürgerkrieg. Die Zeit drängt, erkannten auch die Teilnehmerländer des One Planet Summit im Januar 2021 in Paris: Bis 2025 wollen sie für Afrikas »grüne Mauer« fast zwölf Milliarden Euro zur Verfügung stellen, um die Pflanzaktionen schneller voranzubringen.

Erste Erfolge gibt es. Bisher wurden rund 15 Prozent der geplanten Flächen locker mit Bäumen und Büschen bepflanzt. In Nigeria wurden fünf Millionen Hektar fruchtbar gemacht und im Senegal zwölf Millionen Bäume gesetzt. Besonders geeignet sind Akazien, wie Projekte in Tunesien belegen: Sie halten Trockenheit gut aus, sind recht salztolerant und können mit langen Wurzeln sogar noch Wasser in 100 Meter Tiefe erreichen. Zudem reichern sie den Boden mit Stickstoff an, was ihn fruchtbarer macht. Auch eine Initiative in Äthiopien sorgte für Aufsehen: An einem Tag im Juli 2019 waren alle 105 Millionen Einwohner aufgerufen, an über 1000 Orten Bäume zu pflanzen – sogar Behörden wurden geschlossen, um den Mitarbeitenden die Teilnahme zu ermöglichen. Das Ergebnis kann sich sehen lassen: Mit über 350 Millionen Setzlingen binnen 24 Stunden gelang ein neuer Weltrekord. Angeblich seien inzwischen über 80 Prozent der Bäumchen angewachsen, meldet das äthiopische Landwirtschaftsministerium – und alles in allem seien in den letzten Jahren 5,5 Milliarden Bäume in die Erde gebracht worden.

Im Kampf gegen Wüsten sind Pflanzungen sicherlich hilfreich, doch nützen sie auch gegen den Klimawandel? Die Antwort ist nicht so offensichtlich, wie es scheinen mag. 2019 wurde eine Veröffentlichung von Wissenschaftlern der ETH Zürich in *Science* heiß diskutiert.[32] Sie hatten errechnet, dass es auf der Erde etwa 900 Millionen Hektar gibt, die von Menschen nicht genutzt werden und auf denen man Wälder renaturieren oder aufforsten könnte – in Russland, den USA und Kanada, aber auch in Brasilien und China. In der entstehenden Biomasse könnten über Jahrzehnte etwa 200 Gigatonnen Kohlenstoff gespeichert werden. Zum Vergleich: Aus der Nutzung von Öl, Gas und Kohle sowie der Zementindustrie bläst die Menschheit derzeit pro Jahr zehn Gigatonnen Kohlenstoff in die Luft – eine gigantische Aufforstung könnte laut den ETH-Forschern also einen erheblichen Beitrag zum Klimaschutz leisten.

Allerdings gibt es erhebliche Einwände: Abgesehen von den Kosten und dass bei Weitem nicht alle Aufforstungen glücken, ist Wald nicht gleich Wald. Auch Savannen in den Tropen oder die Graslandschaften Nordamerikas speichern große Kohlenstoffmengen – wenn man dort Bäume pflanzt, wäre der Nutzen fürs Klima fraglich.[33] Hinzu kommt der Albedo-Effekt: Ein dunkles Kronendach heizt sich in der Sonne stärker auf als ein helles Gras. In Bodennähe steigt dann die Temperatur, der Klimawandel wird sogar verstärkt. Das gilt vor allem in höheren Breiten: Dort könnte es schädlich sein, Wald neu anzulegen. Amerikanische Satellitenaufnahmen belegen das: Wenn Wälder in den Rocky Mountains verloren gehen, sinken die Temperaturen; wenn es östlich des Mississippi oder am Pazifik zu einer Entwaldung kommt, steigen sie – bei Aufforstungen ist es also wichtig, genau zu prüfen, welche Bäume wo gepflanzt werden. Dementsprechend vorsichtig sollte man sein, wenn man seinen CO_2-Fußabdruck kompensieren will. Aufforstungen sollten auf jeden Fall unabhängig zertifiziert und sorgfältig überwacht werden.

Als Faustregel gilt, dass ein Baum in den Tropen in den ersten 20 Jahren seines Lebens pro Jahr etwa 16 Kilogramm CO_2 aus der Luft holt und in Form von 4,4 Kilogramm Kohlenstoff in Biomasse umwandelt. Tropenbäume wachsen schnell, der weltweite

Durchschnitt liegt bei 10 Kilogramm CO_2. Ein dichter Wald in Mitteleuropa bindet pro Hektar und Jahr gerechnet rund zehn Tonnen CO_2 in Stämmen, Ästen und Wurzeln sowie Humus und Totholz.[34] Der deutsche Wald gilt mit derzeit 65 Millionen Tonnen CO_2 pro Jahr als erhebliche CO_2-Senke – er absorbiert etwa acht Prozent der deutschen Klimagase. Allerdings nehmen Forstexperten an, dass die Wälder künftig weniger CO_2 aufnehmen, weil sie wegen ihrer Altersstruktur und wegen des Klimastresses nicht mehr so kräftig wachsen. Für 2050 rechnet etwa die Studie »Klimaneutrales Deutschland« fast mit einer Halbierung der Senkenleistung auf nur noch 35 Millionen Tonnen CO_2.

Zugleich droht ein Waldsterben 2.0, das nicht wie in den 1980er-Jahren durch sauren Regen ausgelöst wird, sondern durch den Klimawandel.[35] Trockenheit und Brände sowie Stürme, Sturzregen und Schädlinge wie der Borkenkäfer oder der Eichenprozessionsspinner machen den Wäldern extrem zu schaffen. Heute sind nicht mehr nur Fichten- und Kiefernmonokulturen gefährdet: Auch 80 Prozent der deutschen Eichen und fast 90 Prozent der Buchen haben lichte Kronen. Vier Fünftel aller Bäume zeigen teils massive Schäden, nur noch ein Fünftel ist kerngesund. Zwar werden seit 15 Jahren vermehrt Mischwälder aus Laub- und Nadelbäumen angepflanzt und oft lässt man nun auch Totholz liegen, damit der Boden fruchtbarer wird und mehr Tierarten Unterschlupf finden. Doch dies reicht nicht.

Wenn sich die Klimazonen verschieben, ist es sinnvoll, robustere Baumarten aus Regionen mit heißen und trockenen Sommern einzuführen: Mit Douglasien, Robinien und Roteichen, Hainbuchen und Elsbeeren gibt es bereits gute Erfahrungen.[36] Inzwischen wird auch mit der Libanon-Zeder experimentiert, deren wertvolles Holz seit der Antike beliebt ist; sie hat sich als resistent gegen Dürren, Schädlinge und Waldbrände erwiesen. Auch in Städten, die durch Baumalleen und Parks beschattet und gekühlt werden sollen, werden bereits heimische Linden, Platanen und Ahornbäume durch Silberlinden aus Kleinasien oder morgenländische Platanen ersetzt. Selbst Gartenhochhäuser gibt es schon. Das derzeit mit 93 Metern höchste, in Form einer Doppelhelix vom französischen Architektenbüro Vincent Callebaut errichtete, steht in der taiwanesischen Millionenstadt Taipeh: 23 000 Bäume und Sträucher mitsamt Waldwegen finden auf den 20 Etagen dieses exklusiven Wohngebäudes Platz.

Die Bewirtschaftung von Mischforsten und naturbelassenen Wäldern ist zweifellos aufwendiger als die von Fichtenmonokulturen. Wäre es da nicht sinnvoll, auch die Klimaleistung zu entlohnen? Bei einer CO_2-Aufnahme von zehn Tonnen pro Hektar und Jahr und einem CO_2-Preis von 100 Euro pro Tonne würde ein Waldbesitzer jährlich 1000 Euro pro Hektar erhalten – allein dafür, dass er seinen Wald ungestört wachsen lässt. Dass man für Klimagasemissionen bezahlen muss, ist nur vernünftig, um über den Preis einen Anreiz zu schaffen, sie zu reduzieren; dann sollte aber auch das Einfangen von Treibhausgasen honoriert werden.

Dasselbe gilt im Übrigen für die Wiedervernässung von Mooren, was pro Fläche sogar mehr bringt als neue Wälder. Pflanzen im Moor können sich anders als im Wald nach dem Absterben nicht zersetzen. Sie werden im wassergesättigten Moorboden konserviert und bilden nach und nach Torfschichten, in denen der Kohlenstoff gespeichert bleibt – natürlich nur, wenn man den Torf nicht abbaut und verfeuert. Würde man die trockengelegten Moore (weltweit 60 Millionen Hektar) wieder vernässen, würde dies pro Jahr fünf Prozent der anthropogenen CO_2-Emissionen binden. Glücklicherweise sind noch 85 Prozent der globalen Moore weitgehend intakt, was sowohl dem Klima wie der Artenvielfalt guttut. In Deutschland werden derzeit 1,3 Millionen Hektar Moorböden landwirtschaftlich genutzt – würde man die Hälfte wieder in Feuchtgebiete verwandeln, hätte man eine zusätzliche Senke von 15 bis 20 Millionen Tonnen CO_2 pro Jahr.

Und es geht sogar noch besser: Rechnet man bei einem Wald mit fünf bis 15 und bei einem Moor mit 25 bis 35 Tonnen CO_2 pro Hektar und Jahr, lassen sich mit dem schnell wachsenden Miscanthus, einem mehrere Meter hohen Grasgewächs, sogar 30 bis 40 Tonnen erreichen – dieses Chinaschilfgras liegt damit an der Spitze der in freier Natur vorkommenden Pflanzen. Nur Mikroalgen schaffen noch mehr: Sie können in Bioreaktoren pro Jahr etwa 50, bei optimalem Licht bis zu 200 Tonnen CO_2 pro Hektar Grundfläche aufnehmen. Auf den ersten Blick eine bestechende Idee: Man könnte das CO_2-reiche Abgas von Kraftwerken oder Zementanlagen durch lichtdurchlässige, mit Wasser gefüllte Schläuche leiten, in denen Mikroalgen schwimmen. Manche Algen produzieren auch bis zu 30-mal mehr Fette als Raps, was sich gut zu Biosprit oder Biokunststoffen umwandeln ließe.

Letztlich würde man also das ohnehin anfallende CO_2 nutzen, um Stoffe zu erzeugen, für die üblicherweise Erdöl eingesetzt wird. Diese Idee hat sich in Pilotprojekten nur leider als wenig praktikabel erwiesen: Zum einen muss man die Algen ernten, das heißt, aus dem Wasser filtern, trocknen und aufbrechen, was viel Energie kostet und mitsamt der chemischen Umwandlung sehr teuer ist. Und zum anderen wären die nötigen Flächen exorbitant groß: Allein um das CO_2 eines mittelgroßen Kraftwerks einzufangen, bräuchte man eine Bioreaktorfläche von zehn Kilometer Länge und 20 Kilometer Breite mit optimalem Sonnenlicht – und hätte es mit 5000 Tonnen Algenbiomasse pro Tag zu tun. Algen können sicherlich den ein oder anderen Hektar der weniger effizienten Energiepflanzen einsparen helfen, aber sie werden uns nicht davor bewahren, schnell aus der fossilen Energieerzeugung aussteigen zu müssen.

Der wichtigste biochemische Prozess auf Erden

Dennoch bleibt die Frage: Können wir uns von der Photosynthese, dem wichtigsten biochemischen Prozess des Planeten, etwas abschauen, das sich technisch nutzen lässt? Denn abgesehen von Kernenergie, Erdwärme und Gezeiten, kommt alle Energie von der Sonne. Kohle, Öl und Gas sind die Biomasse vergangener Jahrmillionen, und Photovoltaik, Wind und Wasserkraft basieren auf der Energie, die die Sonne heute auf die Erde strahlt. Die raffinierteste Form, sie anzuzapfen, haben Bakterien vor über drei Milliarden Jahren entdeckt, als sie lernten, wie man Photosynthese betreibt. Den Purpur- und Cyanobakterien folgten die Grün-, Braun- und Rotalgen und dann die grünen Pflanzen. Mit Sonnenenergie bauen Pflanzen aus Wasser und dem CO_2 der Luft Kohlenhydrate auf, beispielsweise Zucker und Stärke. Jedes Jahr speichern die Photosynthese treibenden Lebewesen das Fünf- bis Zehnfache des Primärenergiebedarfs der Menschheit als Biomasse.

Schaut man sich Pflanzen im Detail an, so findet man in ihren Zellen spezielle Antennenmoleküle, die Licht einfangen und an sogenannte Reaktionszentren weiterleiten. Die Antennen decken mit ihren Farbstoffen – den grünen Chlorophyllen und den gelbrötlichen Carotinoiden – das Solarspektrum gut ab und können damit viel Licht ernten. In den Reaktionszentren passieren dann die entscheidenden Schritte der Energieumwandlung. Sie besser zu verstehen, um daraus vielleicht etwas für »bio-ähnliche Solarzellen« lernen zu können, war der Antrieb für meine Dissertationsarbeit mit dem Titel »Wirkung externer elektrischer Felder auf Primärprozesse der Photosynthese«. 1992 reichte ich sie an der Technischen Universität München ein, um in diesem Grenzgebiet zwischen Physik, Biologie, Chemie und Gentechnik zu promovieren.[37]

In den Reaktionszentren führen die eingefangenen Lichtteilchen, die Photonen, innerhalb von wenigen Billionstel Sekunden zur Trennung von positiven und negativen Ladungen – es wird sozusagen blitzartig die Batterie der Pflanzen aufgeladen. Dieser Vorgang muss so schnell erfolgen, damit die getrennten Ladungen nicht wieder »rekombinieren«, sich also nicht wieder vereinen, und die Energie des Lichts einfach in Form von Wärme verloren geht. Bis hierhin ähnelt das Ganze tatsächlich der Ladungstrennung in einer Solarzelle, allerdings wollen Pflanzen keinen elektrischen Strom erzeugen. Stattdessen nutzen sie die Energie ihrer internen Batterie dazu, Wasser in Wasserstoff-

Ionen und Sauerstoff zu spalten und energiereiche Moleküle wie Adenosintriphosphat (ATP) zu bilden. Diese Energieträger setzen sie dann ein, um mit CO_2 ihre lebenswichtigen Kohlenhydrate zu bilden.

Im Allgemeinen wandeln Pflanzen je nach Umgebungsbedingungen und Pflanzenart nur 0,5 bis maximal zwei Prozent der Sonnenenergie in Biomasse um. Denn die vielen Schritte der biochemischen Kreisläufe führen stets zu Energieverlusten. Die Pflanze muss ja nicht nur Sonnenlicht ernten, Wasser spalten und CO_2 binden, sondern Reparaturmechanismen in Gang halten, für ihr Wachstum und ihre Fortpflanzung sorgen, mit anderen Pflanzen und Tieren kommunizieren und Feinde abwehren – alles Dinge, die eine Solarzelle, eine Elektrolyseanlage oder eine Chemiefabrik nicht zu leisten haben.

Schaut man sich aber die ersten Schritte der Photosynthese genauer an, so ist deren Perfektion schon erstaunlich: Von 100 Photonen, die bei einem Reaktionszentrum landen, führen mindestens 98 zu einer Ladungstrennung. Und das nicht etwa in einer relativ einfach aufgebauten Halbleiterschicht wie bei einer Solarzelle, sondern in einem Protein-Farbstoff-Komplex, der aus weit über 10 000 Einzelatomen besteht. Pflanzen haben sogar zwei unterschiedliche Reaktionszentren hintereinandergeschaltet, um den hohen Energiebedarf für die Wasserspaltung aufbringen zu können. Für die Aufklärung der 3D-Struktur eines bakteriellen Reaktionszentrums – mit einer Präzision genauer als 0,025 Nanometer – wurden Hartmut Michel, Johann Deisenhofer und Robert Huber aus unserem damaligen Sonderforschungsbereich »Primärprozesse der Photosynthese« im Jahr 1988 mit dem Nobelpreis für Chemie ausgezeichnet.

Einen weiteren Nobelpreis erhielt der US-Chemiker Rudolph A. Marcus 1992 für die theoretische Erklärung solcher Prozesse, bei denen ein Elektron über eine ganze Staffel von Farbstoffen weitergereicht wird. Im Reaktionszentrum landet es dann auf der anderen Seite der Zellmembran, in die dieser Proteinkomplex mit seinen Farbstoffen eingebettet ist. Mit der Marcus-Theorie konnte man nachweisen, dass die Natur diesen Elektrontransfer auf maximale Geschwindigkeit getrimmt hat – infolge der Strukturen, Abstände und Orientierungen der Farbstoffe und ihrer Proteinumgebung erfolgt er ohne jede chemische Aktivierungsenergie – schneller geht es gar nicht!

Diese Perfektion der biologischen Solarzellen elektrisierte uns Photosynthese-Forscher damals außerordentlich. Denn die Schlussfolgerung war: Eine ideale molekulare Solarzelle sollte aus einer Kette von Molekülen bestehen, die so aufeinander abgestimmt sind, dass sie Ladungen sehr schnell und zugleich energetisch optimal trennen. Das unterbindet die verlustreiche Rekombination, und der Wirkungsgrad hinsichtlich Energie- und Photonenausbeute wird maximal. Wenn man Antennenmoleküle und eine Art Reaktionszentrum kombiniert, könnten eine Photonenausbeute von fast 100 Prozent und ein energetischer Wirkungsgrad von 60 Prozent machbar sein, so hofften wir.

Zum Vergleich: Die derzeit beste Solarzelle, die 2020 von einem Team des National Renewable Energy Laboratory in den USA entwickelt wurde,[38] erreicht mit einer Kombination von sechs teuren Halbleitermixturen, 140 einzelnen Schichten und konzentriertem Licht einen Energiewirkungsgrad knapp über 47 Prozent; übliche Silizium-Solarzellen liegen zwischen 20 und 22 Prozent. Die Natur hat in den Reaktionszentren also die Nase vorn; ihre Lösungen sind um einiges besser. Dennoch lautet die realistische Antwort auf unsere damalige Biosolar-Vision: im Prinzip ja, aber …

Eine perfekte, »bio-ähnliche Solarzelle« gibt es auch heute noch nicht, 30 Jahre nach meiner Promotion und nach all diesen aufregenden Grundlagenforschungen. Eine der Schwierigkeiten liegt darin begründet, dass sich Techniker mit komplexen biologischen Molekülen schwertun. Denn sie wollen eine möglichst einfache »Maschine«, also nur die wesentlichen Bausteine verwenden und keine lebende Zelle »mitschleppen«. Der Haken: Dann leidet die Langzeitstabilität – ohne die Biochemie einer Zelle, ihre Proteinfabriken und Reparaturmechanismen sind Biomoleküle bei Weitem nicht so stabil wie etwa die Silizium-Solarzellen, die schon seit über zwei Jahrzehnten auf meinem Hausdach zuverlässig ihre Arbeit tun.

Experimente, die das Prinzip der Photosynthese technisch nachbauen, wurden inzwischen schon viele durchgeführt.[39] Häufig versuchen Forschende, das Einfangen von Sonnenlicht und die Ladungstrennung gleich mit der Produktion von Wasserstoff zu koppeln – also das Prinzip »Solarzelle plus Elektrolyse«, das ich in Kapitel 1 beschrieben habe, in einem durch die Biologie inspirierten Gesamtsystem zu erledigen. Ein solches »künstliches Blatt« könnte man einfach in Wasser tauchen und beleuchten, und es würden Wasserstoff und Sauerstoff entstehen. Beispielsweise haben Wissenschaftler statt Reaktionszentren einen chlorophyllähnlichen Ruthenium-Komplex verwendet und ihn mit einem Kobalt-Katalysator kombiniert. Bei Bestrahlung mit Licht wird der Ruthenium-Komplex angeregt; er überträgt Elektronen zum Katalysator, und dort bildet sich dann tatsächlich Wasserstoff. Der Nachteil: Die Materialien sind teuer, die Effizienz ist noch nicht sonderlich hoch, und sie sind auch nur wenige Stunden stabil.[40]

Andere verwendeten als Photonenabsorber zwei Siliziumschichten plus Bismutvanadat, ein recht kostengünstiges Halbleitermaterial. Kombiniert mit Kobaltoxid und einem Platinkatalysator entsteht auch hier H_2, mit fünf Prozent Effizienz und einer Lebensdauer des Gesamtsystems von einigen Tagen. Wieder andere schafften mit Tricks wie Rhodium-Nanopartikeln und Titandioxid-Schutzschichten Wirkungsgrade von fast 20 Prozent und eine Lebensdauer von 20 Stunden, manche behaupten sogar, 1000 Stunden – doch ein echter Durchbruch für künstliche Blätter ist nach wie vor weit entfernt. Klassische Solarzellen in der Kombination mit Elektrolyseanlagen für Wasserstoff sind auf diese Weise derzeit wohl nicht zu schlagen.

Enzyme zusammenschalten, um CO_2 zu binden

Doch vielleicht gibt es noch einen anderen Weg zur künstlichen Photosynthese. Möglicherweise ist es sinnvoller, die Dunkelreaktion der Pflanzen zu imitieren, also den Calvin-Zyklus, in dem CO_2 zu Kohlenhydraten umgesetzt wird. Das könnte nicht nur die Ernährungsforschung revolutionieren – darauf gehe ich in Kapitel 6 ein –, sondern auch für Biokraftstoffe, Bioplastik und Medikamente sehr nützlich sein. Die aufregendsten Entwicklungen werden derzeit in der Arbeitsgruppe von Tobias Erb geleistet, dem Direktor der Abteilung »Biochemie und synthetischer Metabolismus« am Max-Planck-Institut für terrestrische Mikrobiologie in Marburg. Sein Ziel: die CO_2-Fixierung der Photosynthese nicht nur nachzubauen, sondern in neu designten Kreisläufen sogar zu verbessern.[41]

Bereits während seiner Doktorarbeit entdeckte Tobias Erb in einem Purpurbakterium ein Enzym, das CO_2 20-mal schneller und zwei- bis dreimal effizienter umsetzt, als es der (RuBisCO genannte) zentrale Biokatalysator im Calvin-Zyklus vermag. Dieses Turboenzym mit dem Kürzel CCR »katalysiert die effizienteste Reaktion zur CO_2-Fixierung, die wir bis heute kennen«, sagt der Mikrobiologe. Die Erklärung ist vermutlich, dass photosynthetische Bakterien anders als Pflanzen oft viel weniger Sonnenenergie zur Verfügung haben – sie müssen einfach effizienter arbeiten. Rund um dieses Enzym skizzierte Erb am Reißbrett eine Alternative zum Calvin-Zyklus, die er CETCH taufte: Dafür suchte er sich aus Datenbanken mit über 40 000 bekannten Enzymen mehrere Dutzend Kandidaten zusammen, die in einem neuen Stoffwechselkreislauf in der Lage sein sollten, CO_2 zu Kohlenhydraten umzusetzen.

Es dauerte einige Jahre, bis die Wissenschaftler in vielen Experimenten und Computersimulationen die beste Kombination von Enzymen gefunden hatten – »Enzym-Engineering« nennt

Erb diese Optimierungsprozesse. Sein Zyklus umfasst jetzt 17 dieser Biokatalysatoren aus unterschiedlichsten Lebewesen, die in der Natur nie zusammengefunden hätten: aus Mikroben, die in Seen oder an Pflanzen vorkommen, ebenso wie aus Darmbakterien und der menschlichen Leber, wobei die Forschenden drei Enzyme noch am Computer anpassen und für den CETCH-Zyklus neu designen mussten. Nun aber funktioniert er: der erste von Menschenhand geschaffene Stoffwechselweg zur CO_2-Fixierung. Er kann mit derselben Energie 20 Prozent mehr CO_2 binden als der Calvin-Zyklus – und die Forschenden haben bereits Ideen für weitere Verbesserungen.

Im Frühjahr 2020 veröffentlichte Erbs Team mit Kooperationspartnern in *Science* einen aufsehenerregenden Artikel,[42] in dem sie beschreiben, wie sie den CETCH-Zyklus in künstlichen Zellhüllen zum Laufen bringen. Das sind weniger als einen Zehntel Millimeter kleine Lipidvesikel ohne DNA: In diese Mikrotröpfchen bauen die Wissenschaftler in einem automatisierten Verfahren die CETCH-Enzyme ein und darüber hinaus auch die sogenannten Thylakoidmembranen aus den Chloroplasten von Spinatpflanzen. Die Letzteren liefern bei Beleuchtung die Energie für den CETCH-Zyklus. »In diesen Tröpfchen haben wir aus CO_2 schon Glykolat hergestellt«, berichtet Erb.

Glykolat oder Glykolsäure ist ein wichtiger Ausgangsstoff für viele komplexe Moleküle, etwa für flüssige oder gasförmige Energieträger oder für Kunststoffe. Selbst das Antibiotikum Erythromyzin lässt sich aus Glykolat herstellen. Erbs Traum ist jedenfalls durchaus ambitioniert: »Mit maßgeschneiderten Enzymen einen künstlichen Stoffwechsel 2.0 zu erschaffen, der jede beliebige organische Verbindung aus Kohlendioxid herstellen kann.« Wenn die künstlichen Zellkügelchen auch noch die Fähigkeit zur Selbstreparatur und Reproduktion erhalten sollten, dann könnte man Erbs Vision auch »Artificial Life« nennen.

6 Die Krise der Landwirtschaft

Nahrung für zehn Milliarden Menschen

Befragt nach der Zukunft der Landwirtschaft, nennen Agrarexperten gerne drei Schlagworte: Präzisionslandwirtschaft, vertikale Bauernhöfe und das fleischlose Steak vom 3D-Drucker, mitunter noch verknüpft mit einem Schuss Grüner Gentechnik. Ziemlich viel Hightech für die Frage, was wir essen wollen und sollen. Sind nicht andere Entwicklungen ebenso wichtig? Einig sind sich die Fachleute zumindest über die Ziele: Wir müssen es in 30 Jahren schaffen, rund zehn Milliarden Menschen zu ernähren, ohne die landwirtschaftliche Fläche zu vergrößern.[1] Das heißt: Wir müssen, ohne weitere Wälder abzuholzen, erheblich mehr Ertrag erwirtschaften und zugleich die Belastung der Umwelt senken, also weniger Dünger und deutlich weniger Mittel zur Schädlings- und Unkrautbekämpfung einsetzen.

Bis 2050 gilt es, nicht nur über zwei Milliarden Menschen mehr zu versorgen als heute, sondern sie auch gesünder zu ernähren. Laut dem Fortschrittsbericht der Welternährungsorganisation (FAO) sind wir nach wie vor weit entfernt davon, den Hunger zu besiegen.[2] Rund 800 Millionen Menschen – vor allem in Afrika südlich der Sahara und in Südasien – leiden an chronischem Hunger und insgesamt zwei Milliarden an Mangelernährung. Drei Viertel aller Hungernden leben auf dem Land – oft als Kleinbauern, was besonders schlimm ist, weil offenbar selbst Menschen, die Nahrungsmittel erzeugen, davon nicht immer leben können.[3] Neben Dürre, Schädlingsbefall und kriegerischen Konflikten entstehen enorme Verluste auch durch mangelhaften Transport und unzureichende Lagerung – laut FAO werden auf diese Weise 14 Prozent aller Nahrungsmittel vernichtet, in manchen Regionen noch weit mehr.

Zugleich kämpfen zwei Milliarden Menschen mit Übergewicht, eine Zahl, die sich nach einer Studie des Potsdam-Instituts für Klimafolgenforschung bis 2050 erneut verdoppeln könnte.[4] Die Wissenschaftler untersuchten, wie sich Ernährungsgewohnheiten verändert haben und was passieren könnte, falls der Trend weg von vorwiegend pflanzlichen Mahlzeiten hin zu tierischen Produkten und industriell vorverarbeiteten Lebensmitteln anhalten sollte. So hat sich seit 1960 der weltweite Fleischkonsum auf 340 Millionen Tonnen pro Jahr fast verfünffacht – und das gilt nicht nur für Industrienationen: Jeder Chinese isst heute sechsmal mehr Rindfleisch als noch vor 30 Jahren.

1,4 Milliarden Rinder, eine Milliarde Schweine, zwei Milliarden Schafe und Ziegen sowie 20 Milliarden Hühner, Enten und anderes Geflügel bevölkern heute als Nutztiere Ställe und Weiden.[5] Knapp ein Drittel der Landfläche des Planeten dient der Landwirtschaft: insgesamt 4,9 Milliarden Hektar – deutlich mehr als der noch verbliebene Wald mit vier Milliarden Hektar. Die Weiden sind doppelt so groß wie die Ackerflächen, die rund 1,6 Milliarden Hektar umfassen. Genau genommen ist die Dominanz der Fleischproduktion sogar noch massiver, denn etwa die Hälfte der weltweiten Ernte wird an Tiere verfüttert – direkt und indirekt werden also 80 Prozent der landwirtschaftlichen Fläche für die Fleischindustrie gebraucht.

Besonders viele Probleme verursacht die Sojabohne. 20 bis 30 Prozent aller Abholzungen in Südamerika gehen aufs Konto dieser eiweißreichen Hülsenfrucht, und den größten Teil der restlichen Waldverluste haben die Rinderbarone für ihre Weideflächen zu verantworten. Weltweit werden vier Fünftel der Sojaerträge als Proteinfutter in der Fleischwirtschaft verwertet, wobei sich die Erntemengen in den letzten 50 Jahren verachtfacht haben. Zudem tragen Rinder direkt zum Klimawandel bei: Im größten ihrer Vormägen, dem Pansen, produzieren Mikroben bei der Vorverdauung des Futters – wie auch bei Schafen und Ziegen – eine Menge Methan. 200 bis 400 Liter kann ein Rind auf der Weide oder eine Milchkuh im Stall jeden Tag hochrülpsen. Da Methan 28-mal klimawirksamer ist als Kohlendioxid, entspricht dies übers Jahr gerechnet zwei Tonnen an CO_2-Äquivalenten. Das bedeutet, ganz plakativ: Jedes Rind stößt im Jahr so viele Klimagase aus wie ein benzingetriebener Mittelklasse-Pkw. Insgesamt sind die 1,4 Milliarden Rinder weltweit also klimaschädlicher als die 1,2 Milliarden Pkws – umso mehr, wenn man auch noch die Abholzungen der Wälder für ihre Weiden und ihr Futter mit einberechnet.

Die Klimaeffekte der Landwirtschaft sind ohnehin sehr vielfältig: Nicht nur in Wiederkäuermägen entsteht Methan (CH_4), sondern auch, wenn sich organische Stoffe in gefluteten Reisfeldern zersetzen.[6] Weitere Milliarden Tonnen an CO_2-Äquivalenten werden durch Lachgas (N_2O) verursacht, das auf die Umwandlung von Stickstoffdünger in den Böden zurückgeht und fast 300-mal klimawirksamer ist als CO_2. Die Verbrennung von Ernteabfällen und die Nutzung von Maschinen führen ebenfalls zu CO_2-Emissionen – wie auch die in Kapitel 5 beschriebenen »Landnutzungsänderungen« infolge von Rodungen, Wald- und Torfbränden sowie die Trockenlegung von Feuchtgebieten. Alles in allem kommen die Datenexperten von »Our World in Data« zum Ergebnis, dass Land- und Forstwirtschaft etwa 18 Prozent aller anthropogenen Treibhausgasemissionen zu verantworten haben – beziehungsweise sogar 26 Prozent, wenn alle notwendigen Lagerungs-, Transport-, Weiterverarbeitungs-, Verpackungs- und Einzelhandelsemissionen mit eingerechnet werden.[7]

Mit einem weitverbreiteten Missverständnis räumt Hannah Ritchie, die Forschungschefin von Our World in Data, gleich auf: Der Transport ist nicht der entscheidende Faktor. »Er macht nur sechs Prozent der landwirtschaftlichen Emissionen aus«, sagt sie. Bezogen auf die Klimawirkungen ist ein Apfel aus Neuseeland nicht wesentlich problematischer als ein Apfel aus Deutschland, der vielleicht monatelang im Kühlhaus lagerte. Viermal größer als die Transportemissionen, so Ritchie, seien global betrachtet die Emissionen infolge von unsachgemäßer Lagerung, Verschwendung und Verlust von Lebensmitteln. In Deutschland landet fast ein Drittel aller Lebensmittel in der Tonne – solche Abfälle zu reduzieren, sollte höchste Priorität haben.

Nun verursacht die Landwirtschaft aber nicht nur Klimagase, sondern sie leidet auch unter den Folgen. Eine Faustregel besagt, dass mit jedem Grad mittlerer Temperaturerhöhung die Ernte um rund ein Zehntel zurückgeht[8] – und zudem verschieben sich die jahreszeitlichen und regionalen Niederschläge. In einer Studie des Zentrums für Entwicklungsforschung in Bonn hat ein Team um Joachim von Braun die vier Nahrungsmittel unter die Lupe genommen, die direkt oder indirekt drei Viertel des Kalorienbedarfs der Menschheit abdecken: Weizen, Reis, Mais und Soja. In den 2030er-Jahren, so die Forscher, könnten wegen des Klimawandels die weltweiten Ernteerträge um neun Prozent und 20 Jahre später sogar um 23 Prozent sinken[9] – und das, obwohl sie eigentlich deutlich steigen müssten. In Süd- und Ostasien und Südamerika sind die zu erwartenden Ertragsverluste noch höher als in den Subsaharaländern Afrikas.

Ob neue Züchtungen in Richtung trocken- und stressresistenter Pflanzen helfen können, untersuche ich an einer späteren Stelle dieses Kapitels. Vielleicht muss man in Zukunft auch auf die Saatgutbanken in Hochsicherheitsbunkern zurückgreifen, in denen fleißige Wissenschaftler Milliarden Samen von Zehntausenden Arten aufbewahren – allein in der Millennium Seed Bank im südenglischen Wakehurst sind Samen von 350 wilden Getreidepflanzen gelagert.[10] Ganz wenige Gegenden profitieren vermutlich sogar vom Klimawandel: Dazu gehören Teile Kanadas und Nordeuropas sowie größere Gebiete Sibiriens. So könnten in Dänemark oder Norwegen womöglich exzellente Weine angebaut werden. Noch wichtiger aber: 2021 hat das russische Landwirtschaftsministerium ausgerechnet, dass 19,4 Millionen Hektar an aussichtsreichem Ackerland derzeit brach liegen. Bis 2030 sollen davon zwölf Millionen Hektar urbar gemacht werden – das wäre die doppelte Getreideanbaufläche Deutschlands. Insgesamt könnte Russland nach Schätzungen 300 bis 450 Millionen Menschen zusätzlich ernähren, also zwei- bis dreimal mehr, als derzeit im Land leben. Damit könnten Agrarexporte zumindest einen Teil der künftig wegfallenden Öl- und Gasausfuhren ersetzen.

Roboter für die Erdbeerernte, Hydrokultur in der Wüste

Doch was lässt sich darüber hinaus tun? Schauen wir uns an, was sich Agrarexperten von der Präzisionslandwirtschaft, dem »Precision Farming« oder »Smart Farming«, versprechen. Hier geht es nicht nur um Sensoren und Roboter in den Ställen. Schon heute erfassen oft Kameras die Euter der Kühe, wenn sie das Melkkarussell betreten. Bürsten reinigen die Zitzen, Roboterarme bringen die Melkbecher an, und Sensoren messen die Qualität der Milch. Wie viel Milch welche Kuh geliefert hat, wird den Landwirten auf ihren Tablet-Computern angezeigt. Künftig könnten mobile Melkroboter auch bei Kühen auf der Weide aktiv werden – manche Visionäre stellen sich sogar Massageroboter vor, die den Kühen eine Wellnesseinheit anbieten. Zugleich sollen die Kaubewegungen über Sensoren in den Ohrmarken überwacht werden; daraus lässt sich relativ gut der Gesundheitszustand der Kuh ableiten.

Auch auf den Äckern werden immer mehr Roboter eigenständig unterwegs sein, vor allem leichte Geräte, die den Boden nicht so stark verdichten und die Bewirtschaftung kleinerer Flächen erlauben. In Teilen funktioniert das schon: Über Satellitenortung und digitale Karten lässt sich ein Traktor heute auf zwei Zentimeter genau steuern, und der Fahrer bekommt präzise Informationen, wie viel er wo gesät, gedüngt oder geerntet hat. Künftig kann all das verfeinert werden. Sensoren unterscheiden, was Unkraut und was Nutzpflanzen sind, sie messen Temperatur und Feuchtigkeit und erkennen Wachstumsfortschritte. Über ihnen kreisen autonome Drohnen, um den Zustand der Felder von oben zu prüfen und Pilzbefall oder Wildschäden zu entdecken.

Mit diesen Daten und den Wettervorhersagen bekommen dann die Landwirte vom Computer Empfehlungen, wo welche Pflanzen mehr Dünger, mehr Wasser oder mehr Pflanzenschutzmittel benötigen – oder die Drohnen geben dies mit Erlaubnis der Landwirte direkt an die Feldroboter vor Ort weiter. Die Vorteile der Präzisionslandwirtschaft sind offensichtlich: Nirgends soll zu viel gesät, gespritzt oder gedüngt werden, um die Umwelt zu schonen und Kosten zu sparen. Wenn künftig überhaupt Menschen auf Landwirtschaftsmaschinen sitzen, werden sie vielleicht nur noch darauf achten, was ihnen die Bildschirme im Cockpit zeigen, um im Notfall eingreifen zu können – falls etwa die Sensoren ein Rehkitz übersehen haben, das sich ängstlich in eine Ackerfurche duckt.

Vielfältige Ernteroboter wurden bereits entwickelt und getestet: für Gurken in Ostdeutschland ebenso wie für Äpfel in Neuseeland oder die Weinlese im Burgund. Sehr beeindruckend ist der Erdbeer-Roboter der spanischen Firma Agrobot, der mit seinen 24 feinfühligen Greifarmen sanft mit den empfindlichen Früchten umgeht, keine Druckstellen hinterlässt und dank seiner Kameraaugen nur die reifen roten Beeren pflückt. Wer gar keine Herbizide mehr ausbringen will, könnte künftig sogar auf Feldroboter setzen, die das Unkraut mechanisch ausreißen; auch solche Maschinen wurden schon getestet – sozusagen die »Renaissance der Unkrauthacke« im Internetzeitalter.

Dass beim Smart Farming der Teufel im Detail steckt, ist naheliegend. So wären viele Landwirte in Deutschland schon froh, wenn sie auf ihren Feldern einen störungsfreien Mobilfunk hätten. Vom Internet der Dinge, dem künftigen echtzeitfähigen und ausfallsicheren 5G- oder 6G-Netz mit höchsten Datenraten, über das smarte Maschinen untereinander und mit Menschen kommunizieren sollen, kann man derzeit nur träumen. Doch in den 2030er-Jahren wird es vielleicht in der Tat so weit sein, dass autonome Feldroboter und Überwachungsdrohnen zum Alltag auf unseren Äckern gehören.

Wie aber soll eine Präzisionslandwirtschaft in technisch weniger entwickelten Regionen aussehen? In ganz Afrika gibt es weniger funktionsfähige Traktoren als im 300-mal kleineren Süddeutschland, und selbst Zugtiere sind nicht weit verbreitet – beim Ackerbau verlässt man sich auf die menschliche Arbeitskraft. Das schließt allerdings Präzision nicht aus, ganz im Gegenteil. In mehrjährigen Projekten in Mali, Niger und Burkina Faso lernten Zehntausende von Bauern die Mikrodosierung von Dünger per Hand.[11] Sie brachten kleine Mengen Dünger direkt ins Saatloch ein, statt ihn konventionell zu verstreuen. Das Resultat war beeindruckend: Sie brauchten nur ein Zehntel des üblichen Düngers und erhielten bei ihrer Hirse eine Ertragssteigerung von 120 Prozent.

Wenn man es richtig macht, können sogar in der Sahara frische grüne Gräser als Futter für Ziegen wachsen, die sich vorher nur von Abfällen und Altpapier ernähren mussten. Den Beweis trat der Agrarwissenschaftler Taleb Brahim an, der im heißtrockenen Flüchtlingslager in Westalgerien, wo seine Familie seit 45 Jahren lebt, seine Vision einer Präzisionslandwirtschaft umsetzte.[12] Hydroponik – eine Art Hydrokultur – in der Wüste, als Lowtech-Version mit lokalen Materialien. Seine Gerstensamen kommen ohne Erde aus, ohne Dünger, und sie brauchen 90 Prozent weniger Wasser im Vergleich zu einem Acker. Mit reichlich Sonnenlicht und richtig gewässert kann man bereits nach sieben Tagen eine dichte Matte grünen Grases ernten, die den Tieren so gut schmeckt, dass sie wesentlich mehr Milch und besseres Fleisch liefern.

Entwickelt hat Brahim sein Hydroponik-Konzept H2Grow seit 2017 mit dem in München ansässigen Innovation Accelerator des

Welternährungsprogramms der Vereinten Nationen.[13] H2Grow ist inzwischen so erfolgreich, dass es in vielen Ländern eingesetzt und an die jeweiligen Bedürfnisse angepasst wird: von Peru bis Jordanien, von Namibia bis in den Tschad. Bald dürften Millionen Menschen davon profitieren – und Brahim will das System mit Fraunhofer-Forschenden auf Kräuter, Salate und Gemüse erweitern. Anders als bei der Gerste braucht man hierfür Wasser, das mit Nährstoffen angereichert wird, die sich vor Ort aus Steinen sowie dem Blut und Knochenmehl der Schlachtungen gewinnen lassen. Die Inspiration für seine zunächst absurd klingende Hydrokultur in der Wüste hat Brahim, so berichtet er, ganz modern aus einem YouTube-Video bezogen, das ihm ein Freund aus den USA geschickt hatte.

Das ist gar nicht so überraschend: Mobilfunknetze sind in ärmeren Ländern weit verbreitet. Hier wurde die Stufe von Festnetztelefonen und Desktop-Rechnern einfach übersprungen und gleich auf Mobilfunk gesetzt. Ob in Laos, Togo oder Somalia: Internetzugang gibt es vor allem über Smartphones. Die billigsten sind für weniger als 25 Dollar erhältlich. In Afrika besitzen heute mehr Personen ein Mobiltelefon, als Menschen Zugang zu einer sauberen Trinkwasserversorgung haben. Große Firmen wie Google und IBM haben Zentren für Künstliche Intelligenz in Ghana und Kenia eröffnet, viele Lösungen gibt es als Open Source – mit Quellcode, den jeder nutzen kann –, und in Entwicklungsländern gründen gut ausgebildete junge Leute eigene Firmen.

So setzen etwa Start-ups in Indonesien auf Drohnen, damit Pestizide möglichst zielgerichtet auf die Pflanzen kommen. In Indien versorgen selbstlernende KI-Algorithmen Baumwollfarmer mit Ernteprognosen, in Togo sagen sie voraus, ob und wo es zu Überflutungen kommen wird. In Ghana unterstützt ein mobiler Dienst Landwirte, indem er Wettervorhersagen und Tipps zur Vermarktung aufs Handy schickt – für Analphabeten als Sprachnachricht in fünf lokalen Sprachen. Und in Nigeria und Kenia vermittelt die Internetplattform Hello Tractor über Smartphone und GPS einen Mietservice zwischen Besitzern und Nutzern von Traktoren, samt fachgerechter Wartung. Das Grundprinzip ähnelt den App-basierten privaten Taxidiensten, nur eben für Traktoren – eine Win-win-Situation für alle Seiten, weil sich die teuren Maschinen auf diese Weise schneller bezahlt machen und sie auch dauerhaft zuverlässig funktionieren.

Der Bauernhof im Wolkenkratzer

Pragmatische Lösungen entstehen oft dort, wo sie dringend gebraucht werden. Auch das Konzept des Urban Farming ist nicht etwa eine Erfindung aus New York oder Singapur. Die FAO schätzt, dass 800 Millionen Menschen eine Art von städtischer Landwirtschaft betreiben und damit mehr als ein Zehntel aller Nahrungsmittel produzieren – in Ländern wie Malawi, Vietnam und Nicaragua setzen sogar zwei Drittel der ärmeren städtischen Haushalte auf den eigenen Anbau von Obst und Gemüse, Kochbananen, Mais, Maniok oder Süßkartoffeln sowie die Haltung von Hühnern und Ziegen. Das ist einfach notwendig, weil sie sonst mehr als die Hälfte ihres Einkommens für Nahrung ausgeben müssten.

Dass aber auch in Industriestaaten »Bauernhöfe im Wolkenkratzer« viel diskutiert werden, ist vor allem dem 2010 erschienenen Buch *The Vertical Farm: Feeding the World in the 21st Century* von Dickson Despommier zu verdanken.[14] Der US-Mikrobiologe propagiert darin ein Hightechkonzept von Hochhäusern, in denen Gemüsebeete, Obstgärten und Getreidefelder angelegt sein sollen. Auch Hühner sollen dort herumlaufen und Fische und Garnelen in Wassertanks heranwachsen. Leuchtdioden liefern angepasstes Licht, und der Mist des Kleinviehs dient als Dünger. Pestizide und Herbizide sind unnötig, weil die Pflanzen in Granulaten oder Nährstofflösungen wachsen.

Noch einen weiteren Vorteil hebt Despommier hervor: Statt die Nahrung mit hoher Umweltbelastung und hohen Kosten aus der Ferne herbeizuschaffen, käme sie frisch vom Farmhochhaus um die Ecke – wichtig für Kunden, die Wert darauf legen, die Herkunft ihrer Lebensmittel nachzuverfolgen. Zudem entstünden so grüne Oasen als Naherholungsgebiete für gestresste Städter. Der französisch-belgische Umweltarchitekt Vincent Callebaut hat sogar schwimmende grüne Inseln für Küstengebiete entworfen. Die Versorgung mit Wasser und Energie wäre hier leicht zu lösen – etwa durch Wind- und Wellenkraftwerke.

Despommier glaubt, dass es vertikale Bauernhöfe trotz kleiner Grundfläche mit großen Farmen aufnehmen könnten, denn in ihnen sind mehrere Ernten pro Jahr möglich. »In einem dreißigstöckigen Gebäude auf einer Grundfläche von 60 Hektar kann man ebenso viele Pflanzen anbauen wie auf einer 1000 Hektar großen Farm«, hat der Biologe ausgerechnet. Aktuelle Studien halten Getreide im städtischen Umfeld zwar für unwirtschaftlich, aber bei Salat, Tomaten und Kräutern sieht es schon anders aus. 2018 ergab eine Studie von Forschenden aus China und den USA ein globales Potenzial von 180 Millionen Tonnen Gemüse pro Jahr, wenn alle derzeit brach liegenden, städtischen Flächen genutzt würden – das entspricht rund 15 Prozent der Weltproduktion.

Ein Vorreiter ist die US-Firma AeroFarms.[15] Sie hat auf 0,65 Hektar Fläche in einer ehemaligen Stahlfabrik in New Jersey eine der größten vertikalen Farmen der Welt errichtet. In ihr sieht es aus wie in der bunt beleuchteten Lagerhalle eines Möbelhändlers, doch auf jeweils zwölf Regalebenen liegen keine Bretter und Schrankteile, sondern es wachsen Dutzende verschiedener Pflanzen auf Netzen aus recyceltem Kunststoff – mit frei hängenden Wurzeln in einem Nebel aus Wasser und Nährstoffen. Aeroponik heißt diese Methode, die 30 Ernten pro Jahr erlaubt und einen Ertrag, der pro Quadratmeter Fabrikgrundfläche fast 400-fach höher ist als auf einem Acker. Über 900 Tonnen an Blattsalat, Grünkohl, Brokkoli, Rucola und Kräutern liefert AeroFarms von hier jährlich an Supermärkte und Lebensmittelhändler. Dank einer ausgeklügelten Sensorik und Computersteuerung von Temperatur, Luftfeuchte, Nährstoffen und den Farben der LED-Lampen wächst das Gemüse in der vertikalen Farm um ein Mehrfaches schneller als unter freiem Himmel – und das Beste: Laut AeroFarms kommen die Pflanzen mit 95 Prozent weniger Wasser, 40 Prozent weniger Dünger und ganz ohne Pflanzenschutzmittel aus.

Das seit 2013 existierende Berliner Start-up-Unternehmen Infarm[16] setzt ebenfalls auf diese Technologien, doch in einer dezentralen Version. Infarm steht für »Indoor Urban Farming« und bezeichnet den ökologischen Anbau von Gemüse und Kräutern in voll automatisierten Glasschränken direkt in Verkaufseinrichtungen, Restaurants oder Firmen. Diese Indoor-Farming-Anlagen ähneln großen Weinkühlschränken voller Pflanzen, die hier auf mehreren Ebenen in Substraten, etwa aus Kokosfasern, wachsen. Licht kommt über rotierende LED-Schienen, die einen Sonne-Wolken-Tag imitieren, und das mit Nährstoffen angereicherte Wasser wird tröpfchenweise an die Pflanzen abgegeben. »95 Prozent weniger Wasser, 75 Prozent weniger Dünger und keine Pestizide«, wirbt Infarm – und alles auf 99 Prozent weniger Fläche und mit einem Zehntel der Transportwege. Genau genommen sind viele Wege sogar gleich null, weil die Pflanzen direkt in den Märkten von Edeka, Metro, Aldi, Intermarché, Albert Heijn, Migros, Thrifty Foods und anderen gedeihen, wo sie geerntet und über Frischetheken an die Kunden verkauft werden.

Weltweit hat Infarm mehr als 1000 vertikale Minigewächshäuser installiert, Tendenz stark steigend. Bis 2025 soll sich die Gesamtanbaufläche der Anlagen in Europa, Nordamerika und Asien auf 500 000 Quadratmeter verzehnfachen. Infarm will damit das größte Vertical-Farming-Netz der Welt aufbauen, denn die Firma verknüpft ihre Anlagen digital über eine Daten-Cloud, um sie unter anderem mit KI-Methoden kontinuierlich zu verbessern. Unter den derzeit 600 Mitarbeitenden finden sich daher nicht nur Botaniker und Gärtner, sondern auch Wirtschaftsingenieure, Robotiker und Datenanalysten, die Tausende von Sensorwerten aus den Glasschränken auswerten. Temperatur und

Feuchtigkeit, Lichtintensität, pH- und CO_2-Wert: Unter welchem Licht bildet Salat die größten und knackigsten Blätter? Wie wächst Basilikum am besten? Wie bekommen wir die schmackhaftesten und nährstoffreichsten Kräuter?

Urban Farming ist Hightech pur. Aber noch mehr: In Singapur dienen hängende Gärten und die Gardens by the Bay mit ihren futuristischen, bunt blinkenden Baum- und Blütenskulpturen als natürliche Klimaanlagen, Schadstofffilter und Touristenmagnet. Selbst vor den Toren Münchens gibt es eine ungewöhnliche Farm: In Indoor-Aquakulturanlagen züchtet die Firma Crusta Nova »bayerische Garnelen« – eigentlich White-Tiger-Garnelen, die ursprünglich von den Küsten Mittel- und Südamerikas stammen. Aber auch nahe dem Münchner Flughafen können sich die schmackhaften Zehnfußkrebse wie zu Hause fühlen, denn in acht Becken wird das Klima ihrer heimischen Salzwassermangrovenwälder präzise nachgebildet.[17] Medikamente oder Hormone, wie sie oft in asiatischen Zuchtanlagen verwendet werden, sind tabu; die Haltung soll so artgerecht und nachhaltig wie möglich sein. Als Seafood-Boutique bezeichnet sich Crusta Nova, das die Garnelen und anderen Meeresdelikatessen nicht nur an Spitzenrestaurants und Fischfachgeschäfte vertreibt, sondern binnen 24 Stunden auch Privatkunden in Deutschland und Österreich beliefert – selbst Salzwassergarnelen können in Bayern also aus regionaler Aufzucht stammen.

Novel Food: Algen für Rinder, Insekten- und Bio-Trends

Von den an Proteinen, Vitaminen und Mineralstoffen reichen Garnelen ist der Weg dann nicht mehr weit zu den 2000 essbaren Insektenarten: Gebratene Heuschrecken, frittierte Grillen mit Chili und Limetten oder Mehlwürmer in Schokolade sind in Europa als Novel Food allerdings noch gewöhnungsbedürftig. In Lateinamerika, Afrika und vielen Ländern Asiens sind

Insekten jedoch beliebte Snacks – und ihre Klimabilanz ist weit besser als die von Schweinen oder Rindern. Meeresalgen enthalten ebenfalls eine Menge Vitamine, Mineralstoffe und Jod sowie ungesättigte Fettsäuren und Proteine mit allen essenziellen Aminosäuren. Algenfarmen auf den Meeren könnten daher viel zur Welternährung beitragen: China produziert bereits rund 15 Millionen Tonnen Algen für den heimischen Markt, aber auch in Indonesien und Südkorea gibt es teils riesige Algenfarmen vor den Küsten, die sogar aus dem Weltall zu sehen sind. In Japan werden grüne, braune, rote und schwarze Algen für Salate, Suppen, Gemüse und Sushi teilweise gehandelt wie Wein – und selbst in Nordeuropa wachsen kommerzielle Meeresalgen, etwa von der Firma Ocean Rainforest auf 20 Kilometer langen Leinen vor den Färöer-Inseln.

Algen sind sicherlich für einige Überraschungen gut: So fand im Frühjahr 2021 ein Team der University of California in Davis heraus, dass Fleischrinder, die pro Tag neben ihrem Grün- und Kraftfutter noch 80 Gramm einer im Meer wachsenden Rotalge verschlangen, in ihrem Gewicht normal zulegten, dabei aber 82 Prozent weniger Methan ausstießen.[18] Wie eine so geringe Menge an Algen – wenige Promille des Grünfutters – einen so gewaltigen Effekt haben kann, der während der Untersuchungszeit von fünf Monaten auch nicht nachgelassen hat, ist unklar. Die Forschenden vermuten, dass die Rotalgen ein Enzym blockieren, das im Verdauungstrakt der Rinder zur Methanproduktion beiträgt. Sollten sich die Ergebnisse bestätigen und die Wissenschaftler einen Weg finden, wie man auch Rindern auf der Weide ihre tägliche Algenportion verabreichen kann, so wäre dies eine faszinierende Option, die Rinderhaltung klimafreundlicher zu machen. Zur Erinnerung: Allein durch ihren Methanausstoß verursachen die weltweit 1,4 Milliarden Rinder mehr Treibhausgase als der Betrieb aller Pkws.

Nicht nur für Rinder gilt: Was man isst, ist nicht weniger wichtig als die Frage, wie viel man isst. 2019 hat die EAT-Lancet-Kommission, eine Vereinigung von Ernährungswissenschaftlern und Klimaforschenden aus 16 Ländern, mit ihrer »Planetary Health Diet« einen Speiseplan für eine gesunde Ernährung vorgelegt, der gleichzeitig die Ressourcen des Planeten schützen soll.[19] Neben der Forderung, Lebensmittelabfälle und -verluste mindestens zu halbieren und die Erträge pro Hektar deutlich zu verbessern, empfiehlt die Kommission, weltweit den Verzehr von Obst und Gemüse, Hülsenfrüchten und Nüssen zu verdoppeln und den von Fleisch und Zucker zu halbieren. Die sich daraus ergebende Energieaufnahme von 2500 Kilokalorien pro Tag ist zwar für Bauarbeiter oder Landwirte zu wenig, für Büroangestellte eher zu viel, aber gewichtiger ist noch ein anderer Einwand: Menschen in ärmeren Ländern können sich eine derart ausgewogene Nahrung gar nicht leisten, und für die reicheren Nationen wäre die Planetary Health Diet ein radikaler Umbruch. Die vorgeschlagene Menge von rund 16 Kilogramm Fleisch pro Kopf und Jahr entspricht in etwa dem, was Menschen in Afrika essen, aber es wäre weniger als ein Drittel des Verbrauchs von Chinesen und nur ein Siebtel des Konsums von US-Amerikanern. Auch die Deutschen verzehren mit rund 57 Kilogramm Fleisch pro Jahr im Durchschnitt mehr als das Dreifache des Wertes der EAT-Lancet-Kommission.

Im Juni 2021 hat jedoch auch in Deutschland eine »Zukunftskommission Landwirtschaft« einstimmig ihren Abschlussbericht verabschiedet, was insofern bemerkenswert ist, als erstmals Umwelt-, Tier- und Naturschützer mit Bauernvertretern, Wirtschaftsverbänden und Verbraucherzentralen an einem Tisch saßen. Trotz der oft gegensätzlichen Interessen sind die beschlossenen Forderungen eindeutig: Die Landwirtschaft muss ökologischer werden, Tier- und Klimaschutz müssen gestärkt, und der Fleischkonsum muss deutlich verringert werden. Ein Anfang ist gemacht: 2019 sank der Fleischverzehr in Deutschland erstmals unter den langjährigen Wert von 60 und 2020 auf 57 Kilogramm pro Kopf und Jahr. Fast zeitgleich zum Bericht der Kommission verkündeten die Einzelhandelsketten Aldi-Süd und Aldi-Nord, dass sie Billigfleisch nach und nach aus den Läden nehmen werden: Spätestens 2030 soll nur noch Frischfleisch aus höherwertigen Haltungsformen angeboten werden. Andere Lebensmittelhändler haben inzwischen nachgezogen. Das bedeutet nun nicht gleich, dass die Tiere artgerecht im Freiland gehalten werden, aber immerhin bekommen sie dann Frischluftzufuhr und eine mindestens doppelt so große Aktionsfläche wie bei der gerade noch erlaubten Minimalversion der Tierhaltung.

Der Trend zu weniger, aber qualitativ besserem Fleisch wird erkennbar – Salat und Gemüse werden vielleicht künftig nicht mehr die Beilage zu einem großen Steak sein, sondern umgekehrt: Ein zartes und aromatisches Filetstück liegt dann auf einem bunten Bett aus exotischen Zutaten. Doch der Weg ist lang: Der Umsatz mit Biolebensmitteln[20] hat sich in Deutschland seit zehn Jahren zwar mehr als verdoppelt, sein Anteil liegt mit 15 Milliarden Euro aber bei nur sieben Prozent aller Lebensmittel, bei Fleisch sogar unter vier Prozent. Etwa jeder zehnte Hektar wird hierzulande ökologisch bewirtschaftet, weltweit ist es nicht einmal einer von fünfzig.[21] Zugleich verzichten aber immer mehr Deutsche ganz auf Fleisch: 2020 bezeichneten sich 6,5 Millionen als Vegetarier und 1,1 Millionen als Veganer. Besonders beliebt ist diese Ernährungsweise bei den 15- bis 29-Jährigen: Hier liegt der Anteil schon bei 13 Prozent, in der gesamten Bevölkerung erst bei neun. Ein weiteres Viertel der Deutschen rechnet sich zu den Flexitariern, die nur ab und zu Fleisch essen – vor allem in Gesellschaft und wenn sie wissen, wie die Tiere gehalten wurden. Und noch ein weiteres Faktum belegt den Trend: 2018 lagen die Ausgaben der deutschen Haushalte für Obst, Gemüse und Kartoffeln erstmals über denjenigen für Fleisch und Fisch.

Spannend ist die Frage, wie viel deutsche Verbraucher bereit sind, für gesunde, nachhaltig produzierte Lebensmittel zu zahlen: Für Biolebensmittel sind es im Mittel 180 Euro pro Kopf und Jahr – Dänen stecken fast doppelt so viel Geld in Ökoprodukte. Insgesamt geben Deutsche ein Zehntel ihres Haushaltsbudgets für Nahrung aus (plus vier Prozent für Getränke und Tabakwaren). Franzosen und Italiener legen mehr Wert auf gutes Essen, hier liegt der Anteil etwa bei einem Achtel. Bei den Deutschen sind die Ausgaben für Freizeit (11 Prozent), Mobilität (14 Prozent) sowie Wohnen und Energie (35 Prozent) deutlich höher als für Lebensmittel.[22]

Dies war nicht immer so: Noch vor 50 Jahren musste man mehr als ein Viertel des Einkommens in Nahrung, Getränke und Tabak investieren. Damals musste ein deutscher Arbeitnehmer dreimal länger arbeiten als heute, um sich ein Kilo Schweinekotelett, einen Liter Milch oder zehn Eier leisten zu können. Essen ist weit billiger als früher – insbesondere im internationalen Vergleich: So muss ein Mindestlohnempfänger in Deutschland für ein Kilogramm Hähnchenfleisch 35 Minuten lang arbeiten, in Ägypten fast acht Stunden und in Indien über zehn Stunden.[23] Dass hier Prioritäten falsch gesetzt sind, ist offensichtlich. Wenn bei uns künftig die Lebensmittel etwas teurer würden, aber wir uns dafür gesünder ernähren, die Tiere artgerechter gehalten, die Landwirte gerechter entlohnt würden – und letztlich auch die Natur mehr geschont würde –, dann sollte es uns das wert sein.

Mit dem Kauf fair gehandelter Produkte, die umweltverträglich erzeugt werden und bei denen die lokalen Landwirte ein angemessenes Einkommen erzielen, kann jeder Konsument seinen Beitrag leisten. Denn was wird ein Kaffeebauer in Kenia, Honduras oder Peru verdienen, wenn zwei Pfund »Spitzenkaffee mit unvergleichlichem Aroma« bei uns billiger sind als zehn Minuten im Solarium? Viele der 25 Millionen Kleinbauern, die in Entwicklungsländern vom Kaffee leben, müssen mit weniger als zwei US-Dollar pro Tag auskommen, wenn sie sich nicht in Fairtrade- oder ähnlichen Kooperativen zusammenschließen und die Verbraucher den Aufpreis auch bezahlen – für eine Menge anderer Waren bis hin zu Blumen, Teppichen und Textilien gilt dies gleichermaßen. Wir Kunden dürfen nicht immer nur darauf achten, dass Produkte preiswert sind, sondern dass sie ihren Preis wert sind.

Ebenso sollte es eine Selbstverständlichkeit sein, dass die Europäische Union keine Exportsubventionen für Lebensmittelausfuhren nach Afrika gewährt, wie dies in den 1990er-Jahren der Fall war, und dass sie umgekehrt ihre Märkte für Produkte aus Afrika öffnet. Dennoch ist es nach wie vor üblich, dass die EU – wie auch Japan und die USA – ihren Farmern jährlich Dutzende Milliarden Euro an Subventionen zahlt, dadurch die Preise drückt und indirekt billige Exporte fördert, etwa von Milch, Weizen, Schweine- und Geflügelfleisch. Doch immerhin hat die EU ab 2023 bis zu einem Viertel ihrer Direktzahlungen für die Landwirte an Umweltauflagen gebunden, um damit eine nachhaltige Landwirtschaft zu unterstützen – bei Weitem nicht genug, aber ein Anfang.

Fleischlose Steaks aus dem 3D-Drucker

Flexitarier, die hin und wieder Fleisch im Mund schmecken wollen, aber dafür keine Tiere leiden lassen möchten, können heute auf Alternativen zurückgreifen: Ersatzprodukte, die wie Fleisch aussehen und bei Geruch, Geschmack und Konsistenz an das Original herankommen, aber ohne Schlachtung entstanden sind. Noch sind es Nischenprodukte – ihr Umsatz liegt bei weniger als einem Hundertstel der Fleischindustrie –, aber mit einem enormen Wachstum von 20 bis 40 Prozent pro Jahr. Auch Fast-Food-Riesen springen nun darauf an: Im Frühjahr 2021 konnte das US-Unternehmen Beyond Meat, das als Vorreiter der Branche gilt, Partnerschaften mit McDonald's, KFC und Pizza Hut verkünden.

Beyond Meat verwendet für seine Produkte meist Erbsenproteine, Raps- und Kokosöl sowie Rote Bete als Blutimitat. Die Konkurrenzfirma Impossible Foods nutzt für den blutigen Effekt sogar den eisenhaltigen Häm-Farbstoff, der dem Blut seine Farbe verleiht, aber in geringen Mengen auch in Soja vorkommt. Impossible Foods hat das Häm-Gen aus der Sojapflanze in Hefezellen eingebaut, die dann das Molekül produzieren. Die veganen Chicken-Nuggets und Veggie-Burger von Beyond Meat kommen hingegen ohne Gentechnik aus. Beide sind in Geschmackstests recht überzeugend; so ist bei den Frikadellen nicht nur die Konsistenz den üblichen Hamburgern sehr ähnlich, sondern auch das rauchige Aroma.[24]

Bei den Fleischimitaten kennt die Fantasie kaum Grenzen.[25] So experimentieren Firmen der Boombranche auch mit Bohnen, Weizen, Reis, Lupinen, Hanf und ausgepressten Kürbiskernen. Presst man eine feuchte, erhitzte Masse aus pflanzlichem Proteinpulver durch Extruder wie durch einen Fleischwolf und lässt sie abkühlen, so vernetzen sich die Proteine. Es entsteht eine faserige Struktur, die der von Fleisch sehr nahekommt. Nuggets und Schnitzel lassen sich so täuschend echt nachbilden. Für bissfeste und saftige Würstchen setzen die Hersteller oft auf Methylcellulose, einen Stoff, der aus pflanzlichen Zellwänden gewonnen wird. Er quillt in Wasser auf und bildet beim Erhitzen die gewünschte zähflüssige Konsistenz.

Die israelische Firma Redefine Meat produziert ihre veganen Pseudo-Steaks aus Erbsen- und Sojaproteinen und pflanzlichem Fett sogar mit 3D-Druckern, die für jeden Punkt der Bioschichten festlegen, wie viel Eiweiß, Fett oder Flüssigkeit enthalten sein soll. Angeblich kann eine Maschine pro Stunde rund 50 Steaks herstellen. Ein Problem der gedruckten Steaks ist allerdings, dass sie relativ viele Aromen, Färbemittel und andere Zusatzstoffe enthalten, um den Fleischgeschmack möglichst täuschend nachzuahmen. Die meisten Fachleute glauben bislang, dass das strukturierte Fleisch eines Steaks und seine Fettstränge nur unzureichend auf Pflanzenbasis nachgebildet werden können. Nuggets, Hackfleisch und Würstchen sind da als verarbeitete Produkte im wahrsten Sinn des Wortes eine einfachere Baustelle.

Dennoch gibt es eine mögliche Lösung: echtes Fleisch, das nicht im Tier, sondern im Bioreaktor wächst. Fleisch ohne Tierleid, ohne Antibiotika, ohne Gentechnik. »Clean Meat« oder auch »kultiviertes Fleisch« heißt der Fachbegriff. Bevor sich Forschende damit an die Königsklasse der Steaks wagen, probieren sie es auch hier erst einmal mit Laborfrikadellen. 2013 hat der niederländische Gefäßphysiologe und Gründer der Firma Mosa

Meat, Mark Post, den ersten »kultivierten Burger« auf einer Veranstaltung in London braten und verspeisen lassen – vor dem Hintergrund, dass die Herstellung 250 000 Euro gekostet hat und das Resultat nach Aussage der Ernährungswissenschaftlerin Hanni Rützler ein »zwar nach Fleisch schmeckender, aber nicht sehr saftiger« 140-Gramm-Burger war, war die Verkostung wohl ein eher zweifelhaftes Vergnügen.

Hergestellt wurde dieses In-vitro-Hackfleisch aus Muskelstammzellen, die einer lebenden Kuh entnommen worden waren. Diese Zellen dienen den Tieren dazu, Muskeln aufzubauen und verletzte Muskeln zu heilen. Mit Nährstoffen können sie in Bioreaktoren zu ansehnlichen Fleischstücken heranwachsen. Dies funktioniert auch mit Hähnchenfleisch: So produziert die US-Firma Eat Just solche Chicken Nuggets, die im Dezember 2020 in Singapur als erstes In-vitro-Fleisch für Lebensmittel zugelassen und in einem Restaurant Gästen serviert wurden.[26] Damit sie allerdings in chinesischen Teigtaschen für nur umgerechnet 14 Euro auf die Speisekarte kommen konnten, musste Eat Just tricksen: Die Nuggets enthielten nicht nur tierische Zellen, sondern wurden noch mit Pflanzenproteinen vermischt.

Grundsätzlich erwarten Biotechnologieexperten, dass Laborfleisch auf lange Sicht billiger werden kann als konventionelles Fleisch. Denn hier muss kein Küken, kein Ferkel und kein Kalb aufgezogen, vor Krankheit geschützt und mit Soja aus Südamerika gemästet werden – und es muss nicht im Schlachthof getötet und zerlegt werden. Auch die Umweltbelastungen sind weit geringer, denn für Rinder und deren Futter braucht man Land; sie produzieren Methan, und ihnen wachsen Knochen und Hufe, die nicht gegessen werden. In den 1200 Liter großen Bioreaktoren vermehren sich dagegen einfach tierische Zellen, bis sie handliche Portionen erreicht haben.

Ein Problem sowohl aus Kostensicht wie ethischer Art war bisher allerdings, dass die Stoffe, die die Zellen zum Wachstum anregen, dem Serum von Föten entnommen werden mussten – doch Forschern der israelischen Firma Aleph Farms ist es nun gelungen, diese durch rein pflanzliche Bestandteile zu ersetzen. Solche Wachstumsfaktoren lassen sich nämlich auch aus Algen oder Pilzen gewinnen. In Israel hat sich sogar die Regierung zum Ziel gesetzt, dass das Land ein »Kraftzentrum für alternatives Fleisch« werden soll. SuperMeat hat seine Produktionsstätte direkt mit einem Restaurant verbunden, wo die Gäste – während sie die Labor-Chicken-Burger probieren – durch Glasscheiben die großen silbrig glänzenden Bioreaktoren in Aktion erleben können. Beides, die Testessen und das Laborerlebnis, sollen helfen, gefühlsmäßige Abneigungen gegen Fleisch ohne Tiere zu überwinden.

Aleph Farms wagt sich jetzt mit einer 3D-Drucktechnik an komplexe Steaks.[27] Die Fleischingenieure lassen verschiedene Zelltypen – Muskel-, Fett-, Blut- und Stützzellen – entlang eines pflanzlichen Gewebegerüsts zusammenwachsen, zu einem volltexturierten Fleisch, das nach Aussagen von Testern einem echten Steak schon sehr nahe kommt. 2021 präsentierte Aleph Farms sein erstes im Labor entstandenes Ribeye-Steak, doch schon vorher gelang der ultimative PR-Coup: Im russischen Teil der Internationalen Raumstation ISS kombinierte die Firma Muskelfasern aus Tierzellen über einen kleinen 3D-Biodrucker zum Ministeak. Steaks, die im Weltall wachsen, künftig vielleicht sogar auf dem Mond und dem Mars – was will man als Start-up-Firma mehr?

Für Umwelt- und Naturschutz am besten wäre es natürlich, wenn sich die Menschen ganz ohne Fleisch, also rein pflanzenbasiert, ernähren und keine Lebensmittel im Müll landen. Dieser Vision sehr nahe kommt das Restaurant *Frea*, laut eigener Aussage »das erste vegane Zero-Waste-Restaurant in Berlin Mitte«.[28] Was hier auf den Tisch kommt, stammt von regionalen Ökobauern oder wird mit Biozutaten selbst hergestellt: vom hausgemachten Sauerteigbrot über Bärlauchcreme bis zu Butternusskürbiskuchen mit Haselnusssorbet. Besonders verblüffend: Alles, was in die Küche zurückgeht, ob Schalen oder Essensreste, wird binnen eines Tages in einer Kompostiermaschine zu einem Bodenersatzstoff verwertet. Den erhalten wiederum die Lieferanten, um damit ihre Äcker und Beete fruchtbarer zu machen – ein perfekter Kreislauf, ohne Verpackungen, ohne Plastik, ohne Müll. Nun kann man sicherlich nicht erwarten, dass in der Welt von morgen jeder und jede den Veganern in den Berliner Szenevierteln nacheifert, aber Pioniere wie die *Frea*-Gründer beweisen immerhin, was alles möglich ist.

Viele Ökolandwirte zeigen zugleich, dass man mit einer klugen Mischung von Nutzpflanzen, sinnvollen Fruchtfolgen und viel Handarbeit auf Herbizide, Pestizide und Mineraldünger verzichten kann. Etliche Studien belegen, dass Biolandwirtschaft zwar ein Fünftel bis ein Viertel niedrigere Erträge liefert als konventionelle Bewirtschaftung, aber bei der Bodenqualität, der Artenvielfalt und auch dem Nährwert der geernteten Pflanzen meist deutlich besser abschneidet.

Rein biologische Methoden gibt es auch beim Pflanzenschutz – etwa von der Firma Provivi, einem der Start-ups, die von der Nobelpreisträgerin Frances Arnold gegründet wurden, über die ich in Kapitel 4 berichtet habe. Provivi stellt über Enzyme die natürlichen Pheromone von Insekten erheblich kostengünstiger her, als es bisher möglich war. Werden solche Duftstoffe etwa über Maisfeldern versprüht, finden die Maiszünsler nicht mehr zueinander. Das Resultat: Diese Schmetterlinge können sich nicht mehr fortpflanzen, und es gibt keine gefräßigen Raupen – ein Pflanzenschutz ganz ohne Insektizide.

Neue Pflanzen – gezüchtet oder genetisch modifiziert?

Auch natürliche Züchtungen können große Fortschritte bringen. Ein exzellentes Beispiel ist Nerica, der »New Rice for Africa«, den ein Team um den Pflanzenbiologen Monty Jones in Sierra Leone vor über 25 Jahren entwickelt hat.[29] Ihm gelang es, eine afrikanische Reissorte, die sehr widerstandsfähig gegen Trockenheit und heimische Schädlinge ist, mit einer asiatischen Sorte mit hoher Ertragskraft zu kreuzen, die in Asien allerdings viel Wasser braucht. Das beeindruckende Ergebnis: Während der konventionelle afrikanische Reis nur etwa eine Tonne Ertrag pro Hektar bringt, können Bauern mit Nerica auf relativ trockenen und phosphorarmen Böden 2,5 Tonnen Reis ernten, mit Düngung sogar über fünf, bei feuchteren Böden auch sieben Tonnen – mehr als das Fünffache der bisherigen Menge.

Inzwischen werden über 80 Nerica-Variationen in mehr als 30 afrikanischen Ländern angebaut. Laut dem weltgrößten Agrarforschungsnetzwerk CGIAR ist es mit Nerica gelungen, acht Millionen Bauern aus der Armut zu holen und für weitere sieben Millionen Menschen eine sichere Nahrungsversorgung zu etablieren. Ein großer Erfolg, doch bei Weitem nicht ausreichend, weil Reis in Westafrika zum Hauptnahrungsmittel von 250 Millionen Menschen geworden ist und in den Subsaharaländern immer noch 15 Millionen Tonnen pro Jahr importiert werden – etwa 40 Prozent des Bedarfs. Kein Wunder, dass die Frage immer dringlicher wird, wie man den Getreideertrag pro Hektar so steigern kann, dass sich bis 2050 über zwei Milliarden Menschen mehr ernähren lassen als heute. Geht es mit konventionellen Weiterentwicklungen, oder braucht man doch die Grüne Gentechnik? Kann diese überhaupt auf Erfolge verweisen?

Weltweit werden gentechnisch modifizierte Pflanzen (GM-Pflanzen) derzeit von 17 Millionen Landwirten angebaut, und zwar zu 95 Prozent allein in fünf Ländern – USA, Brasilien, Argentinien, Kanada und Indien – auf insgesamt 200 Millionen Hektar, einem Achtel der globalen Ackerfläche.[30] GM-Soja macht fast die Hälfte aus. Etwa 80 Prozent der Welternte von Soja stammt von GM-Soja mit verbesserter Ölqualität und Herbizidresistenz. Mais wächst genmanipuliert auf 60 Millionen Hektar, wobei es auch hier um Resistenz gegen Unkrautmittel, Schädlingsbefall und Dürre geht. In den USA sind neun von zehn Maispflanzen gentechnisch verändert. Bei Baumwolle werden drei Viertel des Weltertrags von GM-Pflanzen geerntet, die vor allem in Indien und China angebaut werden: Diese Sorten sind resistenter gegen Insekten und nehmen Wasser und Nährstoffe besser auf als die nicht modifizierte Baumwolle. Als vierte relevante Nutzpflanze ist GM-Raps auf der Liste, mit zehn Millionen Hektar und knapp 30 Prozent der Welternte. Insgesamt gilt: Das Eldorado für GM-Pflanzen ist Nord- und Südamerika. Fast 90 Prozent der weltweiten Anbauflächen finden sich auf dem Doppelkontinent.

In Europa gibt es kaum GMP-Flächen, nur in Spanien und Portugal wird ein wenig GM-Mais kultiviert und in Russland Kartoffeln. Die Ablehnung der Grünen Gentechnik in Europa hat viele Ursachen. Mögliche Gesundheitsgefahren, die vor über 30 Jahren die Protestler antrieben, konnten zwar nie belegt werden. Auf jeden Fall berechtigt sind aber ökologische Einwände. Wenn etwa Mais oder Baumwolle eine – für Menschen unschädliche – Vorstufe eines Bakterientoxins enthalten, das sich im Darm von Raupen in Gift umwandelt und die Schädlinge verhungern lässt, dann hat dies natürlich einen Vorteil: Anders als beim Versprühen des Giftes werden gezielt nur die Raupen bekämpft, die von den Pflanzen fressen. Andere Tierarten bleiben verschont. Allerdings werden die Gifte in diesen Bt-Pflanzen (Bt steht für *Bacillus thuringiensis*) dauerhaft gebildet, was Resistenzen bei den Insekten fördern kann. Beim Versprühen hingegen können die Bauern besser dosieren, also Gifte nur einsetzen, wenn es wirklich einen Schädlingsbefall gibt.

Noch problematischer sind Kulturpflanzen wie Mais oder Soja, denen eine Resistenz gegen Unkrautbekämpfungsmittel wie Glyphosat eingebaut wurde. Denn dann können die Landwirte in beliebigen Mengen Herbizide sprühen, die alle Pflanzen abtöten, die kein Resistenzgen besitzen. Die Folge: Es entstehen großflächige Monokulturen – ein Albtraum für die Artenvielfalt –, und die Hersteller verdienen doppelt, weil sie ihre GM-Pflanzen gleich im Paket mit passenden Pestiziden verkaufen. Auch hier passt sich die Natur an; im Lauf der Zeit trotzen immer mehr Unkräuter den Herbiziden. Dann werden noch mehr Herbizide eingesetzt, und die Firmen werfen einen Cocktail weiterer

Gifte mitsamt multipestizidresistenter Pflanzen auf den Markt – ein Teufelskreislauf. Weltweit sind inzwischen 50 Unkräuter nur noch schlecht oder gar nicht mehr mit Glyphosat zu bekämpfen, und in den USA haben sich binnen zehn Jahren die von resistenten Unkräutern betroffenen Flächen auf 40 Millionen Hektar mehr als verdoppelt.[31]

Neben diesen ökologischen Bedenken und der Aversion gegen Großkonzerne kommt hinzu, dass Europäer und Japaner in GM-Pflanzen kaum Vorteile sehen, während der Nutzen in ärmeren Ländern viel offensichtlicher ist. Wenn in Afrika Heuschrecken oder Schmetterlingsraupen einen Großteil der Ernten vernichten, dann wird der Ruf nach Insektiziden oder GM-Pflanzen natürlich laut – oder nach trockentoleranten Sorten, wenn Mais und Reis auf den Äckern verdorren. Auch den »goldenen Reis« würden viele gerne anbauen: Das ist eine Reissorte, die Gene aus Narzissen enthält und deshalb mehr Beta-Carotin bildet – einen gelblichen Farbstoff, der im Körper in Vitamin A umgewandelt wird. Mit diesem Reis könnte man Mangelerscheinungen bei Millionen Kindern beheben und sie vor dem Erblinden schützen – oder gar vor dem Tod bewahren. Er ist als Nahrungsmittel in einigen Ländern zugelassen, aber erst die Philippinen haben im Juli 2021 auch die Aussaat genehmigt.[32]

In Europa sind Genpflanzen nach Jahrzehnten des Streits heute im Prinzip erlaubt, doch die Melde-, Kennzeichnungs- und Haftungspflichten sind so aufwendig, dass ein Anbau kaum stattfindet. Das heißt allerdings nicht, dass es keine Genprodukte gibt: Enzyme in Waschmitteln, Hunderte von Medikamenten und Nahrungszusatzstoffe wie Vitamine werden oft gentechnisch hergestellt. Zudem führt die EU jedes Jahr 25 Millionen Tonnen GM-Soja aus den USA und Brasilien ein – nicht als Nahrungsmittel für Menschen, sondern zur Verfütterung an Tiere. Indirekt baut also auch die EU auf mindestens sieben Millionen Hektar Land Genpflanzen an, nur eben nicht zu Hause.

CRISPR/Cas ändert die Spielregeln der Gentechnik

Noch komplexer wird die Lage dadurch, dass es inzwischen Pflanzen gibt, die in den USA als gentechnikfrei beworben werden dürfen, in der EU aber nicht, und bei denen man die »Genom-Editierung« gar nicht mehr nachweisen kann. Das liegt daran, dass sie mit dem CRISPR/Cas-Verfahren verändert wurden, für das die beiden Wissenschaftlerinnen Emmanuelle Charpentier und Jennifer Doudna 2020 den Nobelpreis für Chemie erhielten.[33] Zum Verständnis muss ich kurz erklären, warum die Entwicklung von CRISPR/Cas im Jahr 2012 die Spielregeln völlig neu definiert hat.

Wenn Forschende in der konventionellen Pflanzenzucht Mutationen beschleunigen wollen, dann tun sie dies meist mit Chemikalien, Radioaktivität oder Röntgenstrahlen: Dadurch entstehen viele Veränderungen, teilweise bei über 1000 Genen gleichzeitig, und man muss dann diejenigen Pflanzen heraussuchen, die sich in die gewünschte Richtung entwickelt haben und mit diesen weiterarbeiten. Alternativ kann man über Bakterien, Viren oder kleine Partikel Gene oder Gensequenzen einschleusen. Doch auch dies hinterlässt in den Pflanzenzellen Modifikationen, über die die Manipulation nachweisbar ist.[34]

CRISPR/Cas hingegen ist ein Mechanismus, der ursprünglich bei Bakterien entdeckt worden war, die sich gegen Viren wehren, der aber – wie Charpentier und Doudna zeigten – universell und extrem präzise funktioniert. Damit lassen sich Gene an beliebigen und doch vom Anwender genau definierbaren Stellen schneiden; man kann die Gene gezielt deaktivieren, ganz entfernen oder neue einfügen oder auch nur einzelne Nukleotide, die kleinsten Bausteine im Erbgut der DNA, verändern. Inwiefern es zu Off-Target-Effekten kommen kann – also Modifikationen des Genoms außerhalb der Schnittstelle der Genschere – wird zwar in der Forschung heiß diskutiert, aber davon unabhängig werden jedenfalls alle eingebrachten Fremdproteine und Erbgutstücke in den Zielzellen abgebaut. Spätestens in Tochtergenerationen sind sie völlig verschwunden. Es bleibt also kein fremdes Erbgut erhalten, sondern nur die veränderten DNA-Bausteine, die auch durch zufällige Mutationen hätten entstehen können.

Dass CRISPR/Cas eingesetzt wurde, kann man an den Pflanzen demnach nicht mehr erkennen. Ganz pragmatisch haben Länder wie die USA, Kanada, Israel, Japan und Australien daher beschlossen, CRISPR/Cas ohne strenge Regulierung zu erlauben, wenn in den Pflanzenzellen anschließend keine Fremd-DNA enthalten ist. In der EU gilt allerdings nach einer Entscheidung des Europäischen Gerichtshofs von 2018 auch für CRISPR/Cas das Gentechnikgesetz. Dadurch werden jedoch identische Mutationen juristisch unterschiedlich bewertet, je nachdem, ob sie durch konventionelle Mutationszüchtung zufällig oder durch die Genschere gezielt entstanden sind. Der Einsatz von Chemie oder ionisierenden Strahlen gilt wegen der jahrzehntelangen guten Erfahrungen als Methode, die nicht reguliert werden muss. CRISPR/Cas hingegen wird als weniger sicher eingestuft, obwohl sie dieselbe Mutation viel zielgenauer liefert.

Gegen diese Diskrepanz laufen viele Wissenschaftler, Anwender und Politiker Sturm, und es ist zu erwarten, dass es zu einer juristischen Neubewertung kommen wird, aber noch hat es CRISPR/Cas in Europa schwer. Weltweit wird die Genschere bereits in Hunderten von Studien bei über 70 Pflanzenarten getestet.[35] Auf den Äckern wächst erst eine CRISPR/Cas-Sojabohne in den USA, die weniger gesättigte Fettsäuren, aber mehr von einer gesundheitlich wertvolleren Ölsäure enthält. Weitere 16 gen-editierte Pflanzen dürften aber folgen, darunter eine Kartoffel, die beim Bräunen weniger Acrylamid bildet, und eine Tomate mit fünffach höherem Anteil von stressabbauenden und blutdrucksenkenden Stoffen, die in Japan bereits für Anbau und Verzehr zugelassen ist.

CRISPR/Cas ändert nicht nur die Spielregeln, weil es viel präziser ist als alle bisherigen Verfahren. Es ist auch kostengünstiger, einfacher anzuwenden und führt schneller zum gewünschten Ergebnis. Damit können nun nicht nur große Konzerne Gentechnik nutzen, sondern auch kleinere Züchtungsfirmen – etwa um Pflanzen zu verbessern, die vorwiegend regional interessant sind, wie die Jamswurzel, die Süßkartoffel, die glutenfreie Zwerghirse, die Stärkebanane Äthiopiens, die Maniokpflanze in Südamerika oder die Kichererbsen im Vorderen Orient. CRISPR/Cas könnte solche »Orphan Crops« genannten Pflanzen im Ertrag steigern, die von den Konzernen nur wenig beachtet wurden. Damit ließe sich die Welternährung – die bis heute von Weizen, Mais, Reis, Soja und Kartoffeln dominiert wird – auf eine noch breitere Basis stellen.

Doch auch beim Weizen eröffnet CRISPR/Cas ganz neue Chancen. So haben 60 deutsche Pflanzenzüchter 2020 das Forschungsprojekt PILTON gestartet, mit dem sie Weizen eine dauerhafte Widerstandsfähigkeit gegen Pilzkrankheiten verleihen wollen.[36] So kann der Mehltau, der sich durch einen weißlichen Belag auf den Blättern zeigt, den Getreideertrag um bis zu 30 Prozent verringern. Er wird oft mit Fungiziden bekämpft – was aber dem Ziel der EU in ihrer »Green Deal«- und »Farm-to-Fork«-Strategie widerspricht, bis 2030 den Einsatz chemischer Pestizide um die Hälfte zu senken. Den Ausweg könnte eine mehltauresistente Gerste bieten, die ihre Pilzresistenz einem Defekt im MLO-Gen verdankt. Dieses Gen, das – wenn es funktioniert – dem Mehltau den Weg in die Zellen öffnet, findet sich ganz ähnlich auch im Weizen.

Das Problem dabei: Das Weizengenom ist riesig, fünfmal größer als das des Menschen, denn die Pflanze entstand aus der Kreuzung mehrerer Getreide- und Wildgrasarten. Weizen hat nicht nur zwei Kopien des MLO-Gens, sondern gleich sechs davon. Sie alle auszuschalten, um die Pilzresistenz zu erzeugen, ist mit dem Zufallsverfahren der klassischen Gentechnik nicht durchführbar – mit CRISPR/Cas hingegen schon, weil die Genschere gezielt alle MLO-Kopien attackiert. Forschenden der chinesischen Akademie der Wissenschaften in Peking wie der Universität Gießen ist dies im Labor und im Gewächshaus bereits gelungen. Ihre gen-editierten Weizenpflanzen zeigen keinerlei Mehltau-Symptome mehr, wenn sie mit dem Pilz in Kontakt kommen.

Die PILTON-Wissenschaftler wollen nun ähnliche Methoden nutzen, um ein sogenanntes Repressor-Gen im Weizen abzuschalten und damit den pflanzeneigenen Abwehrmechanismus gegen mehrere Pilzerreger gleichzeitig zu verstärken. Bei solchen Einzel-Gen-Wirkungen zeigt sich die Effektivität von CRISPR/Cas besonders gut. Schwieriger wird es allerdings, wenn man Pflanzen wie Reis, Mais oder Soja toleranter gegen Trockenheit machen will, denn dabei sind viele, sehr unterschiedliche Gene beteiligt, die beispielsweise die Tiefe der Wurzeln festlegen oder ihre Fähigkeit, Wasser aufzunehmen oder die das Schließen der Spaltöffnungen in den Blättern kontrollieren. Hier stößt die Genschere an ihre Grenzen, da zeigen sich dann eher wieder die Vorteile klassischer Züchtungsverfahren.

Dass durch technischen Fortschritt enorme Produktionssteigerungen möglich sind, belegt jedenfalls schon der Blick in die deutsche Vergangenheit. Anfang der 1950er-Jahre war hierzulande noch jeder Vierte in der Landwirtschaft tätig, 20 Jahre später jeder Zwölfte und heute nicht einmal jeder Fünfundsiebzigste aller Beschäftigten. Vor 70 Jahren konnte ein Landwirt in Deutschland etwa zehn Menschen ernähren, heute sind es 135 – und in derselben Zeit hat sich der mittlere Ertrag bei Weizen von 1,9 auf heute 7,8 Tonnen pro Hektar mehr als vervierfacht. Mit den beschriebenen Maßnahmen – von der Präzisionslandwirtschaft und den Mischkulturen über neue Züchtungen bis zum fleischlosen »Fleisch«, sowie mit besserer Lagerung, besserem Transport und weniger Verschwendung – sollte es keine Utopie sein, zehn Milliarden Menschen gesund ernähren zu können.

Membranfilter: Trinkwasser für 30 Cent pro Jahr

Dies gilt im Übrigen auch für die Versorgung mit Trinkwasser. Zwar kann es zu Konflikten kommen, wenn etwa ein Land einen Staudamm baut und einer anderen Region im Wortsinn das wertvolle Nass abgräbt, aber Kriege um Wasser muss es nicht geben. Selbst in Wüstengegenden versorgen Meerwasserentsalzungsanlagen eine halbe Milliarde Menschen mit Trinkwasser: So produziert allein der Jebel-Ali-Komplex in Dubai pro Tag zwei Milliarden Liter Süßwasser. Solche Anlagen sind heute sehr effizient. Während früher Meerwasser verdampft wurde und ohne Salz wieder kondensierte – was pro Kubikmeter Trinkwasser mindestens 25 Kilowattstunden an thermischer Energie erforderte –, sparen heutige Umkehrosmoseanlagen rund 85 Prozent Energie.[37] Dabei wird das Meerwasser durch nanometerkleine Poren gepresst, die die Salzionen zurückhalten. Dafür braucht man zwar kräftige Pumpen, aber der Energiebedarf sinkt auf unter vier kWh pro Kubikmeter – und es gibt schon Lösungen, die statt mit hohen Drücken mit elektrischen Feldern arbeiten und nur noch 1,5 kWh benötigen. Mehr noch: Während bei alten Anlagen meist fossil befeuerte Kraftwerke die Verdampfungshitze erzeugen, lässt sich der Strom für die Pumpen auch über Windräder gewinnen. So liefert in Sydney eine windgetriebene Anlage der Stadt 15 Prozent ihres Trinkwassers.

Selbst in den ärmsten Ländern kann man heute Menschen mit sauberem Wasser versorgen. Mit diesem Ziel hat der australische Ingenieur Rhett Butler vor über 15 Jahren die SkyJuice Foundation gegründet und den Skyhydranten entwickelt[38] – ein mannshohes Gerät, das aus verschmutztem Wasser pro Tag 10 000 Liter reinstes Trinkwasser macht, was für 1000 Menschen reicht. Es ist so einfach konstruiert, dass es binnen 20 Minuten aufgestellt und ohne lange Einweisung bedient werden kann. Das System arbeitet ohne Strom, hält bei guter Pflege zehn Jahre und ist mit

Trinkwasserkosten von etwa 30 Euro-Cent pro Person und Jahr selbst für die ärmsten Kommunen erschwinglich. Auch der Skyhydrant funktioniert über Filter: Das Wasser wird durch 20 000 feinste Fasern gepresst, die wie meterlange Spaghetti aussehen, sich jedoch als hauchdünne Röhrchen mit winzigen Löchern in den Wänden entpuppen. Die langen Strohhalme sind Membranen, durch die zwar Wassermoleküle dringen, aber nichts, was größer ist als 50 Nanometer. Keine Schwebstoffe und keine Bakterien passen hindurch, und selbst viel kleinere Viren werden aufgefangen, weil sie sich an andere Organismen anhängen.

Der natürliche Wasserdruck aus zwei Meter Höhe genügt, um das Wasser durch die Membranen zu drücken. So kann eine kleine Windmühle Wasser in einen Tank hochpumpen, von wo es dann durch den Skyhydranten fließt. Gesäubert werden die Fasern einfach mechanisch durch Aneinanderreiben, indem man mit einem Hebel das ganze Bündel schüttelt und ab und zu mit etwas Chlor reinigt. Eingesetzt wird der Skyhydrant derzeit in über 60 Ländern, vorwiegend in Afrika und Asien, wo die Menschen bisher oft belastetes Wasser aus Seen und Flüssen tranken – Durchfall, Cholera und Typhus waren an der Tagesordnung. Dank des Skyhydranten wird dieses Schmutzwasser jetzt in Trinkwasser verwandelt, das die Qualitätsanforderungen der Weltgesundheitsorganisation erfüllt.

Für Salzwasser ist der Skyhydrant allerdings nicht geeignet, und auch für Nitrate sind die Filterporen nicht klein genug. Pflanzen verwerten Nitrat- oder Ammoniumsalze als Nährstoff, genauer: als Stickstoffquelle, um Proteine, Nukleinsäuren und Chlorophyll aufzubauen. Im menschlichen Darm können Bakterien allerdings Nitrate in Nitrite umwandeln, was bei Säuglingen zu einer Unterversorgung des Blutes mit Sauerstoff führen kann und bei der Reaktion mit Aminosäuren zu krebserzeugenden Nitrosaminen. Eine niedrige Nitratbelastung des Wassers ist daher wichtig für eine gesunde Umwelt. Doch genau dies wird überall da zum Problem, wo zu viel Mineraldünger oder Gülle auf den Feldern landet – auch in Deutschland überschreitet immer noch fast jede sechste Messstelle den Grenzwert der EU für Nitrate im Grundwasser. Zudem kann Überdüngung zu Todeszonen in Seen und Meeren führen, und aus gedüngten Feldern wird Lachgas freigesetzt, das fast 300-mal klimawirksamer ist als CO_2. Stickstoffhaltige Dünger zu reduzieren, muss also ein vorrangiges Ziel einer nachhaltigen Landwirtschaft sein.

Doch noch sind wir weit davon entfernt. Die Verbindung von Stickstoff und Wasserstoff, Ammoniak (NH_3), gehört mit Schwefelsäure und Ethylen nach wie vor zu den drei meistproduzierten Chemikalien der Welt. Mittels des vor 111 Jahren patentierten Haber-Bosch-Verfahrens lässt sich Ammoniak aus Wasserstoff – in Zukunft: »grünem« Wasserstoff – und dem Stickstoff der Luft gewinnen, bei Temperaturen von rund 500 Grad, Drücken von 300 bar und einem speziellen Eisenkatalysator. 150 Millionen Tonnen Stickstoff werden weltweit jedes Jahr aus der Luft geholt und in 180 Millionen Tonnen Ammoniak gespeichert, die wiederum zu mehr als vier Fünftel in Düngemittel umgewandelt werden. Jährlich landen also rund 120 Millionen Tonnen Stickstoff in Form von Dünger auf den Äckern – das ist mehr, als durch Bakterien, Blitze oder andere natürliche Prozesse gebunden wird. Das Problem dabei: Nur die Hälfte wird von den Pflanzen aufgenommen, für die der Dünger gedacht war; die andere Hälfte verunreinigt Böden und Gewässer.

Pflanzen, die sich ihren Dünger aus der Luft holen

Wäre es daher nicht viel sinnvoller, die Prozesse nachzubilden, wie sich Pflanzen selbst mit Nährstoffen versorgen? Denn Pflanzen gehen Symbiosen ein, etwa über ihre Wurzeln mit Mykorrhizapilzen.[39] Diese Pilze versorgen ihre Partner mit stickstoff- und phosphorhaltigen Mineralsalzen und Wasser und bekommen im Gegenzug einen Teil der durch die Photosynthese erzeugten Glukose. Während der auf hohe Erträge getrimmten Züchtungen haben jedoch ausgerechnet manche Getreidepflanzen die Fähigkeit zur Mykorrhiza-Symbiose eingebüßt – sie brauchen daher mehr Dünger. Wissenschaftler versuchen nun, dies zumindest teilweise wieder rückgängig zu machen: So fanden sie bei Weizen heraus, dass eine Skyfall genannte Sorte nach einer Besiedelung mit geeigneten Pilzen 570-mal mehr Phosphor aufnehmen kann als die Vergleichssorte Avalon. Wenn man die richtigen Weizensorten anbaut, könnten diese daher erheblich von einer Symbiose mit Pilzen profitieren.

Noch revolutionärer ist die Idee, dass sich Weizen, Mais und Reis ein Beispiel an den Leguminosen nehmen könnten.[40] Also an den Hülsenfrüchtlern wie Erbsen, Erdnüssen und Sojabohnen oder an Luzerne und Kleegras, die eine der genialsten Partnerschaften der Natur eingegangen sind. Sie arbeiten an ihren Wurzeln eng mit Knöllchenbakterien, den Rhizobien, zusammen, die den Stickstoff der Luft mithilfe von Enzymen in Ammoniak umwandeln und letztlich in eine Form, die die Leguminosen aufnehmen können. Die Pflanzen wiederum liefern den Mikroben energiereiche Verbindungen und bilden zudem Proteine, die eine ideale Umgebung für die Bakterien-Enzyme schaffen. Gelänge eine derartige Symbiose auch mit den wichtigsten Getreidepflanzen des Menschen, stünde einer Landwirtschaft mit minimalem Düngereinsatz Tür und Tor offen. Man hätte dann ein Getreide, das sich seinen Dünger selbst organisiert, indem es ihn direkt aus der Luft holt. Der ökologische Landbau, der auf Mineraldünger verzichtet, muss bislang auf eine kluge Fruchtfolge mit Leguminosen setzen, um auf diese Weise den Stickstoffgehalt des Bodens zu optimieren. Doch hätte man einen Weizen, Mais oder Reis, der mit Knöllchenbakterien kooperiert oder der Enzyme besitzt, die die Stickstofffixierung gleich selbst leisten, dann wäre das eine Agrarrevolution ohnegleichen.

Die Herausforderung ist allerdings enorm, es ist ein »Heiliger Gral« der Synthetischen Biologie: Denn der in den Bakterien zuständige Enzymkomplex, die Nitrogenase, braucht eine sehr spezielle, gegen Sauerstoff geschützte Umgebung, die man nicht einfach in Pflanzen übertragen kann. Einen ersten Schritt plant das Gemeinschaftsunternehmen Joyn Bio, das Bayer mit der in Boston ansässigen US-Firma Ginkgo Bioworks gegründet hat.[41] Die Forschenden wollen den Bestand von über 100 000 Mikrobenstämmen, den Bayer in den Gefriertruhen seines Innovationszentrums eingelagert hat, auf vielversprechende Enzyme untersuchen, die sich in Richtung einer Stickstofffixierung weiterentwickeln lassen. Vielleicht könnten derartige Enzyme in Zukunft in solche Mikroben eingesetzt werden, die sich mit Getreide verpartnern und den Pflanzen Stickstoff in einer nutzbaren Form anbieten.

Noch einen Schritt weiter geht ein Team um den Co-Direktor des Zentrums für Synthetische Biologie am Massachusetts Institute of Technology in Boston, Christopher Voigt.[42] Er will die Gene aus den Rhizobien, die für die Proteine des Nitrogenase-Clusters codieren, direkt ins Getreide übertragen. Das Problem: Dabei handelt es sich um viele miteinander verbundene Gene, die mit weiteren regulierenden Zellkomponenten von einem Bakterium in eine Pflanze kopiert werden müssten, was bislang kaum durchführbar schien. Doch Voigt hat einen raffinierten Ausweg gefunden: Sowohl die Kraftwerke der Pflanzenzellen, die Mitochondrien, als auch die Chloroplasten, wo die Photosynthese stattfindet, waren vor langer Zeit selbst Bakterien, die mit einer Pflanzenvorläuferzelle eine Symbiose eingegangen sind.

Noch heute haben sich diese Organellen eine gewisse Bakterienähnlichkeit bewahrt, es sind recht eigenständige Systeme in den Pflanzenzellen, mit einer eigenen genetischen Datenbasis. Dies macht sie zu einem wesentlich besseren Empfängerort für den Nitrogenasetransfer als die restliche Umgebung im Inneren der Zellen – zumal sowohl die Mitochondrien als auch nachts die Chloroplasten nur wenig Sauerstoff enthalten, was für das Funktionieren der Nitrogenase nötig ist. Erfolge gab es bereits: 2020 beschrieb das Voigt-Team die erste Genübertragung und Bildung von Nitrogenase-Strukturproteinen in einem zellkernhaltigen Organismus – doch bis man auf diese Weise dem Heiligen Gral der Stickstofffixierung im Getreide näher kommt, sind viele weitere Schritte nötig.

Etliche Forschergruppen wie diejenige um Tobias Erb vom Max-Planck-Institut für terrestrische Mikrobiologie in Marburg versuchen noch einen anderen Weg, um die Biomasseproduktion von Pflanzen zu steigern.[43] Im Zentrum steht hier das Schlüsselenzym der Photosynthese, das einen der schwierigsten Namen der Biologie trägt: die Ribulose-1,5-bisphosphat-carboxylase/oxygenase (RuBisCO). Im Calvin-Zyklus der Pflanzen ist RuBisCO dafür zuständig, CO_2 aus der Luft zu binden, das im weiteren Verlauf in Kohlenhydrate umgewandelt wird. RuBisCO ist das am häufigsten vorkommende Enzym auf der Erde, und es ist uralt: Es stammt noch aus einer Zeit, als es wenig Sauerstoff (O_2) und viel CO_2 in der Atmosphäre gab. Das, so vermuten Wissenschaftler, ist der Grund dafür, dass RuBisCO recht ineffizient arbeitet. Im Schnitt schnappt sich das Enzym bei jeder fünften Reaktion irrtümlich ein O_2- statt ein CO_2-Molekül.

Die Folge dieser Photorespiration: Es bilden sich toxische Nebenprodukte, die die Pflanze unter großem Energieaufwand wieder neutralisieren muss. »Die Photorespiration verringert die Effizienz von RuBisCO um 20 Prozent«, sagt Tobias Erb. Außerdem ist RuBisCO langsam: Es wandelt nur fünf bis zehn CO_2-Moleküle pro Sekunde um. Lange Zeit dachten Biologen, dass der Calvin-Zyklus mit RuBisCO der einzige Stoffwechselweg der Natur zur CO_2-Fixierung ist, »doch inzwischen kennen wir ein gutes halbes Dutzend weitere«, erklärt Erb. Er selbst hat in einem Purpurbakterium ein Enzym entdeckt, das 20-mal schneller als RuBisCO arbeitet und CO_2 zwei- bis dreimal effizienter bindet. Rund um dieses Enzym hat sein Team, wie in Kapitel 5 beschrieben, eine ganz neue Alternative zum Calvin-Zyklus entworfen, die einen Weg zu einer von Menschenhand optimierten Photosynthese weisen könnte.

Andere Wissenschaftler, etwa an der Universität von Illinois in Chicago, versuchen, RuBisCO genetisch umzubauen, um seine

Effizienz zu steigern oder die CO_2-Konzentration in der Nähe des Enzyms zu erhöhen, damit es zu weniger Fehlreaktionen mit Sauerstoff kommt. »Ließe sich die Photorespiration ganz unterdrücken, könnten wir allein mit der Landwirtschaft im Mittleren Westen der USA ungefähr 200 Millionen Menschen zusätzlich ernähren«, hat Donald Ort ausgerechnet, einer der beteiligten Forscher. Ähnliches wird im EU-Projekt Gain4Crops versucht.[44] Hier wollen die Partner aus neun Ländern, darunter auch das Team von Tobias Erb, unter anderem Enzyme aus Bakterien in Pflanzen einbauen, um die toxischen Produkte der Photorespiration sinnvoll biochemisch zu nutzen, ohne Energie, Kohlenstoff oder Stickstoff zu verlieren.

Und es gibt noch einen weiteren Ansatz: Forschende versuchen, den grundlegenden Photosynthesetyp wichtiger Kulturpflanzen zu ändern.[45] Weizen, Gerste, Raps und viele andere setzen auf die ursprüngliche C3-Photosynthese, bei der der gesamte Prozess – von der CO_2-Fixierung bis zur Produktion von Zuckern – in einem einzigen Zelltyp stattfindet. Effizienter hingegen ist das, was C4-Pflanzen wie Mais, Hirse und Zuckerrohr als Anpassung an warme und trockene Standorte gelungen ist: Hier ist die Bindung von CO_2 räumlich getrennt vom Calvin-Zyklus. Dadurch können die RuBisCO-Enzyme in nahezu sauerstofffreier Umgebung und bei hohen CO_2-Konzentrationen arbeiten – und somit fast ohne Photorespiration. Entsprechend höher ist ihre Biomasseerzeugung. Gelänge es daher, C3-Pflanzen wie Weizen, Reis oder Kartoffeln durch Züchtung in C4-Pflanzen umzuwandeln – so hoffen die Agrarpioniere –, könnten die Erträge um bis zur Hälfte gesteigert werden.

7 Die Krise der Krankheiten

Wie kann man gesund alt werden?

Methusalem hält den Rekord. Wenn man der Bibel Glauben schenkt, soll er 969 Jahre alt geworden sein. Doch da dies wohl sinnbildlich zu verstehen ist, steht seit 25 Jahren die Französin Jeanne Calment auf dem Siegertreppchen. Sie starb 1997 im Alter von 122 Jahren. Als Teenager hatte sie in der Provence noch Vincent van Gogh getroffen, als dieser in dem Geschäft, wo sie angestellt war, Malerbedarf erwarb. Jeanne Calment ist der älteste Mensch, dessen Lebenslauf zweifelsfrei gesichert ist. Ihr dicht auf den Fersen folgt die Japanerin Kane Tanaka, die im Januar 2021 ihren 118. Geburtstag feierte. Als Geheimnis ihres biblischen Alters nennt sie: Familie, Schlaf und Schokolade, Gelassenheit und geistige Aktivität, etwa beim Othello-Spielen, dem japanischen Reversi.

Was sie nicht erwähnt, ist die gesunde, maßhaltende Ernährung mit Fisch, Gemüse, Reis, Nüssen, Algen und Seetang, die neben den Erbanlagen als Grund für die hohe Zahl der Über-100-Jährigen in Japan gilt. Derzeit sind es rund 80 000, fast fünfmal mehr als in Deutschland. Doch 2050 dürften wir auch hierzulande eine größere Stadt mit den Methusalems unserer Zeit füllen können – die Szenarien des Statistischen Bundesamtes reichen von 60 000 bis 120 000 Menschen, die dann in Deutschland älter als 100 Jahre sein könnten.[1] Manche blicken auch bis in die Zwanzigerjahre des 22. Jahrhunderts: Eine Studie im Auftrag der

Versicherungswirtschaft prognostiziert, dass mindestens jedes dritte heute geborene Mädchen seinen 100. Geburtstag erleben könnte; bei den Jungen ist es nur jeder neunte, doch weit über die Hälfte könnten 90 Jahre alt werden.

Weltweit werden die Menschen im Durchschnitt immer älter: Nach UN-Berechnungen[2] werden 2050 fast 2,1 Milliarden Menschen über 60 Jahre alt sein – dann wird ihre Zahl diejenige der Jugendlichen unter 15 übertreffen. 2050 dürften also erstmals mehr Senioren als Kinder auf der Welt leben. Bis dahin wird sich die Zahl der Über-60-Jährigen weltweit verdoppelt und die der Über-80-Jährigen verdreifacht haben. Deutschland wird noch stärker zur Seniorengesellschaft: Bei moderater Einwanderung, einem Fortschreiben der Steigerung der Lebenserwartung und wenig Veränderungen bei der Geburtenrate wird 2050 mehr als jeder dritte Deutsche über 60 sein und jeder Achte über 80. Auf zehn erwerbsfähige Personen zwischen 20 und 65 kommen dann 5,3 alte Menschen, heute sind es erst 3,6 – eine enorme Belastung für die Renten- wie für die Gesundheitssysteme, denn Patienten über 65 Jahre verursachen fast die Hälfte aller Krankheitskosten. Können wir uns in Zukunft viele ärztliche Behandlungen nicht mehr leisten, oder gibt es einen Weg, dass die Versorgung zugleich besser und billiger wird? Welche Krisen stehen uns noch bevor? Nun, eine haben wir gerade mehr oder minder bewältigt: In der Rekordzeit von weniger als einem Jahr wurden Impfstoffe gegen das neue Coronavirus SARS-CoV-2 entwickelt und zugelassen, die schwere Verläufe der Infektionskrankheit Covid-19 verhindern können.

Mit fast sechs Millionen Todesfällen binnen zwei Jahren und Dutzenden von Millionen Menschen, die teils über Monate an Langzeitfolgen leiden, ist Covid-19 die stärkste Pandemie seit 100 Jahren. Dabei sind hier nur diejenigen gezählt, die sich nachweislich mit dem Virus infiziert hatten; aufgrund der besser erfassten Übersterblichkeiten schätzt die Weltgesundheitsorganisation (WHO) die wahre Zahl der weltweiten Todesfälle zwei- bis dreimal höher ein. Seit Beginn des 20. Jahrhunderts haben nur die Spanische Grippe von 1918 bis 1920 mit etwa 50 Millionen Toten und das HI-Virus mit 40 Millionen Aidstoten mehr Opfer gefordert – wobei sich Aids seit Beginn der 1980er-Jahre allerdings über mehrere Jahrzehnte erstreckte.

Dennoch: So massiv die Auswirkungen der Corona-Pandemie auf die globale Wirtschaft und Gesellschaft waren und immer noch sind, wird die Krankheit vor allem deshalb als gefährlich wahrgenommen, weil sie sehr ansteckend ist. Das verdeckt, dass viel mehr Menschen an nicht ansteckenden Erkrankungen sterben: So erliegt alle zwei Sekunden ein Mensch den Folgen von Herzinfarkt oder Schlaganfall.[3] Die Herz-Kreislauf-Erkrankungen haben an den weltweit 55 Millionen Todesfällen pro Jahr den höchsten Anteil. Krebs mit seinen rund hundert Ausprägungen folgt auf Platz zwei. Ebenfalls sehr weit oben auf der Liste, vor allem in den Industrienationen, sind die Demenzerkrankungen. Laut WHO leiden weltweit bereits 50 Millionen Menschen daran, insbesondere an Alzheimer, und jedes Jahr kommen zehn Millionen neue Fälle hinzu. Bis 2050 könnte sich die Zahl der Demenzkranken auf 150 Millionen verdreifachen – ein enormes Problem, weil noch keine wirksame Behandlung gefunden wurde.

Selbst gegenüber dem Tabakkonsum relativiert sich die Zahl der Corona-Toten: Laut WHO ist Rauchen für fast jeden siebten Todesfall verantwortlich, rund acht Millionen pro Jahr.[4] Hinzu kommen drei Millionen Tote durch zu viel Alkohol. Auch in Deutschland sind die Zahlen erschreckend: Pro Jahr sterben 127 000 Menschen an den Folgen des Rauchens, 74 000 durch Alkoholmissbrauch, 1600 durch illegale Drogen und 2700 bei Verkehrsunfällen. Dass all diese Toten kein unabwendbares Schicksal sind, ist offensichtlich. Sehr deutlich wird dies beim Straßenverkehr: Wegen Gurtpflicht, Airbag und Knautschzonen sanken die Opferzahlen seit den 1970er-Jahren stetig, aber noch vor 30 Jahren gab es 11 000 Verkehrstote – heute sind es 75 Prozent weniger. Dank weiterer Maßnahmen, vom Antiblockiersystem bis zur niedrigeren Promillegrenze, bleibt es nun meist bei Sachschäden. Hier, wie bei Alkohol, Rauchen und

Drogen, hat es jeder selbst in der Hand, Risiken zu reduzieren. Auch der positive Einfluss von gesunder Ernährung, regelmäßiger Bewegung, Stressvermeidung sowie der Kontrolle von Blutdruck, Gewicht, Blutzucker und Cholesterinwerten ist allgemein bekannt: Dadurch sinkt nicht nur die Bedrohung für Herz und Kreislauf, sondern auch die Gefahr, an Diabetes oder Demenz zu erkranken.

Besonders bedrückend: Laut WHO sterben weltweit jährlich über fünf Millionen Kinder im Alter unter fünf Jahren an vermeidbaren Ursachen. 2,4 Millionen an Geburtskomplikationen, 525 000 an Durchfallerkrankungen wie Cholera, Typhus und Ruhr, 274 000 an Malaria und viele weitere an Atemwegsinfekten, Wurmerkrankungen und Unfällen. Mit einer besseren Gesundheitsversorgung, einer besseren Hygiene, ausreichend Ernährung, sauberem Wasser, sauberer Luft und sicheren Straßen könnten viele Kinder noch am Leben sein. Immer noch haben weltweit mehr als 800 Millionen Menschen keine grundlegende Trinkwasserversorgung, und bei 2,3 Milliarden wird das Abwasser unzureichend geklärt in die Umwelt entsorgt – eine Brutstätte für Krankheitskeime aller Art.

Die Folgen der Luftverschmutzung, wie Lungenentzündung, Bronchitis und Asthma, sind in vielen Ländern der Welt ebenfalls alltäglich. Vor allem in armen Regionen verpesten häufig Abgase aus Verkehr und Industrie und die Staubbelastung durch schlechte Kohle- und Holzöfen die Luft. Ein weiteres Problem: Für viele Krankheiten gibt es preiswerte Arzneimittel, nur erreichen sie die Betroffenen oft nicht. Auch Malaria, an der rund 230 Millionen Menschen weltweit leiden, lässt sich heute behandeln – am besten über eine Kombinationstherapie mit Artemisinin, einem Wirkstoff aus der Beifußpflanze. Für diese Entdeckung ist die chinesische Wissenschaftlerin Tu Youyou 2015 mit dem Nobelpreis für Medizin geehrt worden. Mehr als zwei Drittel der 410 000 Malaria-Toten pro Jahr sind Kinder unter fünf Jahren – viele davon könnten gerettet werden, wenn schnell und richtig therapiert würde.

Lassen sich Pandemien frühzeitig stoppen?

Es gibt also viel zu tun, doch noch beherrscht das Thema »Pandemie« die weltweiten Debatten. Unabhängig von der Diskussion, ob SARS-CoV-2 von einer Fledermaus mit dem möglichen Zwischenwirt eines Schuppentiers auf Menschen übersprang oder ob das Virus aus einem chinesischen Hochsicherheitslabor entkam, sind sich die Fachleute einig, dass bei vielen Infektionskrankheiten Tiere eine wichtige Rolle spielen.[5] Moskitos übertragen Malaria, Zecken Borreliose, und das HI-Virus hat ebenso wie das Ebola- und Marburgvirus seinen Ursprung in Affen. Von Hühnern und Enten stammen die meisten Influenzaviren, und von Rindern und Schweinen wurden Pocken und Keuchhusten, Masern, Mumps und Röteln auf Menschen übertragen. Als die ersten Europäer im wahrsten Sinn des Wortes Amerika heimsuchten, erlagen in manchen Regionen 90 Prozent der Urbevölkerung solchen eingeschleppten Seuchen, gegen die sie so schnell keine Immunität entwickeln konnten.

Wie tödlich Infektionskrankheiten sein können, weiß man spätestens seit dem Mittelalter, als das Pestbakterium, vermittelt durch Flöhe und Ratten, ein Drittel der Bevölkerung Europas hinwegraffte, genauer: zwischen 1347 und 1352, also innerhalb von nur fünf Jahren. Wegen dieser hohen Letalität wird der Pesterreger neben dem Milzbrandbakterium sowie den Pocken-, Ebola- und Marburgviren von der WHO zu den gefährlichsten biologischen Kampfstoffen gezählt. Beim Ebolavirus reichen weniger als zehn Viren für eine Ansteckung, und bei einigen dieser Ausbrüche starben mehr als die Hälfte aller Infizierten. Zum Vergleich: Bei SARS-CoV-2 braucht es mindestens 100-mal mehr Viren für eine Infektion, und die Letalitätsrate liegt im weltweiten Mittel zwischen 1,5 und drei Prozent, bei Menschen unter 50 Jahren deutlich unter 0,1 Prozent.

Nüchtern betrachtet, war daher das Coronavirus ein Warnschuss – ein Signal, wie gefährlich eine Pandemie werden kann.

Eine künftige Bedrohung durch Bioterroristen oder Laborunfälle ist leider ebenso wenig auszuschließen wie ein noch tödlicheres Virus, das von Tieren überspringt. Denn wenn Menschen immer mehr Naturräume besiedeln, steigen auch die Kontakte zu exotischen Vögeln, Affen, Flughunden und Fledermäusen.[6] Insbesondere die Letzteren, die zu Tausenden dicht gedrängt in Höhlen und Bäumen leben, agieren als wahre Virentauschbörsen. Ohne selbst zu erkranken, sind Fledertiere oft mit mehreren Erregern infiziert, die mutieren und untereinander Erbmaterial austauschen. Wie Vögel haben sie eine hohe Herzfrequenz und eine Körpertemperatur bis zu 41 Grad Celsius. Mikroben, die in Flugtieren existieren, haben sich an deren Körpertemperaturen gewöhnt – mit hohem Fieber kann man sie kaum noch abwehren. Besonders riskant sind die Wildtiermärkte in Dörfern und Städten Afrikas und Asiens, auf denen sogar lebende Tiere angepriesen werden. Sie müssen dringend geschlossen und der Handel mit Wildtieren muss verboten werden, um einer Übertragung gefährlicher Erreger vorzubeugen.

Auch das enge Zusammenleben macht Pandemien wahrscheinlicher: Wie in Kapitel 3 geschildert, wird bis 2050 die Bevölkerung von Städten weltweit um 2,5 Milliarden Menschen wachsen, vor allem in den Entwicklungs- und Schwellenländern. Hinzu kommt der Klimawandel, der die Vegetationszonen verschiebt: So breiten sich tropische Mücken, die Malaria, Dengue- oder Gelbfieber übertragen, sogar in Europa wieder aus. Nicht zuletzt spielt die globale Vernetzung eine entscheidende Rolle: Binnen Tagen kann ein Virus überall auf der Erde zuschlagen. Noch im Jahr 2019 betraten jede Woche rund 85 Millionen Passagiere ein Flugzeug – und diese Zahl wird in Nach-Pandemie-Zeiten irgendwann wieder erreicht und übertroffen werden.

Die Auswirkungen sieht man am Coronavirus. Bereits Ende Dezember 2019, noch bevor China den Ausbruch bekannt gab, hatte die Software Insights der kanadischen Firma BlueDot Alarm geschlagen.[7] Denn Insights scannt mit Methoden der Künstlichen Intelligenz (KI) Hunderttausende von Quellen in 65 Sprachen –

Regierungsseiten ebenso wie Foren und Blogs – und hatte darin Hinweise auf eine neue schwere Lungenerkrankung in Wuhan gefunden. Mehr noch: Die Software stellte anhand der Buchungsdaten von Fluglinien fest, dass von Wuhan aus die Strecken nach Bangkok, Seoul und Tokio besonders gefragt sind. Die KI sagte daher voraus, dass dort weitere Krankheitsfälle auftreten würden – fast zwei Wochen bevor das tatsächlich geschah. Nur war das trotzdem zu spät, um die weltweite Ausbreitung des Virus noch zu verhindern.

Was also tun, um künftigen Pandemien zu begegnen? Der Stopp des Wildtierhandels, gute KI-Prognosen, eine globale Zusammenarbeit hinsichtlich Impfstoff- und Medikamentenentwicklung sowie Masken und Schnelltests sind wichtig, aber das wird nicht genügen. Hilfreich ist auch, dass die vollständige Sequenzierung eines Erregers – also das Lesen der exakten Abfolge aller Bausteine seines Erbguts – heute in wenigen Tagen machbar ist. So schaffen nach der Aufbereitung der Proben automatisierte Sequenziermaschinen bei SARS-CoV-2 die Entschlüsselung des Erbguts in 30 Stunden. Varianten lassen sich damit schnell entdecken und ihre Mutationen lokalisieren. Nötigenfalls können dann Impfstoffe angepasst werden.

Doch Arzneimittel, die helfen, wenn jemand bereits infiziert ist, sind deutlich schwieriger zu entwickeln. Anders als bei Bakterien gibt es bei Viren bislang keine Medikamente, die gegen eine ganze Gruppe wie die Coronaviren wirken. Mit Hochdruck suchen Forschende derzeit solche Breitbandvirostatika, die man als Tabletten oder Atemsprays gleich nach einem positiven Testergebnis einnehmen könnte, um die Vermehrung der Viren zu stoppen. Das Problem: Viren haben im Gegensatz zu Bakterien wenige eigene Proteine, an denen ein Medikament ansetzen könnte, denn sie benutzen sozusagen die Werkstätten der infizierten Körperzellen, die sie für ihre Zwecke umfunktionieren.

Ein Ansatz könnte sein zu verhindern, dass die Viren überhaupt in die Zellen gelangen – etwa indem man die Rezeptoren blockiert, die als Türöffner wirken. Eine andere Idee ist, die Vervielfältigung der Viren in den Zellen zu unterbinden: So vermarktet die US-Firma MSD einen Hemmstoff für Polymerasen, mit denen die Viren Kopien ihres Erbguts anfertigen. Die Firma Pfizer hingegen setzt mit ihren Paxlovid genannten Pillen auf Proteasehemmer. Proteasen sind eiweißspaltende Enzyme, ohne die sich ein Virus nicht vermehren kann. Denn infizierte Zellen produzieren auf Befehl des Virus eine lange Eiweißkette, die mithilfe der Protease erst in kleine Untereinheiten gespalten werden muss, damit sie ihre Funktion erfüllen kann.

Die Protease ist eine der seltenen Achillesfersen von Viren, wo sie verwundbar sind. Auch die in Kapitel 6 beschriebene CRISPR/Cas-Methode könnte neue Wege aufzeigen: Wenn man der Genschere einen Abschnitt des Virenerbguts mitgibt, schneidet sie dieses genau an der angegebenen Stelle auseinander, und das Virus kann sich nicht vermehren. Dass CRISPR/Cas im Prinzip auch bei SARS-CoV-2 funktioniert, konnten australische Forscher Anfang 2021 an Zellen im Labor zeigen.[8] Noch unklar ist, wie der CRISPR/Cas-Komplex effektiv und ohne Nebenwirkungen in infizierte Zellen gelangen und dort aktiv werden kann. Sollte sich dafür eine Lösung finden lassen, wäre das Verfahren jedoch universell anwendbar, denn man könnte CRISPR/Cas mit dem Erbgut beliebiger Viren »programmieren«.

Eine besondere Leistung meldete im Sommer 2020 JEDI, ein Verbund von Tausenden Wissenschaftlern und Unternehmern aus 23 Ländern: In einer »Grand Challenge« hatten Forschende in nur zehn Wochen 54 Milliarden Moleküle daraufhin getestet, ob sie SARS-CoV-2 blockieren können.[9] Mit Laborversuchen hätte das Zehntausende von Jahren gedauert, aber auch konventionelle Computersimulationen sind zu langsam. Denn Medikamente müssen typische Strukturen angreifen, etwa die Spike-Proteine, die wie die Zacken einer Krone auf der Oberfläche des Virus sitzen. Damit dockt der Erreger an sogenannte ACE2-Rezeptoren menschlicher Zellen an und bringt sie dazu, sich zu öffnen. Nun umfasst aber so ein Spike-Protein rund 24 000 Atome, die sich zudem sehr dynamisch bewegen, und der ACE2-

Rezeptor ist auch nur ein Drittel kleiner. Ein typisches Wirkstoffmolekül wiederum besteht aus 50 bis 150 Atomen. Damit versucht es, eine Stelle am Spike-Protein zu finden, an die es binden und das Virus unschädlich machen kann – es schmuggelt sich sozusagen zwischen Virus-Protein und ACE2-Rezeptor. All diese komplexen Bewegungen und die Bindungskräfte zwischen den Molekülen zu berechnen, ist extrem aufwendig.

Der derzeit schnellste Supercomputer der Welt, der IBM Summit, schafft beispielsweise 200 Billiarden Rechenoperationen pro Sekunde, das entspricht der Leistung von einer Million Notebooks. Doch selbst mit dieser Rechenpower brauchte er zwei Tage, um nur bei 8000 Wirkstoffmolekülen zu überprüfen, ob sie das Spike-Protein blockieren können. Um dies bei 54 Milliarden Molekülen zu schaffen, braucht man KI-Methoden. Sie nutzen Datenbanken, in denen Hunderte Millionen Wechselwirkungen zwischen Wirkstoffen und Proteinen gespeichert sind. Mit diesen Trainingsbeispielen kann eine KI lernen, wie sich Moleküle verhalten, ohne die Physik dahinter im Detail durchzurechnen. Genau dies haben die JEDI-Teams gemacht und für Milliarden von Wirkstoffen aus einer öffentlichen Sammlung chemischer Verbindungen vorhergesagt, ob sie gegen Proteine des Coronavirus einsetzbar sein könnten. Letztlich entstand daraus ein Ranking der 10 000 meistversprechenden Stoffe, von denen nun rund tausend synthetisiert und experimentell überprüft werden sollen, ob sie halten, was die Simulationen versprechen. Wenig überraschend: Moleküle, die als Proteasehemmer wirken könnten, sind im Ranking weit oben gelistet.

Eine ähnlich ehrgeizige »Grand Challenge« ist das, was James Crowe als seine Lebensaufgabe bezeichnet.[10] Mit dem Projekt AHEAD100 will der Direktor des Vanderbilt Vaccine Center in Nashville, Tennessee, nichts weniger, als für hundert bekannte, besonders gefährliche Virusarten Antikörper entwickeln – er will damit sozusagen einen Pandemie-Protektor parat haben, bevor es zu einem neuen, weltweiten Ausbruch kommt. Crowe braucht dafür Menschen, deren Immunsystem einen Angriff der Viren bereits zurückgeschlagen hat. Sein Team hat eine Technologie entwickelt, um aus dem Blut dieser Patienten humane monoklonale Antikörper zu gewinnen und sie vervielfältigen zu lassen – wenn man infizierten Menschen solche Antikörper spritzt, kann deren Immunsystem diese fremden Stoffe als hochwirksames Gegenmittel gegen ein Virus nutzen, das es selbst noch nicht kennt.

»Es schützt vielleicht nicht ein Leben lang, aber ein paar Monate, und das reicht, um eine Epidemie einzudämmen«, erklärt Crowe. Bei Marburg-, Ebola- und Zikaviren ist es schon gelungen, Antikörper zu finden, die die Viren blockieren. »Das ist der beste Weg, um diese Krankheitserreger zu bekämpfen«, sagt Crowe. Auf Geschwindigkeit hat er sein Team bereits getrimmt: Sie brauchen zwei, drei Monate von der ersten Blutprobe bis zum Schutz durch Antikörper, wenn das Virus neu ist. Doch für eine gefährliche Pandemie ist ihm das nicht flott genug: »Wir müssen vorbereitet sein, nicht erst herumprobieren, sondern die Lösung schon haben, wenn es einen Ausbruch gibt« – genau das bezweckt er mit seinem Projekt AHEAD100.

Neue Wirkstoffe gegen multiresistente Superkeime

Neben Pandemien darf man allerdings andere Bedrohungen nicht übersehen. Schon 2019 hat die WHO nicht nur Pandemien, Luftverschmutzung und Klimawandel als größte Bedrohungen für die globale Gesundheit eingestuft, sondern auch Antibiotikaresistenzen. Denn fast alle großen Konzerne haben die Entwicklung von Antibiotika aufgegeben, weil diese Wirkstoffe anders als Mittel gegen Krebs oder chronische Krankheiten keine großen Gewinne versprechen. Wie sehr die Zeit drängt, betont Stephan Sieber, Professor für Organische Chemie an der TU München: »Seit 2000 sind nur zwei Antibiotika mit neuen Wirkmechanismen auf den Markt gekommen«, sagt er. »Wir brauchen dringend neue Strategien und Wirkstoffe.«

Antibiotika sind scharfe Waffen, doch je mehr man sie einsetzt, desto stumpfer werden sie. Denn Mikroben sind wehrhaft. Immer mehr Bakterien schaffen es, die Wirkstoffe zu zerstören, sie aus ihren Zellen zu werfen oder das Design der angegriffenen Proteine einfach zu ändern. Manche Bakterien sind schon multiresistent, also unempfindlich gegen mehr als ein Antibiotikum, und es gibt sogar Superkeime, gegen die kein bekanntes Mittel mehr hilft. Einige Experten sehen bereits ein postantibiotisches Zeitalter anbrechen, in dem wie vor 100 Jahren Menschen an den kleinsten Wunden sterben können.

Das Problem beginnt zu Hause. In Deutschland tragen zehn bis 15 Prozent der Menschen, die in ein Krankenhaus kommen, bereits multiresistente Keime in sich. Die Gründe sind vielfältig. So erhält immer noch einer von fünf Patienten bei einer Erkältung ein Antibiotikum, obwohl dies bei Viren nicht hilft. Oder Patienten setzen Medikamente zu schnell wieder ab: Dann werden nicht alle Bakterien abgetötet, und es vermehren sich vor allem diejenigen, die dank günstiger Mutationen Resistenzen entwickelt haben. In anderen Ländern kann man die wertvollen Medikamente sogar ohne Rezept kaufen – entsprechend häufig werden sie genutzt, was Resistenzen geradezu züchtet.

Im Sommer 2021 entdeckten Forschende bei Touristen, die aus Afrika, Pakistan, Indien und Südostasien zurückkamen, 60 Arten von Antibiotikaresistenzgenen, die über mit Bakterien verunreinigte Nahrungsmittel in deren Darmflora gelangt waren.[11] Hinzu kommt, dass auch Geflügel, Schweine und andere Nutztiere mit Antibiotika behandelt werden und die Wirkstoffe in die Umwelt gelangen. So fanden Wissenschaftler 2018 bei Wasserproben in Niedersachsen über 80 resistente Bakterienarten. Zwar ist laut dem Bundesamt für Verbraucherschutz in den letzten zehn Jahren der Einsatz von Antibiotika bei Nutztieren in Deutschland um 60 Prozent gesunken, aber er liegt mit 670 Tonnen pro Jahr immer noch so hoch wie in der Humanmedizin.

Insgesamt hat die Zahl der Todesfälle durch resistente Keime nach einer Studie der Seuchenschutzbehörde ECDC in Europa um ein Drittel zugenommen, auf 33 000 pro Jahr.[12] »Resistente Erreger kosten fast so viele gesunde Lebensjahre wie Grippe, Aids und Tuberkulose zusammen«, konstatiert die Studie. Weltweit gehen eine halbe Million Todesfälle pro Jahr auf resistente Bakterien zurück. Den Antibiotika droht ihr eigener Erfolg zum Verhängnis zu werden. Nachdem Alexander Fleming 1928 aus Schimmelpilzen den Wirkstoff Penicillin gewonnen hatte und seit dieser im Zweiten Weltkrieg Wundinfektionen von Soldaten heilte, war der Siegeszug nicht mehr aufzuhalten. Aus Bodenbakterien, Pilzen und durch chemische Synthesen wurden Hunderte von Stoffen gewonnen, die Bakterien unschädlich machten und für Menschen gut verträglich waren.

In den 1980er-Jahren schien der Kampf beendet zu sein. Ob Tuberkulose oder Diphtherie, Harnwegserkrankungen oder Hirnhautentzündung, Cholera, Syphilis oder Typhus – wer an bakteriellen Infektionen litt, dem konnte geholfen werden. Sollte doch einmal eine Behandlung nicht anschlagen, gab es Medikamente der zweiten und dritten Verteidigungslinie in Reserve. Immer mehr Konzerne überließen das Feld nun den Generika-Firmen, die heute in Indien und China einen Großteil der Wirkstoffe herstellen. Jedes Jahr werden mehr als 90 Milliarden Medikamentenpackungen eingesetzt – doch immer öfter stoßen Ärzte jetzt auf Bakterien, bei denen nicht einmal die Notfallmedikamente mehr greifen.

Das Forscherteam um Stephan Sieber hat sich daher schon vor zwölf Jahren zum Ziel gesetzt, ganz neue Wege zu finden, um Bakterien lahmzulegen.[13] Die jüngste Entdeckung ist der Wirkstoff PK150, bei dem es den Wissenschaftlern gelang, ein Krebsmedikament zum starken Antibiotikum umzubauen. Dafür wurde Sieber im Juli 2020 von einer internationalen Jury, darunter zahlreiche Nobelpreisträger, mit dem Future Insight Prize ausgezeichnet – wie schon ein Jahr zuvor James Crowe und die US-Forscherin Pardis Sabeti mit ihren Beiträgen zum Pandemie-Protektor. Das Preisgeld von jeweils einer Million Euro stiftete das deutsche Unternehmen Merck.

PK150 setzt an einem der meistgefürchteten Keime an: dem multiresistenten *Staphylococcus aureus* (MRSA), einem kugelförmigen Bakterium, das auf der Haut oder in der Nasenschleimhaut vorkommt und weltweit für Tausende von Todesfällen verantwortlich ist – etwa wenn es in Operationswunden gelangt. Grundsätzlich greifen fast alle Antibiotika eines von drei Zielen in Bakterien an: Entweder stören sie – wie Penicillin oder Vancomycin – den Aufbau der Zellwand, oder wie die Tetrazykline die Proteinbiosynthese, oder sie hemmen wie die Chinolone Enzyme, die für die Strukturierung des Erbguts der Bakterien nötig sind. PK150 hingegen attackiert zwei neue Ziele: Der Wirkstoff behindert den Energiestoffwechsel und beeinflusst zudem ein Enzym in der Zellmembran.

»Zu unserer Überraschung entdeckten wir, dass PK150 dieses Enzym nicht etwa hemmt, sondern seine Aktivität sogar erhöht«, berichtet Sieber. »Die Folge ist, dass zu viele Proteine aus der Zelle ausgeschleust werden. Die Bakterien platzen und sterben.« Den Beweis lieferten Elektronenmikroskopaufnahmen, in denen sich die MRSA-Bakterien bei Zugabe von PK150 geradezu auflösten. Auch bei Mäusen war PK150 schon erfolgreich und selbst nach wochenlangen Tests im Labor, bei denen künstlich die Mutationsrate der Mikroben erhöht wurde, fanden die Forschenden keine Resistenzen. »Das liegt wohl daran, dass es für ein Bakterium schwieriger ist, eine Strategie gegen einen Angreifer zu entwickeln, der gleichzeitig auf zwei Schwachpunkte schießt, als wenn nur ein Protein attackiert wird«, meint Sieber. Nun geht es um die weitere Optimierung. So haben die Chemiker bereits Hunderte von PK150-Varianten synthetisiert, etwa um den Wirkspiegel im Körper zu erhöhen oder um sicherzustellen, dass der Stoff an keine essenziellen menschlichen Proteine bindet. Die klinische Entwicklungsphase ist dann der nächste Schritt.

In Zukunft soll zudem KI unterstützen. Wie gut dies funktionieren kann, bewies 2020 der US-Forscher Jim Collins: Er trainierte einen Computer, antibakterielle Wirkungen bei Tausenden von Molekülen zu erkennen. Als die Maschine eine große

Datenbank durchsuchte, fand sie einen Stoff, den die Forschenden Halicin nannten. Ursprünglich war er für Diabetes vorgesehen, doch die KI prognostizierte einen starken antibiotischen Effekt – und hatte recht. Halicin wirkt zumindest im Tierversuch gegen etliche gefährliche Keime. Ob daraus ein Medikament wird, muss sich wie bei allen neuen Wirkstoffen erst noch zeigen, denn klinische Tests am Menschen sind sehr aufwendig und dauern Jahre.

Andere Forscher versuchen, den klassischen Weg der Antibiotika ganz zu verlassen. Eine Alternative könnten Zuckermoleküle sein – Polysaccharide oder auch Glykane genannt –, die jede Zelle wie mit einem feinen Pelz bedecken. Über sie kommunizieren die Zellen mit der Umwelt, und hier docken Botenstoffe an. Charakteristische Strukturen aus Glykanen finden sich auf allen Bakterien. Präsentiert man sie dem Immunsystem, kann dieses danach Eindringlinge schnell erkennen und bekämpfen. Das Problem: Solche Riesenmoleküle lassen sich nur schwer chemisch herstellen. Pionierarbeit leistete hier Peter Seeberger vom Max-Planck-Institut für Kolloid- und Grenzflächenforschung in Potsdam, der ein automatisiertes Syntheseverfahren für Mehrfachzucker aller Art entwickelte.[14] Damit lassen sich künftig vielleicht nicht nur Mittel gegen Bakterien finden, sondern auch gegen Malaria und gegen Krebszellen.

Artilysine lassen Bakterien platzen

Ein anderer Weg könnte über das Vorbild der Phagen führen – das sind Viren, die an Bakterien andocken, ihr Erbgut injizieren, die Zellmaschinerie für ihre Vermehrung nutzen und dann mithilfe spezieller Enzyme, der Endolysine, die Zellen von innen aufschneiden und entkommen. »Wir haben diese Stoffe so modifiziert, dass wir damit nun Bakterien auch von außen angreifen und in Bruchteilen von Sekunden zerstören können«, sagt Markus Matuschka von Greiffenclau, einer der Gründer der Lysando

AG. Im Biopark in Regensburg hat Lysando innerhalb von zehn Jahren Hunderte dieser Artilysine entwickelt, über 300 Patente angemeldet und an Firmen weltweit Lizenzen vergeben.[15]

Von Greiffenclau betont, dass seine Artilysine keine Antibiotika sind: »Sie sind 100-mal größer und wirken ganz anders«, erklärt er. Artilysine sind enzymatisch aktive Proteine, die sich aufgrund ihrer elektrischen Ladung an Bakterien anlagern und deren Wand aus Zuckerketten – den Peptidoglykanen – so stark destabilisieren, bis sie durch den Innendruck platzt. Es gibt beeindruckende Filme, die zeigen, dass dies tatsächlich in Sekundenschnelle passiert. Anders als bei den Endolysinen der Phagen funktioniert der Angriff der Artilysine von außen, nicht aus dem Zellinneren heraus. Und vor allem können sie auch sogenannte gramnegative Keime attackieren, die zwei Zellmembranen besitzen und die es besonders gut schaffen, gegen Antibiotika resistent zu werden.

»Unsere Artilysine sind gegen zehn der bakteriellen Spezies wirksam, die von der WHO als die gefährlichsten Pathogene eingestuft wurden«, sagt von Greiffenclau – darunter die gramnegativen *Acinetobacter baumannii, Pseudomonas aeruginosa* und die Familie der *Enterobacteriaceae,* die alle bereits Multiresistenzen aufweisen. Die drei Genannten sind vor allem deshalb gefürchtet, weil sie als Krankenhauskeime in Intensivstationen auf bereits geschwächte Patienten treffen und lebensgefährliche Infektionen verursachen können. Dabei kann eine Sepsis entstehen, eine überschießende Abwehrreaktion des Immunsystems, die die eigenen Organe schädigt – verursacht etwa durch infizierte Katheter oder Implantate oder auch Infektionen von Lunge, Darm und den Harnwegen. In Deutschland sterben daran jedes Jahr über 90 000 Menschen, weltweit rund elf Millionen.

Bei einer Sepsis hat man keine Zeit, lange zu testen, welche Mikrobe sie verursacht hat, hier muss schnell gehandelt werden. Artilysine sind im Prinzip gut dafür geeignet, denn sie können sowohl auf bestimmte Bakterien maßgeschneidert werden wie auch sehr breit wirken, sodass sie gleichzeitig verschiedene Spezies eliminieren. Doch von Greiffenclau ist klar, dass es bis zu einem Artilysin, das man in die Blutbahn spritzt, noch viele Jahre dauern wird: »Die Sepsis ist die Königsdisziplin«, sagt er. Für die präklinischen und klinischen Phasen der Arzneimittelzulassung setzt Lysando auf Kooperationen, etwa mit der Wuppertaler Firma AiCuris, die für innovative Wirkstoffe gegen Infektionskrankheiten 2018 mit dem Deutschen Zukunftspreis ausgezeichnet worden war.

Grundsätzlich ähnelt die Herstellung von Artilysinen der von Enzymen, wie sie in der Industrie eingesetzt werden. Die Forschenden bringen die Gensequenz, die für den gewünschten Proteinaufbau codiert, in *E.coli*-Bakterien ein und lassen diese im Bioreaktor das entsprechende Artilysin fertigen. Dann werden die Zellen aufgebrochen, die Artilysinproteine herausgefiltert und aufwendig gereinigt – am Ende bleiben ein, zwei Gramm übrig, mit denen man Tests bezüglich Wirksamkeit, Sicherheit und vieles andere durchführen kann. Etliche Kühlschränke, in denen Artilysine Monate bis Jahre lagern, stehen in den Regensburger Laboren neben Bioreaktoren, Reinigungssäulen, Mikroskopen, Petrischalen und Tiefkühlsafes voll unterschiedlichster Bakterien.

Lysando ist mit den Artilysinen eine vielversprechende Plattformtechnologie gelungen, die die unterschiedlichsten Anwendungen erlaubt. »Da sie nicht in den Stoffwechsel der Mikroben eingreifen müssen, um wirksam zu sein, können sie auch persistierende Bakterien und solche in Biofilmen attackieren«, erklärt von Greiffenclau. Persister sind Bakterien, die sich sozusagen tot stellen: Sie stellen ihren Metabolismus ein und bieten dadurch üblichen Antibiotika keine Angriffspunkte mehr. Im Extremfall können sie Ewigkeiten überdauern. So war es im Juli 2020 japanischen Forschern erstmals gelungen, Bakterien aus Sedimenten der Tiefsee wieder zum Leben zu erwecken – nach einer Ruhepause von 100 Millionen Jahren. Unter Biofilmen wiederum versteht man schleimige Hüllen aus Zucker, Proteinen und Lipiden; in ihnen versteckt ruhen Bakterien ebenfalls sehr geschützt, bis sie wieder hervorbrechen. Diese gefährlichen Beläge können künstliche Herzklappen, Prothesen und Katheter bedecken oder auch die Anlagen von Filtern. Mit Artilysinen lassen sich Filter aber ebenso von Bakterien befreien wie Implantate – gegen Desinfektionsmittel wie Chlor hingegen sind manche Bakterien schon resistent.

Ein weiterer, wichtiger Vorteil: Resistenzen von Bakterien gegen die Artilysine sind bislang weder gefunden worden noch konnten sie in gängigen Labortests künstlich erzeugt werden. Auch Allergien oder andere Nebenwirkungen bei Menschen sind nicht aufgetreten. Und da Artilysine Proteine sind, werden sie nach getaner Arbeit im Körper schnell zerlegt; sie gelangen nicht wie Antibiotika in die Umwelt. Ihre Wirksamkeit bei Patienten haben sie in Sprays gegen chronische Wunden schon bewiesen, wie auch nach Inhalationen bei einer bakteriell stark geschädigten Lunge. Bei Neurodermitis gibt es ebenfalls erste Erfolgsgeschichten aus Regensburg zu vermelden: Das typische Jucken verschwindet nach dem Einsprühen mit einem geeigneten Artilysin sofort, die Rötungen gehen binnen Minuten zurück und nach fünf Tagen werden die Ekzeme weniger. Zwei Monate nach einer 13-tägigen Anwendung waren die Hände einer 78-jährigen Frau, die lange an der Hauterkrankung gelitten hatte, praktisch vollständig geheilt. Dabei vernichtet das Artilysin selektiv das pathogene Bakterium *Staphylococcus aureus* und verschont zugleich das harmlosere *Staphylococcus epidermidis* – das gesunde Mikrobiom der Haut wird bewahrt.

Ähnliche große Einsatzfelder können sich Artilysinen bei Akne eröffnen: Diese Erkrankung, die vor allem von *Cutibacterium acnes* in Talgdrüsen verursacht und durch erbliche und hormonelle Faktoren befördert wird, betrifft vier Fünftel der Elf- bis 30-Jährigen – also fast jeden mindestens einmal im Leben. Da die Akne mit ihren entzündeten, mit Eiter gefüllten Pickeln vorwiegend im Gesicht auftritt, kann sie gerade Teenager psychisch schwer belasten. Zugleich werden immer mehr Antibiotika unwirksam. Auch hierfür hat Lysando bereits Artilysine entwickelt, die keine Hautirritationen verursachen und gezielt das verursachende Bakterium attackieren: Dessen Wachstum wird um 99,9 Prozent reduziert, und das natürliche Mikrobiom der Haut wird dabei nicht angegriffen. Für den weltweiten Markt von Mitteln gegen Akne, der wie bei Neurodermitis rund fünf Milliarden Euro pro Jahr umfasst, wären Artilysine sicherlich eine enorme Bereicherung, etwa in Form einer Gesichtslotion.

Dennoch: Trotz aller Erfolge haben auch diese Wirkstoffe Einschränkungen. Am besten wirken Artilysine bei lokalen Anwendungen auf der Haut oder in zugänglichen Wunden. Man kann sie auch fein zerstäuben, sodass sie in die Lunge gelangen, oder intravenös spritzen, sodass sie in Zukunft gegen Sepsis eingesetzt werden könnten. Doch Schlucken wie bei einem Antibiotikum, das dann in die Blutbahn übergeht, ist wenig sinnvoll – wenn der Körper Artilysine binnen einer Stunde abbaut, bleibt kaum Wirkstoff übrig. Eine bakterielle Entzündung tief im Körper, etwa in einem Kniegelenk, ist auf diese Weise nicht zu erreichen. Wie Artilysine in solchen Fällen an ihren Einsatzort gelangen sollen, dafür muss sich das Forscherteam von Lysando noch einiges einfallen lassen.

Boom der mRNA: von Corona bis zur Krebsimpfung

Dass aber auch kleine und mittelgroße Firmen gegen Pharmakonzerne bestehen können, weiß man spätestens seit den Impfstofferfolgen des deutschen Unternehmens BioNTech und der US-Firma Moderna. Beide hatten bis ins Jahr 2019 nicht mehr als 1300 Mitarbeiter und mussten Hunderte Millionen Euro beziehungsweise Dollar an Verlusten abschreiben. Zwei Jahre später verbuchen sie Jahresumsätze im zweistelligen Milliardenbereich, sind hochprofitabel, und ihre Aktienkurse haben sich verzwanzigfacht. BioNTech wird nun ähnlich hoch bewertet wie der BASF-Konzern, der fast 150 Jahre älter ist und bei dem 40-mal mehr Menschen arbeiten. Zu verdanken hat dies die Firma ihren Gründern Uğur Şahin und Özlem Türeci, die seit den 2000er-Jahren vom Potenzial der Messenger-RNA (mRNA) überzeugt waren, sowie der mRNA-Pionierin Katalin Karikó, die mit dem US-Biochemiker Drew Weissman diese Technologie erheblich voranbrachte und seit 2013 bei BioNTech in Mainz tätig ist.[16] Ihre Grundidee, die auch Ingmar Hoerr bei der Tübinger Firma Curevac und Derrick Rossi bei Moderna verfolgten, ist einfach: In Zellen arbeitet die mRNA wie ein Bote, der Bauanleitungen von der DNA zu den Ribosomen transportiert, wo entlang dieser Blaupausen Proteine zusammengebaut werden. Falls es gelingt, mRNA-Moleküle in Zellen zu schmuggeln, dann sollten diese Zellen wie kleine Auftragsfabriken beliebige Proteine produzieren können – darunter auch solche, die das Immunsystem anregen, aktiv zu werden.

Der Haken liegt allerdings, wie so oft, in den Details. Bis zum Durchbruch vergingen Jahrzehnte hartnäckiger Forschung. Die Herausforderung ist, dass freie mRNA-Moleküle instabil sind und vom Körper schnell angegriffen und zerlegt werden. Eingebettet in winzige Lipidkügelchen, kann man sie zwar in Zellen bekommen, aber das reicht nicht: In einer bahnbrechenden Arbeit zeigten Karikó und Weissman, dass die eingeschleuste mRNA erst dann die zelleigene Abwehr überwinden und die Proteinsynthese starten kann, wenn man einen ihrer Bausteine – in diesem Fall das Nukleosid Uridin – durch einen nur minimal veränderten ersetzt. So funktioniert auch der Impfstoff gegen SARS-CoV-2, den BioNTech mit dem US-Pharmakonzern Pfizer entwickelt hat: Die mRNA codiert in diesem Fall für das Spike-Protein des Virus. Die Körperzellen, in die der Impfstoff gespritzt wird, werden angeregt, diesen Virenbestandteil herzustellen und auf ihrer Oberfläche dem Immunsystem zu präsentieren. Dieses erkennt die Spike-Proteine als körperfremd, attackiert sie und nimmt die Information in sein Immungedächtnis auf. Sollte danach eine tatsächliche Infektion erfolgen, kann das Immunsystem schnell zuschlagen und die Viren vernichten, bevor sie Unheil anrichten können.

Ein Trumpf der mRNA-Technologie ist ihre Flexibilität: Virusvarianten, die modifizierte Spike-Proteine besitzen, lassen sich einfach dadurch bekämpfen, dass die Abfolge der mRNA-Bausteine entsprechend geändert wird. Ein angepasster Impfstoff kann in den Laboren binnen weniger Wochen entwickelt werden. Auch Kombi-Impfstoffe sind denkbar: So könnten die Bauanleitungen der Spike-Proteine von gleich mehreren Coronaviren in die Lipidhüllen gepackt und als eine Art Superimpfstoff gegen die Coronavirenfamilie gespritzt werden. Und die Plattformtechnologie bietet noch mehr: »Wir haben damit die Tür zu einer neuen Welt von Arzneimitteln geöffnet«, erklärte BioNTech-Gründer Şahin in einem Interview des Nachrichtenmagazins *Der Spiegel*.[17] Für diese Leistung wurden die BioNTech-Wissenschaftler mit dem Deutschen Zukunftspreis 2021 ausgezeichnet.

Die mögliche Bandbreite reicht von Mitteln gegen Influenza und Malaria über Autoimmunerkrankungen bis zum Heiligen Gral der Medizinforschung: »Unsere Vision ist es, eine individualisierte Krebsmedizin zu etablieren, die auf den Patienten und die genetischen Eigenschaften seines Tumors passgenau zugeschnitten ist«, sagt Şahin. Das war die Vision,[18] mit der er und seine Ehefrau, die deutsch-türkische Ärztin Özlem Türeci, im Jahr 2008 BioNTech gegründet hatten und mit der sie die Risikokapitalgeber Michael Motschmann mit seinen MIG Fonds sowie die Brüder Andreas und Thomas Strüngmann gewinnen konnten. Der Impfstoff gegen SARS-CoV-2 war da nur ein willkommenes Nebenprodukt – das nun aber mit seinen finanziellen Gewinnen die weiteren Entwicklungen erheblich beschleunigt.

Der Kampf gegen Krebs ist allerdings deutlich schwieriger als der gegen Viren, denn Krebszellen sind entartete Zellen des eigenen Körpers, die sich aufgrund einer Fehlsteuerung ungebremst teilen. Für das Immunsystem sind sie nicht ohne Weiteres als Feinde erkennbar. Doch auch bei ihnen gibt es geänderte Proteine auf ihren Oberflächen – über 2000 dieser Tumor-Antigene wurden bei verschiedenen Krebsarten bislang entdeckt. Damit lässt sich »ein genetisches Fahndungsfoto eines individuellen Tumors erstellen«, beschreibt Şahin seinen Plan. Mit dem Fahndungsfoto sollen dann Abwehrzellen des Immunsystems losgeschickt werden, um die abtrünnigen Krebszellen zu finden und sie mithilfe von Antikörpern zu stoppen. Doch leider gibt es keine Antikörper, die universell passen. Jeder Krebs ist unterschiedlich, so wie sich auch die Gesichter von Menschen unterscheiden. Die Fahndungsfotos müssen angepasst werden – ein Aufwand, der bisher kaum zu leisten war, aber dank Gensequenzierung und mRNA-Technologie nun machbar erscheint. Mit verschiedenen Firmen und Forschungsinstituten hat BioNTech in den vergangenen Jahren Kooperationen gestartet, um diese Revolution der Krebsmedizin voranzutreiben.

Das Grundprinzip lässt sich gut an einer Studie erläutern, die 2021 startete. Sie umfasst rund 200 Darmkrebspatienten mit einem hohen Risiko, dass ihr Krebs nach Operation und Chemotherapie wieder zurückkehrt. Bei ihnen wird sowohl das Erbgut des Tumors als auch das von gesundem Gewebe mit Sequenziermaschinen analysiert und verglichen. Wo man Unterschiede findet, können es Mutationen sein, die den Krebs ausgelöst haben. Diese Stellen im Erbgut codieren möglicherweise für veränderte Proteine, also Antigene, die man als Angriffspunkte nutzen kann. Die BioNTech-Wissenschaftler wollen nun mithilfe intelligenter Algorithmen 20 auswählen und für diese 20 Antigene mRNAs herstellen und den Patienten als personalisierten Krebsimpfstoff verabreichen.

Wie bei der Corona-Impfung produzieren dann Körperzellen diese Tumorproteine und präsentieren sie als »Fahndungsfotos« dem Immunsystem, das sie als fremd erkennt und auf seine Fahndungsliste setzt. Die Hoffnung ist, dass das Immunsystem dadurch in die Lage versetzt wird, noch vorhandene Krebszellen, die diese Tumorproteine ebenfalls besitzen, effektiv aufzuspüren und unschädlich zu machen. Auf diese Weise würde der Körper gefährliche Metastasen ganz ohne Chemotherapie und Bestrahlung zerstören können – und das schon, bevor sie anfangen zu wachsen. Ob eine solche Impfung aber tatsächlich funktioniert, wird man erst nach ein paar Jahren wissen, wenn die behandelten Patienten mit denen einer Kontrollgruppe verglichen werden, die statt der mRNA-Impfung nur ein Placebo erhalten haben.

Derartige Studien wird es in nächster Zeit viele geben, bei Brustkrebs ebenso wie bei Hautkrebs und anderen Krebsarten. Allein BioNTech hat 15 Studien gestartet. Doch Uğur Şahin hat noch mehr vor. So kündigte er an, bis Ende 2022 einen mRNA-Impfstoff gegen Malaria auf den Weg zu bringen, den er – falls die Feldversuche erfolgreich sind – zumindest teilweise in Afrika produzieren lassen will. Gegen Tuberkulose und HIV sollen mRNA-Impfungen vorangetrieben werden, und ebenso gegen die saisonale Grippe, an der weltweit jedes Jahr Hunderttausende von Menschen sterben. Da Influenzaviren immer wieder neue Stämme hervorbringen, sind die bisherigen Impfstoffe nicht sehr treffsicher. Doch auch hier könnte man versuchen, mit mRNA die Viren an mehreren Stellen gleichzeitig anzugreifen – und selbst der Piks in den Oberarm könnte entfallen, weil die Impfung vielleicht sogar als Nasenspray funktioniert.

Einen Durchbruch erhofft sich BioNTech auch bei Autoimmunerkrankungen, an denen weltweit Hunderte von Millionen Menschen leiden. Nach Herz-Kreislauf-Problemen und Krebs sind diese chronischen Entzündungen die dritthäufigste Erkrankungsgruppe: Sie reichen von Typ-1-Diabetes über rheumatoide Arthritis – umgangssprachlich Gelenkrheuma – bis zu Multipler Sklerose. Dabei schätzt das Immunsystem körpereigenes Gewebe fälschlicherweise als fremd ein und attackiert es. Bei Typ-1-Diabetes sind es die insulinproduzierenden Zellen der Bauchspeicheldrüse, bei Gelenkrheuma möglicherweise die Gelenkknorpel, bei Multipler Sklerose Proteine der elektrisch isolierenden Schicht im zentralen Nervensystem, das dann Muskeln nicht mehr richtig ansteuern kann.

Wer hier mit mRNA helfen will, darf das Immunsystem nicht aktivieren, sondern muss es im Gegenteil beruhigen. Dass dies tatsächlich möglich ist, beschrieben die BioNTech-Gründer mit anderen Forschenden im Januar 2021 in *Science*. Sie hatten bei

Mäusen die Entwicklung von Multipler Sklerose bremsen und teils sogar Lähmungen rückgängig machen können. Dazu hatten sie den Tieren mRNA injiziert, die den Bauplan für die Nervenzell-Proteine enthielt. Die mRNA war in diesem Fall so modifiziert und verpackt, dass sie bis in die Milz gelangte. Dort lernen Immunzellen, körpereigene Stoffe zu erkennen und zu tolerieren – genau das gelang mit den Proteinen, die zuvor vom Immunsystem als fremd eingestuft worden waren. Die Krankheit besserte sich, und die Mäuse bewegten sich wieder normal. Grundsätzlich sind das aber noch sehr frühe Versuche, und es ist unklar, inwieweit sich das Ergebnis auf Menschen übertragen lässt. Dennoch zeigt es das erhebliche Potenzial, das die mRNA eröffnen könnte. Dass wir in den nächsten Jahren auf diesem Feld noch etliche Durchbrüche erleben werden, ist eine naheliegende Prognose.

DNA-Origami und ein Herz aus dem Drucker

Jedenfalls dürfte dies wahrscheinlicher sein als die schon seit Jahrzehnten verbreiteten Ideen über Nanoroboter, die als Gesundheitspolizei im Körper patrouillieren. Technologievisionäre stellen sich sozusagen Miniatur-U-Boote vor, die unsere Blutgefäße von Ablagerungen säubern, Krebszellen jagen und im Gehirn tätig werden, um Demenz zu verhindern oder gar Daten der Nerven auszulesen. Wissenschaftler haben zwar bereits raffinierte Mikromaschinen gebaut, die kleiner als ein Millimeter sind und über Magnetfelder auch durch zähe Flüssigkeiten wie Blut, Speichel oder Schleim gesteuert werden können. Doch von einem medizinischen Einsatz sind sie weit entfernt, denn abgesehen von den technischen Herausforderungen, muss man sicherstellen, dass solche Mikroroboter biologische Gefäße nicht verletzen oder vom Körper als Eindringlinge attackiert werden.

Vielleicht ist es aber eher zielführend, statt mechanischer Maschinen gleich biologische Stoffe zu verwenden. Eine ausgeklügelte Version haben Wissenschaftler der Arizona State University um den Biochemiker Hao Yan entwickelt: mithilfe von DNA-Origami, benannt nach der Kunst des Papierfaltens.[19] Dabei macht man sich zunutze, dass sich die Basenpaare eines DNA-Strangs nicht nur in Form einer Doppelhelix anordnen, sondern auch zu dreidimensionalen Gebilden falten, je nachdem, welche Strukturen aufeinandertreffen. Steuern lässt sich dies durch die Abfolge der Basen und die Länge der verwendeten DNA-Ketten. Damit kann man Smileys in Nanometergröße ebenso bauen wie Rohre, Fußbälle oder Hasen mit Ohren, kleiner als ein Tausendstel des Durchmessers eines menschlichen Haares – all das haben findige DNA-Origami-Spezialisten schon demonstriert.[20]

Anwendungsnäher ist jedoch das, was Yans Team gelang. Er hat mehrere Moleküle des Blutgerinnungsenzyms Thrombin in eine DNA-Röhre eingewickelt und an der Außenseite der Röhre Anhängsel angebracht: sogenannte Nukleinsäuren-Aptamere. Sie binden spezifisch an Proteine, die auf den Blutgefäßzellen sitzen, die den Tumoren ihre benötigten Nährstoffe liefern. Als Yan seine Nanometer-Röhrchen in Mäuse injizierte, reisten sie durchs Blut, bis sie auf Tumorblutgefäße trafen. Dort blieben sie hängen und öffneten sich. Das Thrombin verursachte daraufhin Blutgerinnsel und verstopfte die Gefäße rund um den Tumor. Binnen eines Tages starb das Tumorgewebe mangels Blutzufuhr ab und wurde im Körper der Mäuse ebenso entsorgt wie die Reste der Origami-Strukturen – eine beeindruckende Demonstration, was sich mit DNA-Origami erreichen lässt. Doch ob diese Strategie des molekularen Trojanischen Pferdes bei Menschen effektiv und zudem nebenwirkungsfrei funktionieren würde, muss noch gründlich untersucht werden.

Zerstörtes Gewebe einfach zu regenerieren wie beim Axolotl, ist ein weiterer Traum der Mediziner.[21] Wenn einer dieser in der Natur fast ausgestorbenen, knapp 30 Zentimeter langen mexikanischen Schwanzlurche ein Bein verliert, wächst binnen Wochen ein neues, funktionstüchtiges nach. Mehr noch: Auch Teile des Herzens oder des Gehirns kann das Tier ersetzen, ebenso ein durchtrenntes Rückenmark. Inzwischen wurde das Genom des Lurchs entschlüsselt, aber wie diese Fähigkeit zustande kommt, ist nach wie vor unklar – was kein Wunder ist, denn sein Erbgut ist gigantisch, mit 32 Milliarden Basenpaaren mehr als zehnmal so groß wie das des Menschen. Doch immerhin ist man dem Axolotl ein bisschen auf den Fersen: Ärzte können mittels »Tissue Engineering« einige menschliche Gewebe nachzüchten, etwa Knorpel, Haut oder Knochen. Dafür werden Patienten kleine Gewebeproben entnommen, in einer Nährlösung vermehrt und wieder in den Körper eingebracht. Der Vorteil gegenüber Transplantationen: Das gezüchtete Gewebe wird vom Immunsystem nicht abgestoßen, weil es als körpereigen erkannt wird. Allerdings kann es Wochen dauern, bis auf diese Weise größere Flächen menschlicher Haut gewachsen sind. Für Verbrennungsopfer ist das eine lange Qual.

Viel schneller ginge es mit 3D-Druck-Verfahren. Spanische Wissenschaftler haben damit in knapp einer halben Stunde 100 Quadratzentimeter Haut hergestellt – zwar zunächst nur für Mäuse, aber bei diesen ist sie problemlos angewachsen. In der Medizintechnik sind 3D-Drucker schon lange üblich: Passgenaue Prothesen werden damit produziert oder Kronen für Zähne. Doch Organe aus Biotinte – meist lebende Zellen, vermischt mit einem Hydrogel – gibt es erst in Forschungslaboren. So hat ein Team um Michael Gelinsky an der TU Dresden ein Verfahren entwickelt, mit dem sich aus Knochenzement, Hydrogel sowie Knochen- und Gefäßzellen ein lebendes Knochentransplantat drucken lässt, das künftig etwa bei Patienten mit einer Lippen-Kiefer-Gaumenspalte eingesetzt werden könnte.

Für viel Aufsehen sorgte 2019 Tal Dvir von der Universität Tel Aviv, als er ein 3D-gedrucktes Herz mitsamt Muskelzellen und Herzkammern präsentierte.[22] Es war zwar nur so groß wie eine Kirsche, was einem Hasenherzen entspricht, und das Gewebe war noch zu fest, sodass sich die Zellen nicht zusammenziehen und das Herz nicht schlagen konnte. Dennoch war es eine beeindruckende Leistung: Die Forschenden hatten einem Menschen

Zellen entnommen, sie zu Stammzellen umprogrammiert und daraus Herzmuskel- und Blutgefäßzellen gewonnen. Zusammen mit Stützsubstanzen, die dem Gewebe Halt geben, kamen diese Zellen in die Kartuschen des 3D-Biodruckers. Alle Materialien des kleinen Herzens stammten also von einem Patienten und würden bei ihm keine Abstoßungsreaktionen auslösen. Sollte es daher einmal gelingen, auf diese Weise ein funktionstüchtiges Herz, eine Niere oder eine Leber herzustellen, könnte dies ein großes Problem der Transplantationschirurgie lösen.

Besonders schwierig ist es, feinste Blutgefäße einzubinden, die für Nährstoffe durchlässig sein müssen, doch selbst daran arbeiten Forschende bereits. Eine Idee: Man druckt die neuen Blutgefäße nicht, sondern lässt sie mithilfe von Wachstumsfaktoren und geeigneten Zellen selbst sprießen – in Ansätzen ist das schon gelungen. Für manche Einsatzgebiete braucht man auch gar keine perfekten Organe: So hat Tal Dvir eine Kooperation mit dem Bayer-Konzern gestartet, um Medikamente an 3D-gedrucktem Herzgewebe zu testen – das ist für frühe Phasen der Arzneimittelentwicklung zielführender, als die Wirkstoffe nur an Zellen in einer Petrischale zu untersuchen.

Fühlen mit Roboterhänden und Mikrochips im Gehirn

All dies zeigt: Übergänge zwischen Biologie und Technik sind fließend. Auch Verbindungen von Mensch, Computer und Roboter – Cyborgs – sind nicht neu. So gibt es künstliche Sinnesorgane, etwa Cochlea-Implantate, die Signale von Mikrofonen über Elektroden direkt an den Hörnerv weiterleiten. Weltweit haben damit Hunderttausende von gehörlosen Menschen bereits gute Hörerfolge erzielt. Deutlich komplexer sind Retinaimplantate: So wurde 2009 in Tübingen erstmals einem Blinden, der 20 Jahre zuvor das Augenlicht verloren hatte, ein drei mal drei Millimeter kleiner Chip mit 1500 Fotodioden unter die Netzhaut gepflanzt.

Als sich nach einigen Stunden sein Gehirn wieder an die Signale des Sehnervs gewöhnt hatte, wurden die Objekte, die er wahrnahm, vertrauter, und er konnte wieder Äpfel von Bananen unterscheiden.

Nach und nach kann also das Gehirn lernen, Signale aus Mikrochips richtig zu deuten – das kann so weit gehen, dass die Patienten schließlich groß gedruckte Texte wieder lesen können. Inzwischen sind solche Implantate einigen Dutzend Menschen eingesetzt worden, aber 2019 hat die Firma Retina Implant dennoch ihre Geschäftstätigkeit eingestellt,[23] denn für die meisten Betroffenen war der Aufwand für Operation und Training zu groß. Vor allem aber ermöglicht heute jedes Smartphone noch mehr als ein Implantat, denn mit dem Mobilgerät kann man auch navigieren und sich sogar Zeitungstexte vorlesen lassen.

Smartphones als Cyborg-Erweiterung des Menschen zu bezeichnen, ist angesichts ihrer nützlichen Apps kaum übertrieben. Doch echte Cyborgs sind ebenso real: So lassen sich Exoskelette, also etwa Bein- oder Armprothesen, direkt mit dem Gehirn verbinden. Damit können gelähmte Menschen wieder laufen und greifen lernen. Der beeindruckendste Fortschritt gelang Forschenden der Johns Hopkins University in Baltimore bereits 2015: Sie führten Mikroelektroden in den motorischen Cortex eines Patienten ein – also den Teil des Gehirns, der die Bewegungen kontrolliert – und weitere in den sensorischen Cortex, wo Tastsignale wahrgenommen werden.

Der Patient mit Querschnittslähmung erhielt eine Handprothese mit feinen Drucksensoren, die mit den Elektroden in seinem Gehirn verbunden wurde. Anschließend konnte er mit der Kraft seiner Gedanken nicht nur die Roboterhand bewegen, sondern ihm wurden auch die Signale der Drucksensoren direkt ins Gehirn zurückgemeldet. Das Gefühl dabei, sagte der Patient, sei wie früher gewesen, als er mit seiner Hand noch tasten konnte. Damit gelang es erstmals, »den Kreis Gehirn-Prothese-Gehirn zu schließen«, wie es der Programmmanager Justin Sanchez formuliert.[24]

»Einmal«, so berichtet Sanchez, »haben die Forscher nicht nur einen Roboterfinger berührt, sondern zwei, ohne es dem Patienten zu sagen – und er fragte, ob ihn jemand austricksen wolle. Da wussten wir, dass die Tastgefühle, die er durch die Prothese bekam, sehr lebensecht sein mussten.« Solche Versuche belegen, dass unser Gehirn nicht nur Robotergliedmaßen steuern kann, sondern dass umgekehrt auch Signale von künstlichen Sinnesorganen – elektronischen Augen, Ohren, Haut – vom Gehirn gelernt und verstanden werden können. Vieles ist noch in einem experimentellen Stadium, weil es schwierig ist, den Kontakt zwischen Nervenzellen und elektronischen Bauelementen dauerhaft zu halten. So müssen Biochips Nervenzellen auf weniger als 100 Nanometer nahe kommen, um Signale gut austauschen zu können, und zugleich müssen sie aus Materialien bestehen, die der Organismus nicht abstößt. Das funktioniert erst in Ansätzen. Doch für Menschen mit Behinderungen könnten solche Gehirnimplantate in Zukunft erhebliche Erleichterungen bringen.

Viel mehr Menschen – im Grunde wir alle – werden von Computern mit Künstlicher Intelligenz und der dadurch möglichen Personalisierung der Medizin betroffen sein. Beim Durchforsten von Bildern funktioniert KI heute besonders gut.[25] So entstehen in Tomografiegeräten binnen 90 Sekunden Tausende von Querschnittsbildern durch den Körper. Radiologen können KI-Systeme darauf trainieren, Auffälligkeiten, etwa Knötchen in der Lunge, schnell aufzuspüren. Programme, die mit über 100 000 Bildern angelernt wurden, erkennen Hautkrebs anhand von Schattierungen und Formveränderungen besser als viele Dermatologen. Und japanische Forscher haben Rechner mit Fotos von Darmspiegelungen gefüttert. Das Ergebnis: Bösartige Polypen können nun anhand von 300 Parametern mit 94 Prozent Genauigkeit erkannt werden. In Echtzeit markiert die Software während einer Endoskopieuntersuchung im Video alle Wucherungen – eine enorme Hilfe, damit die Ärzte nichts übersehen. Denn bei Krebs besagt eine Faustregel, dass vier Fünftel der Therapiekosten anfallen, wenn sich gefährliche Metastasen gebildet haben. Entdeckt man den Krebs hingegen in einem frühen Stadium, ist die Behandlung weit günstiger und weit eher Erfolg versprechend.

Ähnliches gilt für die Auswertung von Dokumenten: Weltweit sollen bereits über ein Zettabyte (eine Zahl mit 21 Nullen) an Gesundheitsdaten gespeichert sein, was einer Milliarde Terabyte-Festplatten entspricht. Die explodierende Fachliteratur kann kein Arzt mehr überblicken oder Tausende Fälle im Kopf haben, ein Computer tut sich leicht. Dabei suchen die Algorithmen nicht mehr nach Schlagworten, sondern sie erkennen Begriffsklassen und den Kontext – sie können Inhalte bewerten und zusammenfassen. In Zukunft werden immer mehr KI-Systeme darauf trainiert werden, Symptome zu deuten, Therapien vorzuschlagen und auf Nebenwirkungen hinzuweisen. Sie können Mediziner erheblich unterstützen, solange diese nicht vergessen, dass smarte Maschinen immer nur so gut sind wie die Daten, mit denen sie trainiert wurden. Hat etwa eine KI gelernt, Tumoren in der Lunge zu erkennen, dann findet sie nur diese und nicht ein Blutgerinnsel in der Herzarterie – was erfahrenen Medizinern wohl nicht entgangen wäre. Ärzte und Ärztinnen mit ihrem umfassenden Wissen und ihrer emotionalen Intelligenz werden nicht durch Maschinen ersetzt werden – schon allein, weil oft ihre Intuition und der Kontakt zu den Patienten der halbe Weg zur Heilung sind.

Doch selbst im Operationssaal werden immer mehr Maschinen tätig, allerdings vor allem als verlängerte Arme der Chirurgen. So werden bei Prostatakrebs mehr Operationen mit Roboterhilfe durchgeführt als ohne – und dies trifft häufig auch schon bei Niere, Bauchspeicheldrüse und sogar in der Herzchirurgie zu. Üblicherweise sitzen die Ärzte dabei vor einer Konsole, auf deren Monitor sie ein vergrößertes räumliches Bild des Operationsfeldes sehen. Über joystickartige Bedienelemente steuern sie die Roboterarme, die durch kleine Öffnungen in die Patienten eingeführt wurden, sowie die daran befestigten Greifer, Scheren oder anderen Instrumente. Dabei wird jedes Zittern ihrer Hände weggefiltert. In Zukunft könnten digitale Assistenten zudem Informationen ins Sichtfeld einblenden oder den Chirurgen vorschlagen, wo sie am besten die Schnitte ansetzen sollten.

Patienten werden auch häufig selbst KI-Systeme um Rat fragen, denn zwei Drittel der 12000 Krankheiten im Klassifikationssystem der Mediziner sind solche, an denen weniger als fünf von 10000 Menschen leiden. Das summiert sich: So dürften in Europa 30 Millionen Menschen von Krankheiten betroffen sein, die nur die wenigsten Ärzte kennen. Eine KI, die über einen unbegrenzten Wissenspool verfügt und nie müde und gestresst ist, kann da sehr nützlich sein. Erste Lösungen gibt es. So hat das Start-up Ada Health aus Berlin eine App entwickelt, der man seine Beschwerden nennen kann.[26] Über einen leicht verständlichen Chat werden die Nutzer durch einen Fragenkatalog geleitet. Am Ende erfahren sie von Ada, um welche Erkrankung es sich handeln könnte und welche anderen noch infrage kommen. Der Entscheidungsbaum der virtuellen Gesundheitsberaterin enthält Tausende von Symptomen und viele seltene Krankheiten. In über 130 Ländern ist Ada heute eine der meistverwendeten medizinischen Apps.

Ein besonderer Coup gelang KI-Forschenden der zu Google gehörenden britischen Firma DeepMind im Sommer 2021: Sie veröffentlichten die 3D-Strukturen aller bekannten menschlichen und vieler weiterer Proteine, die ihr KI-Programm AlphaFold2 allein aus der Abfolge der Aminosäuren dieser Riesenmoleküle ermittelt hatte.[27] Der Computer erreichte dabei eine Genauigkeit, die selbst im Labor mit den aufwendigsten Techniken der Strukturanalyse kaum noch übertroffen werden kann. Über viele Jahrzehnte galt dies als eines der schwierigsten Probleme der Molekularbiologie: Wie falten sich Hunderte von Aminosäuren eines Proteins zu der Struktur, die für die biologische Funktion notwendig ist? Denn nur wenn man den genauen räumlichen Aufbau kennt, kann man passende Medikamente entwickeln, Enzyme maßschneidern oder ergründen, warum sich manche Proteine – etwa bei Alzheimer oder Parkinson –

nicht so falten, wie sie sollen. AlphaFold2 schaffte den Durchbruch, indem die KI anhand von Hunderttausenden bekannter Proteinstrukturen sowie bestimmter physikalischer und geometrischer Regeln lernte, unbekannte Proteine zusammenzusetzen wie ein 3D-Puzzle – ausgehend von den einfacheren Substrukturen bis zum großen Ganzen.

Auch die Gentechnik ist ohne KI kaum noch denkbar. Hat die Entschlüsselung eines menschlichen Genoms vor 20 Jahren noch Milliarden Euro gekostet, ist sie heute – nicht zuletzt dank KI-Auswertungen – für wenige Hundert Euro zu haben, Tendenz weiter sinkend. Der nächstliegende Nutzen ist das Aufspüren von Erbkrankheiten. So entsteht die Sichelzellenanämie durch einen Gendefekt, eine Punktmutation, in blutbildenden Stammzellen. US-Forschern ist es 2019 gelungen, einer Patientin Stammzellen aus dem Rückenmark zu entnehmen und mithilfe der CRISPR/Cas-Technologie so zu reparieren, dass sie gesundes Hämoglobin bilden wie bei einem Embryo in der Schwangerschaft. Als die Zellen wieder ins Rückenmark eingesetzt wurden, vermehrten sie sich, und das Blut konnte genug Sauerstoff aufnehmen, sodass keine Bluttransfusionen mehr nötig waren. Die 36-jährige Patientin Victoria Gray aus Forest, Mississippi, ist damit die Erste, die über eine Genomeditierung durch CRISPR/Cas von einer Erbkrankheit geheilt wurde.[28] Inzwischen gibt es weitere Erfolge, unter anderem bei der Bluterkrankung Beta-Thalassämie am Universitätsklinikum Regensburg, doch die Verfahren sind kostspielig und erfordern viel Fachwissen und Können.

Die Mukoviszidose beispielsweise ist eine Erbkrankheit, die wegen der zähen Schleimbildung in Lunge und Darm Menschen erheblich beeinträchtigen und zum Tod führen kann. Verursacht wird auch sie durch Veränderungen in einem Gen, allerdings sind mehr als 2000 unterschiedliche Mutationen bekannt. Entsprechend schwierig wäre es, die betroffenen Stellen bei jedem Patienten zu finden und gezielt zu reparieren. Bei anderen Krankheiten genügt es oft nicht einmal herauszufinden, welche Gene mutiert sind, sondern man muss auch wissen, welche Proteine gerade aktiv sind. Denn selbst wenn Gene identisch sind, können Lebewesen aufgrund unterschiedlich aktivierter Gene und Proteine völlig anders aussehen und anders agieren.

Am deutlichsten sieht man das an einer Raupe, einer Puppe und dem aus ihr entstehenden Schmetterling: Sie enthalten alle die gleichen Gene und sind doch extrem verschieden. Auch alle Zellen des Menschen haben die gleichen Gene, aber ganz unterschiedliche Funktionen, ob sie nun eine Haut- oder eine Muskelzelle, eine Nerven- oder eine Samenzelle bilden. Insgesamt besitzt der Mensch etwa 20 000 Gene und vermutlich mehrere Hunderttausend verschiedene Proteine – was die enorme Aufgabe deutlich macht, vor der Wissenschaftler stehen, wenn sie verstehen wollen, warum bei manchen Menschen Krankheiten ausbrechen und bei anderen nicht, oder warum bei dem einen ein Medikament wirkt und beim anderen nicht.

Neben dem Genom, also unserem Erbgut mit der DNA, spricht man daher vom Transkriptom und dem Proteom, das sind die zu einem bestimmten Zeitpunkt in einer Zelle existierenden RNA-Moleküle und Proteine – und man kann dieses »Om«-Spiel noch weitertreiben. Besonders wichtig ist auch das Mikrobiom, denn rund zwei Kilogramm des Körpergewichts eines Erwachsenen gehen auf das Konto von Bakterien. Wir Menschen beherbergen sogar mehr Bakterienzellen, als wir Körperzellen besitzen – im Darm, auf der Haut und den Schleimhäuten gibt es Tausende unterschiedliche Arten, und hinzu kommen noch Viren und Pilze. In diesem Ökosystem geht es normalerweise friedlich zu. Bakterien helfen bei der Verdauung und trainieren das Immunsystem. Häufig verhindern nützliche Mikroben auch die Ansiedelung gefährlicher Keime. Das Mikrobiom ist daher beim Verständnis vieler Krankheiten ähnlich wichtig wie das Genom, das Transkriptom oder das Proteom. Doch seine Erforschung steht ganz am Anfang – zumal sich auch die Zusammensetzung des Mikrobioms dynamisch ändert, je nach Umgebung, Ernährung, Lebensstil, und sogar im Lauf eines Tages.

Kranke Zellen in einem Raum mit 20 000 Dimensionen

Etwas weiter sind Wissenschaftler bei der Analyse aktiver Gene. So erforscht das Team von Fabian Theis am Helmholtz Zentrum München, welche unserer 20 000 Gene in welchen Zellen gerade angeschaltet sind.[29] »Dafür nutzen wir experimentelle Daten von Hunderttausenden von Zellen, die sich mathematisch gesprochen irgendwo im Raum der 20 000 Gendimensionen befinden – das ist Big Data vom Feinsten«, sagt der Biomathematiker. Nur mithilfe von KI kann es gelingen, diese riesigen Datenwolken zu sortieren und zu klassifizieren. »So findet man etwa, dass es nicht nur eine Handvoll verschiedener Lungen- oder Nervenzellen gibt, sondern Hunderte von Zelltypen, die sich durch ihre Genaktivitäten unterscheiden.« Theis' Team leistet damit wichtige Beiträge für das internationale Projekt des Human Cell Atlas, das den Körper auf Basis präziser Zelltypen kartieren will – eine Art Google Maps für den Menschen.

Ein für Covid-19 interessantes Ergebnis war, dass die ACE2-Rezeptoren, an die das Virus andockt, neben bestimmten Lungenzellen auch in Blutgefäßen und im Riechkolben des Gehirns vorkommen – was erklären könnte, dass das Virus nicht nur die Lunge befällt, sondern auch Gefäße schädigen und zu Geruchs- und Geschmacksverlust führen kann. Doch die KI-Analyse der Genaktivität leistet noch mehr. »Wir können herausfinden, wie sich kranke Zellen von den gesunden Referenzzellen des Zellatlas unterscheiden«, sagt Theis. Die KI macht sichtbar, wo sich kranke Zellen im 20 000-dimensionalen Raum platzieren – und das sind andere Orte als die gesunder Zellen. Wenn man Medikamente fände, die diese Verschiebung rückgängig machen, dann entspräche das einer Heilung des Patienten, bei der zugleich Seiteneffekte der Krankheit und Nebenwirkungen der Medikamente im jeweiligen Gewebe berücksichtigt würden. Bei Zellen von Diabetikern haben die Münchner Wissenschaftler erste Ansätze dieses

Konzepts demonstrieren können, »aber bei anderen Erkrankungen ist das noch eine ferne Vision«, sagt Theis.

Auf das Proteom konzentriert sich sein Kollege Pascal Falter-Braun, der im Helmholtz Zentrum wenige Türen entfernt arbeitet. »Während Fabian Theis mit KI die Aktivität von Genen analysiert, untersuchen wir Protein-Protein-Wechselwirkungen«, erklärt der Leiter des Instituts für Netzwerkbiologie. Er will beispielsweise ermitteln, wie sich Proteine in menschlichen Zellen und die 26 Proteine von SARS-CoV-2 gegenseitig beeinflussen. »Die Ähnlichkeiten mit sozialen Netzwerken sind verblüffend«, sagt Falter-Braun. »Manche Proteine arbeiten gemeinsam wie Menschen im Büro, andere sind in unterschiedlichen Gruppen aktiv wie wir in der Familie und im Sportverein, wieder andere sind zentrale Knotenpunkte wie Influencer bei Instagram.« Sind solche Netzwerke kartiert, lässt sich herausfinden, wo Viren störend eingreifen und wie man das verhindern kann.

Falter-Brauns Team verwendet dafür Hefezellen und einen raffinierten Trick: Sie koppeln jeweils eines von 18 000 menschlichen Proteinen in entsprechend vielen Hefestämmen an Hilfsmoleküle, die das Wachstum der Hefe befördern – aber nur, wenn sie selbst aktiviert werden. Den Aktivator wiederum verbinden sie mit einem der Virusproteine. Interagiert dann ein virales mit einem menschlichen Protein, wird das Hilfsmolekül aktiviert, und die Hefe gedeiht prächtig. »Wir machen dies hoch automatisiert mit Pipettierrobotern«, erklärt Falter-Braun. »Alle Wechselwirkungen der 26 SARS-CoV-2-Proteine mit den 18 000 menschlichen Proteinen haben wir inzwischen mehrfach durchgetestet.« Jetzt geht es darum, Angriffspunkte zu finden, an denen Wirkstoffe das Virus attackieren könnten. Beispielsweise wissen die Forschenden, dass Viren in Zellen gezielt Proteine lahmlegen, die die Eindringlinge eigentlich bekämpfen sollen. Ließe sich diese Wechselwirkung durch Medikamente stören, könnten sich die Zellen effektiver wehren, sagt Falter-Braun. »Außerdem wollen wir herausfinden, wie sich genetische Unterschiede auswirken.« So könnte sich aufklären lassen, wieso Menschen in manchen

Regionen nur harmlose Krankheitsverläufe haben. Eine Hypothese: Vielleicht gibt es dort vermehrt Varianten menschlicher Proteine, die dem Virus das Leben schwer machen.

Die Beispiele von Fabian Theis und Pascal Falter-Braun zeigen, wie kompliziert und weitgehend unerforscht die Prozesse in Zellen sind. Solche Studien sind sehr aufwendig, und es wird lange dauern, bis sich daraus Heilverfahren entwickeln lassen. Ähnliches gilt für die Vorgänge im Gehirn. So weiß man zwar, dass sich bei Alzheimer bestimmte Eiweiße – Beta-Amyloide – vermehrt zwischen Hirnzellen ablagern und Plaques bilden, was die Informationsübertragung stört und den langsamen Tod von Nervenzellen bedeuten kann. Doch auch die Anreicherung eines veränderten Tau-Proteins ist eng mit der Krankheit verknüpft, und es gibt viele Theorien, was Alzheimer auslöst und befördert, von der Vererbung über die Abfallentsorgung im Gehirn bis zu entzündlichen Prozessen.

Ursachen und Wirkungen sind hier schwer zu trennen. Ob man etwa Alzheimer behandeln kann, indem man die Beta-Amyloid-Ablagerungen verhindert, ist noch nicht erwiesen. Medikamente, die die Plaques abbauen sollen, konnten bislang entweder den geistigen Verfall der Patienten nicht wesentlich aufhalten oder haben starke Nebenwirkungen oder sind erst im Tierversuch erfolgreich – darunter auch eine mRNA-Studie: Ein japanisches Forscherteam hat Hirnzellen von Mäusen mittels mRNA dazu gebracht, verstärkt das Enzym Neprilysin zu produzieren, das Beta-Amyloide effektiv abbauen kann. Zumindest bei den Mäusen hat dies tatsächlich funktioniert.

Roboter als Butler für Senioren

Ob Ärzte künftig Millionen von Menschen mit Demenz wirksam therapieren können, ist also noch völlig offen. Auch ein Zurückdrehen der Lebensuhr, eine Verjüngung der Körperzellen, was manche Visionäre mithilfe von Gentechnik oder »medical food«

versprechen, ist reinste Spekulation – mehr Science-Fiction als Science-Facts. Smarte Technik kann jedoch auf jeden Fall dazu beitragen, älteren Menschen länger ein erfülltes Leben in den eigenen vier Wänden zu ermöglichen: etwa durch Selbstdiagnose und Fernüberwachung. Das könnten »Sensoren zum Anziehen« sein, in Uhren, in der Kleidung oder in Form von Kontaktlinsen oder Ohrsteckern, die Blutwerte im Körper checken und als Frühwarnsystem agieren. Für Seniorenwohnungen hat die bayerische Firma Future-Shape einen sensiblen Fußboden entwickelt, der nicht nur erkennt, wenn Senioren stürzen und dann sofort den Pflegedienst alarmiert – eine KI kann sogar aus der Analyse, wie jemand geht, frühzeitig auf beginnende Demenz oder Parkinson schließen.

Und im Geriatronik-Projekt in Garmisch-Partenkirchen testet ein Team der TU München um Sami Haddadin gerade Roboter als digitale Butler im Alltagseinsatz mit Senioren.[30] Unter anderem sollen sie Text- und Bildinhalte erkennen und beschreiben – also den älteren Menschen etwa aus Briefen und Zeitungen vorlesen. Bei Reha-Übungen könnten Roboter wie der zweiarmige GARMI ebenso helfen wie beim Aufstehen, bei der Essenszubereitung oder beim Abräumen des Tisches. Für sinnvoll halten die Forschenden auch die Möglichkeit der Telepräsenz: So könnte es Verwandten und Freunden gestattet sein, sich in den Roboter einzuwählen. Dessen Kopf zeigt dann das Gesicht des fernen Gegenübers, der den Roboter steuert – beispielsweise um mit dem Senior eine Partie Schach oder Memory zu spielen. Ebenso könnte der Roboter als eine Art Avatar der Hausärztin wirken, die auf diese Weise direkt vor Ort tätig werden kann. Natürlich nur in engen Grenzen, denn das Feingefühl einer menschlichen Hand erreichen Roboter noch lange nicht.

8 Die Krise der Intelligenz

Überrunden uns denkende Maschinen?

Überall werden die Grenzen des Wachstums sichtbar: ob bei Rohstoffen oder Müllmengen, Treibhausgasen oder Ackerflächen. Nur die Computerindustrie betont das gegenteilige Problem: Sie stößt an die Grenzen des Schrumpfens. Seit einem halben Jahrhundert werden die Bauelemente auf den Mikrochips immer kleiner. Der erste Mikroprozessor, der 1971 als »Intel 4004« auf den Markt kam, verfügte über 2300 Transistoren als elektronische Schaltelemente – seine kleinsten Strukturen lagen im Bereich von Hundertstel Millimetern. 2021, genau 50 Jahre später, präsentierte IBM einen Chip aus seinen Laboren mit Strukturgrößen von zwei Nanometern, also zwei Millionstel Millimetern.[1] Das sind nur noch eine Handvoll Atome, viel kleiner geht nicht mehr.

Wenn solche Mikroprozessoren in ein paar Jahren zu kaufen sind, werden rund 50 Milliarden Transistoren auf die Fläche eines Fingernagels passen – diese Zahl bestimmt vor allem, wie leistungsfähig ein Chip sein kann. In diesem Sinn stößt nun also auch die Computertechnik an die Grenzen ihres Wachstums. Denn seit 1971 galt, dass sich die Zahl der Transistoren auf den Mikrochips alle 18 bis 24 Monate verdoppelt hat. Dies entsprach einer Zunahme um das Tausendfache binnen 20 Jahren – bei ungefähr gleichem Preis. Oder anders ausgedrückt: Für das gleiche Geld bekam man jeweils 20 Jahre später die 1000-fache Speicher- und Rechenleistung.

Um den Effekt noch deutlicher zu machen: Mitte der 1990er-Jahre konnte der stärkste Supercomputer der Welt etwa 100 Milliarden Rechenoperationen pro Sekunde durchführen. Er kostete umgerechnet zehn Millionen Euro und verbrauchte den Strom einer Kleinstadt. Heute kann ein Smartphone für unter 1000 Euro ebenso viele Daten speichern und mindestens so schnell rechnen wie dieses raumfüllende Ungetüm. Zugleich sank der Energiebedarf um einen Faktor 10 000 bis 100 000. Milliarden von Menschen tragen jetzt Mobilgeräte bei sich, die so leistungsfähig sind wie wenige Supercomputer vor 25 Jahren.

Diese Entwicklung wird allerdings spätestens in der nächsten Dekade enden, denn in Strukturen, die nur noch ein paar Atome klein sind, lässt sich der elektrische Strom nicht mehr gut genug kontrollieren, und es wird schwieriger, die entstehende Wärme abzuführen. Hinzu kommt: Obwohl der Energiebedarf eines jeden Rechners, Tablets und Smartphones gering ist, ist er doch bei Milliarden Geräten alles andere als vernachlässigbar. Studien besagen, dass der Stromverbrauch für Rechenzentren, Datennetze und Endgeräte weltweit pro Jahr zwischen 1100 und 1300 Terawattstunden (TWh) beträgt – das entspricht der doppelten Stromerzeugung Deutschlands. Wären die Digitalgeräte ein Land, so lägen sie hinsichtlich ihres Strombedarfs unter den Top-5 und bei den Klimagasemissionen unter den Top-10 der Welt, mit steigender Tendenz.

Allein das Schürfen der Kryptowährung Bitcoin benötigt nach Berechnungen der Universität Cambridge um die 100 TWh pro Jahr, ähnlich dem Stromverbrauch der Niederlande.[2] Auch andere Zahlen sind bedenklich: Zwei Stunden Video-Streaming am Tag verursacht im Jahr so viel CO_2 wie eine Autofahrt mit einem Benziner von München nach Hannover. Und laut Öko-Institut[3] schlägt jede Suchanfrage mit rund 1,5 Gramm CO_2 zu Buche – bei 5,5 Milliarden Anfragen pro Tag, die allein bei Google anfallen, sind das drei Millionen Tonnen CO_2 pro Jahr. Die Lösung ist klar: Server und Rechenzentren dürfen künftig ihren Strom nur von erneuerbaren Quellen beziehen. Google tut dies bereits: Seit 2017 deckt die Firma ihren gesamten Strombedarf durch Wind- und Solarenergie – entweder direkt oder durch Investitionen in entsprechende Anlagen.

Doch bedeutet die Schrumpfungskrise der Mikrochips nun, dass sie nicht mehr leistungsstärker werden? Keineswegs, denn Forschende kennen noch viele Tricks. So muss man nicht unbedingt auf flachen Siliziumchips rechnen. Man könnte auch in die dritte Dimension gehen: mehrere Schichten übereinanderstapeln und mit elektrischen Querverbindungen von unten nach oben versehen. Dies erfordert zwar komplexe Fertigungsverfahren, aber bei Speicherchips wird es bereits so gemacht, und mit neuen Ideen zur Wärmereduzierung sollte es bei Mikroprozessoren – den Chips zur Datenverarbeitung – ebenfalls funktionieren. Nanospeicherzellen könnten Daten nicht als elektrische Ladung, sondern als Änderung eines Widerstands speichern. Sie wären viel kleiner, schneller und energieeffizienter als die heutigen. Spintronic-Elemente könnten Rechenvorgänge durch das Umkippen des magnetischen Moments von Elektronen vollziehen statt durch einen Stromfluss – ebenfalls eine exzellente Energiespar-Idee. Auch neue Materialien wären denkbar: etwa optische Computer, die mit Licht »rechnen«.

Alles in allem werden wir daher wohl bis 2045 oder 2050 noch einmal eine Vertausendfachung der Rechenleistung, der Speicherfähigkeit und der Datenübertragungsrate von Mikrochips erleben – vielleicht gelingt sogar eine Verzehntausendfachung. Das hätte eine spannende Konsequenz: Denn nach Ansicht einiger Experten ist das menschliche Gehirn etwa um einen Faktor 10 000 leistungsfähiger als die besten Smartphones von heute. Das bedeutet, dass wir im Jahr 2050 für den Preis eines Smartphones sozusagen ein zweites Gehirn mit uns herumtragen könnten. Allerdings gilt dies nur in Bezug auf die Rechenleistung und Speicherfähigkeit sowie das Eintauchen in die 3D-Welten eines künftigen Internets, des Metaversums, wie es manche nennen. Ob aber dieses zweite Gehirn in der Jackentasche dann so viel leisten kann wie das erste im Kopf, hängt davon ab, wie gut es gelingt, die Funktionsweise des Gehirns nachzubilden. Und hier beginnt das Problem, denn unsere »kleinen grauen Zellen« arbeiten nicht digital.

Viele Wissenschaftler bezeichnen das Gehirn mit seinen 86 Milliarden Nervenzellen und mehreren Hundert Billionen Verknüpfungen, den Synapsen, als »das komplexeste Objekt des bekannten Universums«. Anders als ein klassischer Computer speichert es keine Nullen und Einsen, sondern Hunderte von Millionen oder Milliarden analoger Muster: Bilder und Abläufe, Begriffe und Bedeutungen, Töne und Klänge, Gerüche, Gefühle, Bewertungen. Vergleicht man die Anzahl gespeicherter Muster und ihre gleichzeitige Verarbeitung, dann liegt die Leistungsfähigkeit eines Gehirns etwa in der Größenordnung heutiger Superrechner. Nur dass diese so viel Energie verbrauchen wie eine mittelgroße Stadt, und sich das Gehirn mit einem Millionstel davon begnügt: 20 Watt – so viel wie eine kleine Lampe. Wie es mit so wenig Energie eine solche Leistung vollbringen kann, ist nach wie vor vollkommen unverstanden. Aber wäre das nicht ein Weg in die Zukunft? Sollte man nicht versuchen, Computer völlig neu zu konstruieren – dem Gehirn wesentlich ähnlicher als heutige Rechner?

Genau dies versuchen Forschende mit der Künstlichen Intelligenz (KI), aber erst in den letzten zehn Jahren sind erstaunliche Durchbrüche und kommerzielle Erfolge gelungen.[4] Am Anfang stand die Beobachtung, dass klassischen Rechnern und Robotern leichtfällt, was Menschen schwerfällt – und umgekehrt. Computer können blitzschnell große Zahlen multiplizieren, und Maschinen können tonnenschwere Lasten heben, aber Bälle fangen, Treppen steigen oder sprechen, lesen und verstehen, das stellt sie vor große Probleme. Genau genommen ist es für sie schwieriger, beim Schachspiel die Figuren zu greifen und zu setzen, als das Spiel zu gewinnen. Der Schachweltmeister wurde 1997 von einem Computer entthront – Wissenschaftlern ist es aber erst unlängst gelungen, Robotern beizubringen, eine Tür mit einem Schlüssel zu öffnen. Wir halten Schach für intellektuell herausfordernd, doch für Maschinen ist das eine leichte Übung. Hingegen nehmen wir viele unserer Fähigkeiten als selbstverständlich wahr, weil sie unbewusst ablaufen. Doch auch bei Menschen brauchen Dinge ihre Zeit: Babys lernen zunächst krabbeln, laufen und greifen; erst nach Jahren kommen Sprechvermögen, Fantasie und das Planen von Handlungen hinzu. Eine Haustür gezielt mit einem Schlüssel zu öffnen – das schaffen Kinder erst mit drei bis vier Jahren.

Sie finden vor allem Muster – in Bildern, Texten, Sprache

All die Erfolge und Rückschläge, Einsatzgebiete, Gefahren und Begrenzungen der KI zu schildern, würde den Rahmen dieses Kapitels sprengen. Wenn man darüber gerne mehr erfahren möchte, empfehle ich meine beiden Bücher zum Thema: *Smarte Maschinen – wie Künstliche Intelligenz unser Leben verändert*[5] und *33 Fragen, 33 Antworten: Künstliche Intelligenz*[6]. Hier kann ich nur kurz auf wichtige Punkte eingehen. Der Durchbruch der KI gelang, als die künstlichen neuronalen Netze leistungsfähiger wurden. Sie lernen nicht nach Regeln, sondern durch Beispiele: Trainiert man sie mit vielen Bildern von Katzen, sind sie in der Lage, auch unbekannte Tiere als Katze oder Nicht-Katze einzuordnen. Gleiches gilt für die Entzifferung von Handschriften, das Erkennen von Gesichtern, von gesprochenen Wörtern, von Melodien oder von Knötchen in der Lunge – es ist immer dasselbe Prinzip, das sich grob an der Funktionsweise der Nervenzellen, der Neuronen, im Gehirn orientiert.[7]

Dabei sind mehrere Schichten künstlicher Neuronen verknüpft, um Daten zu verarbeiten. Wird ein Neuron aktiviert, reicht es das Signal ähnlich wie im Gehirn an alle nachfolgenden Neuronen weiter, mit denen es verbunden ist. Dabei kann das Gewicht jeder Verbindung stärker oder schwächer eingestellt werden – was einem Lernvorgang entspricht. Wie im Gehirn gelten Schwellenwerte: Neuronen sind aktiv, wenn die Summe der Signale, die bei ihnen ankommt, einen definierten Wert überschreitet; darunter bleiben sie stumm. Beim überwachten Lernen erfolgt das Training durch Rückkopplung: Werden der ersten Schicht künstlicher Neuronen Bilder von Katzen vorgelegt, dann sollte der Output der letzten Schicht »Katze« lauten. Ist dies nicht der Fall – wurde etwa fälschlich ein Hund erkannt –, dann werden die Gewichte der neuronalen Verbindungen Schicht für Schicht mathematisch so modifiziert, dass das Ergebnis beim nächsten Versuch besser zum gewünschten Resultat passt.

Üblicherweise erkennen die Schichten jeweils unterschiedliche Strukturen. Je weiter oben man sich befindet, desto spezieller werden die Merkmale. So verarbeitet die unterste Ebene ein Bild Pixel für Pixel, die nächste erkennt die Konturen – auch das ähnelt dem, was in unserer Netzhaut passiert. Obere Ebenen suchen nach größeren Komponenten wie Augen, Nasen, Pfoten, Fell und Ohren. Und die letzte Schicht fügt all dies zur Interpretation einer »Katze« zusammen. Je nach Anwendung wurden zudem spezielle Netze entwickelt, etwa LSTM-Netze, die eine Art Erinnerung besitzen: Sie sind besonders gut geeignet für Signalfolgen bei der Spracherkennung, der Textvorhersage oder in Übersetzungsprogrammen. Netze können wie in einem Wettbewerb gegeneinander antreten, um sich stetig zu verbessern, und häufig nutzt man auch das »bestärkende« Lernen. Hier werden Maschinen wie Kinder in der Schule belohnt. Wenn sie etwas richtig gelöst haben, bekommen sie einen Punkt. Sie entwickeln dann eigenständig Strategien, um ihre Belohnungen zu maximieren. So lernen Computer, wie man Menschen beim Brettspiel Go, beim Poker oder bei Strategiespielen wie StarCraft II schlägt – oder Roboter, wie sie beim Mikado gewinnen und wie sich mit einem Schlüssel die Tür öffnen lässt.

Während beim überwachten Lernen ein menschlicher Lehrer dem Netz sagt, was eine Katze, ein Baum oder ein Haus ist, finden die smarten Maschinen beim unüberwachten Lernen eigenständig ähnliche Objekte – das können Gesichter sein oder auch begriffliche Zusammenhänge: etwa dass sich Tokio zu Japan verhält wie Rom zu Italien. Hier erstellt die KI selbst Klassifikatoren, nach denen sie Daten in »Schubladen« sortiert, die automatisch immer besser passen. Gibt man ihr Bilder von Autoteilen, wird es sie in Cluster ähnlicher Muster sortieren: Reifen, Türen, Fenster, Sitze. Nur empfiehlt es sich, aufzupassen und notfalls einzugreifen: So kam es schon vor, dass eine Foto-App dunkelhäutige Menschen in die Schublade »Gorilla« einsortierte.

Alles in allem eignen sich KI-Verfahren hervorragend dazu, Merkmale in Bildern, Texten und Sprache zu finden, Inhalte herauszufiltern, Anomalien zu entdecken sowie Handlungsstrategien zu optimieren. Doch nicht nur die Software wurde immer besser. Zwei weitere Faktoren gaben der KI einen enormen Schub. Zum einen die Datenexplosion im Internet, denn für das Training braucht man viele Beispiele in Form von Filmen, Fotos, Text- und Audiodateien. Derzeit werden pro Tag 50 Millionen neue Videos hochgeladen, eine Milliarde Fotos und Hunderte von Milliarden Wortäußerungen. Mit jeder Suchanfrage, mit jeder Spracheingabe, mit jedem Übersetzungswunsch lernt eine KI hinzu. Zum anderen haben sich Grafikprozessoren (GPUs), die für Computerspiele entwickelt wurden, als ideale Arbeitsplattformen für das maschinelle Lernen herausgestellt. Die aktuell besten von ihnen schaffen auf Mikrochips von drei Zentimeter Kantenlänge 312 Billionen Rechenoperationen pro Sekunde – das ist 2000-mal mehr als konventionelle Mikroprozessoren (CPUs). Damit lassen sich pro Sekunde 10 000 Fotos analysieren und 1500 Sätze in andere Sprachen übertragen. Mit derart leistungsfähigen GPUs werden die Netze immer mächtiger: Waren in den 1990er-Jahren nur einige Tausend Neuronen in wenigen Schichten verbunden, so sind es bei den besten heutigen Systemen Milliarden von Neuronen in Hunderten von Schichten. Weil die Netze dadurch tiefer und tiefer gestapelt werden, bezeichnet man sie auch als »Deep Learning«-Netze. Professionellen Nutzern stehen heute in Cloud-Plattformen Zehntausende von GPUs zur Verfügung.

Wir alle verwenden KI schon ganz selbstverständlich, etwa im Smartphone: Entsperren per Gesichtserkennung, Sprachassistenten, automatische Textkorrekturen, Übersetzungsprogramme, Bildersuche, personalisierte Werbung, Gesundheits-Apps – all das funktioniert mit KI. Auf den Straßen fahren erste vollautomatische Fahrzeuge, in Industrieanlagen arbeiten Roboter Hand in Hand mit Menschen, in Kliniken und Banken beraten Computer Ärzte und Finanzfachleute, und vieles mehr.

Smarte Maschinen können Fabriken nachhaltiger und flexibler machen, den Verkehr sicherer und umweltfreundlicher, die Gesundheitssysteme effizienter, Häuser komfortabler und Städte lebenswerter. Ohne Smart Grids – intelligente Netze, die das Energieangebot mit der Nachfrage ausbalancieren – ist die Energiewende nicht zu schaffen. Smart Mobility ist nötig, um die verschiedenen Verkehrssysteme zu vernetzen. Egal, ob Smart Car, Smart Home, Smart Enterprise, Smart Health oder die Smart City – mehr Intelligenz wird überall gebraucht. KI wird künftig so allgegenwärtig sein wie die Elektrizität. Wir befinden uns tatsächlich am Beginn des Zeitalters der smarten Maschinen.

Nachhaltiger wirtschaften dank Künstlicher Intelligenz

Insbesondere für die Nachhaltigkeit kann KI eine große Hilfe sein. Sie kann während des Betriebs von Wind- und Solaranlagen lernen, mit Wetterdaten deren Energieausbeute recht präzise vorherzusagen. Sie kann mit Sensoren Freileitungen überwachen und dafür sorgen, dass mehr Strom durch die Netze passt. Vorausschauende Wartung ist ebenfalls eine KI-Spezialität: Computer können dank Datenanalyse Probleme erkennen, lange bevor Windturbinen, Werkzeugmaschinen oder Züge ausfallen – damit lassen sich neue Geschäftsmodelle erstellen, bei denen nach Zuverlässigkeit und Verfügbarkeit bezahlt wird. KI kann Lecks in Wassernetzen ebenso aufspüren, wie per Drohnen Wilderer im

Busch oder Schädlingsbefall auf den Äckern. Bilder von Satelliten lassen sich hinsichtlich illegaler Landnutzung und Waldrodung auswerten – und dank KI können Forschende mit einer Spektralanalyse nicht nur Plastikmüll in Meeren und an Stränden lokalisieren, sondern sogar die Kunststoffarten bestimmen.

Etliche der größten KI-Unternehmen stammen zwar aus den USA und China – darunter Google, Amazon, Facebook, Apple und Microsoft auf der einen sowie Baidu, Alibaba und Tencent auf der anderen Seite. Sie beherrschen die Internetplattformen und die sozialen Netzwerke und sammeln Unmengen an teils sehr privaten Daten. Doch bei Energie und Umwelt, Mobilität und industrieller Fertigung, Robotik und Sicherheit ist Europa stark, und gerade diese Felder können erheblich von KI profitieren – auch ohne in die Privatsphäre von Menschen einzudringen. So stammt ein Großteil der weltweiten Patente zum autonomen Fahren von deutschen Firmen, und die derzeit beste Übersetzungssoftware ist von DeepL aus Köln. Das Deutsche Forschungszentrum für Künstliche Intelligenz ist das größte KI-Institut der Welt, einige der besten Fachleute für das Erkennen von Deepfakes – fast perfekten KI-Videofälschungen[8] – arbeiten in Deutschland, und viele Robotikexperten gleichermaßen, etwa an der Munich School of Robotics and Machine Intelligence. Auch die Industrie 4.0 – das Schlagwort für eine hochgradig automatisierte und flexible Fertigung – ist im Wesentlichen eine deutsche Erfindung, die sich derzeit weltweit durchsetzt. Ihre Basis ist eine durchgängige Digitalisierung, innerhalb einer Firma ebenso wie mit Zulieferern und Kunden. Produkte und Fertigungsprozesse werden hier als digitale Zwillinge virtuell simuliert, bevor auch nur eine Schraube real existiert.

Die KI führt zur nächsten Entwicklungsstufe, sozusagen zur Industrie 5.0, der mitdenkenden Fabrik, in der Maschinen direkt miteinander kommunizieren, um die Abläufe von der Ausschreibung bis zur Auftragsabwicklung reibungslos zu gestalten. Auch auf diesem Feld der Prozessoptimierung ist eine deutsche Firma Weltmarktführer: Celonis aus München, erst 2011 von drei Studenten der TU München gegründet, die 2019 für ihre KI-Innovationen den Deutschen Zukunftspreis erhielten.[9] Das ehemalige Start-up hat heute einen Marktwert von über elf Milliarden Euro und 2000 Unternehmen als Kunden, darunter Konzerne wie ABB, Bayer, BMW, Deutsche Telekom, Edeka, IBM, Lufthansa, SAP und Siemens.

Denn gerade in großen Firmen gibt es oft Tausende von Systembrüchen, unterschiedliche Software und nicht zusammenpassende Abläufe – mithilfe der KI kann Celonis komplexe Prozesse anhand ihrer Datenspuren durchleuchten, sie bis in die feinsten Verästelungen analysieren und die Punkte finden, an denen es hakt. So kann termingerechter gefertigt werden, Rechnungen werden schneller bearbeitet, Nacharbeiten, unnötige Lagerbestände, Emissionen und Abfallmengen werden reduziert. Flugzeuge fliegen pünktlicher, im Supermarkt sind die Regale immer gefüllt, und in der Notaufnahme von Kliniken sinken die Wartezeiten deutlich. Immer öfter findet das Execution Management System von Celonis die Fehler nicht nur, sondern hilft auch, sie zu beheben – manchmal sogar automatisch.

KI-Systeme können Bilder malen wie Kandinsky oder van Gogh, Beethovens 10. Sinfonie vollenden und Berichte verfassen, die kaum von menschgemachten Texten unterscheidbar sind. Roboter tanzen Twist, mixen Cocktails, spielen Geige und Schlagzeug und trafen am Rand der Olympischen Spiele in Tokio 2021 beim Basketball fast immer in den Korb. Während der Hochphase der Corona-Pandemie nahmen in China automatische Chatbots in Callcentern 1500 Anrufe pro Sekunde entgegen – insgesamt waren das 1,1 Milliarden Gespräche, in denen Maschinen verunsicherten Bürgern Auskünfte gaben. Zugleich hat aber auch der Überwachungsstaat erschreckende Ausmaße angenommen. In China ist KI-Gesichtserkennung über Hunderte Millionen Kameras allgegenwärtig, und die kanadische Firma Draganfly behauptet sogar, dass ihre Drohnen mithilfe von KI noch aus 50 Meter Entfernung erkennen können, ob jemand niest oder hustet. Damit nicht genug: Über Microtargeting wurden während der

Brexit-Kampagne und im US-Wahlkampf 2016 Millionen von Menschen manipuliert. Anhand von Internetprofilen, Facebook-Likes und Tweets schloss eine KI recht zuverlässig auf psychische Merkmale und spielte dann gezielt personalisierte Werbung aus.

Doch wie perfekt sind KI-Systeme wirklich, und wie gefährlich kann das werden? Angesichts der erstaunlichen Resultate des maschinellen Lernens fällt es selbst Fachleuten oft schwer, sich klarzumachen, dass auch hinter dem größten Deep-Learning-Netzwerk nichts als mathematische Optimierungen stecken. Die KI findet nur Korrelationen zwischen Daten und Mustern und weiß nichts über Ursachen. Außerdem ähnelt sie oft einer Blackbox: Man kann nicht genau nachvollziehen, wie sie zu ihren Ergebnissen gekommen ist. So kann es geschehen – wie japanische Wissenschaftler zeigten –, dass im Extremfall der Austausch eines einzigen Bild-Pixels genügt, damit ein Deep-Learning-Netz ein Pferd plötzlich mit 99,9 Prozent Sicherheit als Frosch tituliert. Und KI-Experten der Universität Tübingen wiesen nach, dass kleine Aufkleber im Straßenbild KI-Systeme dazu bringen können, ein Stoppschild als Tempolimit »130 km/h« zu interpretieren.[10] Menschen wären diese Aufkleber gar nicht aufgefallen, aber für selbsttätig fahrende Autos wäre so eine Manipulation natürlich fatal. Eine KI hat anders als ein Mensch kein tiefes Verständnis der Szene, sie ist nicht in der Lage, Daten sinnvoll zu interpretieren.

Wie sich eine »erklärbare und transparente KI« erreichen lässt, ist daher heute eines der wichtigsten Forschungsthemen.[11] Hier gibt es erst ansatzweise Lösungen, etwa eine KI, die in Bildern oder Texten diejenigen Stellen markiert, die das Ergebnis am stärksten beeinflusst haben. Inwieweit man aber solchen Erklärungen immer vertrauen kann, ist unklar. So darf es zum Beispiel nicht passieren, dass ein KI-System behauptet, dass das zu geringe Einkommen eines Kunden der Grund für die Verweigerung eines Bankkredits war, obwohl tatsächlich sein Vorname ausschlaggebend war, weil die KI eine Korrelation zwischen Vornamen und der Bedienung von Krediten gefunden hatte.

Wenn Vorurteile, die implizit in den Trainingsdaten enthalten waren, vom System beibehalten werden, kann das hoch problematisch oder gar illegal sein. So hatte eine Software von Amazon, die die besten Jobbewerber finden sollte, systematisch Frauen benachteiligt – was insofern überraschend war, weil das Geschlecht bei den Bewerbungen gar nicht genannt war. Doch der Grund war einfach: Amazon hatte in der Vergangenheit relativ wenige Frauen eingestellt, und so kam die KI zum Schluss, dass eine Mitgliedschaft in Frauenvereinen oder ein Abschluss an einer Mädchenschule negativ zu bewerten seien. KI-Anwender müssen daher eine wichtige Regel beherzigen: Die KI kann immer nur so gut sein wie die Daten, mit denen sie trainiert wurde. Verpflichtende Kriterien zu Qualität und Diversität der Trainingsdaten sind für eine zuverlässige, transparente und sichere KI unerlässlich.

Über eines sind sich aber alle Experten einig: KI wird in Zukunft jeden Beruf verändern – vom Landwirt, der Felder mit Drohnen überwacht, über den Lkw-Fahrer, der auf Autopilot schaltet, bis zur Chirurgin, die mit Roboterhilfe operiert. Routinejobs erledigt immer öfter die Maschine, insbesondere wenn es um Messdaten, Bilder, Sprache und Texte geht. Denn welcher Anwalt beschäftigt noch einen Gehilfen, der sich durch Urteile wühlt, wenn die KI dies ebenfalls kann? Wie viele Menschen werden noch Lagerbestände erfassen oder Verkaufsstatistiken erstellen? Und wer braucht Laboranten, die Krebszellen identifizieren, wenn das auch eine gute Bildverarbeitung leistet?

Dies heißt nicht zwangsläufig, dass die Jobs wegfallen, aber ihre Inhalte werden sich ändern. Erfolgreich werden vor allem diejenigen sein, die Maschinen als Assistenten einsetzen, also mit ihnen arbeiten statt gegen sie. Auch das ist nicht neu: Einen Schweißer in der Autofertigung gibt es heute ebenso wenig wie einen Schriftsetzer im Verlag oder die Telefonistin im Fernsprechamt. Stattdessen arbeiten die Angestellten als Mechatroniker, Produktionstechnologen, Mediengestalter und Informatiker – und die Arbeitslosenquote ist auf sehr niedrigem Niveau.

Auch im Zeitalter der KI werden Menschen noch viel zu tun haben: im sozialen Bereich ebenso wie bei manuellen Tätigkeiten, die situationsangepasstes Verhalten erfordern, wie Pflegekräfte, Friseure oder Wartungsfachleute. Und überall dort, wo man Flexibilität, Kreativität und problemlösendes Denken braucht: ob bei Managern, Juristen, Designern, Handwerkern, Künstlern oder im Forschungsbereich. Zudem wird die KI auch neue Berufe schaffen, etwa Lehrer für Maschinen, Spezialisten für Maschinenethik, KI-Forensiker, um Manipulationen aufzudecken, oder Neural Art Designer, die mithilfe der Maschinen neue Kunstrichtungen entwerfen.

Menschen werden künftig vor allem als Planer und Entscheider eingesetzt, als Motivatoren und Konfliktlöser sowie als diejenigen, die Qualität und Sicherheit gewährleisten und einfühlsam – mit emotionaler und sozialer Intelligenz – mit Kunden und Partnern kommunizieren. All das können selbst die smartesten Maschinen nicht leisten. Sie werden auf lange Zeit noch Fachidioten bleiben, und das ist gut so: Ein Rasenmähroboter soll das Gras schneiden und nicht mit seinem Besitzer über die Gartengestaltung diskutieren, und eine medizinische KI soll den Ärzten helfen und nicht etwa ihre Berufswahl infrage stellen.

Neue Wege: wissensbasierte KI und neuromorphe Chips

Gesunden Menschenverstand kann man von einer Maschine nicht erwarten. Vielleicht gelingt es in Zukunft, die sogenannten Wissensgraphen – das sind Milliarden von verknüpften Fakten – mit maschinellem Lernen zusammenzubringen, aber selbst das ergibt noch keine Alltagserfahrung. Wie viel an Hintergrundwissen steckt etwa in den Sätzen »Die Beamten haben den Demonstranten verboten, sich zu versammeln, weil sie Gewalt befürworteten« oder ganz simpel »Die Vase passte nicht in die Tasche, sie war zu groß«? Ein Mensch erkennt sofort, worauf sich jeweils das »sie« bezieht, ein Computer tut sich hier sehr schwer. Der größte Teil unseres Alltagswissens steht eben nicht in der Wikipedia.

Ebenso gilt: Wenn eine KI lernen will, wie man eine Teetasse anhebt oder im Sand Beachvolleyball spielt, dann muss sie genau das tun. Dann braucht die KI einen Körper und muss uns im Alltag begleiten. Sie muss über ihre visuelle, akustische und haptische Wahrnehmung, über Modellbildung und Gedächtnisleistung zu einem Verständnis der Welt kommen und daraus Aktionen ableiten. Dies zu erreichen, ist eine enorme Herausforderung und weit entfernt von einer Realisierung. Doch selbst wenn es einmal gelingen sollte, wird smarten Maschinen vieles verborgen bleiben: Sie erfahren nicht, wie sich ein biologischer Körper anfühlt, wie es ist, zu essen und zu trinken, zu schlafen und zu träumen, zu wachsen und zu altern, sich zu verlieben und Kinder zu bekommen.

Deep-Learning-Netze haben zwar Konzepte von biologischen Nervensystemen übernommen, aber so leistungsfähig wie ein Gehirn sind sie noch lange nicht. So ist unser Gehirn extrem fehlertolerant: Obwohl jeden Tag etwa 100 000 Neuronen verloren gehen, lassen seine kognitiven Fähigkeiten über Jahrzehnte hinweg kaum nach. Es kann mit unpräzisen Informationen umgehen, bildet schnell Modelle seiner Umgebung, und zum Lernen genügen ihm oft wenige Beispiele. Bisherige neuronale Netze brauchen häufig Millionen davon. Und das Gehirn kommt mit einem Millionstel der Energie von Supercomputern aus.

Manche Wissenschaftler – etwa an der Universität Heidelberg, aber auch bei IBM und Intel – versuchen daher einen radikal neuen Weg.[12] Sie simulieren neuronale Netze nicht mehr auf digitalen Rechnern, sondern bilden in sogenannten neuromorphen Computern Gehirnstrukturen direkt nach – mit analogen elektrischen Schaltkreisen, also mit Transistoren, Kondensatoren und anderen Bauteilen. Auf einen Siliziumchip passen derzeit zwischen 100 000 und 200 000 dieser »elektrischen Nervenzellen«. Intel hat rund 800 solcher Loihi-Chips zusammengeschlossen und damit 100 Millionen Neuronen simuliert, was etwas größer ist als ein Mäusegehirn.

Anders als in digitalen Computern gibt es in diesen Neurochips keine zentrale Steuerung mehr, die den Takt für die Rechenschritte vorgibt, und es gibt auch keine Trennung zwischen Prozessoren, die die Berechnungen vornehmen, und Speichern, in denen Daten abgelegt werden. Im Gehirn ist das genauso. Auch da sind die Nervenzellen und ihre Verbindungen zugleich Prozessor und Speicher, und sie entscheiden selbst, wann sie feuern: nämlich dann, wenn ihr Membranpotenzial einen Schwellenwert erreicht hat. Dass dabei nicht ständig Daten zwischen Prozessor und Speicher hin und her geschoben werden müssen, spart erheblich Zeit und Energie. Wegen ihrer rein elektrischen (und nicht zusätzlich biochemischen) Datenübertragung sind Neurochips rund 10 000-mal schneller als biologische Systeme und millionenfach schneller als klassische Digitalrechner.

Ihre Neuronen sind untereinander vielfach rückgekoppelt, und sie tauschen Signalpulse aus – auch damit ähneln sie dem Gehirn mehr als die Deep-Learning-Netze. Allerdings ist unklar, wie man sie am effektivsten trainieren kann, denn die neuromorphen Chips arbeiten nach lokalen Lernregeln. Jedes Neuron schaut ständig, wie aktiv seine Nachbarn sind, und verändert abhängig davon die Stärke der Verbindungen zu ihnen. Solche Neurochips werden viel dazu beitragen, dass wir die Vorgänge im Gehirn besser verstehen, inwieweit sie sich aber für kommerzielle KI-Systeme eignen, muss sich noch zeigen. Vielleicht ist die effiziente Suche nach Mustern und Zusammenhängen in riesigen Datenmengen eine Möglichkeit. Weniger sinnvoll ist es, Neurochips in Roboter einzubauen: Dazu sind sie einfach zu schnell. Denn was nützt es, wenn ein künstliches Gehirn 10 000-fach flinker arbeitet als ein natürliches, aber zugleich Arme und Beine des Roboters gar nicht so schnell bewegt werden können?

300 Quanten-Bits – mehr Daten als Atome im Universum

Sehr hohe Aufmerksamkeit in Politik und Wirtschaft erfahren heute auch die Quantencomputer, die gezielt die Gesetze der Quantenphysik nutzen. Anders als die Bits in herkömmlichen Rechnern, die entweder den Wert 0 oder 1 haben, können sogenannte verschränkte Qubits viele Zustände zur selben Zeit annehmen. Bei 75 zweiwertigen Qubits sind dies schon 2^{75} Zustände. Das entspricht rund 50 Zettabyte an Daten – eine 50 mit 21 Nullen –, weit mehr, als in allen Rechenzentren der Welt gespeichert ist. Mit jedem Qubit verdoppelt sich diese Zahl, bei 300 Qubits übertrifft sie die Zahl der Atome im Universum.

Computer, die mit verschränkten Qubits rechnen, schaffen es, alle Zustände gleichzeitig durchzuprobieren, und das Ergebnis kann sofort abgelesen werden. So gelang es Forschenden bei Google im Herbst 2019, mit 53 Qubits eine spezielle Rechnung in 200 Sekunden zu bewältigen, für die ein konventioneller Supercomputer 10 000 Jahre gebraucht hätte.[13] Google bezeichnet das als »Quantum Supremacy«, als Überlegenheit von Quantenrechnern. Doch für nützliche Anwendungen ist damit wenig gewonnen, denn die Aufgabe bestand nur in der Erzeugung bestimmter Zufallszahlen – ein mathematisches Problem, für das der Quantenrechner optimiert war. Einen wirtschaftlichen Mehrwert hatte das nicht. Grundsätzlich ist es ohnehin schwierig, Aufgaben in der Sprache der Quantenlogik zu formulieren, denn übliche Algorithmen aus der Welt der Digitalcomputer funktionieren hier nicht.

Die größte Herausforderung bei Quantencomputern ist aber ihre Fehleranfälligkeit.[14] Jede Störung kann dazu führen, dass sie ihre Quanteninformation verlieren, und Störungen gibt es viele: etwa das Rauschen in elektrischen Leitungen, mit denen Qubits angesteuert oder ausgelesen werden, oder Zusammenstöße mit Atomen der Umgebung, die mit steigender Temperatur immer häufiger und heftiger werden. Eine mögliche Lösung sind spezielle Ionenfallen: Hier werden die Qubits durch Energieniveaus geladener Atome repräsentiert, die im Vakuum über elektrischen Schaltungen schweben. Diese Ionen lassen sich hin und her schieben, wodurch ihre Qubits in Kontakt treten und sich miteinander verschränken. Der resultierende Quantenzustand kann dann durch Lichtstrahlen ausgelesen werden. Daran arbeiten einige Institute und Start-up-Firmen, aber die meisten setzen auf ein Konkurrenzprinzip: supraleitende Qubit-Prozessoren, bei denen die Qubits durch widerstandslos fließende Ströme dargestellt werden, die ebenfalls miteinander wechselwirken.

Angesteuert und ausgelesen werden sie in diesem Fall durch Mikrowellensignale. Der Vorteil: Man kann die übliche Silizium-Fertigungstechnologie verwenden, und die Taktfrequenz ist hoch, das heißt, die Messungen können schnell wiederholt werden, um Fehler zu eliminieren. Der Nachteil: Man braucht sehr tiefe Temperaturen von wenigen Tausendstel Grad über dem absoluten Nullpunkt bei minus 273,15 Grad Celsius. Die Apparaturen ähneln daher großen Gefrierschränken, die wie Kronleuchter von der Decke hängen. In jedem Fall bleibt die Korrektur von Fehlern die wahre Kunst beim Bau von Quantencomputern. Meist gehen Forschende davon aus, dass sie tausend physikalische Qubits brauchen, um daraus ein fehlerfreies zu errechnen. Will man also tausend Qubits fehlerfrei verschränken – was für Anwendungen wie die Simulation größerer Proteine, Klimarechnungen oder das schnelle Knacken von Verschlüsselungen notwendig wäre –, dann bräuchte man etwa eine Million physikalischer Qubits. Google rechnet damit, dass dieses Ziel binnen zehn bis 15 Jahren erreichbar sein könnte.

Andere versuchen, pragmatischer vorzugehen. So baut die kanadische Firma D-Wave »Quantum Annealer«, die zwar keine generellen Quantencomputer sind, aber ein wichtiges Teilproblem adressieren: Sie finden das Energieminimum einer komplexen Funktion, also sozusagen das tiefste Tal einer vielfältigen Hügelkette. Fujitsu wählt einen noch einfacheren Weg: Die Firma simuliert die physikalischen Quantenphänomene auf einem klassischen digitalen Chip mit 8192 verknüpften Quasi-Qubits.[15] Das reicht schon, um viele Aufgaben um Größenordnungen schneller zu lösen als übliche Computer. Beispiele dafür sind die Optimierung von Lieferflotten und Verkehrsströmen, von Abläufen bei Roboterbewegungen oder die beste Belegung von Sitzplätzen in Stadien und die Weiterleitung von Datenpaketen in Kommunikationsnetzen.

Auch das Unternehmen IQM Quantum Computers, das von vier Physikern gegründet wurde – darunter ihrem deutschen CEO, Jan Goetz –, will nicht erst in zehn, sondern in drei bis fünf Jahren zu sinnvollen Einsatzfeldern kommen.[16] Neben der Zentrale in Espoo, Finnland, hat die 2018 gegründete Firma eine Niederlassung in München und expandiert rasch. IQM baut echte Quantencomputer auf Basis supraleitender Qubit-Prozessoren, »allerdings designen wir unsere Chips je nach Anwendung maßgeschneidert«, berichtet Goetz. Die Idee dahinter: Die Hardware wird so konzipiert, dass sie gut zu dem Quantenalgorithmus passt, der ein bestimmtes Problem lösen kann – im Idealfall werden beide in einer Art Co-Design optimal aufeinander abgestimmt.

So kann man etwa Qubits genauso gut auf hexagonalen Gittern anordnen wie sonst üblicherweise auf quadratischen. »Oder denken Sie an die Simulation molekularer Schwingungen«, sagt Goetz. »Dafür können wir auf den Chips direkt harmonische Oszillatoren, also Schwingkreise, verwenden.« Man lässt sozusagen die Qubits schwingen, um Schwingungen zu simulieren – »das verringert die für die Anwendung nötigen Qubits um ein Vielfaches«, erklärt der Physiker. Das ist der entscheidende Punkt: Wenn man weniger Qubits für die Lösung einer Aufgabe braucht, reduziert das den Zeitaufwand und die Kosten erheblich. Letztlich fertigt IQM also anwendungsspezifische Quantenchips oder, wie die Experten sagen: Quanten-ASICs.

Wofür könnten Quanten-ASICs zum Einsatz kommen? »Die Materialwissenschaft, etwa die Simulation optischer Anregungsspektren oder der elektronischen Übergänge in Molekülen, ist ein naheliegendes Feld«, meint Goetz. Neue Leuchtdioden sowie die Verbesserung der Katalysatoren in den Akkus von Elektroautos oder für die Wasserstoff-Elektrolyse könnten ein erstes Ziel sein, später vielleicht die Entwicklung von Medikamenten oder das Problem der Stickstofffixierung in der Landwirtschaft. Besonders interessiert ist auch die Finanzindustrie. Allein das Handelsvolumen von Finanzderivaten wie Optionen, Zertifikate und Termingeschäfte beträgt 7000 Milliarden Euro – täglich! Sobald bei der Berechnung der Preise ein Wettbewerbsvorteil von nur Bruchteilen eines Prozents erreicht werden kann, geht es um sehr viel Geld. Bisher setzen die Bankinstitute hierfür auf Kolonnen von Großrechnern, doch Berechnungen zeigen, dass mit ein paar Hundert oder noch weniger verschränkten Qubits, die die sogenannte Black-Scholes-Gleichung zur Bewertung von Finanzprodukten lösen, bessere Resultate erreicht werden könnten.

Schließlich gibt es auch Konzepte, wie das maschinelle Lernen und die Suche in großen Datenmengen mithilfe von Quantenrechnern effizienter gelingen können. Zu Hause oder gar im Smartphone werden echte Quantencomputer laut Goetz allerdings nicht zum Einsatz kommen: »Diese empfindlichen Anlagen werden auch künftig in Rechenzentren stehen«, ist er überzeugt – auf ihre Dienste können Nutzer dann aber von überallher zugreifen. Dass Europa und Deutschland die Entwicklung von Quantencomputern, wie auch die der KI, mit etlichen Milliarden Euro fördert, ist sicherlich sinnvoll: Diese Technologien werden über die Wettbewerbsfähigkeit von Volkswirtschaften entscheiden.

Einen wichtigen Punkt möchte ich noch betonen: Ich hoffe, dass ich in diesem Kapitel deutlich machen konnte, dass wir weder die Quantencomputer noch die Künstliche Intelligenz fürchten müssen. Die häufig auch von Prominenten geäußerte Angst, dass eine Superintelligenz der Maschinen schon bald die aller Menschen übertreffen könnte – was man als technologische Singularität bezeichnet –, und dass wir dies nicht überleben würden, ist vollkommen unbegründet. Sie entspringt eher einem westlichen Mythos als der Realität: Ob Frankensteins Monster, das rot glühende Computerauge von HAL 9000, die Replikanten in *Blade Runner* oder der Terminator – stets geht es in diesen Geschichten um den Kampf Mensch gegen Maschine.

Im östlichen Kulturkreis hingegen ist eher die Rede von Harmonie zwischen Mensch und Maschine und von hilfreichen Automaten. Wenn Maschinen transparent agieren und eine Maschinenethik integriert ist, bei der die letzte Entscheidung beim Menschen bleibt, ist ihre Sicherheit hoch. Natürlich kann eine KI – etwa in autonomen Drohnen oder Killermaschinen – für terroristische oder kriegerische Zwecke eingesetzt werden, ebenso wie künftige Quantenrechner dazu benutzt werden könnten, Verschlüsselungen zu knacken und geschützte Infrastrukturen zu hacken, doch in beiden Fällen liegt der Kern des Problems bei den Menschen, die die Technologie missbrauchen.

Die Krise der Intelligenz ist also die einzige in diesem Buch, bei der ich Entwarnung geben möchte. Wir müssen uns nicht vor Maschinen fürchten, die die Weltherrschaft übernehmen wollen – und dies aufgrund ihrer überragenden Intelligenz auch tun würden. Denn in Sachen praktischer Intelligenz sind wir Menschen kaum zu schlagen. Im Lauf von Millionen Jahren der Evolution hat sich unser Gehirn als so anpassungs- und lernfähig erwiesen, dass es mit vielfältigsten Herausforderungen umgehen kann. Zumindest im Prinzip. Denn zu befürchten ist, dass wir einer ganz anderen Krise der Intelligenz gegenüberstehen: unserer Unfähigkeit, weltweit zusammenzuarbeiten, um die vielen Probleme zu bewältigen, die wir selbst verursacht haben. Denn ist es wirklich ein Zeichen von Intelligenz, Kriege zu führen, Rohstoffe zu verbrennen, die Atmosphäre aufzuheizen, den Regenwald abzuholzen, Tierarten auszurotten und die Ozeane in Müllkippen zu verwandeln?

9 Die Krise des Wandels

Wie gewinnt man die Menschen für das Notwendige?

Was Forscherinnen und Forscher über die Evolution des Menschen herausgefunden haben, müsste uns eigentlich Hoffnung geben für den gemeinsamen Kampf gegen die Krisen unserer Zeit. Michael Tomasello, emeritierter Direktor am Max-Planck-Institut für evolutionäre Anthropologie in Leipzig, bringt es im Buch *Eine Naturgeschichte der menschlichen Moral*[1] auf den Punkt: »*Homo sapiens* ist ein ultrakooperativer Primat und vermutlich auch der einzige moralische.«

Schon im Alter von ein bis zwei Jahren reagieren Kleinkinder intuitiv positiv auf Menschen, die anderen helfen, und mit fünf Jahren geben nicht wenige Kinder anderen etwas ab, wenn diese in Not sind – selbst wenn sie einander nicht kennen. Tomasello nimmt an, dass dieses Verhalten entstand, als vor 400 000 Jahren die Frühmenschen in Kleingruppen durch die Steppe streiften. Man teilte sich Aufgaben, Ziele und Beute, lernte voneinander, half einander und lehrte die Nachkommen. Dank der Entwicklung von Gestik, Sprache und Schrift gelang das immer besser – und weit effektiver als bei jedem anderen Lebewesen. Kooperation, nicht Kampf, ist das, was den Menschen auszeichnet.[2] Schimpansen und Löwen jagen auch gemeinsam, aber am Ende nehmen sich doch die Stärksten den größten Teil der Beute.

Uns Menschen hingegen liegt der Sinn für Gerechtigkeit und Rücksichtnahme sozusagen im Blut. Nicht zufällig gilt rund um die Welt die Goldene Regel: »Behandle andere so, wie du von ihnen behandelt werden willst« – oder als oft gebrauchtes Sprichwort in der Erziehung von Kindern: »Was du nicht willst, dass man dir tu', das füg auch keinem andern zu.« Besonders deutlich wird unser Sinn für Fairness im sogenannten Ultimatumspiel, das seit Jahrzehnten in verschiedenen Variationen immer wieder getestet wird. In der Grundform bekommt einer von zwei Probanden eine Geldsumme, die er mit dem anderen teilen soll. Willigt dieser in den Teilungsvorschlag ein, dürfen beide ihre Anteile behalten, weigert er sich, gehen beide leer aus.

In Industrienationen offerieren die Geber üblicherweise mindestens 40 Prozent des Geldes, Angebote unter 30 Prozent werden meist brüsk abgelehnt. Dieser Fairness-Mindestwert gilt für den Fall, dass man sich vorher nicht kannte. Haben die beiden eine gemeinsame Vorgeschichte oder können sie sich wieder treffen – sodass es auch Bestrafungsaktionen geben kann –, ändern sich die Werte. Ebenso in hierarchisch organisierten Kulturen, wo Empfänger auch niedrigere Summen noch akzeptieren. Entscheidend ist aber, dass Gewinnmaximierung nie die einzige Antriebsfeder des Menschen ist, denn sonst müsste jedes noch so kleine Angebot angenommen werden. Bis sich diese Erkenntnis, dass es den reinen *Homo oeconomicus* nicht gibt, in den Wirtschaftswissenschaften durchgesetzt hat, hat es lange gedauert.

Hilfsbereitschaft und Mitgefühl sind auch die Kernbotschaften praktisch aller Religionen, ebenso die Betonung von Ehrlichkeit und Wahrhaftigkeit sowie die Achtung vor dem Leben und die Bewahrung der Schöpfung. Unveräußerliche Rechte des Menschen – Würde, Freiheit, Gleichheit und Brüderlichkeit – sind Ideale nicht erst seit der amerikanischen Unabhängigkeitserklärung und der Französischen Revolution. Drei Jahre nach dem Zweiten Weltkrieg verkündeten die Vereinten Nationen ihre Resolution zu den Menschenrechten, und inzwischen haben fast alle Staaten Grund-, Bürger- und Menschenrechte in ihre Verfassungen aufgenommen.

Seit 2016 gelten zudem 17 UN-Ziele für nachhaltige Entwicklung,[3] die so ziemlich alles abdecken, was für ein gutes Leben nötig ist: Armut und Hunger beenden, Bildung und Gesundheit für alle, Gleichstellung der Geschlechter, nachhaltiges Wirtschaftswachstum und menschenwürdige Arbeit, nachhaltige, bezahlbare Energie-, Wasser- und Sanitärversorgung, ebenso nachhaltige Siedlungen, Konsum- und Produktionsweisen, Sofortmaßnahmen gegen den Klimawandel, widerstandsfähige Infrastrukturen, Erhalt der Artenvielfalt, Bewahrung und nachhaltige Nutzung von Ozeanen und Landökosystemen, Recht und Gerechtigkeit, inklusive Gesellschaften, gute Regierungsführung, globale Kooperationen und natürlich Friede auf Erden. Die 17 »Sustainable Development Goals« (SDG) und ihre 169 Unterziele wurden von der UN-Vollversammlung einstimmig verabschiedet. Dabei haben sich die Staats- und Regierungschefs verpflichtet, »im Namen der Völker, denen sie dienen … sich unermüdlich für die volle Umsetzung dieser Agenda bis 2030 einzusetzen«.

Wenn diese »Transformation unserer Welt«, wie die UN-Resolution zur nachhaltigen Entwicklung tituliert wird, so umgesetzt würde, wären bis 2030 die in diesem Buch beschriebenen Krisen bewältigt. Alle Mitgliedsstaaten der Vereinten Nationen haben diese Agenda am 25. September 2015 – an meinem Geburtstag – angenommen. Warum nur kann ich dennoch nicht daran glauben, dass 2030 alle Menschen erleichtert aufatmen und ihr Leben genießen werden? Zum einen sind die SDG juristisch nicht verbindlich. Doch immerhin soll ihre Umsetzung gemessen und überprüft werden: Deutschland und andere Staaten geben bereits recht detaillierte Berichte ab. Zum anderen erklären selbst die UN, dass »weder Tempo noch Umfang« bisher ausreichend waren[4] – abgesehen von wenigen Fortschritten bei der Schulbildung und der Trinkwasserversorgung. Manche Entwicklungen, etwa bei der Ernährungssicherheit oder der Zerstörung der Umwelt, sind sogar eindeutig negativ. Die Covid-19-Pandemie, so schreibt UN-Generalsekretär António Guterres, mache die Erreichung der Ziele noch schwieriger – und er ruft zu verstärkten Anstrengungen gegen Klimawandel, Armut und Ungleichheit und für gerechtere Gesellschaften auf.

Dass man sich angesichts all der Krisen hehre Ziele setzen muss, ist sicherlich richtig, denn nur so kann man Menschen mobilisieren, sie zum Umdenken und Handeln bewegen. Doch kann es überhaupt gelingen, genügend Mitstreiter zu gewinnen – und das möglichst schnell? Denn dass die entscheidenden Weichen in den nächsten zehn Jahren gestellt werden müssen, dürfte in meinem Buch deutlich geworden sein. Treten wir noch einmal einen Schritt zurück: Was sagen Psychologen darüber, was Menschen handeln lässt? Neben der Befriedigung der körperlichen Grundbedürfnisse und des Wunsches, sicher und komfortabel zu leben und alles Unangenehme zu vermeiden, wollen die Menschen ihr Leben möglichst selbstbestimmt gestalten.

Doch dies reicht den meisten nicht: Noch wichtiger, einer der fundamentalsten Antreiber überhaupt, ist das Bedürfnis nach Zugehörigkeit und Anerkennung. Unser Wohlbefinden, ja, unsere Identität, wird durch unser Selbstwertgefühl geprägt, und dafür braucht es die wertschätzende Umgebung anderer Menschen. Das ist der tiefere Grund hinter unserem kooperativen Verhalten – aber diese positive Seite kann ebenso ins Gegenteil umschlagen. Wer als Kind oder junger Erwachsener Gewalt, Kälte und soziale Ausgrenzung erlebt hat, kann eine Menge Hass entwickeln. Wer dann in eine Gruppe gerät, die auf Konfrontation setzt, kann sich auch hier zugehörig fühlen und daraus sein Selbstwertgefühl ableiten. Ob Terroristen, Islamisten, Nationalisten oder all die anderen Anhänger von extremen -ismen … auch bei ihnen wirkt die uralte Kraft gemeinsamer Aufgaben, Ziele und Erfolgserlebnisse.

Je homogener eine Gruppe ist, desto größer ist die Gefahr, dass sie sich von anderen abgrenzt. Die Gegenmittel sind Diversität, Toleranz und Offenheit. Krisen, wie wir sie jetzt erleben – ob Corona-Pandemie oder Klimawandel –, sind ein zweischneidiges Schwert: Sie durchbrechen Routinen und eröffnen Chancen für Innovationen, aber zugleich befördern sie die Gruppenbildung und den Rückzug in die vermeintlich sichere Wagenburg des Vertrauten. Doch die Sprüche von Nationalisten à la »Wenn sich jeder um sich selbst kümmert, ist an alle gedacht« sind angesichts unseres kleinen Planeten offensichtlicher Unsinn.

Wer die Atmosphäre und die Ozeane als Müllkippe missbraucht oder Wälder abholzt, kann sich von den Folgen nicht abkoppeln. Den Preis zahlen nicht nur weit entfernte, oft ärmere Menschen und Staaten, sondern wir alle, und spätestens unsere Kinder und Enkel. Treibhausgase und Meeresströmungen sind nicht lokal begrenzt. Und wenn anderswo aufgrund von Stürmen und Überschwemmungen, Dürren und Ernteausfällen politische Systeme zusammenbrechen, Brutstätten für Terroristen entstehen und Millionen aus ihrer Heimat flüchten, dann werden die reichen Länder davon ebenfalls betroffen sein. Das zeigt: Auch die weltweite Sicherheit hängt am Klimawandel.

In Umbruchzeiten brauchen wir Ziele und Vorbilder

Wenn also die Welt immer weiter schrumpft und man Probleme nicht einfach auslagern kann, wäre es dann nicht dringend Zeit für eine Weltmoral? Für die Erkenntnis, dass wir nur gemeinsam die Krisen bewältigen oder gar nicht? Die Gruppe, aus der wir künftig unser Selbstwertgefühl beziehen müssten, wäre dann nicht der lokale Sportverein oder das Team in der Firma, nicht eine Partei und auch keine Nation, sondern die gesamte Menschheit. Ist so etwas denkbar? Rücksichtnahme, Hilfsbereitschaft, Loyalität zu Milliarden von Menschen, von denen wir die meisten gar nicht kennen? Im Großen ist es das, was die UN mit ihren 17 SD-Zielen bezweckt; aber dafür muss man kleiner anfangen, bei jedem Einzelnen. In Umbruchzeiten brauchen Menschen eine »Erzählung«, ein Narrativ, wohin die Reise gehen soll, und Persönlichkeiten, die den Wandel glaubhaft verkörpern, denen man vertraut und gerne folgt. Das Ziel der Reise ist klar: eine Welt, die für uns und unsere Nachkommen lebenswert ist, mit größtmöglicher Bewahrung der Umwelt und der Vielfalt des Lebens.

Aber wo sind die moralischen Vorbilder? Diejenigen, die die Welt zu einem besseren Ort machen? In Zeiten des Umbruchs gab es sie immer: Menschen wie Martin Luther King, Mahatma Gandhi, Nelson Mandela – ihr Wirken hat viele inspiriert, auch weil ihre Geschichte mit persönlichen Opfern verbunden war. In heutiger Zeit[5] gehören dazu ebenso Frauen wie Malala Yousafzai, die für ihr Eintreten für Kinderrechte und die Schulbildung junger Mädchen im Alter von 17 Jahren den Friedensnobelpreis erhielt, nachdem sie Schüsse in Kopf und Hals durch pakistanische Taliban knapp überlebt hatte. Oder Greta Thunberg: Als die 15-Jährige im Sommer 2018 mit ihrem Schild »Skolstrejk för klimatet« (»Schulstreik fürs Klima«) vor dem Reichstag in Stockholm demonstrierte, hätte sie sich nicht träumen lassen, dass sie damit binnen weniger Monate die weltweite Klimaschutzbewegung Fridays for Future (FFF) begründen würde. Doch die furchtlose und konsequent ihr Ziel verfolgende junge Schwedin, die ihr »Spezialinteresse« mit ihrem Asperger-Syndrom – einer milden Form des Autismus – in Verbindung bringt, war die richtige Person zur richtigen Zeit. Der FFF-Bewegung folgen heute weltweit Millionen Menschen, nicht nur in Schulen und Universitäten, sondern auch viele weitere Gruppen, von Scientists for Future bis Parents for Future.

Damit wurde das Klimathema nicht nur in die Politik, sondern auch in die Familien getragen. Nachdem Fachleute jahrzehntelang diskutiert hatten, beginnen nun erstmals gesellschaftliche Mehrheiten zu begreifen, dass ein Umdenken und Handeln dringend nötig sind. So entsteht Wandel. Authentische, charismatische Menschen begeistern andere, die sich engagieren und ihrem Leben Richtung und Sinn geben. Ob das die MeToo-Bewegung ist mit ihrem Einsatz gegen sexuellen Machtmissbrauch oder The Giving Pledge, die Kampagne, die Milliardäre dazu bringt, einen Großteil ihres Vermögens an Stiftungen für Bildung, Gesundheit, Kultur oder Naturschutz zu spenden –

am Anfang richten Einzelpersonen den Kompass aus, dem dann viele folgen. So können große Organisationen entstehen wie Ärzte ohne Grenzen, UNICEF oder das Welternährungsprogramm, in denen Zehntausende von Mitarbeitern Verletzten in Krisengebieten, Kindern oder Hungernden selbstlos helfen. Aber auch Helden des Alltags können Vorbilder sein: wenn sie etwa Mobbingopfern beistehen, Menschen in Seenot retten oder unter Einsatz ihres Lebens Regenwälder und indigene Völker schützen.

All diese Menschen machen die Welt mitfühlender – und das zeigt Wirkung: Immer mehr wollen sich einbringen. Umweltschutz und Klimawandel stehen jetzt im Fokus, ebenso Achtsamkeit – was man isst, wie man wohnt und reist, wie man Ressourcen schont und faire Arbeitsbedingungen fördert. Der Philosoph Immanuel Kant hätte vielleicht den »kategorischen Imperativ« einer universellen Ethik formuliert: »Handle stets so, dass auch die nächsten Generationen noch eine lebenswerte Welt vorfinden werden.«

Doch das kann man auch plakativer sagen: So wie man nicht für Firmen arbeiten will, die Landminen oder Splitterbomben herstellen, so sollte künftig ein Job bei Umweltsündern tabu sein. Und so, wie wohl niemand seinen Müll einfach in Nachbars Garten kippt, so verwerflich muss es sein, Plastikmüll in der Natur zu hinterlassen. Moralisch keineswegs besser ist der Kauf eines Ein-Euro-T-Shirts, eines Ein-Euro-Burgers oder eines 20-Euro-Flugs nach Mallorca. Denn die wahren Kosten bezahlen andere und die Umwelt. Es gibt kein Menschenrecht auf Auswüchse einer nicht nachhaltigen Konsumgesellschaft. Sie zu ächten, muss im Zentrum jeder Bildung stehen. Zwar ist es natürlich richtig, dass eine Einzelperson mit ihren Konsumentscheidungen nicht die Welt rettet oder sie untergehen lässt, aber Milliarden von Individuen tun das wohl.

Die Bildung ist der Schlüssel – wie auch bei der Erziehung zu Menschlichkeit statt Hass und der Bekämpfung von Armut, Korruption und Unterdrückung. Denn das Grundübel, das zu vielen Konflikten führt, sind die Verhältnisse, in denen Menschen in vielen Regionen der Welt leben müssen. Der Wert von Bildung ist dabei kaum zu überschätzen. Sie fördert das Selbstbewusstsein und den Wunsch nach politischer Mitsprache, sie macht unabhängig, bringt mehr Geld und ist einer der stärksten Hebel zur Senkung der Geburtenraten – was im Übrigen auch hilft, die Umweltbelastungen zu reduzieren.

Eltern, die in extremer Armut leben, brauchen Kinder als Arbeitskräfte und für ihre eigene Alterssicherung. Doch sobald vor allem Frauen über eine gewisse Bildung und ein relativ sicheres Einkommen verfügen sowie Zugang zu Verhütungsmitteln und einer grundlegenden Gesundheitsversorgung haben, sinkt die Zahl ihrer Kinder erheblich.[6] Dann wollen die Eltern weniger, aber gut ausgebildete Kinder, in deren Erziehung sie mehr investieren, was wiederum zu deren besseren Bildung führt – ein Win-win-Kreislauf, von dem alle profitieren.

So hatten Frauen noch vor 50 Jahren in Bangladesch und Mexiko im Mittel fast sieben und in der Türkei mehr als fünf Kinder, heute sind es in allen diesen Ländern zwischen 2,1 und 2,3 – Werte, bei denen die Bevölkerung kaum noch wächst. Viele Länder wie Deutschland, Spanien und Italien schrumpfen sogar, hier liegt die Zahl der Kinder pro Frau unter 1,6. Nur in den ärmsten Staaten mit unzureichenden Bildungssystemen wie Niger, Mali, Somalia, Südsudan und Afghanistan bringen Frauen heute noch fünf bis sieben Kinder zur Welt.

China, das wegen seiner Bevölkerungsexplosion 1980 die Ein-Kind-Politik einführte, hat das gegenteilige Problem: Seit Neuestem sind zwar wieder drei Kinder pro Familie erlaubt, aber inzwischen haben sich das Arbeitsleben und die Geschlechterrollen so stark gewandelt, dass kaum jemand mehr als ein, zwei Kinder haben will. Daher steht China vor einer demografischen Zeitbombe: Es altert rapide. Wie immer weniger Berufstätige künftig Eltern und Großeltern versorgen sollen, ist eine ungelöste Frage, denn weder sind die Rentensysteme darauf vorbereitet, noch gibt es genug Pflegeplätze – zumal es in China ohnehin als unethisch gilt, die Senioren in ein Heim zu geben.

Doch zurück zur Bildung. Zu einer guten Bildung muss künftig gehören, Kindern den Wert ihrer Umwelt beizubringen und den Wert des rationalen Denkens. Bei »Unite behind the science!«, dem »Folgt der Wissenschaft!«, das die FFF-Bewegung propagiert, geht es nicht darum, »der Wissenschaft« alles zu glauben, sondern zu lernen, wie Wissenschaftler zu denken. Das heißt, nach Belegen für Behauptungen zu fragen und diese auf Glaubwürdigkeit zu prüfen. Dann lassen sich Fake News von Fakten unterscheiden, Desinformationen von seriösen Quellen – eine wichtige Fähigkeit in der unübersichtlichen Welt des Internets und der sozialen Medien.

Außerdem müssen junge Menschen lernen, Interessen auszugleichen und den Ängsten anderer Menschen gerecht zu werden, denn nur so lassen sich breite Mehrheiten gewinnen. Und sie müssen erkennen, dass globale Krisen nur global zu lösen sind, mit Kooperation, nicht mit Abschottung. In einer Welt voller Egoisten verliert jeder. Dieser Wandel vom anthropozentrischen zum ökozentrischen Denken, so sagen Sozialpsychologen, ist wichtig für die höhere Entwicklung von Gesellschaften. Denn diese werden, wie Individuen, immer komplexer und differenzierter – wenn sie überleben wollen, müssen sich ihre Werte und Normen wandeln, hin zu Nachhaltigkeit und der Gleichstellung sozialer Gruppen, zu Diversität, Inklusion und der Einbindung unterschiedlichster Bedürfnisse und Perspektiven.

Die Kippelemente des sozialen Wandels

Spannend ist in diesem Zusammenhang eine 2020 erschienene internationale Studie unter Leitung des Potsdam-Instituts für Klimafolgenforschung (PIK), die darauf hinweist, dass nicht nur im Klimasystem der Erde Kippelemente wie Dominosteine miteinander verbunden sind (siehe Kapitel 1). Es gibt auch soziale Kippmechanismen, die Umbrüche beschleunigen.[7] Ein gutes Beispiel sind die Ereignisse, die zum Fall der Berliner Mauer und der Wiedervereinigung Deutschlands geführt haben, und das in einem atemberaubenden Tempo von wenigen Monaten nach jahrzehntelangem Stillstand. Die PIK-Wissenschaftler haben in ihrer Studie nun soziale Kippelemente identifiziert, die eine Wende beim Klimaschutz bringen können.

Am längsten, sagen sie, dauert der Wandel von Werten und Normen. Hier müsse man mit 30 bis 40 Jahren rechnen, bis eine Mehrheit der Menschen das Verfeuern von Kohle, Öl und Gas als ebenso unmoralisch ansehen würde wie heute das Rauchen im Restaurant. Das ist eine Generationenfrage, wie sie schon Max Planck in Bezug auf die Quantentheorie formuliert hat: »Eine neue wissenschaftliche Wahrheit setzt sich nicht in der Weise durch, dass ihre Gegner überzeugt werden und sich als belehrt erklären, sondern dadurch, dass ihre Gegner allmählich aussterben und dass die heranwachsende Generation von vornherein mit der Wahrheit vertraut gemacht ist.« Bewegungen wie FFF oder das Sunrise Movement in den USA entstehen zwar wesentlich schneller, aber es geht ja in Demokratien darum, nicht nur einen Teil, sondern die Mehrheit zu überzeugen.

Bildung ist ein Schlüsselfaktor, aber einer mit langem Vorlauf. Vom wissenschaftlichen Konsens über die Lehrpläne und die Weiterbildung von Lehrkräften bis zum Unterricht für Schüler und Studierende dauert es mindestens zehn bis 20 Jahre. Mit einem vergleichbaren Zeitaufwand muss man rechnen, bis Regierungen klimaschädliche Subventionen auf null zurückfahren und Anlagen stilllegen können, weil betroffene Industrien bei einem überhasteten Vorgehen auf hohe Entschädigungen klagen können – und weil für deren Mitarbeiter neue Arbeitsplätze gefunden werden müssen. Ähnlich lange dauert es, bis Preise für Klimagase auch nur annähernd die Schäden widerspiegeln, die durch den Treibhauseffekt verursacht werden.

Schneller geht die direkte Förderung neuer Technologien, in diesem Fall etwa Wind, Sonne, Elektroautos, Stromnetze und Speicher: In weniger als zehn Jahren können hierdurch enorme Veränderungen passieren. Etwas mehr Zeit, zehn bis 15 Jahre, muss man einplanen, wenn bestehende Infrastrukturen in Städten und Siedlungen klimafreundlich umgestaltet werden sollen – von der Wärmeversorgung über Parkanlagen bis zu neuen Mobilitätskonzepten. Zum Selbstläufer wird dieser Prozess dann, wenn die Menschen erleben, dass »grüne« Städte ein stressfreieres und angenehmeres Leben ermöglichen. Verblüffend schnell hingegen können sich die Finanzmärkte umstellen: Im Extremfall können viele Milliarden Euro, Dollar, Yen oder Renminbi in wenigen Stunden umgeschichtet und aus Investments für fossile Energien abgezogen werden.

Noch ist das eher selten der Fall, aber die Märkte werden merklich nervös. Im Januar 2021 forderte der weltgrößte Vermögensverwalter BlackRock von Firmen rund um den Globus, dass sie sich dringend auf eine klimaneutrale Wirtschaft vorbereiten sollten, weil sonst ihr Geschäft leiden würde. Im Mai setzten die eigenen Aktionäre bei Chevron und ExxonMobil durch, dass sich die Ölriesen mehr um Emissionsreduktion und erneuerbare Energien kümmern müssen. Im Juni startete die Bank of England bei den größten britischen Banken und Versicherungen einen Klimastresstest[8] und verlangte von ihnen, ihre Klimarisiken offenzulegen – beispielsweise, inwieweit sie betroffen wären, sollte die globale Mitteltemperatur bis 2050 um über drei Grad ansteigen, oder wenn sich der Preis für Emissionszertifikate verfünfzehnfachen würde. Welcher Wertverlust käme auf sie zu, wenn sie weiterhin in fossile Energien investieren, welche Versicherungsschäden drohen und welcher Schadensersatz könnte gefordert werden, wenn Firmen wegen ihres Beitrags zum Klimawandel verklagt würden? Sukzessive ziehen sich Investoren aus riskanten Anlagen zurück und bauen erfolgreiche Nachhaltigkeitsdepots auf. Gefürchtet sind vor allem gestrandete Vermögenswerte, »stranded assets«. Das sind teure Projekte, die auf Jahrzehnte angelegt sind und in einer »grünen« Zukunft drastisch an Wert verlieren: von alten Hochöfen über dreckige Kohlekraftwerke bis zu großen Ölbohrinseln. All dies zeigt: Die sozialen Dominosteine könnten bald kippen.

Hinzu kommt ein weiterer Faktor. »The business of business is business« sagte vor über 50 Jahren Milton Friedman, einer der einflussreichsten Ökonomen des 20. Jahrhunderts. Er meinte damit, dass eine Firma nur ihren Aktionären verantwortlich sei und niemandem sonst. Das sehen die meisten seiner Nachfolger heute anders. Unternehmen haben auch Mitarbeiter, Partner, Kunden – über diese, wie über ihre Produkte, wirken sie auf Gesellschaft und Umwelt und umgekehrt. Hunderte von Firmen weltweit stellen sich gerade neu auf. Im »Statement of Corporate Purpose« erklären sie, künftig nicht nur ihren Aktionären, sondern auch Gesellschaft und Umwelt nützen zu wollen.

Manche aus der Chemie-, Baustoff-, Banken- und Autoindustrie streben sogar eine Bilanzierung nach dem Gemeinwohl an: Sie wollen in den Bilanzen ihren ökologischen und sozialen Fußabdruck und die positiven und negativen Folgen der Firmenaktivitäten aufführen. Zudem belegt eine Studie, dass fast drei Viertel von 1100 untersuchten Unternehmen die nachhaltigen Entwicklungsziele der UN in ihre Jahresberichte integrieren und 14 Prozent sich sogar darauf ausgerichtete Firmenziele setzen. Und vielleicht am wichtigsten: Immer mehr hoch qualifizierte Talente wollen für inspirierende Unternehmen arbeiten, etwas Nützliches für Gesellschaft und Umwelt tun – der Sinn hinter der Arbeit hat heute einen viel höheren Stellenwert bei der Jobsuche als noch vor zehn Jahren.

Erfolgreiche Firmen passen sich an, um zu überleben. Kohle- und Ölgiganten wie RWE und BP propagieren erneuerbare Energien, Autokonzerne überbieten sich dabei, wer als Erster den Verbrennungsmotor abschafft, die BASF setzt in großem Stil auf Kunststoffrecycling, und Thyssenkrupp baut den CO_2-freien Hochofen. Katrin Muff, Direktorin des Institute for Business Sustainability in Luzern, hat dies in einem Interview einmal sinngemäß so ausgedrückt: Wenn der Sandkasten umgebaut und verschoben wird, solle man die Unternehmer nicht unterschätzen.[9] »Die sind sehr innovativ, wenn es darum geht, ihr Spielzeug dann auch zu verschieben.« Am großen Sandkasten wird gerade massiv gewerkelt, die Politik versetzt endlich die Leitplanken in die richtige Richtung: Die EU hat ihren New Green Deal formuliert, die US-Regierung folgt mit einem großen Infrastrukturpaket mit etlichen »grünen« Elementen, und auch China will Wachstum mit »grünen« Technologien.

Umweltschutz und Wirtschaftswachstum gelten nicht mehr als Gegensätze, hohe Abgaben für CO_2-Emissionen sogar als Voraussetzung für Innovationen. Wenn die Menschen wissen, dass der Preis für Benzin und Gas weiter steigen wird, dann berücksichtigen sie das, wenn sie sich beispielsweise ein neues Auto oder eine Heizung kaufen wollen. Die Firmen wiederum arbeiten zugleich an besseren Elektroautos und Wärmepumpen und die Staaten an Lösungen, wie Einnahmen aus der CO_2-Bepreisung an ärmere Haushalte zurückfließen können, um soziale Härten auszugleichen, und wie nötige Infrastrukturen, etwa für Elektrotankstellen, aufgebaut werden können.

Klimaneutrales Europa: Entwarnung für Kosten und Jobs

Selbst die Beratungsfirma McKinsey sagt in einer Studie, dass sich der Umbau Europas zum klimaneutralen Kontinent so gestalten lässt, dass sich Kosten und Einsparungen von rund 600 Klimamaßnahmen bis 2050 ausgleichen[10] – dass dies also kostenneutral gelingen kann. Unter dem Strich würde demnach ein durchschnittlicher Haushalt im Jahr 2050 genauso viel oder sogar weniger für Lebenshaltungskosten ausgeben als heute. Wohlhabende zahlen allerdings mehr, weil für sie der CO_2-Preis stärker zu Buche schlägt, etwa bei vielen Flugreisen. Und auch bei den Arbeitsplätzen gibt McKinsey Entwarnung: So würden in Europa zwar in alten Industrien sechs Millionen Jobs wegfallen, aber gleichzeitig elf Millionen neue hinzukommen.

Der umzubauende Sandkasten scheint also sowohl attraktiver als auch natur- und menschenfreundlicher werden zu können als der alte. Besonders stabile Befestigungsanker werden gerade noch von Gerichten in den Boden gerammt: Im April 2021 hat das Bundesverfassungsgericht in einem wegweisenden Urteil Deutschland zu effektiverem Klimaschutz verdonnert, weil ansonsten die Freiheitsrechte der jungen Generation übermäßig beschnitten würden. Wenige Wochen später verurteilte ein Gericht in Den Haag das Unternehmen Shell dazu, seinen CO_2-Ausstoß bis 2030 um 45 Prozent im Vergleich zu 2019 zu senken. Denn der Öl- und Gaskonzern sei über die Herstellung und Verbrennung seiner Produkte für mehr Emissionen verantwortlich als die ganzen Niederlande und habe daher auch eine besondere Verpflichtung, Schäden infolge des Klimawandels möglichst gering zu halten.

Das sind Veränderungen, die noch vor wenigen Jahren kaum denkbar schienen. Offenbar beginnen erste Dominosteine zu fallen. Und es wird immer deutlicher, dass viele Ängste grundlos sind. Der Umbau ist für die Gesellschaft bezahlbar, Jobs wird es auch morgen noch geben, Firmen, die schnell und innovativ sind, werden sich auf den Weltmärkten neue Geschäftschancen erarbeiten, und insgesamt verspricht das Leben sogar lebenswerter zu werden.

»Grüne« Städte sind besser für die Umwelt und entspannender für die Menschen. Nahrung mit weniger Fleisch und weniger Fertigprodukten ist eindeutig gesünder. Und wo sollen denn die großen Einschränkungen sein, wenn man mit einem E-Auto fährt, das schneller beschleunigt als ein Benziner? Wenn der Strom von der eigenen Solaranlage kommt statt aus der Steckdose? Wenn man in Häusern mit viel Holz lebt statt in Betonburgen? Wenn die Reicheren mit großem ökologischen Fußabdruck mehr zahlen als der Durchschnittsbürger? Oder wenn an die Stelle des bisherigen wirtschaftlichen Leitindikators BIP (Bruttoinlandsprodukt), der Umweltschäden gar nicht berücksichtigt, so etwas wie ein Lebensqualitätsindex tritt?

Europa muss sich vor einer »grünen« Zukunft sicherlich nicht fürchten. Das beweist am besten der Blick in den Weltglücksbericht – ja, einen World Happiness Report gibt es tatsächlich.[11] Für über 150 Staaten wird darin jährlich die Lebensqualität gemessen. Die Basis sind Umfragen mit subjektiven Wohlfühlfaktoren: Pro Land werden Tausende von Menschen in persönlichen Interviews gefragt, wie sie ihre Lebensqualität bewerten, ob sie viel lachen und Freude empfinden, ob sie besorgt, traurig oder wütend sind, ob sie sich in der Not auf Familie und Freunde verlassen können und wie sie ihre Möglichkeiten einschätzen, ein selbstbestimmtes Leben zu führen. Zudem fließen objektive Indikatoren ein wie Lebenserwartung, Einkommen, Ungleichheit, Spendenbereitschaft oder Korruption.

Das Ergebnis ist eindeutig: In Europa lässt es sich besser leben als in den meisten anderen Regionen der Welt. Nordische Länder wie Finnland, Island, Dänemark, Norwegen und Schweden belegen im Happiness Report meist die vordersten Plätze, auch die Niederlande und die Schweiz sind weit vorne dabei. Deutschland gelang 2020 erstmals der Sprung von Plätzen zwischen 15 und 20 auf Rang sieben. Nur ein einziges nicht europäisches Land ist unter den Top-10: Neuseeland auf Platz neun, knapp vor Österreich. Dass sich die relativ hohe Lebensqualität Europas verringern wird, während wir alles tun, um die in diesem Buch beschriebenen Krisen zu bewältigen, ist kaum zu erwarten. Das Problembewusstsein und inzwischen auch der Konsens, dass sich die Dinge ändern müssen, sind auf unserem alten Kontinent jedenfalls deutlich größer als in anderen Weltregionen. Europa will für die Welt Vorbild und Vorreiter sein – und hat alle Chancen, dies auch zu erreichen.

Fazit – die Überlebensformel

Physiker lieben es, die Komplexität der Welt auf das Wesentliche zu reduzieren. Je klarer und einfacher ein Zusammenhang ist, desto mehr begeistert er uns. Während meiner Promotion in Biophysik rätselten wir oft, wie die Messdaten zu erklären wären, doch wenn jemand die Formeln zu kompliziert machte, wurde schnell gelästert: »Damit kannst du ja einen Elefanten fitten!« Das sollte heißen, dass zu viele Parameter verwendet wurden, womit man dann jede beliebige Kurve erzeugen konnte. Der Spruch geht zurück auf den Mathematiker und Mitbegründer der modernen Informatik, John von Neumann, der gesagt haben soll: »Mit vier Parametern kann ich einen Elefanten fitten, und mit fünf ihn mit dem Rüssel wackeln lassen.« Mit zu vielen veränderlichen Größen kann man eben alles – und nichts – beweisen.

Ich hoffe daher, dass die Leserinnen und Leser mir verzeihen, wenn ich nicht so verwegen bin, die finale Überlebensformel zu präsentieren. Dafür gibt es einfach zu viele Faktoren, die die Entwicklung der Menschheit und unserer Umwelt bestimmen. Dennoch hier eine simple Idee: Man könnte jeder der neun beschriebenen Krisen eine Wahrscheinlichkeit zuordnen, mit der wir sie in den nächsten Jahren überwinden können. Da würde sich eine Sigmoidfunktion anbieten: $P(t) = 1/(1 + ae^{-bt})$ mit P als Wahrscheinlichkeit zwischen 0 und 1, also zwischen »keine Chance« und »wir schaffen das zu 100 Prozent«. Die Variable t ist die Zeit und a und b sind Parameter, die eine Anfangswahrscheinlichkeit und die Steilheit der Kurve angeben. Die Sigmoidfunktion ähnelt einem in die Waagerechte gestreckten Buchstaben S; je größer b

wird, desto schneller strebt die Kurve nach oben, und desto größer ist damit die Wahrscheinlichkeit, die Krise in kurzer Zeit zu bewältigen.

Wenn wir die Sigmoidfunktionen für die Krisen miteinander multiplizieren, bekommen wir dann eine Art Gesamtwahrscheinlichkeit, alle neun Krisen zu überstehen – das wäre also unsere Überlebensformel, unsere Chance auf eine lebenswerte Zukunft im Einklang mit der Natur. Allerdings ist es nicht einfach, diese Formel zu berechnen, denn weder kennen wir die Parameter $a1$, $b1$… $a9$, $b9$ für die jeweiligen Krisen, noch sind diese voneinander unabhängig. Die Wahrscheinlichkeiten beeinflussen sich gegenseitig. Zwei Beispiele: Ob es gelingt, »grünen« Wasserstoff kostengünstig zu erzeugen, entscheidet nicht nur über die Speichermengen an umweltfreundlicher Energie, sondern auch darüber, ob Flugzeuge mit synthetischen Treibstoffen fliegen werden, wie viele Schwerlaster mit Brennstoffzellen fahren und wie viel »grüner« Stahl erzeugt werden kann. Und die Geschwindigkeit des Klimawandels bestimmt, wie rasant Korallenriffe sterben, wie viele Äcker verdorren, wie die Artenvielfalt leidet, wie sich manche Krankheiten ausbreiten, wie sehr Siedlungen gegen Stürme und Fluten geschützt werden müssen, wie schnell die Gletscher schmelzen oder wie stark die Wälder brennen – was dann auch noch zu Rückkopplungen führt, weil vieles davon wiederum den Klimawandel verstärkt.

Ohne Zweifel, das sind sehr komplexe Zusammenhänge. Dennoch lassen sich aus all den Zahlen, Daten und Fakten, über die ich in den neun Kapiteln dieses Buchs geschrieben habe, ein paar wesentliche Punkte herausdestillieren. Denn es gibt mächtige Hebel, an denen wir ansetzen können, um die Weichen richtig zu stellen. Hier sind als Fazit die wichtigsten:

1. Der **Klimawandel** ist der alles entscheidende Faktor. Wenn wir ihn nicht in den Griff bekommen, werden wir auch bei anderen Krisen scheitern. Der stärkste Hebel hierfür ist die **Dekarbonisierung der Energie- und Fahrzeugtechnik**. Erset-

zen wir weltweit alle fossilen Kraftwerke durch **Wind- und Solaranlagen** und alle Verbrennungsmotoren durch **Elektroantriebe**, dann senken wir dadurch die CO_2-Emissionen aus Kohle, Gas und Öl um knapp zwei Drittel, das heißt **um 22 bis 23 Milliarden Tonnen CO_2 pro Jahr**. Allein dies macht schon 42 Prozent aller Treibhausgase aus – also einschließlich Zementindustrie, Rodungen, Methan und Lachgas –, die die Menschheit jedes Jahr in die Luft bläst. Dieser Paradigmenwechsel ist tatsächlich machbar, denn Strom aus Wind und Sonne ist bereits günstiger als der aus Kohle und Erdgas, und die Autoindustrie überbietet sich mit Ankündigungen, wer zuerst aus der Produktion von Benzin- und Dieselfahrzeugen aussteigt. Mehr noch: Solarenergie ist auch für ärmere, sonnenreiche Länder ideal, die keine guten Stromnetze haben – dezentrale Solarmodule sind hier der Weg aus der Krise.

2. **Elektromotoren in der Industrie, Leuchten und Hausgeräte** machen fast zwei Drittel des globalen Stromverbrauchs aus. Hierfür besonders **energieeffiziente Geräte** einzusetzen, kann einen wertvollen Zeitgewinn bringen. Allerdings wird sich der weltweite Strombedarf bis etwa 2050 trotzdem verdoppeln – wegen des Wachstums der Weltbevölkerung, des Wohlstands und der Nutzung von Elektrizität für Autos, Wärmepumpen und vieles mehr. Ohne den massiven Ausbau von CO_2-freiem Wind- und Solarstrom geht es daher nicht. Zudem muss ein **komplexes Puzzle** gelöst werden: Wir brauchen Speichertechnologien und intelligente Stromnetze, Biomasse-, Wasser- und Gasturbinenkraftwerke für Dunkelflauten sowie Infrastrukturen für Wasserstofftransport und Ladesäulen. Um dieses Puzzle im laufenden Betrieb zu optimieren, bieten sich insbesondere Methoden der Künstlichen Intelligenz an.

3. In meiner Prioritätenliste der mächtigsten Hebel folgt gleich nach dem Umbau der Energie- und Mobilitätssysteme der weltweite **Stopp von Rodungen**, insbesondere in den Tropen.

Das würde nicht nur jedes Jahr **fünf bis sechs Milliarden Tonnen** an Klimagasen sparen, sondern auch viele Tier- und Pflanzenarten retten – und hoffentlich die Regenwälder vor dem Kipppunkt bewahren, sodass sie nicht zu Savannen werden. Da betroffene Länder argumentieren, dass sie ohne Nutzung dieser Regionen viel an Wirtschaftskraft einbüßen, sollte ein globaler Fonds für Regenwälder, Moore und Korallenriffe eingerichtet werden. Einzahlen würden vor allem reichere Länder, und die Auszahlungen und der Schutz der Ökosysteme müssten streng überwacht werden. Nur auf die Zusagen der über 100 Staaten zu vertrauen, die auf der Klimakonferenz 2021 versprochen haben, bis 2030 die Entwaldung zu stoppen, wird nicht reichen. Zudem sind **Aufforstungen** sinnvoll, wenn sie an den richtigen Stellen stattfinden. Noch mehr bringt die **Wiedervernässung** trockener Feuchtgebiete: Pro Hektar binden sie dreimal mehr CO_2 als Wälder. Würden alle trockengelegten Moore zu Feuchtgebieten, würde das **1,8 Milliarden Tonnen CO_2** pro Jahr aus der Luft holen.

4. Ähnlich bedeutsam ist die **Schließung der offenen, unüberwachten Müllkippen**, die es vor allem in ärmeren, aber bevölkerungsreichen Ländern gibt. Auch hier würde sich internationale Hilfe doppelt und dreifach bezahlt machen, um eine geordnete Sammlung, Behandlung und Entsorgung von Abfällen zu erreichen. Denn neben all den Giftstoffen, die aus solchen Müllhalden entweichen, emittieren diese mindestens **eine Milliarde Tonnen** an Klimagasen pro Jahr – mehr als der globale Schiffsverkehr. Bis die betroffenen Staaten leistungsfähige Müllsysteme installiert haben, lohnt sich zudem jede Unterstützung der Pioniere, die **schwimmende Müllsammler in die wichtigsten Flüsse** bringen. Vier Fünftel des Plastikmülls, der weltweit über Flüsse ins Meer geschwemmt wird, stammt aus 1000 Flüssen, die nun identifiziert sind. Auf mittlere Sicht muss aber das Ziel sein: eine **»grüne« Industrie** mit maximaler **Kreislaufwirtschaft** und minimalem Abfall.

5. Ein weiterer Hebel, der zur Lösung mehrerer Krisen beitragen kann, ist die Verringerung unseres **Fleischkonsums**, vor allem von Rindern. Da jedes Rind im Jahr etwa genauso viele Treibhausgase ausstößt wie ein benzingetriebener Mittelklasse-Pkw und es weltweit 1,4 Milliarden Rinder gibt, wäre eine **Halbierung der Anzahl von Rindern klimawirksamer als die Abschaffung jedes zweiten Pkw**. Mehr noch: Wenn man die Abholzung der Wälder für Weiden und Futter mit einberechnet, ließen sich weitere Emissionen vermeiden und zudem Ökosysteme schützen. Direkt und indirekt werden **für die Fleischindustrie weltweit 80 Prozent der landwirtschaftlichen Fläche** gebraucht. Wer sich pflanzlich ernährt, Fleischersatzprodukte wählt oder nur manchmal zu hochwertigem Biofleisch greift, tut viel für den Klimaschutz und eine nachhaltige Landwirtschaft. Hilfreich ist auch eine **Präzisionslandwirtschaft** mit möglichst wenig Einsatz von Pflanzenschutz- und Düngemitteln, denn drei Milliarden Tonnen an CO_2-Äquivalenten gehen pro Jahr auf Lachgas zurück, das in sauerstoffarmen Böden aus Stickstoffdünger entsteht und fast 300-mal klimawirksamer ist als Kohlendioxid.

6. Am schnellsten lässt sich die Temperaturerhöhung bremsen – zumindest um ein paar Zehntelgrad –, wenn die Emissionen des kurzlebigen, aber starken Klimagases **Methan reduziert** werden. Dafür sollte man Lecks bei der Öl- und Gasförderung schließen, Deponiegase auffangen, Reis klimafreundlicher anbauen und die Rinderherden verkleinern sowie ihrem Futter methanblockierende Algen beimischen. Ähnlich starke Hebel, deren Umsetzung allerdings viele Jahre dauert, sind: **»grüner« Stahl**, der mithilfe von Wasserstoff statt Kohle erzeugt wird – Einsparpotenzial rund drei Milliarden Tonnen CO_2 pro Jahr. Oder das **Bauen mit Holz** aus nachhaltig bewirtschafteten Nutzwäldern: Würde global jedes Jahr ein Viertel des verbauten Betons durch Holz ersetzt, würde die Zementindustrie fast so viel an Klimagasen sparen, wie Deutschland emittiert. Hinzu

käme eine weitere Milliarde Tonnen an CO_2, die aus der Luft entnommen wird, weil jeder Kubikmeter Holz rund eine Tonne CO_2 bindet. Nicht zu vergessen die **Sanierung** von Gebäuden und Neubauten als **Nullenergie- oder Plusenergie-Häuser**: Auch der Bedarf an Heizenergie hat ein globales Einsparpotenzial in Höhe von Milliarden Tonnen CO_2. In Deutschland würde allein schon die Sanierung der besonders ineffizienten alten Häuser, die vor 1978 gebaut wurden, die Hälfte aller wärmebedingten Gebäudeemissionen einsparen.

7. Wesentlich für rasche Veränderungen sind die **Finanzmärkte**. Wenn Großinvestoren massiv Gelder aus riskanten Anlagen – wie etwa fossil befeuerten Kraftwerken – abziehen und stattdessen in erneuerbare Energien, Umweltschutz und Kreislaufwirtschaft investieren, beschleunigt dies den Wandel enorm. **Innovative Unternehmen** sind schnell dabei, wenn es gilt, neue Märkte zu erschließen. Der Druck, dies zu tun, kommt von Aktionären, Kunden, Partnern, Wettbewerbern, gesellschaftlichen Gruppen – wie Fridays for Future – und den eigenen Mitarbeitern, die für ihre Arbeit einen Nutzen für Gesellschaft und Umwelt fordern. Und einen sehr starken Einfluss hat die **Politik**: Durch Anreize und Regeln, Fördern und Fordern, vor allem aber über die **Bepreisung von CO_2**, kann sie die Entwicklung steuern. Abgaben für Klimagase müssen schnell, aber auch berechenbar steigen, damit sich die Industrien darauf einstellen können. Die globale **Zusammenarbeit** der wichtigsten Staaten ist für wirksame CO_2-Preise ebenso nötig wie für den erwähnten Klimafonds, die Müllsysteme und das 30×30-Ziel der Biodiversität. Danach sollen bis 2030 jeweils 30 Prozent der Land- und der Meeresfläche unter Schutz gestellt werden, und zwar sowohl global wie national.

Diese sieben Punkte zeigen zum einen, dass die Krisen lösbar sind – es ist zweifellos schwierig und erfordert starkes Engagement von allen Beteiligten, aber es ist machbar. Zum anderen wird auch deutlich, dass alles mit allem zusammenhängt. So wichtig die Klimapolitik ist, man darf sie nicht losgelöst sehen von den Fragen des Erhalts der Ökosysteme und der Artenvielfalt oder der Nahrungsmittelsicherheit und der Müllproblematik. Wenn wir nicht global kooperieren, wird es nicht klappen. Dilemmata und schwierige Fragen können nur gemeinsam gelöst werden – etwa, wie man Staaten dazu bringt, den Raubbau in den Tropenwäldern zu beenden oder Kohle-, Öl- und Gasvorräte im Boden zu belassen, statt noch schnell möglichst viel Geld damit zu verdienen. Globale Krisen machen nicht an Ländergrenzen Halt. Geschlossene Schlagbäume, Vergeltungszölle, Boykotte oder gar militärische Konflikte verschärfen nur die Probleme. Wir sind in dieser einen Welt alle miteinander verbunden – nur wenn wir die Egoismen überwinden, haben wir eine Chance auf eine gute, gemeinsame Zukunft.

Nicht versäumen möchte ich noch, auf die »Wild Cards« hinzuweisen. Das sind Joker, die das Spiel völlig verändern, wenn man sie ausspielen kann. Was ich damit meine, sind Forschungsfelder, die echte Durchbrüche bringen können.

So zum Beispiel:

- Edelmetallfreie Katalysatoren und andere Stoffe, die Batterien oder die Elektrolyse von Wasserstoff um ein Vielfaches leistungsfähiger machen
- Materialien, die sehr effektiv Kohlendioxid aus der Luft einfangen und das CO_2 mit »grünem« Wasserstoff in Treibstoffe oder Grundstoffe der Chemie umwandeln – etwa mithilfe der »künstlichen Photosynthese«
- Biobasierte, schnell biologisch abbaubare und zugleich vielseitig verwendbare Kunststoffe
- Enzyme, die dank Synthetischer Biologie und gerichteter Evolution besonders wirksam Abfallstoffe zerlegen oder solche Materialien herstellen, die man heute nur mit hohen Umweltbelastungen fertigen kann

- Weizen, Mais oder Reis, der mit Knöllchenbakterien kooperiert oder Enzyme besitzt, die die Stickstofffixierung leisten – also ein Getreide, das sich seinen Stickstoffdünger direkt aus der Luft holt
- Effektive Wirkstoffe gegen ganze Virenfamilien und gegen multiresistente Bakterien
- Erfolge beim Einsatz von mRNA als Impfstoffe gegen Grippe, Malaria, Autoimmunkrankheiten und vor allem auch gegen Krebserkrankungen
- Die Aufklärung der Mechanismen, die zu Demenz führen, und die Entwicklung effektiver Mittel dagegen
- Transparente, robuste und sichere Lernverfahren, mit denen maschinelle KI-Systeme Modelle unserer realen Welt erstellen und sinnvolle Lösungsvorschläge machen können

Kein Zweifel: Die Betätigungsfelder für Forscherinnen und Forscher waren noch nie so spannend und vielfältig wie heute – wenn ich noch einmal als junger Wissenschaftler arbeiten könnte, würde ich höchstwahrscheinlich eines der obigen Felder wählen. Denn neue Lösungen zu finden, die helfen, die Welt nachhaltiger zu gestalten, macht Spaß und gibt dem Leben einen Sinn. Ich bin fest überzeugt davon, dass der sechste Kondratieff-Zyklus, der gerade beginnt, für das Überleben der Menschheit von entscheidender Bedeutung sein wird. Gesundheit des Menschen und Gesundheit der Umwelt – was könnte es Wichtigeres geben? Jeder und jede kann hier mitwirken, dafür muss man gewiss kein Wissenschaftler sein. Die Themen dieses Buchs gehen uns alle an. Und ich hoffe, dass eines deutlich geworden ist: Zukunft ist nichts, was einfach passiert. Sie wird gemacht, von uns allen. Wir haben unsere Überlebensformel selbst in der Hand – machen wir uns an die Arbeit!

Danksagung

In diesem Buch habe ich viele Erfahrungen und Erkenntnisse aus meinen 35 Jahren als Forscher an der Technischen Universität München sowie in der Industrie bei Daimler und Siemens und als freiberuflicher Wissenschaftsjournalist, Buchautor und Zukunftsforscher zusammengefasst. Insbesondere in den Jahren 2018 bis 2021 habe ich mit zahlreichen Forschenden an Universitäten und Instituten sowie Fachleuten aus Industrie und Politik über die neun globalen Krisen gesprochen – teils in Laboren und auf Konferenzen, teils wegen der Corona-Pandemie in Video-Meetings.

Mein herzlicher Dank gilt den Pionieren Frances Arnold und Tom Knight für die tiefen Einblicke in die Synthetische Biologie und die gerichtete Evolution sowie Mathis Wackernagel, Dennis Meadows und Michael Braungart für die Erklärungen zum ökologischen Fußabdruck, den Grenzen des Wachstums und dem Cradle-to-Cradle-Konzept. Gleichermaßen geht mein Dank an Ulrike Kramm, Stephan Sieber und Markus Matuschka von Greiffenclau für die Möglichkeit, ihre Katalysator-, Antibiotika- und Artilysin-Labore zu besuchen. Ebenso an Harald Professner, Fabian Theis und Pascal Falter-Braun für die Erläuterungen über Holzhochhäuser und Big Data in der Genom- und Proteom-Forschung sowie an Sami Haddadin für unsere Gespräche über die Welt der Robotik und der lernenden Maschinen und an Axel Thierauf und Jan Goetz für die Diskussionen über Quantencomputer. Nicht zu vergessen Ove Hoegh-Guldberg, Reinhold Leinfelder und Jimmy Praet, die mir die vielfältigen Ökosysteme unter Wasser nahegebracht haben.

Darüber hinaus danke ich Siegfried Balleis, dem Alt-Oberbürgermeister der Stadt Erlangen, für vielfältige Kontakte, und meinen langjährigen Freunden Eckart Keil, Reinhard Breuer und Ralf Butscher für wertvolle Hilfen und inspirierende Ideen. Weitere Informationsquellen waren viele Zeitungen, Zeitschriften, Bücher, Fachmagazine und Internetseiten. Die wichtigsten, die – etwa durch Videos, Bilder, Grafiken oder Hintergrundinformationen – einen Mehrwert bieten, sind in den Anmerkungen aufgeführt. Mein Dank gilt vor allem *Spektrum der Wissenschaft, Spektrum.de, GEO* und *Der Spiegel* sowie Fachzeitschriften wie *Science, Nature* und *PNAS*, wo ich oft weiterführende Informationen fand. Insbesondere danke ich auch denjenigen Zeitungen und Zeitschriften, in denen ich selbst als Wissenschaftsjournalist immer wieder Artikel veröffentlichen durfte, darunter auch zu Themen dieses Buches: *Bild der Wissenschaft, Süddeutsche Zeitung* und *Die Welt*.

Sehr empfehlenswert und aussagekräftig sind diese Datenquellen: die Faktenseite *Our World in Data* der Universität Oxford, das Global Carbon Project, der *Plastikatlas 2019,* die Berichte des IPCC zum Klimawandel und des IPBES zur Biodiversität sowie die Studien »Klimaneutrales Deutschland«, »What a Waste 2.0«, »Living Planet Report 2020«, »The State of the World's Forest 2020« und die UN-Berichte zu den Zielen für nachhaltige Entwicklung (SDG 2020) und »Making Peace with Nature« (UNEP 2021).

Außerdem danke ich meinem Literaturagenten Uwe-Michael Gutzschhahn sowie Martin Janik vom Piper Verlag für die vertrauensvolle, angenehme und stets hilfreiche Zusammenarbeit. Ganz besonders bedanken möchte ich mich auch bei meiner Frau Angelika und meinen Kindern Thomas und Sonja für ihre Geduld und für ihre sehr nützlichen Kommentare als erste Leser dieses Buches.

Trotz sorgfältigster Recherchen kann für die Richtigkeit der Inhalte und die Korrektheit aller Zitate keine Haftung übernommen werden. Die Kompaktheit der Darstellung erforderte gewisse Vereinfachungen – sollte es dadurch zu Fehlern gekommen sein, bitte ich herzlich um Nachsicht.

Anmerkungen

Einführung

1 Dennis L. Meadows mit Donella H. Meadows, Jørgen Randers u. a., *The Limits to Growth,* Universe Books (1972)
2 Interview Dennis Meadows, »Wir müssen auf ein anderes System umschalten« in *Pictures of the Future,* Frühjahr 2010, S. 56 ff.
3 Historische Entwicklung des ökologischen Fußabdrucks: https://www.overshootday.org/newsroom/past-earth-overshoot-days/
4 UNEP-Bericht »Making Peace with Nature« (2021): www.unep.org/resources/making-peace-nature
5 Ulrich Eberl, *Zukunft 2050 – wie wir schon heute die Zukunft erfinden,* Beltz & Gelberg (2011)
6 Ulrich Eberl, *Smarte Maschinen – wie Künstliche Intelligenz unser Leben verändert,* Hanser (2016)

Kapitel 1

1 Originalartikel Svante Arrhenius (1896) *On the Influence of Carbonic Acid in the Air upon the Temperature of the Ground,* https://doi.org/10.1080/14786449608620846
2 CO_2-Rekordwert auf dem Mauna Loa, 421 ppm am 3.4.21: www.spiegel.de/wissenschaft/natur/klima-krise-rekordmessung-auf-hawaii-mehr-co2-in-der-erdatmosphaere-als-je-zuvor-a-18bba437-5ee7-403d-b1d6-3c2efe817016
3 Erdsystemmodelle im Klimanavigator, dem Internetportal der deutschen Klimaforschung: www.klimanavigator.eu/dossier/artikel/086719/index.php
4 Fachartikel zum Paläozän/Eozän-Temperaturmaximum: Gordon N. Inglis et al. in *Climate of the Past* 16 (2020), S. 1953–1968: https://doi.org/10.5194/cp-16-1953-2020
5 Treibhauswirkung und CO_2-Äquivalente: www.energie-lexikon.

info/co2_aequivalente.html und www.tech-for-future.de/co2-methan

6 Ilissa Ocko et. al., »Acting rapidly to deploy readily available methane mitigation measures by sector can immediately slow global warming« in *Environ. Res. Lett.* (2021) 16, 054042: https://doi.org/10.1088/1748-9326/abf9c8

7 Mojib Latif, *Heißzeit,* Herder (2020), S. 57 f.

8 Aktueller IPCC-Bericht »Climate Change 2021 – The Physical Science Basis« (9.8.2021), siehe www.ipcc.ch/report/ar6/wg1/

9 Kippelemente des Klimas, Potsdam-Institut für Klimafolgenforschung (2017): https://www.pik-potsdam.de/de/produkte/infothek/kippelemente/kippelemente

10 Claus Kleber und Cleo Paskal, *Spielball Erde,* Bertelsmann (2012), S. 206

11 Auflistung der Kippelemente in *Bild der Wissenschaft* (7/2019), S. 22

12 Munich Re, »Serie von heißen Jahren und mehr Wetterextreme« (31.3.2021): www.munichre.com/topics-online/de/climate-change-and-natural-disasters/climate-change/climate-change-heat-records-and-extreme-weather.html

13 Friederike Otto, *Wütendes Wetter,* Ullstein (2020)

14 Zusammenstellung »Deutschland im Klimawandel« in *Spektrum der Wissenschaft* (9/2020)

15 Attributionsstudie zu den Überschwemmungen vom Juli 2021: www.dwd.de/DE/presse/pressemitteilungen/DE/2021/20210824_attributionsstudie_starkregen_news.html

16 Chi Xu et al., »Future of the Human Climate Niche« in *PNAS* 117, 21 (5/2020): www.pnas.org/cgi/doi/10.1073/pnas.1910114117

17 IPCC Website: www.ipcc.ch

18 Climate Action Tracker: https://climateactiontracker.org/global/cat-thermometer

19 CO_2-Budget mit Grafiken und IPCC-Quellen, Stefan Rahmstorf, »Können wir die globale Erwärmung rechtzeitig stoppen?« (11.4.2017): https://scilogs.spektrum.de/klimalounge/koennen-wir-die-globale-erwaermung-rechtzeitig-stoppen/ und *IPCC Climate Change 2021 – The Physical Science Basis* (7.8.2021): www.ipcc.ch/report/ar6/wg1

20 Global Carbon Project – Budget 2021: www.globalcarbonproject.org/carbonbudget und www.globalcarbonproject.org/carbonbudget/21/files/GCP_CarbonBudget_2021.pdf

21 Treibhausgas-Emissionen pro Land, pro Quelle und historisch, in den Faktensammlungen von *Our World in Data:* https://ourworldindata.org/co2-and-other-greenhouse-gas-emissions#co2-and-greenhouse-gas-emissions-country-profiles
22 Carbon Majors Report (2017): www.cdp.net/en/reports/downloads/2327
23 Download von *Our World in Data:* https://ourworldindata.org/co2-and-other-greenhouse-gas-emissions sowie CO_2-Äquivalente: www.energie-lexikon.info/co2_aequivalente.html
24 Die verschiedenen Energieträger: https://www.iea.org/fuels-and-technologies
25 Tim Schröder, »Der Effizienz-Weltmeister« in *Pictures of the Future,* Frühjahr 2007, S. 86 ff. und Ulrich Eberl, *Zukunft 2050 – wie wir schon heute die Zukunft erfinden,* Beltz & Gelberg (2011), Kapitel 5
26 Zusammenfassung zum World Energy Outlook 2020 der IEA: www.weltenergierat.de/wp-content/uploads/2020/11/Zusammen fassung-IEA-WEO-2020.pdf
27 World Population Prospects der UN: https://population.un.org/wpp/DataQuery/
28 World Energy Outlook der IEA: www.iea.org/topics/world-energy-outlook
29 Bernhard Pötter, *Klimawandel,* Piper (2020), S. 41
30 Ulrich Eberl, *Zukunft 2050 – wie wir schon heute die Zukunft erfinden,* Beltz & Gelberg (2011), Kapitel 3
31 Tracker Kohlekraftwerke weltweit: https://globalenergymonitor.org/projects/global-coal-plant-tracker/
32 Tagesschau 21.1.2021, »China setzt verstärkt auf Windkraft«: www.tagesschau.de/wirtschaft/china-setzt-verstaerkt-auf-windkraft-101.html
33 Bill Gates, *Wie wir die Klimakatastrophe verhindern,* Piper (2021)
34 Zubau an Erneuerbaren über Portal EnergieZukunft: www.energie zukunft.eu/wirtschaft/drei-viertel-der-neu-installierten-strom leistung-ist-erneuerbar/ und Irena (International Renewable Energy Agency): https://irena.org/publications/2020/Mar/Renewable-Capacity-Statistics-2020
35 Oliver Ristau für KfW, »Solarstrom aus der Wüste« (2.9.2019): www.kfw.de/stories/umwelt/erneuerbare-energien/solarstrom-aus-der-wueste/

36 Desert to Power Initiative: www.afdb.org/en/topics-and-sectors/initiatives-partnerships/desert-power-initiative
37 North Sea Link: https://northsealink.com/
38 Einspeisemanagement-Zahlungen: www.next-kraftwerke.de/wissen/einspeisemanagement
39 NordLink: www.tennet.eu/de/unser-netz/internationale-verbindungen/nordlink/
40 Christoph Kost, Fraunhofer ISE, *Stromgestehungskosten Erneuerbare Energien* (2021)
41 Emiliano Bellini in PV-Magazin (27.8.2020): https://www.pv-magazine.de/2020/08/27/portugals-zweite-photovoltaik-auktion-erzielt-ein-weltrekordtief-von-1114-cent-pro-kilowattstunde/
42 Harry Wirth, Fraunhofer ISE (6.8.2021): www.ise.fraunhofer.de/de/veroeffentlichungen/studien/aktuelle-fakten-zur-photovoltaik-in-deutschland.html
43 Studie »Klimaneutrales Deutschland 2050« mit Download: www.agora-energiewende.de/veroeffentlichungen/klimaneutrales-deutschland-zusammenfassung/
44 Studie »Klimaneutrales Deutschland 2045« mit Download: www.agora-energiewende.de/veroeffentlichungen/klimaneutrales-deutschland-2045-vollversion/
45 Ralf Butscher, »Risiko Blackout« in *Bild der Wissenschaft* (5/2020), S. 26 ff.
46 Sonal Patel, »Siemens' Roadmap to 100 % Hydrogen Gas Turbines« in *Power Magazine* (1.7.2020) www.powermag.com/siemens-roadmap-to-100-hydrogen-gas-turbines/
47 Potenziale und Forschungsthemen »Zukunft Wasserstoff« in *Bild der Wissenschaft* (9/2020), S. 12–29, sowie »Perspektive H_2« im *Fraunhofer-Magazin weiter.vorn* (3/2020), S. 10–27
48 Hydrogen Roadmap Europe: https://fch.europa.eu/sites/default/files/Hydrogen%20Roadmap%20Europe_Report.pdf
49 Henning Bartels, »Wasserstoff statt Kohle – wie wird Stahl grün?« in bdew (16.3.2020): www.bdew.de/verband/magazin-2050/wasserstoff-statt-kohle-der-stahl-der-zukunft-ist-klimafreundlich/
50 Deutscher Bundestag, Wissenschaftliche Dienste, »Kosten der Produktion von grünem Wasserstoff« (3.4.2020)
51 Katja Maria Engel, »Wege zum Wasserstoff« in *Spektrum der Wissenschaft* (1/2020), S. 57 ff.
52 Website NortH2: www.north2.eu/de/

53 Güven Purtul, »Wasserstoff aus der Wüste« in *Bild der Wissenschaft* (9/2020), S. 26 ff.
54 Norbert Lossau, »Diese Frau legt Grundlagen für unsere Energiezukunft« in *Die Welt* (23.10.2020) und »Wasserstoff ist das Öl von morgen« in *Die Welt* (19.8.2020)
55 Reinhard Breuer, »Atomare Antreiber« in *Bild der Wissenschaft* (5/2021), S. 52 ff.
56 European Hydrogen Backbone: https://gasforclimate2050.eu/sdm_downloads/european-hydrogen-backbone/
57 Flüssiger Wasserstoffspeicher LOHC: www.deutscher-zukunftspreis.de/de/team-3-2018 und Video Deutsches Museum: www.youtube.com/watch?v=hKWMBmeY6ZQ&feature=youtu.be
58 Website Hydrogenious LOHC Technologies: www.hydrogenious.net/index.php/de/hydrogen-2-3/
59 Green Hydrogen@Blue Danube Projekt: www.hydrogenious.net/index.php/de/references-2/blue_danube/
60 Tim Schröder, »Riskante Kühlung« (11.3.2021) in MPG: www.mpg.de/16569676/geoengineering
61 Website Climeworks: https://climeworks.com/
62 »Carbon capture, utilization and storage« in EU Science Hub: https://ec.europa.eu/jrc/en/research-topic/carbon-capture-utilisation-and-storage und »The potential for CCS and CCU in Europe« (2019)
63 CCS auf Website Equinor: www.equinor.com/en/what-we-do/carbon-capture-and-storage.html
64 Die meistexportierten Güter nach Ländern: www.weltexporte.de
65 BP Energy Outlook 2020: www.bp.com/en/global/corporate/energy-economics/energy-outlook.html
66 Brief von BlackRock CEO Larry Fink (January 2021): www.blackrock.com/corporate/investor-relations/larry-fink-ceo-letter
67 Bernhard Pötter, *Klimawandel,* Piper (2020), S. 98
68 IWF »Gigantische Subventionen für fossile Energien« in Deutsche Welle (25.5.2015): https://p.dw.com/p/1FT8O
69 UNDP und Universität Oxford, *Peoples' Climate Vote* (26.1.2021): www.undp.org/publications/peoples-climate-vote

Kapitel 2

1 Cesare Marchetti, »Anthropological invariants in travel behavior« in *Technological Forecasting and Social Change,* Vol 47–1 (1994),

S. 75–88: https://doi.org/10.1016/0040-1625(94)90041-8 und Martin Randelhoff, »Das konstante Reisezeitbudget« in *Zukunft Mobilität* (7.3.2018): www.zukunft-mobilitaet.net/5299/analyse

2 Modalsplit des Personenverkehrs in Bundesministerium für Verkehr und digitale Infrastruktur, *Verkehr in Zahlen* 2020/2021: www.bmvi.de/SharedDocs/DE/Artikel/G/verkehr-in-zahlen.html

3 Infas und WZB, Mobilitätsreport 4, Corona-Schutzmaßnahmen und Mobilität (5.3.2021): www.infas.de/fileadmin/user_upload/PDF/infas_Mobilit%C3%A4tsreport_04_7331_20210304.pdf

4 Emissionen nach Sektoren, Our World in Data: https://ourworldindata.org/emissions-by-sector sowie Global Carbon Project 2021: www.globalcarbonproject.org/carbonbudget

5 Umweltbundesamt, *Klimawirksamkeit des Luftverkehrs* (2012): www.umweltbundesamt.de/sites/default/files/medien/377/dokumente/klimawirksamkeit_des_flugverkehrs.pdf

6 ITF Transport Outlook 2019 (Zusammenfassung deutsch): www.oecd-ilibrary.org/itf-transport-outlook-2019-summary-german_b81900bb-de.pdf?itemId=%2Fcontent%2Fcomponent%2Fb81900bb-de&mimeType=pdf

7 Auke Hoekstra et al., Eindhoven University of Technology, über die Treibhausgasemissionen von Elektroautos (31.8.2020): www.gruene-bundestag.de/fileadmin/media/gruenebundestag_de/themen_az/mobilitaet/pdf/200831-Studie_EAuto_versus_Verbrenner_CO2.pdf

8 Martin Schatzmann, »Wasserstoff-Praxistest – auf dem Weg zur weißen Fahne«, in *NZZ* (26.3.2021): www.nzz.ch/mobilitaet/auto-mobil/wasserstoff-in-der-praxis-mit-dem-brennstoffzellen-lkw-unterwegs-ld.1608126

9 Berechnung und Vergleich Wirkungsgrade: www.energie-lexikon.info/wirkungsgrad.html

10 »Airbus plant Wasserstoff-Flugzeug« in *Der Spiegel* (21.9.2020): www.spiegel.de/wissenschaft/technik/airbus-plant-wasserstoff-flugzeug-drei-konzepte-fuer-klimaneutrales-fliegen-vorgestellt-a-95c76ca2-d36d-4cb2-9543-1b63742198b8

11 Daniel Zwick, »Benzin, das aus Wind gemacht wird« in *Die Welt* (30.3.2021): www.welt.de/wirtschaft/plus229371195/E-Fuels-Projekt-Haru-Oni-soll-Benzin-aus-Wind-erzeugen.html

12 Umweltbundesamt, Kostensätze für Umweltschäden (21.12.2020): www.umweltbundesamt.de/presse/pressemitteilungen/konsequenter-umweltschutz-spart-der-gesellschaft

13 Alexander Jung, »Die Containerriesen der Zukunft fahren mit Ammoniak« in *Der Spiegel* (9.3.2021): www.spiegel.de/wirtschaft/schifffahrt-und-klima-reeder-steigen-zu-langsam-auf-neue-treibstoffe-um-dabei-gibt-es-alternativen-a-c524 95d8-0002-0001-0000-000176138639 und Katja Maria Engel, »Unter grünem Volldampf« (16.4.2021): https://www.spektrum.de/news/ammoniak-als-schiffstreibstoff-unter-gruenem-volldampf/1856677

14 Batterietrends bei Li-Ionen-Akkus: www.autohaus.de/nachrichten/autohersteller/batterie-trends-raus-aus-dem-korsett-2869701 und www.elektroauto-news.net/lithium-ionen-akku-wissen

15 »Deutschland überholt USA bei den Neuzulassungen« in *Berliner Zeitung* (9.3.2021): www.berliner-zeitung.de/news/elektroautos-deutschland-ueberholt-usa-bei-den-neuzulassungen-li.144823

16 Website Ubitricity: www.ubitricity.com/de/smart-city-oeffent liche-standard-ladeinfrastruktur/

17 Mineral Commodity Summaries 2021 des U.S. Geological Survey (Lithium S. 99): https://pubs.er.usgs.gov/publication/mcs2021

18 Themenheft Deutsche Rohstoffagentur, Batterierohstoffe für die Elektromobilität (18.3.2021): www.deutsche-rohstoffagentur.de/DERA/DE/Downloads/DERA%20Themenheft-01-21.html

19 Mineral Commodity Summaries 2021 des U.S. Geological Survey (Seltene Erden S. 133): https://pubs.er.usgs.gov/publication/mcs2021

20 Christiane Köllner, »Faktencheck Elektroauto-Batterien« (18.2.2021): www.springerprofessional.de/batterie/elektrofahr zeuge/faktencheck-elektroauto-batterien/17624376

21 Reinhard Breuer, »Das Ringen um die Super-Batterie« in *Bild der Wissenschaft* (7/2019), S. 86 ff.

22 Forschungsgruppe Ulrike Kramm, TU Darmstadt: www.chemie.tu-darmstadt.de/ekat/

23 André Boße, »Mein Auto gehört dir« in *Ampere* (3/2019), S. 32 f.

24 Website Waymo One: https://waymo.com/waymo-one/ und Video eines Fahrgastes des Robotertaxis südöstlich von Phoenix, Arizona: www.youtube.com/watch?v=b17JQrhhYgY

25 Deloitte, *Urbane Mobilität und autonomes Fahren im Jahr 2035* (09–2019): https://www2.deloitte.com/de/de/pages/trends/urbane-mobilitaet-autonomes-fahren-2035.html

26 Oliver Dixon und Wilfried Aulbur in *Automotive World*

(31.3.2020): www.automotiveworld.com/articles/legacy-truck-players-ignore-autonomous-trucking-at-your-peril/
27 Michael Vogel, »Verstopft« in *Bild der Wissenschaft* (7/2020), S. 60 ff.
28 Website Volocopter: www.volocopter.com
29 Dubai Self-driving Transport Strategy: www.rta.ae/links/sdt/en/index.html
30 Hyperloop-Team der TU München: https://tumhyperloop.de/?lang=de#home
31 Obayashi-Video über den Weltraumlift: www.youtube.com/watch?v=-7E4TMkcV5E

Kapitel 3

1 Marion Goldmann, »Das gedruckte Haus« in *Deutsches Architektenblatt* (12.2020): https://www.dabonline.de/2020/11/26/haus-3d-drucker-betondruck-deutschlands-erstes-wohnhaus-gedruckt-beckum-beton-peri/ und Gabriela Beck, »3D-Druck: Schicht für Schicht« in *Süddeutsche Zeitung* (5.3.2021): www.sueddeutsche.de/kolumne/3d-druck-neubau-1.5222571
2 Daten zur Urbanisierung in *Our World in Data:* https://ourworldindata.org/urbanization
3 C40-Website und Berichte: www.c40.org/about
4 Christoph Ricking, Deutsche Welle (25.2.2014): www.dw.com/de/peking-f%C3%BCr-menschliches-leben-ungeeignet/a-17453156
5 ICLEI-Website: www.iclei.org
6 Interview Matthias Schuler, »Der Einfluss des Klimawandels auf die Städte« in *Das Haus* (24.11.2016): www.haus.de/bauen/wohnen-der-zukunft-klimawandel-mehr-waerme-der-stadt
7 Daniel Peyronel, »Die 15-Minuten-Stadt« in *Perspectice Daily* (12.4.2021): https://perspective-daily.de/article/1639/GCuC3RE8?utm_campaign=DE-magazine-20210421&utm_medium=newsletter-magazine&utm_source=blendle-editorial
8 Global Carbon Project 2021: www.globalcarbonproject.org/carbonbudget
9 Studie Verein Deutscher Zementwerke, *Dekarbonisierung von Zement und Beton – Minderungspfade und Handlungsstrategien* (Nov. 2020): www.vdz-online.de/dekarbonisierung
10 Website Catch4Climate: https://catch4climate.com/
11 Website Reallabor Westküste 100: www.westkueste100.de

12 Deutscher Zukunftspreis 2016 für Carbonbeton: www.deutscher-zukunftspreis.de/de/team-1-2016
13 Manfred Curbach und Sandra Kranich, »Carbonbeton – Daraus werden nicht nur Häuser gemacht« in *Das Haus* (30.7.2020): www.haus.de/bauen/carbonbeton-cube-dresden
14 Ulrich Eberl, »Integrale Planung und das Internet der Dinge – im Pionierprojekt des LifeCycle Tower ONE« (7.10.2016): www.integrale-planung.net/integrale-planung-und-das-internet-der-dinge_1639
15 Albert Linner, »Die sieben spektakulärsten Holzhochhäuser der Welt« (7.9.2019): https://wohnglueck.de/artikel/spektakulaere-holzhochhaeuser-15161
16 Katharina Schneider, »Roots statt Wildspitze« (17.12.2020): https://wohnglueck.de/artikel/wildspitze-deutschlands-hoechstes-holzhochhaus-45667
17 Thünen Working Paper 38, »Der Kohlenstoffgehalt in Holz- und Papierprodukten«: www.thuenen.de/media/publikationen/thuenen-workingpaper/ThuenenWorkingPaper_38.pdf
18 Website Made of Air: www.madeofair.com
19 Stromverbrauch Haushalte USA: www.eia.gov/tools/faqs/faq.php?id=97&t=3
20 Studie IEA, *The Future of Cooling* (Mai 2018): www.iea.org/reports/the-future-of-cooling
21 Whitest paint, Purdue University (15.4.2021): www.purdue.edu/newsroom/releases/2021/Q2/the-whitest-paint-is-here-and-its-the-coolest.-literally..html
22 Daniel Wetzel, »Das schnelle Ende der Ölheizung – die Wärmepumpe erobert die deutschen Keller« in *Die Welt* (3.2.2021): www.welt.de/wirtschaft/plus225526613/Heizung-Oel-und-Gas-schwaecheln-die-Deutschen-wollen-Waermepumpen.html
23 Dena Gebäudereport 2021: www.dena.de/newsroom/publikations detailansicht/pub/dena-gebaeudereport-2021-fokusthemen-fuer-den-klimaschutz/ und Energieeffizienz bei Gebäuden: www.effizienzhaus-online.de/energieeffizienzklasse
24 ifeu-Studie, *Worst performing buildings – Klimaschutzpotenzial der unsanierten Gebäude in Deutschland* (2021): www.gruene-bundestag.de/kurzstudie-gebaeude
25 Hartmut Netz, »Energiesprung fürs Haus« in *Bild der Wissenschaft* (8/2020), S. 82 f.
26 Florian Knobloch et al., »Net Emission Reductions from Electric

Cars and Heat Pumps in 59 World Regions over Time« in *Nature Sustainability,* 3 S. 437 ff. (23.3.2020)
27 Katharina Graça Peters, »Es grünt so grün, wo Südkoreas Kameras stehen« in *Der Spiegel* (21.9.2019): www.spiegel.de/politik/ausland/suedkorea-smart-city-songdo-gruen-und-allwissend-a-1287678.html
28 Website NEOM – The Line: www.neom.com/en-us/whatistheline
29 Aspern Smart City Research: www.ascr.at
30 Quality of Living Index, Mercer (2019): https://mobilityexchange.mercer.com/insights/quality-of-living-rankings und David Krutzler, »Wien bleibt Titelsieger« in *Der Standard* (9.6.2021): www.derstandard.at/story/2000127255874/mercer-verzichtet-auf-studie-zur-lebensqualitaet-wien-bleibt-titelverteidiger
31 Marc Neller, »So sieht die Stadt der Zukunft aus« in *Die Welt* (29.11.2020): www.welt.de/wirtschaft/plus221327320/Klima wandel-und-die-Folgen-Die-Stadt-der-Zukunft

Kapitel 4

1 Ron Milo et al., »The Biomass Distribution on Earth«, PNAS 115, 25 (6/2018): www.pnas.org/cgi/doi/10.1073/pnas.1711842115
2 Ron Milo et al., »Global Human-made Mass Exceeds all Living Biomass« in *Nature* 588, S. 442 ff. (Dez. 2020): www.nature.com/articles/s41586-020-3010-5
3 Website Global Footprint Network mit vielen Fakten und Grafiken: www.footprintnetwork.org
4 Eurostat – Abfallstatistik in der EU: https://ec.europa.eu/eurostat/statistics-explained/index.php?title=Waste_statistics
5 Studie Weltbank, *What a Waste 2.0 – A Global Snapshot of Solid Waste Management to 2050* (2018): https://datatopics.worldbank.org/what-a-waste/
6 Umweltbundesamt, umfangreiche Fakten zum Abfallaufkommen in Deutschland (21.10.2021): www.umweltbundesamt.de/daten/ressourcen-abfall/abfallaufkommen#deutschlands-abfall
7 Der NABU-Mehrweg-Guide: www.nabu.de/umwelt-und-ressourcen/ressourcenschonung/einzelhandel-und-umwelt/mehrweg/nabumehrwegguide.html
8 PetStar – Website: www.petstar.mx/en
9 Hartmut Netz, »Kunststoff im Kompost« in *Bild der Wissenschaft* (8/2019), S. 66 ff.

10 Christian Bernhart, »Bioplastik: vom Labor in den Supermarkt« in *Bild der Wissenschaft* (5/2020), S. 34 ff.
11 U.S. Dept. of Energy, *Top Value Added Chemicals from Biomass,* Figure 3 (28.3.2014): www.energy.gov/eere/bioenergy/downloads/top-value-added-chemicals-biomass-volume-i-results-screening-potential
12 Ursel Stuhlemmer, »Plastik vom Acker« in *Bild der Wissenschaft* Spezial Biointelligenz, Sommer 2021, S. 56 ff.
13 Interview Hans-Josef Endres und Frederik Wurm, »Wir müssen den Biokunststoffen eine Chance geben« in *Spektrum der Wissenschaft* Spezial 2.21, S. 66 ff.
14 Greenpeace-Umfrage, *Wegwerfware Kleidung* (23.11.2015): www.greenpeace.de/sites/www.greenpeace.de/files/publications/20151123_greenpeace_modekonsum_flyer.pdf
15 Alexander Jung et.al., »Der Zero-Waste-Plan für Deutschland« in *Der Spiegel* (19.2.2021): www.spiegel.de/wirtschaft/corona-deutschland-versinkt-im-muell-ist-ein-abfallfreies-leben-moeglich-a-00000000-0002-0001-0000-000175447316
16 Dena-Leitfaden, *Energiespar-Contracting* (31.10.2019): www.kompetenzzentrum-contracting.de/umsetzungshilfen/dena-publikationen/leitfaden-energiespar-contracting/
17 Deutscher Bundestag, Wissenschaftliche Dienste, »Windenergieanlagen – Rückbau, Recycling und Ökobilanzierung« (15.6.2020) und Umweltbundesamt: www.umweltbundesamt.de/themen/klima-energie/erneuerbare-energien/windenergie#strom sowie Katharina Wolf, Ökobilanz Wind (7.10.2020): www.juwi.de/aktuelles/artikel/artikelansicht/ein-einblick-in-die-oekobilanz-von-windenergie-anlagen
18 Umweltbundesamt PV: www.umweltbundesamt.de/themen/klima-energie/erneuerbare-energien/solarenergie#photovoltaik und Giuliano Fuchs »Wie steht es um die Nachhaltigkeit von Photovoltaik?« (14.3.2021): www.net4energy.com/de-de/energie/photovoltaik-nachhaltigkeit
19 Website ChemCycling BASF: www.basf.com/global/de/who-we-are/sustainability/we-drive-sustainable-solutions/circular-economy/mass-balance-approach/chemcycling.html
20 Michael Braungart und William McDonough, *Cradle to Cradle,* Piper (2014, 6. Auflage 2020)
21 C2C Zertifizierung Website: www.c2ccertified.org/products/registry
22 C2C Lab Website: https://c2c-lab.org/

23 »Rohstoffe im Handy« in Informationszentrum Mobilfunk: www.informationszentrum-mobilfunk.de/umwelt/mobilfunk endgeraete/herstellung
24 Hartmut Netz, »Perlen aus der Tonne« in *Bild der Wissenschaft* (11/2020), S. 64 ff.
25 Bionic Learning Network Festo mit allen Highlights: www.festo.com/group/de/cms/10156.htm und Bionik-Videos: www.youtube.com/user/FestoHQ/playlists?view=50&sort=dd&shelf_id=2
26 Bionik Kompetenz-Netzwerk Beispiele: www.biokon.de/bionik/best-practices/
27 Abdon Pena-Francesch, Metin Sitti et al., »Biosynthetic Self-healing Materials for Soft Machines« in *Nature Materials* 19, S. 1230 ff. (2020) und »Selbstheilung in Sekunden« in *Pro-Physik* (29.7.2020): www.pro-physik.de/nachrichten/selbstheilung-sekunden
28 Ulrich Eberl, »Die Ingenieure des Lebens« in *Bild der Wissenschaft* (11/2018), S. 48 ff.
29 Ulrich Eberl, Interview mit Frances Arnold, »Rennstall für Enzyme« in *Süddeutsche Zeitung* (6.10.2018), S. 33 und www.sueddeutsche.de/wissen/biochemie-ein-enzym-ist-wie-eine-symphonie-von-beethoven-1.4157364
30 Website Ginkgo Bioworks: www.ginkgobioworks.com
31 iGEM-Wettbewerb: https://igem.org/Main_Page

Kapitel 5

1 Beeindruckende Fotos intakter Riffe und Berichte über Rettungsaktionen: »So schön ins Blaue gebaut« in *GEO* (7/2018), S. 48 ff. sowie »Ein Streifen Hoffnung« in *GEO* (8/2018), S. 48 ff.
2 IPBES, *The Global Assessment Report on Biodiversity and Ecosystem Services* (2019): https://ipbes.net/global-assessment
3 WWF Living Planet Report 2020 mit Download: wwf.de/lpr
4 Josef Settele, »Beunruhigender Sinkflug« in *Spektrum der Wissenschaft* (5/2019), S. 12 ff.
5 Elizabeth Kolbert, *Das sechste Sterben*, Suhrkamp (2016)
6 »Radioaktive Abschreckung im Kampf gegen Nashorn-Wilderer« in *Die Zeit* (25.5.2021): www.zeit.de/news/2021-05/25/radio aktive-abschreckung-im-kampf-gegen-nashorn-wilderer
7 Jan Christoph Wiechmann, »Der Aufstand der Sarayaku« in *GEO* (2/2020), S. 78 ff.

8 Sonja Peteranderl, »Wie künstliche Intelligenz Schildkrötenbabys rettet« in *Der Spiegel* (25.4.2021): https://www.spiegel.de/ausland/umweltschutz-der-zukunft-wie-kuenstliche-intelligenz-schildkroetenbabys-rettet-a-9841df39-b6f0-455b-9714-a453a02c2fa2
9 Johanna Romberg, »Gut fürs Klima, schlecht für die Natur« in *GEO* (8/2019), S. 44 ff.
10 Verena Müller, »Das grün-grüne Dilemma« in *Die Welt* (10.6.2021): www.welt.de/wissenschaft/plus231726179/Klimaschutz-und-Artenschutz-Das-gruen-gruene-Dilemma.html
11 Partha Dasgupta, The Economics of Biodiversity, (2/2021): www.gov.uk/government/publications/final-report-the-economics-of-biodiversity-the-dasgupta-review
12 Wissenschaftsjahr 2012, Wert der Korallenriffe: www.wissenschaftsjahr.de/2012/zukunftsprojekt-erde/wie-muessen-wir-wirtschaften/biodiversitaet/umfrage-der-wert-der-natur.html
13 Ulrich Eberl, »Der bleiche Tod in den Oasen der Meere« in *Süddeutsche Zeitung* (13.7.1995)
14 Terry P. Hughes et al., »Spatial and Temporal Patterns of Mass Bleaching of Corals in the Anthropocene« in *Science* 359, 80 ff. (2018): www.science.org/doi/abs/10.1126/science.aan8048
15 Ove Hoegh-Guldberg, »Climate Change, Coral Bleaching and the Future of the World's Coral Reefs« in CSIRO, Mar. Freshwater Res. 50, 839 ff. (1999)
16 Informative Website IYOR 2018 – International Year of the Reef: www.iyor2018.org/about-coral-reefs
17 Impact Report Coral Gardeners Moorea 2020: https://coralgardeners.org/
18 Website Meeresschutzgebiet Misool: www.misool.info/our-story
19 Export von Plastikmüll, Deutschland 2020: www.destatis.de/DE/Presse/Pressemitteilungen/2021/03/PD21_N016_51.html
20 Umfassende Zusammenstellung in *Plastikatlas 2019* (5. Auflage): www.boell.de/de/plastikatlas
21 Carolin Völker und Johanna Kramm, »Dem Mikroplastik auf der Spur« in *Spektrum der Wissenschaft* Spezial 2.21, S. 50 ff.
22 »Was passiert mit Mikroplastik in unserem Körper?« auf Website Gesundheitskasse AOK (17.3.2021): www.aok.de/pk/magazin/wohlbefinden/achtsamkeit/was-passiert-mit-mikroplastik-in-unserem-koerper und »Kleine Plastikpartikel« in *Quarks* WDR (23.8.2019): www.quarks.de/umwelt/muell/fakten-zu-mikroplastik
23 Website The Ocean Cleanup: https://theoceancleanup.com/

24 Lourens J. J. Meijer et.al., »More than 1000 Rivers Account for 80 % of Global Riverine Plastic Emissions into the Ocean«, *Science Advances* (30.4.2021): www.science.org/doi/10.1126/sciadv.aaz5803 und interaktive Karte des Plastikmülls über Flüsse: https://theoceancleanup.com/sources/

25 Website One Earth – One Ocean: https://oneearth-oneocean.com/

26 Website Plastic Bank: https://plasticbank.com/about/ und Marc Winkelmann, Beitrag über David Katz in *seventeen goals* (30.1.2021): www.17goalsmagazin.de/der-wertstoffhaendler/

27 WWF, *The Continuing Impact of EU Consumption on Nature Worldwide* (14.4.2021): www.wwf.eu/?2965416/Stepping-up-The-continuing-impact-of-EU-consumption-on-nature

28 Global Carbon Project 2021: www.globalcarbonproject.org/carbonbudget

29 FAO and UNEP, *The State of the World's Forests* (2020): https://doi.org/10.4060/ca8642en

30 Tim Schröder, »Brandwunden im Regenwald« in *MaxPlanck-Forschung* (4/2019), S. 58 ff.

31 Rebecca Hahn, »Der Traum von der großen grünen Mauer« in *FAZ* (20.10.2020): www.faz.net/aktuell/wissen/erde-klima/am-suedrand-der-sahara-stehen-mehr-baeume-als-erwartet-17004105.html

32 Jean-François Bastin et.al., »The Global Tree Restoration Potential« in *Science* 365, S. 76 ff. (5.7.2019), mit Korrektur (26.4.2021): www.science.org/doi/abs/10.1126/science.aax0848

33 Benjamin von Brackel, »Bäume, die überschätzten Klimaschützer« in *Süddeutsche Zeitung* (24.2.2021): www.sueddeutsche.de/wissen/helfen-baeume-pflanzen-gegen-klimawandel-1.5215285

34 »Wie viel CO_2 speichert der Baum, wie viel der Wald?«: www.wald.de/waldwissen/wie-viel-kohlendioxid-co2-speichert-der-wald-bzw-ein-baum/ und Faktenblatt der Plant-for-the-Planet Foundation: https://a.plant-for-the-planet.org/wp-content/uploads/2020/12/faktenblatt_baeume_co2.pdf

35 Christiane Grefe, »Neue Bäume braucht das Land« in *Die Zeit* (21.4.2021), www.zeit.de/2021/17/naturschutz-waldsterben-baeume-saurer-regen-oekokrise

36 Andrea Mertes, »Entwicklungshilfe für den Wald« in *Bild der Wissenschaft* (5/2021), S. 24 ff.

37 Ulrich Eberl, *Wirkung externer elektrischer Felder auf Primärpro-*

zesse der Photosynthese – feldmodulierte Fluoreszenz- und Absorptionsspektroskopie an bakteriellen Reaktionszentren, Antennen und dem pflanzlichen Photosystem II, Dissertation TU München (summa cum laude), Juli 1992

38 »Neuer Solarzellentyp bricht Rekorde beim Wirkungsgrad« (17.4.2020): www.ingenieur.de/technik/fachbereiche/energie/neuer-solarzellentyp-bricht-rekorde-beim-wirkungsgrad

39 Gute Zusammenstellung in Holger Dau, Philipp Kurz und Marc-Denis Weitze, *Künstliche Photosynthese,* Springer-Verlag/Springer Nature (2019), S. 102–138

40 Jamie Durrani, »Has the Artificial Leaf's Time Come at Last?« (28.9.2020): www.chemistryworld.com/holy-grails/the-grails/artificial-photosynthesis

41 Beiträge auf der MPG-Website: »Photosynthese im Tropfen« (7.5.2020): www.mpi-marburg.mpg.de/838108/2020-05-a, Interview Tobias Erb (8.5.2020): www.mpg.de/14804169/tobias-erb-kuenstliche-fotosynthese und Klaus Wilhelm, »Stoffwechsel 2.0« (aus MaxPlanckForschung 4/2016): www.mpg.de/14793996/kuenstliche-fotosynthese

42 Tobias J. Erb et.al., »Light-powered CO_2 Fixation in a Chloroplast Mimic with Natural and Synthetic Parts« in *Science* 368, S. 649 ff. (8.5.2020): www.science.org/doi/abs/10.1126/science.aaz6802

Kapitel 6

1 Jan Grossarth (Hrsg.), *Future Food – Die Zukunft der Welternährung,* wbg Theiss (2019)

2 FAO, *Tracking Progress on Food and Agriculture-related SDG Indicators 2020*: www.fao.org/sdg-progress-report/en

3 Welthungerhilfe: www.welthungerhilfe.de/hunger

4 Studie Potsdam-Institut für Klimafolgenforschung zu Ernährung (18.11.2020): www.pik-potsdam.de/de/aktuelles/nachrichten/unterernaehrt-uebergewichtig-vergeudet-neue-studie-zeigt-folgen-der-umstellung-globaler-ernaehrungsgewohnheiten-ueber-jahrzehnte?set_language=de

5 Nando Sommerfeldt, Holger Zschäpitz, »Die Fleischlos-Ära ist ein großes Missverständnis« in *Die Welt* (2.11.2019): www.welt.de/wirtschaft/plus202856336/Beyond-Meat-am-Ende-Fleischlos-Aera-ist-grosses-Missverstaendnis.html

6 Atul K. Jain et al., »Global greenhouse gas emissions from animal-based foods are twice those of plant-based foods« in *Nature Food* 2, S. 724ff. (13.9.2021): www.nature.com/articles/s43016-021-00358-x.
7 Daten zu Klimaeffekten der Landwirtschaft in *Our World in Data*: https://ourworldindata.org/emissions-by-sector#agriculture-forestry-and-land-use-18-4 und https://ourworldindata.org/food-ghg-emissions (6.11.2019)
8 Dirk Steffens und Fritz Habekuss, *Über Leben – Zukunftsfrage Artensterben*, Penguin (2020), S. 111
9 Joachim von Braun, »Climate Change Risks for Agriculture, Health, and Nutrition« (14.5.2020): https://link.springer.com/chapter/10.1007/978-3-030-31125-4_11
10 Website www.kew.org/wakehurst/whats-at-wakehurst/millennium-seed-bank
11 »Diät für die Erde« in BASF Creating Chemistry (9/2020), S. 13
12 Paul Anthem, »How I grew barley in the desert« in World Food Programme Stories (24.9.2019): www.wfp.org/stories/how-i-grew-barley-desert
13 H2Grow, WFP Innovation Accelerator: https://innovation.wfp.org/project/h2grow-hydroponics
14 Dickson Despommier, *The Vertical Farm: Feeding the World in the 21st Century*, St Martin's Press (2010)
15 Website AeroFarms: www.aerofarms.com
16 Website Infarm: www.infarm.com und Dorit Kowitz, »Der Treibhaus-Effekt« in *brand eins* Innovation 2017: www.brandeins.de/magazine/brand-eins-thema/innovation-2017-laeuft/der-treibhaus-effekt
17 Crusta Nova über die Zukunftsbranche Aquakultur: www.crustanova.com/unsere-farm
18 Diane Nelson, »Feeding Cattle Seaweed Reduces Their Greenhouse Gas Emissions 82 Percent« (17.3.2021): https://caes.ucdavis.edu/news/feeding-cattle-seaweed-reduces-their-greenhouse-gas-emissions-82-percent
19 Planetary Health Diet, Website Bundeszentrum für Ernährung (6.10.2020): www.bzfe.de/nachhaltiger-konsum/lagern-kochen-essen-teilen/planetary-health-diet/
20 Foodwatch Bio-Branche Zahlen, Daten, Fakten (22.6.2021): www.foodwatch.org/de/informieren/bio-landwirtschaft/zahlen-daten-fakten/

21 Anke Sparmann, »Das Gute essen« in *GEO* (9/2019), S. 28 ff.
22 Statistisches Bundesamt, Private Konsumausgaben und Verfügbares Einkommen (2021): www.destatis.de/DE/Themen/Wirtschaft/Volkswirtschaftliche-Gesamtrechnungen-Inlandsprodukt/Publikationen/Downloads-Inlandsprodukt/konsumausgaben-pdf-5811109.html und Katharina Krenn, »So viel geben Deutsche für Essen aus« in agrarheute (22.12.2020): www.agrarheute.com/land-leben/so-viel-geben-deutsche-fuer-essen-576440
23 Sabine Leopold in agrarheute (24.8.2017): und »Der Preisverfall des Fleisches« in *FAZ* (20.5.2020): www.faz.net/aktuell/wirtschaft/klima-nachhaltigkeit/neue-studie-der-preisverfall-des-fleischs-16779085.html
24 Nando Sommerfeldt und Holger Zschäpitz, »Die Burger-Revolution« in *Die Welt*, 29.8.2020, S. 17
25 Jan Berndorff, »Fleisch ohne Tier« in *Bild der Wissenschaft* (3/2020), S. 14 ff.
26 Michael Gassmann, »Schnitzel essen ohne Sünde« in *Die Welt* (3.5.2021): www.welt.de/wirtschaft/article230832431/Clean-Meat-Jetzt-beginnt-die-echte-Fleischlos-Aera.html
27 Peter Münch, »Steaks für die Welt« in *Süddeutsche Zeitung* (11.6.2021): www.sueddeutsche.de/leben/ernaehrung-essen-fleisch-fleischkonsum-aleph-farms-labor-fleischersatz-1.5316095
28 Website veganes Zero-Waste-Restaurant *Frea*: www.frea.de
29 New Rice for Africa im Africa Rice Center von CGIAR: www.africarice.org/nerica
30 Gute Zusammenfassung der Fakten zu GM-Pflanzen und der Verfahren der Grünen Gentechnik sowie über das Pro und Contra: »Die neue grüne Revolution« in *Spektrum der Wissenschaft* (4/2020), S. 12–25
31 »Wenn Glyphosat nicht mehr wirkt« in *transGEN, Transparenz Gentechnik* (27.7.2020): www.transgen.de/anbau/1429.resistente-superunkraeuter-gentechnik.html
32 »Philippinen genehmigen goldenen Reis« in *Die Zeit* (23.7.2021): www.zeit.de/wissen/2021-07/philippinen-gentechnik-goldener-reis-entwicklungslaender-ernaehrung
33 Video Nobelpreis-Vortrag (8.12.2020) Jennifer Doudna: www.youtube.com/watch?v=KSrSIErIxMQ und Emmanuelle Charpentier: www.youtube.com/watch?v=3POrtQEpV2s
34 Vergleichende Darstellung der Verfahren zur Pflanzenzüchtung:

www.transgen.de/forschung/2537.kreuzen-gentechnik-genome-editing-pflanzenzuechtung.html
35 Stand der Genomeditierung mit CRISPR/Cas (27.5.2021): www.transgen.de/aktuell/2841.genomediting-crispr-pflanzen-zuechtung-vorteile.html
36 Website PILTON: https://pilton.bdp-online.de/ und »Mit der Genschere zum pilztoleranten Weizen« in *transGEN* (29.9.2020): www.transgen.de/aktuell/2807.weizen-pilztoleranz-pilton-crispr.html
37 Jens Lubbadeh, »Trinkwasser aus dem Meer« in *Die Welt* (30.6.2021): www.welt.de/wissenschaft/plus232139765/Trinkwasser-Sind-Entsalzungsanlagen-die-Loesung-des-Wassermangels.html
38 Website SkyJuice Foundation: https://skyjuice.org.au
39 »Wurzelsymbiose – Pilze statt Dünger« (28.10.2019): www.scinexx.de/news/biowissen/landwirtschaft-pilze-statt-duenger
40 Vorbild Leguminosen in *transGEN* (27.9.2021): www.transgen.de/forschung/1467.stickstoff-duenger-besser-verwerten.html
41 Joyn Bio Website: https://joynbio.com/
42 Lisa Miller et al., »Making real a biotechnology dream: nitrogen-fixing cereal crops« in *MIT News* (10.1.2020): https://news.mit.edu/2020/making-real-biotechnology-dream-nitrogen-fixing-cereal-crops-0110 und Voigt Lab Website: http://web.mit.edu/voigtlab/
43 Reinhard Breuer, »Die grüne Revolution« in *Bild der Wissenschaft* (12/2020), S. 14 ff.
44 Gain4Crops Website: https://gain4crops.eu
45 Vivien Kring, Ludger Weß, »Von Waisenpflanzen zu Wunderfrüchten« in *Bild der Wissenschaft* (3/2020), S. 21 ff.

Kapitel 7

1 Statistisches Bundesamt zur Bevölkerungsentwicklung: www.destatis.de/DE/Themen/Gesellschaft-Umwelt/Bevoelkerung/_inhalt.html
2 World Population Prospects der UN: https://population.un.org/wpp/DataQuery/
3 »The Top Ten Causes of Death« (9.12.2020. Zahlen für 2019, vor Corona): www.who.int/news-room/fact-sheets/detail/the-top-10-causes-of-death

4 Factsheets WHO zu Tabak, Alkohol, Malaria u. v. m.: www.who.int/news-room/fact-sheets, ebenso vom Gesundheitsministerium für Deutschland: www.bundesgesundheitsministerium.de/service/begriffe-von-a-z/a.html

5 Interview Zoonosen-Forscher Fabian Leendertz in *GEO* (06/2020), S. 84 ff.

6 Matthias Glaubrecht, »Warum Seuchen wie diese häufiger werden« in *Die Welt* (7.4.2020): www.welt.de/wissenschaft/plus207064281/Covid-19-Warum-uns-noch-gefaehrlichere-Pandemien-drohen.html

7 Isaac Bogoch et.al. »Pneumonia of Unknown Aetiology in Wuhan, China: Potential for International Spread via Commercial Air Travel« (14.1.2020): https://doi.org/10.1093/jtm/taaa008 und Website BlueDot: https://bluedot.global/

8 CRISPR/Cas gegen SARS-CoV-2 (13.7.2021): www.aerzteblatt.de/nachrichten/125552/Studie-Genschere-stoppt-Vermehrung-von-SARS-CoV-2-in-Zellkulturen

9 Ulrich Eberl, »Künstliche Intelligenz gegen Corona« in *Bild der Wissenschaft* (12/2020), S. 32 ff.

10 Lab von James Crowe: www.vumc.org/crowe-lab und AHEAD100: https://biobuzz.io/vanderbilt-scientist-lifes-work-laid-the-foundation-for-a-global-pandemic-prevention-and-bioterrorism-center

11 Hermann Feldmeier, »Antibiotika-resistente Keime in Asien« in *NZZ* (18.7.2020): www.nzz.ch/wissenschaft/viele-asien-reisende-tragen-antibiotikaresistente-keime-mit-sich-ld.1631931

12 Alessandro Cassini et al., »Attributable Deaths and Disability-adjusted Life-years Caused by Infections with Antibiotic-resistant Bacteria in the EU« in *Lancet Infect. Dis.* 19, S. 56 ff. (5.11.2018): www.thelancet.com/journals/laninf/article/PIIS1473-3099(18)30605-4/fulltext

13 Ulrich Eberl, »Schlag den Superkeim« in *Süddeutsche Zeitung*, 5./6.9.2020, S. 31

14 Catarina Pietschmann, »Alles auf Zucker« in *MaxPlanckForschung* Spezial Innovation 2020, S. 40 ff.

15 Artilysine, Website der Lysando AG: www.artilysin.com und Ulrich Eberl, »Schlag den Superkeim« in *Süddeutsche Zeitung*, 5./6.9.2020, S. 31

16 Jörg Blech und Claus Hecking, »Die Wunderwaffen für ein

gesundes Leben« in *Der Spiegel* (18.6.2021): www.spiegel.de/wissenschaft/medizin/mrna-technik-gegen-krebs-herzinfarkt-demenz-die-wunderwaffen-fuer-ein-gesundes-leben-a-709c60b9-0002-0001-0000-000177967196

17 Interview Uğur Şahin in *Der Spiegel* (18.6.2021): https://www.spiegel.de/wissenschaft/medizin/biontech-chef-ugur-sahin-ueber-mrna-technologie-wir-haben-die-tuer-zu-einer-neuen-welt-geoeffnet-a-079b502f-0002-0001-0000-000177967197

18 Mehr zur BionTech-Vision: https://biontech.de/de/our-dna/vision und Jens Lubbadeh, »Die Welt hat gesehen, was mRNA kann« in *Die Welt* (17.5.2021) www.welt.de/gesundheit/plus231175783/Biontech-und-das-naechste-Projekt-Die-mRNA-Impfung-gegen-Krebs.html

19 Matthias Back, »Krebs-bekämpfende Nanobots werden zur Tumor-Jagd programmiert« in Laborpraxis (16.2.2018): www.laborpraxis.vogel.de/krebs-bekaempfende-nanobots-werden-zur-tumor-jagd-programmiert-a-687166

20 *Nature*-Video über DNA-Origami (18.3.2016): www.youtube.com/watch?v=Trg2__Lgnc0

21 Gesa Gottschalk, »Das Wundertier« in *GEO* (12/2019), S. 90 ff.

22 Christian Parth, »Tintenherz« (26.8.2020): www.envivas.de/magazin/gesundheitswissen/3d-druck und Stefan Guggenberger (24.8.2020): www.mission-additive.de/bayer-wird-medikamente-an-3d-gedrucktem-herzgewebe-testen-a-957162

23 Bernd Müller, »Ein Chip fürs Augenlicht« in *Bild der Wissenschaft*, Sonderausgabe Werkstatt Mensch (2020), S. 48 ff.

24 DARPA, »Neurotechnology Provides Near-Natural Sense of Touch« (11.9.2015): www.darpa.mil/news-events/2015-09-11 und Video (13.10.2016): www.youtube.com/watch?v=A4BR4Iqfy7w

25 Mehr dazu in Ulrich Eberl, *33 Fragen – 33 Antworten: Künstliche Intelligenz,* Piper (2020) S. 53 ff.

26 Website Ada Health: https://ada.com/de/

27 Kathryn Tunyasuvunakool, Demis Hassabis, *et al.* »Highly accurate protein structure prediction for the human proteome« in *Nature* (2021) 596, 590 ff.: https://doi.org/10.1038/s41586-021-03828-1 und https://alphafold.ebi.ac.uk

28 Rainer Kurlemann, »CRISPR/Cas im Praxistest« in *Bild der Wissenschaft* (6/2021), S. 14 ff.

29 Ulrich Eberl, »Künstliche Intelligenz gegen Corona« in *Bild der Wissenschaft* (12/2020), S. 36 f.
30 Website Geriatronik-Projekt der TU München: https://geriatronics.msrm.tum.de

Kapitel 8

1 Stephan Finsterbusch, »IBM präsentiert den ersten 2-Nanometer-Chip« in *FAZ* (9.5.2021): www.faz.net/aktuell/wirtschaft/digitec/ibm-praesentiert-den-ersten-2-nanometer-chip-technischer-durchbruch-17333526.html und IBM-Bericht: https://research.ibm.com/blog/2-nm-chip
2 Bitcoin-Stromzähler der Universität Cambridge: https://cbeci.org/
3 Jens Gröger, »Der CO_2-Fußabdruck unseres digitalen Lebensstils« in Blog Öko-Institut (24.4.2020): https://blog.oeko.de/digitaler-co2-fussabdruck
4 Überblicksartikel Ulrich Eberl, »Die Revolution der smarten Maschinen – Treiber, Einsatzfelder und Perspektiven der Künstlichen Intelligenz« in *Physik Journal* (04/2020), S. 24 ff. sowie Sonderheft *Bild der Wissenschaft* Künstliche Intelligenz (2019)
5 Ulrich Eberl, *Smarte Maschinen – Wie Künstliche Intelligenz unser Leben verändert,* Hanser (2016)
6 Ulrich Eberl, *33 Fragen – 33 Antworten: Künstliche Intelligenz,* Piper (2020)
7 Ulrich Eberl, »Was ist Künstliche Intelligenz – was kann sie leisten?« in *Aus Politik und Zeitgeschichte – Künstliche Intelligenz«* der Bundeszentrale für Politische Bildung (6–8/2018): https://www.bpb.de/apuz/263678/was-ist-kuenstliche-intelligenz-was-kann-sie-leisten sowie das Feature auf meiner eigenen Website: https://zukunft2050.wordpress.com/2018/02/19/feature-kuenstliche-und-natuerliche-intelligenz-was-werden-smarte-maschinen-leisten-koennen/
8 Eines der beeindruckendsten DeepFake-Videos von Jordan Peele mit Barack Obama (17.4.2018): www.youtube.com/watch?v=cQ54GDm1eL0 und eine Erläuterung zur Technologie (30.4.2019): www.youtube.com/watch?v=EtEPE859w94 sowie Ulrich Eberl, »Traue Deinen Augen nicht!« in *Bild der Wissenschaft* (3/2020), S. 88 ff.
9 Website Celonis: www.celonis.com/company und Deutscher

Zukunftspreis 2019: www.deutscher-zukunftspreis.de/de/team-2-2019
10 Arne Grävemeyer, »Pixelmuster irritieren die KI autonomer Fahrzeuge« in *heise online* (12.8.2020): www.heise.de/hintergrund/Pixelmuster-irritieren-die-KI-autonomer-Fahrzeuge-4852995.html
11 Interview Marco Huber, »Schluss mit der Blackbox« in *Bild der Wissenschaft* (6/2020), S. 88 ff.
12 Website Neurocomputer Heidelberg: www.kip.uni-heidelberg.de/vision, im Human Brain Project der EU: www.humanbrainproject.eu/en/silicon-brains, bei IBM: www.zurich.ibm.com/st/neuromorphic und bei Intel: www.intel.com/content/www/us/en/research/neuromorphic-computing.html
13 Interview Michael Hartmann, FAU, »10.000 Jahre in drei Minuten« (23.10.2019): www.fau.de/2019/10/news/nachgefragt/10-000-jahre-in-drei-minuten
14 Interview Wilhelm Mauch, FZ Jülich (16.3.2021): www.fz-juelich.de/SharedDocs/Pressemitteilungen/UK/DE/2021/2021-03-12-interview-wilhelm-mauch.html
15 Fujitsu, Digital Annealer: www.fujitsu.com/global/services/business-services/digital-annealer
16 Website IQM Quantum Computers: www.meetiqm.com

Kapitel 9

1 Michael Tomasello, *Eine Naturgeschichte der menschlichen Moral*, Suhrkamp (2016)
2 Christian Schwägerl, »Der gute Mensch« in *GEO* (12/2017), S. 36 ff.
3 Die 17 Ziele für nachhaltige Entwicklung der UN: https://sdgs.un.org/goals
4 Berichte über die Entwicklungsziele der UN: www.un.org/depts/german/de/entwicklungsziele.html
5 Lesenswerte Kurzporträts jugendlicher Vorbilder wie Malala Yousafzai, Greta Thunberg, Boyan Slat und andere in: *Young Rebels – 25 Jugendliche, die die Welt verändern*, Hanser (2020)
6 Hans Rosling, *Factfulness – Wie wir lernen, die Welt so zu sehen, wie sie wirklich ist*, Ullstein (2018), S. 108 ff.
7 Ilona M. Otto, Hans Joachim Schellnhuber et al., »Social Tipping Dynamics for Stabilizing Earth's Climate by 2050« in *PNAS* 117 (5) 2354 ff. (4.2.2020): www.pnas.org/content/117/5/2354

8 Claudia Wanner, »1050 Euro pro CO_2-Zertifikat – Diese Szenarien zeigen die Klima-Panik der Banken« in *Die Welt* (29.7.2021): www.welt.de/finanzen/plus232786163/Klimaschock-Wirtschaft-muss-die-Risiken-einpreisen.html

9 Interview Katrin Muff, »Mehr Mut und weniger alte weiße Männer« in *Die Zeit* (22.5.2021): www.zeit.de/wirtschaft/2021-05/klimaschutz-nachhaltigkeit-unternehmen-katrin-muff-umwelt

10 Susanne Götze, »Von der Leyens Green Deal« in *Der Spiegel* (3.12.2020): www.spiegel.de/wissenschaft/mensch/green-deal-der-eu-unternehmensberatung-mckinsey-zeichnet-optimistisches-bild-a-acdda381-ac59-4897-aa66-d0ececdf43fe

11 World Happiness Report 2021 mit Download: https://worldhappiness.report/ed/2021/ und Archiv der vorherigen Berichte: https://worldhappiness.report/archive/

Namensregister

(Personen, Unternehmen, Institute)

U

V

W

X

Y

Z

Sachregister

der wichtigsten Begriffe

C

D

E

F

M

N

O

P

W

Z